KB060616

백제문화의 특성 연구

이 남 석 편

서 경

〈그림 1〉 공산성 북벽

〈**그림 2**〉 서산마애삼존불의 여래상

〈그림 3〉 백제의 와전

〈그림 4〉 정림사지 5층석탑

〈그림 5〉 무령왕비의 금제관식

〈그림 6〉 용원리유적 출토 대도

〈그림 7〉 공주 송산리 6호분의 북벽

머리말

   한국 고대사를 입체적으로 이해하기 위해서라도 백제사 및 백제문화에 대한 체계적인 이해가 선행되어야 한다는 것은 재삼 강조할 필요가 없을 것입니다. 그러나 지금까지 이런 저런 이유로 백제사 및 백제문화에 대한 연구는 그다지 주목을 받지 못해왔던 것이 사실입니다. 최근 들어 부여 능산리 사지에서 금동향로와 석조사리감이 발견되고, 천안 용원리와 공주 수촌리에서 화려한 금동제 유물과 다양한 백제 토기, 그리고 중국제 자기 등이 발견되면서 다시 한번 백제문화에 대한 재인식의 계기를 마련하였지만 백제 문화 전반을 이해하기에는 아직 부족함이 많습니다.

   백제사를 이해하는데 가장 어려운 점은 누구나가 실토하듯이 자료의 부족이라고 할 수 있습니다. 패망국이었을 뿐만 아니라 고구려사와 신라사를 강조하는 대내외적 분위기가 백제문화를 이해할 수 있는 자료의 부족을 심화시켰고, 최근 들어서는 새롭게 마한사가 강조되면서 상대적으로 백제문화를 이해할 수 있는 자료들을 크게 좁혀놓고 있습니다.

   이러한 자료 부족뿐만 아니라 연구 주제의 특정 분야에 편중되어 있고, 그나마 연구내용이 여기저기에 흩어져 있다는 것 또한 백제문화를 이해하는데 무시못할 걸림돌로 작용해 왔음을 부인할 수 없습니다. 알고 싶어 하는 내용을 쉽게 찾아볼 수 없다보니 자연히 백제문화에 다가서기가 어려웠던 것이 사실입니다.

   본서의 발간은 이처럼 백제문화 전반에 걸친 다양한 주제를 갖춘 단행본이 필요하다는 현실에서 공주대학교가 백제문화원형복원센터의 건립을 추진하면서 백제문화원형의 기초자료를 확보한다는 차원에서 각 분야의 옥고를 얻게 되었고, 이를 하나로 묶어 이루어진 것입니다. 본서는 백제문화를 형성하고 있는 성곽, 고분, 사찰, 주거지 그리고 토기와 와전, 금속공예, 무기, 불상에 이르기까지 백제의 유적과 유물을 망라하여 그 특징을 밝혀보는 것으로 구성되어 있고, 이로써 백제문화와 고구려 · 신라문화를 구별할 수 있는 객관적인 잣대로 삼을 수 있을 것입니다. 물론 이러한 특징은 백제문화를 알고 싶어하는 사람들이나 백제문화에 대해 막 연구를 시작하려는 사람들에게 백제문화의 실체를 확인시켜줄 수 있는 요체이기도 합니다. 본서의 제목을 『백제문화의 특성 연구』라고 정한 이유도 여기에 있습니다.

본서의 출간은 관련분야의 귀중한 옥고를 내어주신 여러 선생님들의 덕택에 이루어진 것임을 재삼 강조하면서 어려움 속에서도 훌륭한 옥고를 내어주신, 차용걸, 곽동석, 최맹식, 박순발, 권오영, 김길식, 서정석, 조원창 선생님께 다시금 깊은 감사를 드립니다. 그리고 초기 본 백제문화원형 복원 사업과 관련 백제문화 특성연구가 이루어질 수 있도록 배려하여 주신 윤용혁 선생님께 감사드리고, 아울러 상업성이 별로 없어 보이는 책을 선뜻 출간해 주신 서경문화사 김선경 사장님과 편집실 관계자들께도 감사를 드립니다.

모쪼록 이 작은 책자가 백제문화를 알고 싶어 하는 사람들에게 백제문화를 종합적으로 이해할 수 있는 참고자료가 되고, 한편으로는 앞으로 한 차원 높은 백제문화 연구의 발판이 되기를 기대합니다.

2004. 10.

편저자   이 남 석

차 례

백제의 도성

■ 차용걸

【백제의 도성】

차 용 걸*

1. 도성 개념과 백제 도성의 이름

성벽으로 둘러싸인 도시들 가운데 왕이 거주하는 왕궁이 있고, 최고 지배자인 왕의 조상들에 대한 제사를 드리는 신전으로서의 종묘(宗廟)와 국가의 경제적·사상적 기초를 이루는 토지와 곡식의 신을 제사하는 사직(社稷)을 가진 도시를 도읍(都邑)·도성(都城)이라고 부른다. 따라서 도읍이 있다는 것은 그 자체로 국가가 존재한다는 말이 되며, 도읍이나 도성이 아닌 지방의 보다 작거나 격이 낮은 곳의 도시들에 있는 지방 도시의 성들은 대개 읍성(邑城)에 해당한다고 할 수 있다. 읍성은 행정구역의 등급에 따라 군성(郡城)·현성(縣城) 등으로 구분되는 이름을 사용한다. 도성은 모든 읍성들보다 우월한 정치적 지위에 있으며, 곧 중앙이 되고 나머지 읍성들은 지방이 된다.

도성은 그 자체가 상징하듯이 최고 지배자의 거성(居城), 즉 왕이 계시는 왕궁을 둘러싼 성이므로 왕성(王城)이라 하기도 하고, 국가의 정치·경제·사회·문화의 중심지였으므로 다른 읍성들과 비교할 때 규모가 더 크고, 웅장한 시설을 갖추었다.

* 충북대학교

도성이라는 대명사가 보편적으로 사용되었지만, 경성(京城)이라고
도 하고 경도(京都) · 경사(京師) · 왕경(王京)이라고도 하는 것은
"서울"의 성과 도시 전체란 의미이며, 실제로 각각의 나라들은 독특
한 이름의 고유명사로 도성을 불렀다.

백제에서는 위례성(慰禮城)의 단계가 있었으나, 도성 전체를 한성
(漢城), 혹은 대성(大城)이라 표현한 것으로 보아 우리말로 "큰 성"
이라고 불렀을 가능성이 있다. 우리말로 성(城)을 "잣"이라 하였으
므로 순수한 우리말로는 "큰 잣"이었을 가능성도 있다.

백제가 건국한 이래 중심을 이룬 한강 유역에서 서기 475년 금강
유역의 웅진(熊津 : 오늘날의 공주)으로 도읍을 옮긴 후에는 웅진성,
혹은 고마성(固麻城)이 왕성이 되었다. 웅진, 혹은 웅천(熊川)에서는
63년간 도읍을 삼았다가 서기 538년에 다시 사비(泗沘:오늘날의 부
여)로 천도하였다.

웅진이라는 이름은 일본의 옛 기록인『일본서기(日本書紀)』에서는
구마나리(久麻那利)라고 기록하였다. 또 중국 기록인『주서(周書)』
와『수서(隋書)』·『북사(北史)』등에서는 고마성(固麻城), 혹은 거발
성(居拔城)이라 기록하였다. 오늘날까지도 공주에는 "곰나루"가 있
다. 이 곰나루를 한자(漢字)로 기록하면 곰(bear)을 뜻하는 웅(熊)과,
배를 대는 선착장인 나루(津)로 표현되며, 우리말 곰나루가 한자로
웅진, 일본말과 중국에서는 곰을 "고마"라 표기하고 우리말 나루를
"나리"라 발음한 것일 수도 있다고 추측하기도 한다. 한편으로는
"고"는 "크다"(kʹoː), 즉 대(大)의 의미로 보고, "마"를 "마을" "말
(mar)"로 보아 큰 성이 있는 마을, 큰 성이 있는 부락의 선착장이란
의미였다고 생각하기도 한다.

웅진도성에 있으면서 착실히 준비하여 건설한 새로운 도성으로 성
왕(聖王) 16년인 서기 538년에 천도(遷都)를 하였다. 이 새 도성은
사비(泗沘), 혹은 소부리(所夫里)로 부르는 곳이었다. 사(泗)는 뜻이
크물(kmur), 비(沘)는 부리(夫里) · 벌(伐) · 불(火, 弗)과 함께 마을

을 뜻하여 큰 마을, 대성(大城)의 의미가 있다고 하며, 중국 기록의 고마성(固麻城), 거발성(居拔城)이라는 도성의 호칭은 우리말 소리에 따라 기록한 것이라고 추측하기도 한다. 당초의 이름인 웅진성이나 사비성은 의미에 있어서는 동일한 것인데도, 도읍을 옮긴 이후는 서로 구분되는 이름으로 불렸다고 한다. 사비(泗沘) 도성의 다른 이름으로 표기된 "소부리(所夫里)"는 훗날 "서울"이란 말의 어원(語源)이 되었다고도 여겨지며, 안팎의 이중 성벽을 가진 새로운 도시를 만든 것이었다.

한성(漢城)·웅진(熊津)·사비(泗沘)는 백제가 차례로 도읍을 삼은 곳이다. 이들에게서 나타나는 공통된 요소가 있다면, 그것은 곧 백제 도성은 항상 강변의 커다란 나루터를 끼고 있는 곳에 위치하여 대량의 물자가 유통되는 편리성을 가진 곳에 건설되었다는 점이다. 그리고 그 이름은 모두 큰 성(大城)의 의미가 내포되었으며, 독특한 고유 명사로 불렸다. 고구려의 도성이 결국에는 장안성(長安城)이라는 중국의 도성이름과 같아진 것과는 다르다. 신라의 도성이 금성(金城)이라 불린 것과도 다른 백제 나름대로의 도성 이름이었다. 훗날 신라의 서라벌(徐羅伐)과 백제의 소부리(所夫里)는 오늘날의 서울(Seoul)이란 이름으로 통합되었을 것이다.

2. 위례성과 한성

『삼국사기』에 의하면 처음 도읍을 정할 때 '한수의 남쪽'(漢水之南)이란 위치를 골라 도읍을 삼으면서 그곳의 전략적 형세를 다음과 같이 표현하였다.

"이곳 강의 남쪽 땅은 북쪽으로 커다란 강물을 띠처럼 두르고, 동쪽으로는 높은 산악을 의지하였으며, 남쪽으로는 비옥한 들판과 못을 바라보고, 서쪽으로는 큰 바다가 가로막았으니, 이곳에 도성을 짓는 것이 또한 마땅하지 않겠소?

[惟此河南之地 北帶漢水 東據高岳 南望沃澤 西阻大海 作都於斯 不亦宜乎]"

라고 하였다. 이러한 표현은 웅진과 사비에 대한 설명에서는 기록에 나타나지 않았으나, 오늘날 확인 할 수 있는 백제 도성들의 위치선정은 '커다란 강물의 남쪽' 이란 점과 사방의 형세에서 일치하고 있다. 따라서 백제 도성의 가장 큰 특징의 하나는 바로 이처럼 천연의 지리

적 요충이 되는 곳을 선택하였다는 점에 있었다고 볼 수 있다.

북쪽과 서쪽이 물로 막히고, 동쪽은 산악지대로 막혔으며, 남쪽으로 경제력의 바탕이 되는 비옥한 들판이 있는 것은 백제 영토의 전체에 대한 형세 설명과도 동일

〈도면 1〉 서울 한강 남쪽의 풍납동토성 · 몽촌토성의 위치

하다. 이 때문에 도성은 백제 영토의 중앙보다는 북쪽에 치우쳐 존재하였다.

처음의 위치를 알 수 없는 위례성(慰禮城)에서 나라를 세운 서기전 18년으로부터, 시조인 온조(溫祚) 13년(서기 6)에 도읍을 옮겨 영구한 중심지로 삼은 도성의 입지는 토지가 기름져(土壤膏腴) 국가의 경제적 토대가 든든하고, 지리적 위치가 방어에 적합하여 오래도록 안전함을 도모한 계책[圖久安之計]으로 간주되었다.

이러한 위치의 선정은 백제 왕국의 북쪽과 동쪽에 자주 침입하는 적대세력이 있었던 당시의 환경[國家 東有樂浪 北有靺鞨 侵軼疆境

少有寧日과 밀접히 관련되어 있었으며, 지리적인 상황으로 보아 마땅한 위치의 선택이었다고 생각된다.

도성을 어디에 정하느냐는 국가의 존망과 관련되었다. 온조와 함께 이동하여 백성을 나눈 비류(沸流)는 미추홀(彌鄒忽)에 돌아가 살다가 땅이 습하고 물이 짜서 편안히 살 수 없었으므로 그 백성은 나중에 온조의 백제로 통합 흡수되었다는 기록이 이를 증명하고 있는 것이다.

온조왕이 처음 도읍으로 정한 곳을 위례성(慰禮城)이라 하였다. 이곳에는 동명왕묘(東明王廟)가 세워진 기록이 있고, 성문을 닫고 적을 방어할 수 있는 정도의 시설이 있었다. 한강의 남쪽에 목책을 세우고, 맨 먼저 백성들을 이주(移住)시킨 후 궁성(宮城)과 대궐(大闕)을 세웠으며, 이후 새로운 궁실의 건축, 왕실 조상의 사당 짓기, 천지에 제사하는 제단 만들기 등이 차례로 이루어진 것으로 기록되어 있다.

도성의 규모는 점차 커져서 인구가 늘어나게 되자 남북 동서의 4부(部)를 나누어 구획하게 되었으며, 이후 처음 도읍이었던 위례성도 서기 23년과 서기 286년의 두 차례나 다시 수리하였다.

한성(漢城)은 서기전 5년에 도읍을 위례성에서 옮긴 곳의 이름인데, 이후 그 범위가 크게 확대되었다. 이러한 발전은 주변의 작은 세력들을 아우르면서 진행되었다. 위례성은 우리말 울, 울타리로 된 성의 의미로도 해석된다는 견해가 있고, 한성이 처음 울짱(柵)으로 만들어진 것처럼, 이 당시의 성은 목책(木柵)을 의미하는 것으로도 해석한다. 울타리처럼 성벽을 삼은 위례성에서 한성으로 옮겨 새로운 도성을 삼은 것은 인구와 국가 규모가 커져서 임시적인 도성으로부터 계획적인 도시를 건설한 것이라고 해석된다. 따라서 한성은 보다 큰 규모의 대성(大城)을 건설하면서 붙은 이름일 것이다.

한성의 한(漢)은 중국의 왕조 이름과도 같다. 한(漢)은 진(秦)을 대신한 왕조로 처음에는 장안(長安)을 도읍으로 삼았고, 후한(後漢) 때에 이르러 낙양(洛陽)을 도읍으로 하였다. 한의 도읍이었던 장안은 서북 방향에 강이 흐르고 왕궁이 남쪽에 있으면서 시장이 서북쪽에 건설되어 있었다. 궁궐의 정문도 북쪽으로 있었고, 도성 안에 관리와 민간인들이 뒤섞여 살았다고도 한다. 후한 때에는 강의 북쪽에 있으면서 궁전이 중앙보다 북쪽으로 치우친 것으로 변화되었다. 이러한 구조는 백제 초기 위례성과 한성의 입지 조건에서도 비슷한 점이 있을 수 있다. 그러나 한(漢)의 문화적 영향은 직접적으로 대동강 유역에 있었던 낙랑군(樂浪郡)에 이어진 다음 백제는 보다 독자성을 가진 상태에서 일부 선진 문물을 수입하였다고 여겨진다. 낙랑군의 치소(治所)는 대동강 남쪽 기슭의 구릉지에 만들어진 불규칙한 모양의 토성이며, 주변에 많은 고분(古墳)들이 분포되어 있다. 북쪽으로 대동강에 닿은 곳에 구두진(狗頭津 : 개 머리 나루의 뜻)이란 나루가 있다. 이러한 구조는 중국 본토 지역의 것과는 형태에서 차이가 나지만, 한반도 지역에 처음으로 판축(版築)이라는 축성 기술이 도입된 것을 알려준다.

판축이란 성벽을 흙으로 만드는 기법이다. 일정한 너비와 길이 단위로 기둥을 세우고, 기둥과 기둥 사이 안팎으로 판자를 끼운 다음, 흙을 얇게 펴서 넣은 뒤에, 나무 막대나 절구 공이 모양의 도구로 다지는 작업을 반복하는 것이다. 이처럼 다지면 굵은 모래알과 진흙이 다져지면서 작은 틈새도 메워져 물이 스며들지 않도록 굳어지며, 나무 뿌리조차 들어가지 않는다. 이러한 기술이 적용된 성터가 지금까지는 서울의 한강 이남에서 몽촌토성과 풍납동토성에서 확인되었다. 따라서 백제의 한성은 오늘날의 강남 풍납동과 몽촌토성을 중심으로 한 일대였다고 추측할 수 있다. 백제가 일찍 선진적 기술을 도입하여 커다란 규모의 토성을 축조한 것은 곧 국가체제를 일찍 갖춘 것을 의미한다.

아직 확실히 밝혀진 것은 아니지만, 한강 남쪽 강안의 두 토성은 입지 조건이 약간 다르다. 규모에 있어서도, 형태에 있어서도 다르다.

한성에 대한 기록에 의하면 서기전 4년에 처음 궁실을 지을 때 "검소하면서도 누추하지 않으며, 화려하였으나 사치스럽지 않은" 모습으로 지어졌다고 하였다. 도성에는 동명묘(東明廟)와 국모묘(國母廟)가 있었으며, 아마도 성밖의 남쪽에 대단(大壇), 혹은 남단(南壇)이라는 의례건물이 있었다. 궁궐 안에는 홰나무[槐樹]도 있었고 우물도 있었다. 황새[鶴]가 도성 문 위에 집을 짓기도 하였다. 서기 188년에 궁실을 수리한 기록이 있고, 성의 서문이 불이 나서 타기도 하였고, 궁궐의

〈도면 2〉 풍납동토성의 항공사진 모습

문기둥에 벼락이 내리 친 기록도 있다. 서쪽 성문밖에는 활쏘기를 연습하는 사대(射臺)도 있었다. 궁궐 가운데서도 왕이 정사를 돌보는 남당(南堂)이 고이왕 때인 서기 261년까지는 건립되어 있었다. 서기 320년에는 궁의 서쪽에 사대(射臺)를 만들어 초하루와 보름마다 활쏘기를 익혔다. 서기 333년에는 왕궁에 불이나 민가까지 옮겨 붙었다고 하고 다시 왕궁이 수리되었다.

근초고왕(近肖古王)이 고구려를 쳐서 영토를 크게 확장하고 위세를 드날리게 되자 서기 371년에는 한산(漢山)으로 도읍을 옮겼다고 하였는데, 이 때의 한산이 구체적으로 어디인지는 아직 모르고 있다. 이 한산에는 침류왕 2년(385) 백제 최초의 불교 사원이 건설되었다.

서기 391년에 이르러서는 궁실을 개수(改修)하고, 연못을 파고 그 안에 인공의 산을 만들어 기이한 새와 이색적인 화초를 기르게 되었

다. 이제 백제의 서울은 기와로 지붕을 인 왕궁과 사원, 묘사와 제단, 남당을 비롯한 관청과 창고, 연못을 가진 정원, 누각과 대사(臺榭) 등을 갖춘 당시 한반도 최대의 화려하고 장려한 도시로 탈바꿈되었다. 별궁과 행궁이 곳곳에 자리하고 즐비한 민가가 있으면서 중국 대륙과 일본열도를 배를 타고 오가는 외교 사절과 상인이며 각지에서 구경 온 지방인이 북적대는 한반도 최대의 도시가 된 것이었다. 이제까지 위례성·한성·한산으로 구역된 전체가 왕도(王都)의 범위가 확장되어 하나의 거대도시(Metropolitan)가 되었으며, 비로소 출신지가 한성으로 표시되는 한성인이 등장하였고, 왕도의 주변을 아우르는 경기(京畿)가 형성되어가고 있었다.

최근의 고고학적 조사 결과 몽촌토성과 풍납동토성은 백제의 왕도로서 손색이 없는 것으로 판명되었다. 가장 큰 규모인 풍납동토성은 거대한 판축 성벽과 그 외곽에 물이 돌아가는 해자(垓子 : 성밖에 판 넓고 깊은 도랑)로 방어력을 높인 것임이 알려지게 되었다. 성벽은 둘레가 3,500m 이상이며, 내부 면적이 20만평이 넘는다. 성벽은 중심부에 너비 7m, 높이 5m의 판축 성벽을 가운데 두고, 안팎으로 덧대어 축조된 성벽의 전체 규모가 너비 43m, 높이 11m가 넘는 규모까지 확인되었다. 물에 침식되지 않도록 호성파(護城坡 : 성벽 보호를 위해 아래쪽 내외에 덧대어 쌓는 벽)를 마련하고 그 위에 냇돌을 깔았다. 성 안쪽에서는 많은 주거 흔적과 도랑, 백제 특유의 세발달린 토기, 그릇을 올려놓기 위한 받침, 시루나 항아리 등의 각종 그릇, 삽날과 칼 등의 쇠연모, 가락바퀴 등의 실과 의복을 만드는 도구, 그물추와 같이 고기잡이 도구, 금속제품을 만들기 위한 거푸집 등의 생활 관련 유물뿐만 아니라 기와와 벽돌, 중국과의 무역을 알려주는 유물들, 건축물의 장식으로 사용된 흙으로 만든 주춧돌 모양의 것, 문자 생활을 알려주는 유물 등이 나왔다. 이 지역은 이미 선사시기부터 사람이 살던 곳으로 반달돌칼과 초기 철기시대의 유물도 다량으로 나오고 있어서 일찍부터 토착 거주자가 있었다고 여겨지고 있다.

몽촌토성 또한 서울올림픽을 위한 준비 과정에서 조사되었는데, 백제의 목책에서 토성으로 여겨지는 성벽을 비롯하여 왕도(王都)를 구성하였던 곳으로 알려져 있다. 이들 두 토성의 서남쪽으로 석촌동 고분군이 있다. 이곳에는 돌로 층단을 이루어 축조한 커다란 고분뿐만 아니라 나무로 관을 만들어 묻은 무덤들이 떼를 이루고 있어서 한성 도읍시기의 왕릉과 귀족들의 무덤 구역이었음을 알 수 있다.

위례성과 한성, 한산의 시기는 기록으로는 서기전 18년에서 시작되어 서기 475년까지 493년이라는 장구한 시간이 되어 전체 백제 역사의 70%가 넘는 긴 기간이었으나, 세월이 오래되고, 기록이 적은 때문에 확실한 양상을 모르는 부분이 아직 많다. 계속되는 고고학적 조사를 통하여 차츰 보다 더 많은 사실들이 앞으로 밝혀지게 될 것이다.

3. 한성에서 웅진으로

한때 고구려와 경쟁하면서 우월한 지위를 누리고, 북으로 평양성까지 진격하여 고구려의 고국원왕(故國原王)을 전사케 하였던 백제는 앞에서 보아온 것처럼 차츰 위상이 높아짐에 따라 화려한 궁궐을 포함하여 거대한 도성 시설을 갖추었다.

그러나 고구려에서도 광개토왕(廣開土王)이 군사적 우위를 가지고 백제를 공격하고, 이후 장수왕(長壽王) 때인 427년에는 평양으로 천도하여 남쪽으로의 영토확장을 꾀하게 되었다.

백제 개로왕(蓋鹵王)은 고구려와의 경계 지역에 대한 방어시설을 수리하는 한편으로 고구려 서쪽에 국경을 마주한 북위(北魏)에도 사신을 파견하여 공동으로 고구려에 대항하고자 하였으나, 오히려 고구려와의 원한이 깊어지고 말았다. 고구려는 서기 475년 9월에 장수왕이 3만의 군대로 한성(漢城)을 포위하였고, 개로왕은 성문을 닫고

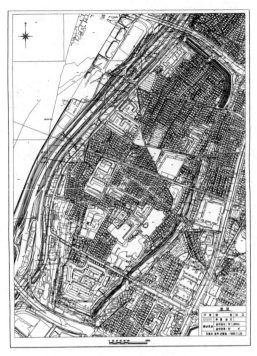

〈도면 3〉 풍납동토성의 현재상황 실측도

출전하지 못하였다. 고구려는 군사를 네 길로 나누어 양쪽에서 공격하면서 바람을 이용하여 성문을 불사르니, 성안의 민심이 흔들려 항복하는 사람들이 많았다. 왕은 어찌할 줄 몰라 기병 수십 명을 거느리고 성문을 열고 서쪽으로 가다가 고구려군에 살해되었다.

한성의 함락과 왕의 죽음으로 백제는 왕의 아들(혹은 동생이라고도 함) 문주(文周)가 웅진을 도읍으로 삼아 국맥을 잇게 되었다.

이 과정에서 다른 자료에 의한 기록에는 백제가 한성을 함락 당하고 웅진으로 천도한 원인을 지나친 토목공사의 탓임을 전하고 있다. 즉, 고구려의 승려 도림(道琳)이 첩자(諜者)로 백제에 거짓 망명하고, 장기(博奕)를 좋아하는 개로왕의 마음을 움직여 왕릉을 새로 수리하고, 많은 사람들을 동원하여 성을 쌓고, 강을 따라 커다란 제방을 축조하는 등의 토목공사로 창고가 텅텅 비고, 백성들이 곤궁하게 되었다는 것이다.

고구려는 이러한 민심 이반(離反)의 때를 이용하여 한성을 공격했는데, 북성(北城)을 7일만에 함락하고, 이어서 남성(南城)을 공격하니, 이곳에 있었던 개로왕이 성을 나가 도망하려다 붙잡혀 시해된 것으로 기록되었다. 또 『일본서기』에는 "을묘(乙卯)년 겨울에 고구려

대군이 와서 대성(大城)을 밤낮으로 7일간 공격하여 왕성(王城)이 함락되니 드디어 위례국(慰禮國)을 잃고 왕과 대후 왕자들이 모두 적군에게 죽임을 당하였다"〔乙卯年冬 狛大軍來攻大城七日七夜 王城降陷 遂失慰禮國 國王及大后王子皆沒敵手〕라고 하였다.

한성, 위례성, 대성, 남성, 북성 등의 명칭과 그 실체에 대해서는 여러 학자들의 의견이 있으나, 대략 말기에 이르러서는 한성(漢城)은 곧 대성(大城)으로, 북성(北城)과 남성(南城)의 두 성이 있었다고 간주하고, 북성이 오늘날의 풍납동토성, 남성은 몽촌토성을 의미한다고 추측된다. 고고학적 조사의 개략에 의하여 몽촌토성이 오히려 군사적 측면이 강한 곳으로 추론되어 시기상으로도 보다 늦은 시기에 축조된 것이라고 추측하고 있다.

개로왕 때의 축성과 관련하여서는 증토(烝土)라는 방법을 사용하여 가혹한 사역이 이루어진 것으로 묘사되었다. 증토란 중국에서 5세기초에 석회와 흙을 물에 개어 성을 쌓는 방법이 사용된 것을 말하며, 회삼물(灰三物)이나 삼화토(三和土)에 의한 판축방법을 말한다. 즉, 생석회에 물을 섞으면 화학작용으로 열이 발생하고 탄산가스와 수증기가 생겨 마치 물이 끓어오르는 현상이

〈도면 4〉 몽촌토성의 현재상황 실측도

나타나는 것을 형용한 것인데, 오늘날 남아있는 성벽에서 아직 검출된 것은 아니지만, 그만큼 견고한 성벽을 축조하느라고 노동력을 많이 징발하였음을 한성 함락의 원인으로 들고 있는 것이다.

한성의 함락으로 왕성을 잃은 백제는 개로왕에 의하여 신라로 파견된 문주(文周)가 구원군을 조직하여 돌아왔을 때, 이미 성이 함락되고 왕이 죽었으므로 웅진으로 옮겨가게 되었다. 웅진은 이미 백제 남쪽의 요충지로서, 당시 금강유역의 중요한 지역 중심지를 이룬 도시다운 곳이었다. 토착적 세력기반을 가진 세력이 존재하여 한성시기에 한성 버금가는 곳이었으므로 이곳에 도읍을 삼았을 것으로 추측된다. 최근 금강 북쪽의 수촌리 고분군에서 한성 도읍기의 유력한 세력을 이룬 이 지역의 우두머리 무덤으로 여겨지는 무덤이 조사되어 이런 생각을 더욱 확인하여 준다.

한성의 함락으로 큰 타격을 받은 백제는 웅진에 새로운 도읍을 만들고, 다시 국력을 키우면서 보다 남쪽 멀리 탐라(오늘날의 제주도)까지 영역으로 만들 수 있었던 것이다.

4. 웅진에서 사비로

웅진 도성과 관련된 유적은 공산성(公山城)과 송산리고분군 등의 대표적인 것 외에도 사원 유적을 포함하는 신앙 유적이 있다. 웅진 도읍 시기는 고구려에게 패한 이후의 중흥을 이룩한 시기로서, 웅진의 지형이 한성의 지형과 같이 금강을 두른 천혜의 방어도시적 성격을 갖추었으며, 또 이미 성을 축조하여 사용할 수 있었을 것이기 때문에 응급적 상황에서도 가장 이상적인 곳을 도읍지로 선택한 것이었다고 믿어지고 있다.

웅진도성의 핵심은 공산성으로서 둘레가 2,660m 정도의 토성이 있었고, 일부는 석축으로 된 성벽이었다. 물론 후대 조선시대까지도 수

축과 개축을 통하여 사용되어 온 성이기 때문에 백제 웅진도읍기의 것이 완전히 남아있는 것은 아니다. 이 공산성, 혹은 쌍수산성이라 부르던 성터의 동서 방향에는 보조용의 토루로 된 별도의 산성이 있다.

웅진 도읍 시기에는 궁실을 중수한 것이 문주왕 3년(477)에 중수(重修)라는 표현으로 나오고, 동성왕(東城王) 8년(486) 7월에도 궁실을 수리하였으며, 498년에는 웅진에 다리가 가설되었고, 동성왕 22년(500)년에는 임류각(臨流閣)이라는 누각을 지었는데, 높이가 5장(丈 : 10尺을 1丈이라 하니 50尺)이나 되었으며, 또 못을 파고 진기한 새를 키웠다고 하였다. 웅진성은 사비로 천도하기 전인 성왕 4년(526)에 수축되었다고 기록에 보인다.

웅진도성에는 한성시기와 같이 궁궐과 남당(南堂), 그리고 제단이 마련되어 있었으며, 어디에 놓았는지 확실하지는 않으나 웅진교(熊津橋)가 가설되고, 궁궐의 동쪽에는 임류각이라는 전각을 세워 못을 만든 궁원(宮苑)이 조성되었으므로, 시설의 배치는 다른 것이었는지 모르나, 한성 융성기의 모습을 방불케 하는 왕성의 위용(偉容)을 갖추었음을 알 수 있다.

지금까지의 조사에 의하면, 웅진 시기의 왕궁은 왕성의 서쪽에 자리하였다고 여겨지고 있다. 해발 85m의 산 정상부에 6,800㎡ 정도의 평탄한 광장 대지가 있는 곳으로 현재 쌍수정이 있는 곳 아래에 해당한다. 이 지역의 조사에서 구덩이에 기둥을 세운 건물 한 채와 반지하식 건물지가 있었음이 알려졌고, 주춧돌을 사용한 건물 두 채, 연못과 나무로 크게 상자를 짠 저장시설 등이 조사되었다. 이들 가운데 주춧돌을 사용한 건물은 동쪽 부분의 것과 북쪽 부분의 것이 있다. 동쪽의 것은 서쪽을 향하여 남북 방향 5칸에 측면 2칸의 10칸짜리 규모로 길이 24m, 너비 9.6m의 크기가 된다. 광장 중앙 북쪽의 것은 동서 방향으로 6칸, 남북 측면이 4칸으로 길이 24m, 측면 14m의 커다란 규모이다.

광장의 남쪽 중앙에는 돌로 위가 지름 7.3m, 아래로 좁아 들어가 지름 4.8m가 되도록 깊이 3m의 사발 모양 연지가 있고, 나무곽을 짜서 지하식으로 만든 저장시설이 서북쪽에 있는 것이 조사되었다. 이들 유구에서는 각종의 백제시대 사용된 그릇들과 백제 그릇으로 가장 특징적인 세 발 달린 토기, 화려하게 지붕을 덮었던 연꽃무늬 막새기와, 청동에 금으로 도금한 봉황모양의 향로 등이 출토되었다. 이러한 건물의 규모나 출토유물로 보아 웅진시기 백제 왕궁터로 추측하고 있다.

임류각은 동성왕 때 지은 것으로 기록에서 왕궁의 동쪽에 만들었다고 하였다. 조사에 의하면 임류각터는 왕궁으로 추정되는 곳에서 동남쪽으로 건너다 보이는 광복루가 있는 봉우리의 서쪽 경사진 곳에서 임류각과 관련될 것으로 추측되는 류(流)라는 글자가 있는 기와가 출토되어 임류각이 세워진 곳으로 추측되었고, 이곳에 대한 발굴조사 결과 경사진 곳을 평평히 조성하여 한쪽 길이가 10.4m 규모의 바른 네모꼴 건물터가 확인되었다. 건물터에는 남쪽으로 향한 면이 5칸, 동쪽으로 향한 측면이 6칸 규모로 주춧돌 31개가 남아 있고 나머지는 이미 다른 곳으로 옮겨지거나 없어졌다. 이곳에 높이 50자 규모의 임류각이 있었다면 충분히 금강 물줄기와 왕궁을 중심으로 한 주변을 내려다 볼 수 있었을 것으로 추정된다. 공산성 내에는 골짜기로 낮은 부분이 북동쪽 강변으로 두 곳이 있으며, 영은사가 있는 골짜기와 공북루가 있는 골짜기가 그것이다. 이 낮은 곳에 연못이 있으며, 비탈진 경사면에서도 연못이 있어서 성안에 각종 창고와 궁원(宮苑) 누각(樓閣)들이 자리하였을 것으로 추정되고 있다. 그러나 불교 사원이 공산성 안에 자리하였는지는 아직 밝혀지지 않았고, 현재의 공주 시가지에 대통사(大通寺)라는 사원이 조영되었다.

웅진 도성은 공산성과 그 남쪽의 둘레 800m 규모의 토루로 된 성, 교동초등학교 뒤의 둘레 약 360m 규모의 토루로 된 성이 있어서 보조적인, 혹은 왕도 구성의 복잡성을 보여주고 있으나, 아직 민가가

거주하는 지역 전체를
에워싼 외곽성으로서의
나성(羅城)은 그 실체에
대하여 존재하였다는 주
장과 존재하지 않았다는
주장이 엇갈려 있는데,
고고학적 조사를 거친
나성의 실체가 확인되지
못한 상태이다.

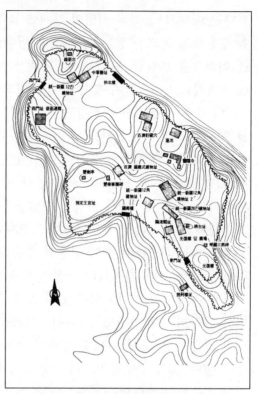

〈도면 5〉 공산성의 형태와 구조도

응진에서의 기간에 백
제는 신라와 공동으로
고구려의 공격을 막아내
면서 한편으로는 응진
도성의 방어를 위하여
고구려 방면뿐만 아니라
신라 방면에 대해서도
방어망을 튼튼히 구축하
고 있었다. 방어망은 주
로 산성들에 의하여 구성된 것이며, 기록으로 보아 신라에 대비하여
동성왕 때에는 탄현(炭峴)에 목책을 건설하였다고 하였다. 이 밖에
도 동성왕 때에는 응진과 사비를 중심으로 하는 중심의 외곽에 축성
을 하였던 기록들이 보여, 왕도의 방어체계가 마련되었음을 알려준
다.

국력의 회복과 지방세력에 대한 효과적인 통치조직을 새로이 짜려
는 노력은 동성왕이 시해됨으로써 일단 좌절되는 듯하였으나, 무녕
왕이 내분의 위기를 수습하고 계속 추진된 듯하다.

새로운 도성의 건설은 응진도성이 바닷길로부터 너무 깊숙이 들어
와 물결을 소급하면서 항해하기 어려워 물자의 유통에서 사비 지역

보다는 어렵고, 웅진의 지형이 산지에 둘러싸여 보다 큰 규모의 인구를 수용하기 어려운 점, 금강의 잦은 범람으로 민가가 자주 떠내려가는 어려움을 보완할 수 있는 점, 기존 신라에 대한 방어 시설을 동시에 효과적으로 사용할 수 있는 곳이 고려되었다고 여겨진다.

이미 웅진 도읍기인 동성왕과 무녕왕(武寧王) 시기에 다시 고구려를 연거푸 격파하여 위신을 되찾고, 보다 원대한 계획으로 새로운 도성을 만들기로 작정하였을 가능성이 컸다고 이해되고 있다. 즉, 동성왕 12년(490)년에 사비에서 사냥을 한 이후, 23년(501)에 두 차례나 사비의 동쪽과 서쪽에서 사냥을 하였음을 보면, 그리고 우두성(牛頭城 : 현재의 부소산성이란 학설이 있으나 아직 어딘지 모름)이나 가림성(加林城 : 지금의 부여 임천의 성흥산성으로 여겨짐) 등을 축조하는 것으로 보아 기본적인 구상이 이루어진 가운데 새로운 도성의 건설을 시작하였을 가능성이 있다고 주장되고 있다. 사비로 천도하면서 나라의 이름까지도 남부여(南扶餘)라 한 것을 보아 천도 후부터 궁궐을 만든 것이 아니고 계획적인 공사가 진행된 후에 천도하였을 것이며, 고고학적 증거로서 사비도성에서 나오는 유물 가운데 웅진시기 유물이 출토되는 점도 고려하여 이러한 생각을 하게된다.

5. 사비도성의 운영

사비도성은 현재의 부소산성과 나성, 그 외곽으로 능산리의 고분군과 청마산성을 비롯한 주변 방어 시설을 포함하여 새로운 도성 형식을 만든 것이었다. 이 새로운 도성의 건설은 첫째로 금강이 동북에서 흘러와 북쪽을 에워싸고 서남쪽으로 흘러가는 남쪽 기슭의 산을 중심으로, 북쪽을 향한 골짜기까지 에워싼 산성을 만들고, 둘째로 이 산성의 동쪽 끝을 연결하여 동쪽의 청산성을 지나 능산리에 이르러 다시 남쪽으로 달리다가 휘어지는 외곽성벽, 즉 나성(羅城)을 쌓고,

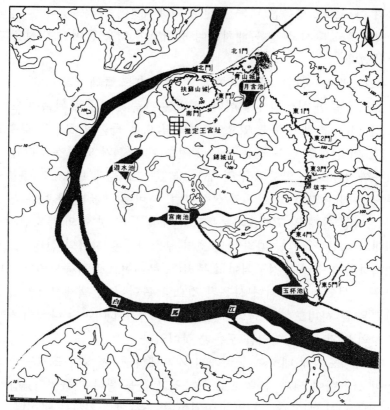

〈도면 6〉 사비도성의 구조도

셋째로 산성의 서쪽 끝에서 얼마간의 부분에도 방어선을 이루는 외
곽성을 쌓으면서 현재의 부여 시가지를 감싸는 남쪽에 연못을 조성
한 궁남지가 조성되므로서 산성과 그 산성 외곽의 지역까지 두르는
새로운 양식의 도시 방어망을 가지게 된 점에서 특징을 가지게 되었
다. 이런 유형의 도시가 한반도에 등장한 것으로는 최초의 것으로서,
이 나성으로 둘러싸인 내부가 기록에 의하면 5부(部)로 구획되고, 각
각의 부는 다시 5항(巷)으로 구획이 되었다고 하였다. 현실적인 거주
지역은 산성과 나성 안쪽에, 그리고 왕릉은 나성의 동쪽 바깥인 능산
리에 조성되었고, 비로소 나성 내에 여러 사원(寺院)이 건축되고, 왕

릉의 아래로도 명복을 비는 사원과 의례시설이 자리하였다. 나성의 외곽으로도 다시 산성을 배치하여 방어망이 더욱 굳어진 도성을 건설하였다.

부소산성은 사비도성의 북쪽에 자리하였다. 둘레 2.2km 가 넘는 규모로 험준한 산성의 양식이다. 성벽은 판축된 토루로 된 부분도 있고, 돌로 축조된 부분도 있으며, 성벽 밖으로 돌출된 치성을 갖추고 있다. 이 산성의 남쪽 높은 곳은 영일루(迎日樓)가 있는 봉우리와 그 서쪽까지를 두른 별도의 구역 두 개가 있는데, 둘레 1.4km의 부분으로 통일신라 및 고려 이후의 산성이며, 사비루(泗沘樓)를 두른 별도의 성벽인 둘레 약 700m의 부분도 전체를 두른 한 겹의 부소산성과 시대가 다른 것이다. 따라서 당초의 부소산성은 하나의 산성으로서 존재하다가 훗날 행정구역이 소부리군, 부여현으로 강등되면서 보다 작은 산성으로 개축되어 사용된 것으로 판단된다. 백제시기의 부소산성은 곧 사비도성의 핵심적인 성이며, 여기서 이어진 나성이 사비도성의 민거(民居) 지역을 포용한 것이었다.

이 사비도성에 대하여 중국측의 기록에서는 "왕성의 크기는 한쪽 면이 1리 반이 되며, 북쪽으로 향하였고 돌을 쌓아 만들었다. 성 아래 10,000여 가(家)가 있으니, 이것이 곧 5부의 거처하는 곳이다. 하나의 부마다 군대 500인 씩이 있다"라고 하거나, "왕이 도읍으로 삼은 성안은 다시 5부로 되어 있으며, 모두 달솔(達率)이 그것을 거느린다. 또 성안에 5항(巷)이 있어 사서(士庶)가 살고 있다"라고 하였다.

또 다른 기록에는 왕도 내부가 상부·중부·하부·전부·후부의 다섯으로 나뉜다는 기록은 지금의 향교 부근에서 전부(前部), 상부전부천자차이…(上部前部川自此以…)라 새긴 표석(標石)이 있고, 동남리에서 상부을와(上部乙瓦)라 쓴 기와가 나오며, 쌍북리에서 중부을와(中部乙瓦)라는 기와가 출토되기도 하였으며, 최근 궁남지(宮南池)에서 나온 목간(木簡)에 먹으로 쓰여진 글자에는 5항(巷) 제도의

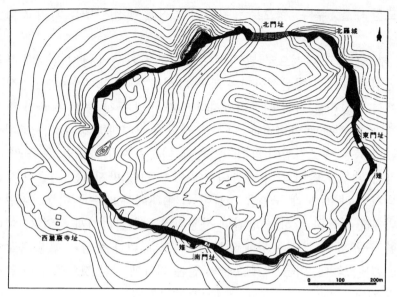

<도면 7> 부소산성의 현황실측도

시행과 관련된 것도 출토되고 있어 확인되고 있다.

사비도성 시기의 백제는 왕과 왕족 이외에 8개의 성(姓)을 가진 유력한 귀족이 있었으며, 관등은 16등급으로 체계화되고, 중앙의 관청은 22부(部)를 내관(內官)과 외관(外官)으로 크게 구분하여, 내관에는 전내부(前內部)·곡부(穀部)·육부(肉部)·내략부(內掠部)·외략부(外掠部)·마부(馬部)·도부(刀部)·공덕부(功德部)·약부(藥部)·목부(木部)·법부(法部)·후궁부(後宮部)의 12부가 있고 또 별도의 장장(將長)이 있으며, 외관으로 사군부(司軍部)·사도부(司徒部)·사공부(司空部)·사구부(司寇部)·점구부(點口部)·객부(客部)·외사부(外舍部)·주부(綢部)·일관부(日官部)·시부(市部)의 10부가 있었다. 이처럼 기능별로 22부(部)로 구분되어 각기 책임자가 있었으며, 그 책임자들은 3년을 임기로 하여 교대되었다. 사비도성에는 이처럼 내외 여러 일을 분담하는 관청이 들어서고, 그곳에서 일하는 많은 관리와 서민들이 거주하였으며, 인구가 밀집된 때문에

백제의도성

도성 내를 5부와 5항으로 구분하여 조직된 행정 구조를 가지고 있었다.

부소산성과 나성으로 된 사비도성의 구조 가운데 나성은 현재 부소산성 동쪽에서 청산성까지의 북쪽 나성이 900m의 길이이고, 청산성에서 능산리를 거쳐 염창리까지의 5,400m의 구간 등 6,300m가 확실히 남은 것으로 밝혀졌다. 나성은 성벽이 저지대를 통과하는 곳에서는 독특한 축조기법이 확인되었는데, 나뭇가지와 나뭇잎, 풀을 깔고, 작은 말목을 많이 박아 뻘층이 가라앉는 것을 방지하는 기술이 사용되기도 하고, 모래 구덩을 만들어 벽체 내에서 배수가 이루어지면서 벽체를 지탱하게 하는 방법도 사용되었음이 알려지게 되었다. 이러한 수준 높은 기술은 뒤에 일본열도에도 건너가 축성과 제방 축조에 응용되었는데, 이는 백제 문물의 일본 전파에 의한 것으로 널리 알려져 있다.

나성의 성벽은 바깥쪽 아래로 석축하여 성벽을 보호하는 안쪽으로 판축된 성벽으로 된 것을 기본으로 하며, 곳곳의 지형에 따라 성벽의 너비가 조금씩 차이가 있다. 동쪽 나성의 필서봉 북쪽 기슭에 대한 조사에서는 기저부의 너비가 16m, 높이 약 5m의 성벽이 외측 아랫부분 2.5m 까지 석축된 바깥 성벽면을 가지며, 잘 다듬어진 사각추 모양의 화강암을 조금씩 안쪽으로 물려 쌓기로 수평 눈줄을 맞추어 안정감이 있었다. 평지에 가까운 부분에서는 성벽 기저부의 너비가 22m까지 넓어지고, 더욱 낮은 곳에서는 석축이 없이 판축된 토루 내외를 돌을 깔 듯이 박아 물의 침식을 막은 상태로 나타난 바 있다. 동문터는 현재의 부여~논산 사이의 국도 남측에서 조사되었는데, 문을 이루는 부분의 바깥이 둥글게 휘어지며, 문길의 너비가 9.5m로 매우 큰문을 만들었음을 알 수 있었다.

부소산성과 나성으로 된 외곽으로는 동쪽에 둘레 6.5km에 달하는 최대 규모의 백제 산성이 부여~공주 사이의 통로를 방어하는 위치에 자리하고, 북쪽으로는 증산성(甑山城), 서쪽 금강 하류 쪽으로는 성흥산성(聖興山城 : 백제 때의 加林城), 남쪽으로는 석성산성(石城山城)이 자리하고 있어서 외곽의 사방이 다시 산성으로 에워싸고 있다.

사비도성으로의 천도 이후 웅진도성도 그냥 버려진 것은 아니었다. 웅진도성은 옛 도읍지로서 사비도성 시기에는 사비도성 다음의 도시로서 계속 경영되었다. 백제가 전국 영토를 5방(方)으로 나누어 조직적인 지방 통치가 시작되자 웅진은 북방(北方)의 중심지로 유지되면서 사비도성의 배후가 되었다.

사비도성의 경우, 도성 내부는 웅진 시기의 왕궁 구조와 달리 보다 확장된 범위까지 포함되었던 것으로 여겨지고 있다. 도읍의 핵심인 왕궁은 천도가 이루어진 서기 538년 이전에 만들어졌을 가능성이 있고, 이후 무왕 31년(630)에 이르러 대대적인 수리를 시작하였다. 왕이 웅진성에 거동까지 하면서 수리에 나섰으며, 이후로도 궁궐 남쪽에는 634년에 20여 리나 물을 끌어들여 만든 연못이 있었다. 이 못의 사방 언덕에는 버드나무를 심고 못 가운데 섬을 만들어 마치 중국의 전설에 나오는 신선이 살고 있다는 방장선산(方丈仙山)을 방불케 하였다고 기록되어 있다.

왕궁의 남쪽에 이러한 시설이 있었던 것 이외에도 서북쪽 강 건너에는 이미 법왕(法王) 때인 서기 600년부터 짓기 시작하여 35년의 기간에 걸쳐 공사를 완료한 왕흥사(王興寺)가 지어져 왕이 대왕포에서 배를 타고 절에 건너가서 향을 피우곤 하였다. 왕흥사는 남쪽으로 강물에 드리운 사원으로 색색으로 장식된 장려한 절이었다. 무왕 때에는 보다 남쪽으로 멀리 익산(백제 때는 金馬渚라 불렸다)에도 미륵사(彌勒寺)를 창건하였다. 서기 634년에 이르러 무왕은 당초의 사비도성을 더욱 화려하고 장엄하게 꾸민 것이었음을 알 수 있는데, 도성의 강 건너까지 도읍이 확장되었다고 여겨진다. 인공 연못 이외에도 서남쪽 사비하(泗沘河)로 불리는 강의 북쪽 포구의 양쪽 언덕에 기이한 바위들을 들쭉날쭉 세우고, 사이 틈에 기이하고 이상한 화초가 자라게 하여 그림같이 아름다운 정원을 가꾸고 왕이 스스로 북도 치고 거문고를 타면서 노래하고 춤추기도 하였다. 왕궁의 남쪽과 북쪽에 정원과 연못 등을 갖춘 사비도성은 당시 한반도 최고 수준의 도성으로 번창하였다.

보다 남쪽의 논산 황화대(皇華臺)가 백제 왕의 유연처(遊宴處)로 전해오고, 더 남쪽인 익산 지역까지 왕경의 외곽 범위가 넓혀진 것으로 여겨지거나, 익산 지역으로 천도(遷都)하였던 것으로 기록된 자료도 있다. 무왕 때에는 망해루(望海樓)에서 신하들과 연회를 베푼 것으로 보아 호사스런 누각들도 갖추어져 있었다. 이후 의자왕 때에도 태자궁을 매우 사치스럽게 수리하고, 왕궁의 남쪽에 망해정(望海亭)을 세우는 등의 시설 확충과 수선공사가 있었다.

도성 안에는 불교 사원과 도교 사원인 도관(道觀)이 왕궁이나 태자궁 등의 궁궐에 못지 않은 장려한 건축으로 지어지고, 탑이 세워졌다. 오늘날 그 자취를 알 수 있는 사원터는 동남리의 정림사지를 비롯하여 군수리 절터, 가탑리 절터, 구아리 절터, 부소산 서쪽 기슭 절터, 쌍북리 절터, 현북리 임강사터, 용정리 절터, 율리 절터, 동산리 절터를 비롯하여 나성의 동쪽 능산리 고분군 사이의 능산리 절터, 규암면 외리 절터, 은산면 금강사터 등 20여 곳이 알려져 있다. 문헌기록에 나타나는 천왕사(天王寺), 도양사(道讓寺), 백석사(白石寺), 칠악사(漆岳寺), 오함사(烏含寺) 등 불교 사원뿐만 아니라 사택지적비(砂宅智積碑)에 새긴 것처럼 도교 사원도 있어서 불교승려와 도사들이 사비도성에 많이 왕래하였다. 이미 성왕 때에 일본열도에 불교를 전달한 이후 일본에 절을 만드는 기술자와 기와를 만드는 기술자, 탑을 만드는 기술자 등을 보내어 일본이 불교국가가 되는 원동력이 되었다.

왕경의 나성 동쪽에는 왕릉급의 무덤들이 자리한 능산리 고분군이 있다. 능산리고분군과 나성 사이의 골짜기에는 사원터가 조사되고, 여기서 백제 위덕왕(威德王)의 이름인 창왕(昌王)의 기록이 새겨진

사리함(舍利函)을 비롯하여 금동향로가 출토되었다. 이로 보아 이곳에는 왕의 사후세계 명복을 비는 사원이 조성되고 경영되었음을 알수 있다.

왕경의 중심부인 왕궁은 부소산 남쪽 기슭 일대에 있었다고 알려지고 있다. 커다란 건물터와 기와로 기초를 돌린 건물터, 우물과 연못, 도로와 하수시설, 각종 금은 세공품 등을 만들던 왕실 소속의 공방터 등이 조사되고 있다. 왕궁과 사원 등의 중요 건물들은 호화로운 연꽃무늬와 각종 무늬로 장식된 기와가 덮였으며, 벽돌을 깔은 건물도 있었다. 부드럽고 우아하면서도 세련된 멋을 풍기는 수많은 백제 유물들이 출토되기도 하였다. 그만큼 사비도성은 중국 대륙과 서해 바다를 건너 교섭하면서 발전된 백제 후기 문화의 중심지요, 한반도에서완성된 고급스러운 백제 문화가 동남쪽으로, 신라와 일본열도로 흘러 들어가는 항구가 되었다.

6. 백제 도성제도의 외국전파

백제는 한강 유역의 위례성과 한성에 도읍했던 시기와 금강 유역의 웅진 및 사비도성의 시기로 크게 구분하여 볼 수 있다. 한강 유역에서의 도성이 큰 강을 띠로 두른 남쪽 기슭에 자리한 것은 웅진과 사비도성에도 그대로 전통이 이어졌다.

도성 내의 왕성은 네모지거나 똑바른 원(圓)도 아닌 자연스런 형태로 되어 자연적인 지세를 그대로 이용한 것이다. 고구려의 도성이 네모진 평지성과 그 배후의 산성으로 구성된 것과 일정한 차이가 있으며, 오히려 처음 백제와 외교관계를 가진 신라의 경우 자연지세를 그대로 이용한 토루로 된 성벽을 사용한 것은 백제와의 일정한 관련성을 암시한다. 왕성의 둘레로 산성을 이중 삼중으로 배치하는 것으로 방어망을 형성한 것은 백제에서 마련된 것이었다.

특히 백제문화
의 전반적 영향
을 받은 일본에
서는 사비도성
을 그대로 모방
한 듯한 도성이
성립되었다. 오
늘날 일본 규우
슈의 북쪽에 남
아 있는 다자이
후(大宰府)에는
판축된 토루와
해자(垓子) 등으
로 이루어진 미
즈키(水城)가 서
북쪽의 방벽을
이루고, 오오노
죠(大野城)라는
커다란 산성이
북쪽에 자리하

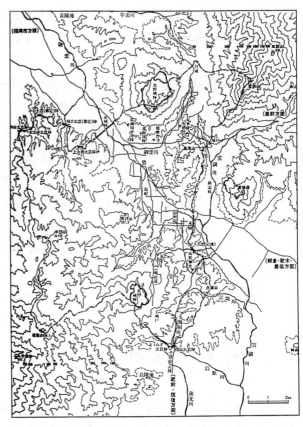

〈도면 8〉 일본 다자이후 도성의 구조도

였으며, 기이죠(基肆城)라는 산성이 남방에 있어서 커다란 구역을
에워싸듯 한 곳에 서부 일본의 방어를 위한 거대한 도시를 만든 유적
이 남아 있다. 이들 유적은 신라와 당의 연합군이 사비도성을 점령한
후 백제의 부흥 운동을 위하여 항전하다가 망명한 백제사람이 감독
하여 축조된 것임이 『일본서기(日本書紀)』에 기록되어 있다. 즉, 663
년에 백강 전투에서 패한 후 일본으로 건너간 달솔(達率) 답발춘초
(答㶱春初) 등이 665년 8월에 나가도(長門)에 파견되어 성을 쌓고,
이 때 달솔(達率) 억례복류(憶禮福留)와 달솔 사비복부(四比福夫)는

오오노죠(大野城)와 기이죠(椽城)를 축조하였던 것이다. 이 축성을 주도한 사람들은 병법(兵法)에 능통한 사람들이라 하였으므로, 백제의 축성 방법이 이러한 축성을 통하여 직접 일본으로 전해진 것을 오늘날도 실제 눈으로 확인할 수 있다.

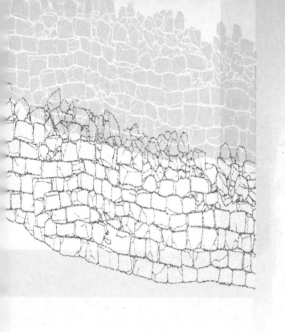

백
제
의
산
성

■ 서 정 석

【백제의 산성】

서 정 석*

1. 개념과 현황

성곽은 고분, 사찰, 요지 등과 더불어 역사시대를 연구하는 데 매우 중요한 자료중의 하나다.[1] 나라를 의미하는 "국(國)"이 성곽(口)을 창(戈)으로 지키고 있는 형상을 본뜻 것이며, "읍(邑)" 또한 성곽(口) 아래에서 사람이 무릎 꿇고 있는 형상(巴)을 의미한다는 것은 성곽이 국가의 출현과 밀접한 관련이 있음을 반증하는 것이다. 고총고분과 성곽의 출현을 고대국가의 상징적인 의미로 이해하는 것도 그 때문이다.

한편, 성곽(城郭)이라는 말은 말 그대로 '내성(內城) 외곽(外郭)'의 의미를 담고 있다.[2] 성곽은 내외 이중으로 쌓여지는데, 그 때 안쪽에 있는 것을 '성(城)'이라 하고, 그러한 '성(城)'과 그 주변의 일정공간을 포함하는 바깥쪽의 것을 '곽(郭)'이라고 한다. 우리가 흔히 사용하는 성곽이란 말은 바로 이러한 '성(城)'과 '곽(郭)'을 함께 지칭하는 용어다.

---

* 공주대학교
1) 姜仁求,「回顧와 展望」(考古·美術),『歷史學報』84, 1979, 252쪽.
2)『管子』,「度之」篇."內爲之城 城外爲之郭"

우리 나라의 경우 흔히 '성곽의 나라' 라고 말하지만[3] 위에서 의미하는 것과 같은 '성곽' 의 의미에 부합되는 유적은 거의 찾아보기 어렵다. 우리가 흔히 말하는 '성곽' 은 엄격한 의미에서는 '곽' 에 해당되지만 편의상 성곽이라고 부르는 것 뿐이다.

성곽은 기준에 따라 다양한 유형으로 나누어 볼 수 있다. 그 중 성곽의 입지를 기준으로 했을 때 평지성(平地城), 평산성(平山城), 테뫼식산성, 포곡식산성 등으로 나누어 볼 수 있다.[4]

평지성은 말 그대로 평지에 자리하고 있는 성곽을 의미하는 것이고, 테뫼식산성은 머리에 띠를 두르듯 산봉(山峰) 정상부를 에워싼 성곽을 말한다. 포곡식산성은 계곡을 에워싸면서 축성된 산성을 말하는 것이고, 평산성은 평지와 나지막한 구릉을 함께 에워싸고 있는 성곽을 말한다. 조선시대의 읍성은 대체로 이러한 평산성의 형태를 취하고 있다.

이러한 다양한 성곽 중에서 여기에서는 산성, 그 중에서도 백제 산성에 대해서 살펴보고자 한다.

백제 산성이란 말 그대로 백제시대에 축조된 산성을 말한다. 그러나 백제 산성에 대한 개념은 말처럼 그렇게 간단하지 않다. 다 아는 바와 같이 '백제(百濟)' 는 마한의 한 소국(小國)이었던 '백제(伯濟)' 가 주변지역의 소국을 통합함으로써 탄생한 왕국이다. 그래서 '백제(伯濟)' 에서 '백제(百濟)' 로의 전환은 흔히 '죽순과 대나무' 로 비유되고 있다.[5] 그 만큼 고고학적 자료로 양자를 구별하기란 대단히 어렵다. 이것은 성곽만이 아니라 고분, 요지, 토기, 철기 등 백제문화 전반에 걸쳐 나타나는 동일한 현상이다. 따라서 여기에서는 일

---

3) 『世宗實錄』 권 3, 2년 2월 丁酉條에 보이는 梁誠之의 말. "…吾東方城郭之國…"
4) ①全榮來, 「古代山城の發生と變遷」, 『東アジアと日本』, 吉川弘文館, 1985, 484~488쪽.
　　②全榮來, 「古代 山城의 發生과 變遷」, 『馬韓百濟文化』 11, 圓光大學校 馬韓百濟文化研究所, 1988, 32~33쪽.
5) 千寬宇, 「三韓考 第 3部 - 三韓의 國家形成 -」, 『韓國學報』 2 · 3, 1976 ; 『古朝鮮史 · 三韓史研究』, 一潮閣, 1989, 346쪽.

반적으로 이해하듯이 4세기 이후를 백제(百濟)로 이해하고자 한다. 백제산성이란 4세기 이후 백제고지에 축성된 산성을 의미하는 셈이다.

백제 산성에 대한 개념과 정의를 이렇게 정리한다 해도 문제는 또 있다. 실질적으로 백제 산성의 실체를 파악하기가 쉽지 않다는 것이 그것이다.

그 동안 백제 고지(故地)로 알려진 경기도지역에서 전남지역에 이르기까지 백제 산성에 대한 다양한 조사와 연구가 이루어져 왔다. 문제는 그 동안 조사가 이루어진 유적에 대한 편년이 연구자에 따라 서로 엇갈리고 있다는 사실이다.

당연한 이야기가 되겠지만 백제 산성에 대한 특징과 변천과정을 이해하기 위해서는 정확한 백제 산성을 찾아내고, 그들 사이의 유기적인 관련성과 시간의 흐름에 따른 차이를 찾아내는 것이 핵심이다. 그런데 이러한 작업을 진행시키기 위해 이용하는 자료들에 대한 편년이 불분명해지면서 백제 산성의 개념, 특징, 변천과정 등에 대한 현격한 견해차가 발생하고 있다.[6]

물론, 이러한 현상 또한 비단 백제 산성에서만 나타나는 것이 아니라 고분, 토기, 철기 등 백제문화 전반에 걸쳐 나타나는 공통된 현상이다. 이러한 현상들이 자료부족과 더해지면서 백제문화의 체계적인 이해를 어렵게 하는 최대의 걸림돌이 되고 있는 것은 다 아는 사실이다.

편년상의 문제점과 함께 백제 산성에 대한 이해를 어렵게 하는 또 다른 요인은 자료가 부족하다는 점이다. 백제 산성에 대한 이해는 고고학적 자료를 바탕으로 접근할 수 밖에 없다. 일부 문헌기록에 백제 산성에 대한 설명이 남아 있기는 하지만 극히 단편적인 설명에 그치고 있다. 그런 점에서 고고학적인 조사가 절대적으로 필요하다. 그런

---

6) 徐程錫, 「熊津·泗沘時代의 百濟石城」, 『호서지역의 성곽』(제 8회 호서고고학회 학술대회 발표요지), 2003, 17~37쪽.

데도 불구하고 아직까지 백제 산성에 대한 조사는 극히 미비한 실정
이다. 여기에 몇몇 자료들에 대한 엇갈린 편년안이 덧붙여지면서 백
제 산성 연구는 초보적인 단계를 벗어나지 못하고 있는 실정이다.

여기에서는 이러한 문제점들을 바탕으로 현재까지 이루어진 백제
산성의 특징과 변천과정을 살펴보기로 한다. 특정 견해를 소개하기
보다는 보편적인 내용을 설명해야 하지만 어쩔 수 없이 한쪽으로 치
우칠 수 밖에 없을 것이다. 이 점은 전적으로 필자의 능력부족이자
한계이기도 하다. 새로운 자료가 나오면 다시 수정할 것을 약속하는
것으로 대신하고자 한다.

2. 백제 산성의 발생

백제에서의 완비된 지방통치조직을 가리켜 방군성(方郡城)체제라
고 한다.[7] 여기에서 핵심을 이루는 것은 방성(方城)이다. 그런데, 백
제의 방성(方城)은 모두 험산(險山)에 있었다고 한다.[8] 산성이 지방
통치의 중심지 역할을 했다는 의미가 된다. 아울러 이것은 방군성체
제가 성립된 사비시대의 백제 산성의 모습을 살펴볼 수 있는 단서가
된다.

그러나 산성의 가장 큰 기능은 역시 방어에 있다. 유사시 산성에 들
어가 농성함으로써 적의 침입을 저지, 내지는 지연시키고, 전세가 유
리할 때에는 반격을 가하는 출발점이 바로 산성이다. 그런 점에서 산
성은 비교적 일찍부터 출현하였을 것으로 생각된다.

주지하다시피 백제가 건국한 한강 하류역은 낙랑, 말갈, 마한 등으
로 둘러싸인 곳이다. 따라서 백제는 이러한 주변세력으로부터 부단
히 침입을 받으면서 성장하였다. 『삼국사기』권 2, 「백제본기」온조

---

7) 盧重國, 『百濟政治史硏究』, 一潮閣, 1988, 247~248쪽.
8) 「蕃夷部」, 百濟條, 『翰苑』권 30.

왕 13년(서기전 6)조 기록에 보면 이 해에 온조는 여러 신하들을 모아 놓고 "우리 나라의 동쪽에는 낙랑이 있고, 북쪽에는 말갈이 있어 영토를 침략하므로 편안한 날이 거의 없다"고 탄식하는 대목이 있다. 백제의 성장 과정에서 겪었던 어려움을 단적으로 표현해 주는 것이다.

이러한 사정을 통해 보아도 백제에서는 비교적 이른 시기에 주변세력의 침입을 방어하기 위한 산성을 구축했을 가능성이 높다. 실제로『삼국사기』에는 온조왕 27년(서기 9)에 백제에서 대두산성(大豆山城)을 쌓은 것으로 기록되어 있다. 기록을 통해 볼 수 있는 최초의 백제 산성인 셈이다.

물론, 백제에서의 축성은 이 보다 훨씬 이전부터 시작되었다. 온조왕 8년(서기전 11)에는 마수성(馬首城)과 병산책(甁山柵)을 축조한 사실이 기록되어 있고, 11년(서기전 8)에는 독산책(禿山柵)과 구천책(狗川柵)을 세우고 있으며, 22년(서기 4)에는 석두성(石頭城)과 고목성(高木城)을 축성하였다. 그러나 대두산성(大豆山城) 이전의 성(城)과 책(柵)이 명칭만으로는 평지성(平地城)인지, 산성인지를 잘 알 수 없는데 비해 대두산성(大豆山城)은 명칭으로 보아 분명한 산성이었던 것으로 생각된다. 다시 말해서 적어도 대두산성이 축성될 쯤에는 백제에서 산성을 축조하기 시작하였다고 보아도 좋을 듯하다.

실제로 그럴 가능성이 전혀 없는 것도 아니다. 백제보다 훨신 앞선 시기에 건국한 고조선의 경우, 왕검성(王儉城)의 존재가 보이거니와『사기』의 찬자(撰者)가 "우거(右渠)는 험고(險固)함을 믿다가 나라의 사직을 잃었다"고 평가하고 있는 것으로 보아 왕검성(王儉城)은 평지성(平地城)이라기 보다는 산성이었을 가능성이 커 보인다.

또한, 일반적으로 이해하고 있듯이 고구려 초기의 왕성이 환인현의 오녀산성(五女山城)이라면 고구려 역시 처음부터 산성을 알고 있었음을 의미한다. 그런 점에서 백제에서 이미 온조왕 때에 산성을 축조하였다는 사실을 마냥 부정할 수만은 없을 듯하다.

그러나 여기에도 문제가 아주 없는 것은 아니다. 『삼국사기』에 보이는 기년(紀年) 문제가 그것이다. 『삼국사기』 기록을 그대로 따른다면 대두산성(大豆山城)이 축조된 온조왕 27년(서기 9)부터는 백제에서 산성을 축조하였다고 볼 수 있지만 기록의 신빙성에 의문을 제기하다 보면 그대로 받아들이기에 주저되기 때문이다.[9]

남한지역에서의 산성의 발생을 3세기 경으로 보아온 것은 그 때문이다.[10] 3세기 중엽 경의 한반도 사정을 전하는 것으로 알려진 『삼국지』 동이전 한조(韓條)에 따르면 2세기 말 경에 한반도 남부는 급격한 변동의 시기를 맞이했던 것으로 나온다. 바로 그러한 급격한 변동과 갈등이 계기가 되어 성곽이 출현하였을 것으로 보고 있는 것이다.

이러한 추론은 같은 『삼국지』의 기록을 통해서도 어느 정도 입증된다. 진한에는 성책(城柵)이 있다고 하였고, 진한과 뒤섞여 살던 변진에도 또한 성곽이 있다고 되어 있기 때문이다. 물론, 마한 만큼은 성곽이 없다고 하였지만 뒤쪽에 가서는 다시 '관가(官家)에서 성곽을 쌓고자 할 때에는 …' 이라고 하여 마한에도 성곽이 있었음을 암시하고 있다.

이렇게 적어도 3세기 경이 되면 백제를 포함한 한강 남쪽에서도 성곽이 출현했던 것으로 믿어진다. 물론, 그 때의 성곽이 평지성(平地城)인지 산성(山城)인지는 아직 불분명하지만 평지성(平地城)이라 하더라도 성곽의 출현은 곧바로 산성의 출현을 암시하는 것으로 보아도 큰 잘못은 아닐 것이다. 『삼국사기』 백제본기의 온조왕조 기사에서 보듯이 백제에서는 '험한 지형을 이용해 요새를 설치하여 나라는 지키는 것은 떳떳한 도리' 라고 믿고 있었기 때문이다.

문제는 이러한 가능성에도 불구하고 아직까지 명확하게 출현기의

---

9) 李基東, 『百濟史研究』, 一潮閣, 1996, 87~91쪽.
10) 尹武炳, 「山城·王城·泗沘都城」, 『百濟研究』 21輯, 忠南大學校 百濟研究所, 1990, 5쪽.

백제 산성이 찾아지지 않는 다는 사실이다. 최근 경기도 이천에서 조사된 설봉산성과 설성산성이 4세기대 백제 산성으로 알려지면서 학계의 주목을 끌었던 것도 그 때문이다. 아직 조사가 진행중에 있고, 종합보고서가 간행되지 않은 상태이기 때문에 대단히 조심스럽기는 하지만 설봉산성과 설성산성을 4세기대 백제 산성으로 판단하기 위해서는 아직 해결해야 될 과제가 있어 보인다. 성내에서 출토된 토기나 기와의 편년안 역시 불안하기는 마찬가지다. 성곽 문제가 단순히 성곽만으로는 풀리지 않는다는 의미이기도 하다.

백제에서 성곽이 언제부터 출현하였는가, 그리고 그것이 평지성(平地城)인가 산성인가 하는 문제는 백제 성곽사를 위해서도 그렇고, 백제사의 복원을 위해서도 그렇고 대단히 중요하다. 그러나 그러한 중요성에도 불구하고 아직까지 이 문제에 대한 만족할 만한 합의를 이끌어내지 못하고 있는 것이 현실이다. 아니, 단순히 출현기의 백제 산성에 대한 의문만이 아니고 한성시대 백제 산성의 모습을 전혀 그릴 수 없는 것이 백제 산성 연구의 현실이다. 한성시대가 백제사의 2/3에 해당되는 긴 시간임을 감안해 볼 때 한성시대 백제 산성의 모습을 전혀 알 수 없다는 것은 백제 산성 이해의 가장 큰 걸림돌이 아닐 수 없다. 많은 사람들이 동의할 수 있는 한성시대 백제 산성이 찾아지길 기대해 본다.

3. 백제 산성의 변천

산성은 다른 유적과 달리 유적 자체가 지상에 드러나 있다는 것이 가장 큰 특징이다. 다시 말해서 다른 유적처럼 발굴조사를 거치지 않고도 연구자료로 활용할 수 있는 셈이다. 유적자체가 다른 유적과는 비교할 수 없을 정도로 크고, 수량면에서도 다른 어떤 유적에 뒤지지 않을 정도 많아 발굴조사가 대단히 어려운 실정임을 감안해 볼 때 유

적 자체가 지상에 드러나 있다는 사실은 산성유적이 갖는 가장 큰 매력이라고 하지 않을 수 없다.[11]

물론, 그렇다고 해서 아무 산성이나 연구자료로 활용할 수 있는 것은 아니다. 지표상으로 드러나는 특징을 연구자료로 연결시키기 위해서는 일정한 모델을 찾아야 한다. 당연히 그러한 모델 속에는 몇 가지 요소들이 갖추어져야 한다.[12]

백제 산성의 특징을 알 수 있는 첫 번째 중요한 요소로는 산성의 입지조건을 들 수 있다. 산성은 말 그대로 산봉(山峰)에 자리하고 있는 성곽이지만 그 산봉(山峰)의 높이에 따라 다양한 형태와 기능, 성격 등이 있을 수 있기 때문이다. 그런 점에서 산성이 자리하고 있는 산봉(山峰)의 높이는 일차적으로 해당 산성의 축성 시기를 반영하는 것으로 볼 수 있지 않을까 한다.

예를 들어, 삼국시대에 축성한 것이 분명한 보은의 삼년산성(326m), 단양 적성(220m), 진천 대모산성(212m), 임천 성흥산성(250m) 등은 통일신라시대에 축조된 산성인 광주 무진고성(500m)이나 연기 운주산성(460m), 천안 위례산성(526m)과 다르고, 같은 통일신라시대의 성곽인 천안 목천토성이나 홍성 신금성, 나주 회진토성 등과 같은 평지성(平地城), 내지는 평산성(平山城)과도 입지가 다르다. 그런 점에서 산성의 입지는 산성의 축성 연대를 짐작해 볼 수 있는 중요한 요소가 된다.

다만, 문제는 앞에서도 설명하였듯이 한성시대의 전형적인 백제 산성이 발견되지 않고 있는 만큼 한성시대 백제 산성의 입지를 알 수 없다는 사실이다. 한성시대 백제 산성이 발견되지 않은 이상 입지를 통해 산성의 연대에 접근하려는 시도는 한계를 가질 수 밖에 없다.

그러나 방법이 전혀 없는 것도 아니다. 백제가 건국하기 직전의 상

---

11) 徐程錫, 「忠南地域의 百濟山城에 關한 一研究」, 『百濟文化』 22輯, 公州大學校 百濟文化研 究所, 1992, 111~115쪽.
12) 徐程錫, 「百濟山城의 立地와 構造」, 『淸溪史學』 16·17合輯, 2002, 159~201쪽.

황을 검토해 보면 한성시대 백제 산성의 모습을 어느 정도 짐작해 볼 수 있는 여지가 있기 때문이다.

백제가 건국되기 이전, 다시 말해서 백제 산성이 출현하기 이전부터 한반도 남부지방에는 집단간의 갈등이 싹트고 있었다. 청동기시대 중기 이래로 빚어지기 시작한 집단간의 갈등은 마침내 주거지의 입지를 변모시켰다.[13] 농경에 유리한 구릉이나 야산 기슭에 자리하고 있던 주거지들이 어느 시기부터인가 접근이 쉽지 않은 고지(高地)로 옮겨가는 현상이 포착된다. 이른바 '고지성취락(高地性聚落)'이 그것이다.

청동기시대 중기 이래로 집단간의 갈등에서 비롯된 이러한 주거지의 입지 변화는 백제가 건국하기 직전까지 계속되었다. 그런 점에서 백제에서의 산성은 바로 이러한 고지성취락이 갖고 있던 방어시설로써의 기능을 대신한 것으로 볼 수 있다. 고지성취락의 입지가 곧 한성시대 백제 산성의 입지가 된다는 의미다.

물론, 또 다른 추론도 있을 수 있다. 백제를 건국한 세력이 유이민 세력인 만큼 이들의 등장과 때를 같이하여 종래에 없던 산성이 처음으로 백제에 출현했을 가능성이 그것이다. 실제로 백제 건국자집단의 원고향이라고 알려진 부여에는 둥근 형태의 성책(城柵)이 있었다고 한다. 여기서 말하는 성책(城柵)이 산성을 의미하는 것인지, 아니면 평지성(平地城)을 의미하는 것인지는 알 수 없지만 주몽이 처음으로 도읍을 정한 곳이 오녀산성(五女山城)이 맞다면 어느 시기엔가부터는 산성의 존재를 알고 있었던 것이 분명해 보인다. 백제를 건국한 유이민 세력들에 의해 한강유역에 처음으로 산성이 출현했을 가능성을 배제할 수 없는 이유가 여기에 있다.

어느 쪽이 되었든 한성시대 백제 산성은 그 다지 높지 않은 산봉(山峰)에 자리하고 있었을 것으로 보인다. 한성시대 백제 산성의 입지

---

13) 권오영, 「방어취락의 발전과 토성의 출현」, 『강좌 한국고대사』 7, 2002, 82~90쪽.

백제의 산성

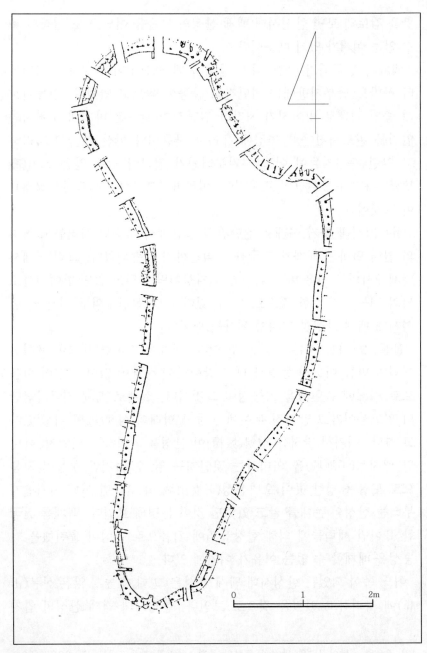

<図면 1> 천안 백석동 토성

를 좀 더 구체적으로 추론해 볼 수 있는 유적이 천안 백석동토성과 공주지역에 남아 있는 산성이 아닐까 한다.[14]

천안 백석동토성은 청동기시대 대규모 취락을 조사하는 과정에서 우연히 발견된 유적이다. 산 정상부에는 테뫼식으로 백석동토성이 발견된 것으로, 사면에는 청동기시대 주거지가 자리하고 있다.

산성이 자리한 성재산은 표고 122m에 이르는 나지막한 구릉에 불과하다. 이렇게 나지막한 구릉의 정상부를 테뫼식으로 축조하였다. 성벽 전체의 둘레는 260m다. 물론, 성내에서 출토된 유물로 미루어 볼 때 6세기 전반에 축조된 것으로 보여, 직접적으로 한성시대 백제 산성의 모형이라고 단언할 수는 없지만 큰 차이는 없을 것으로 생각된다.

비슷한 유적은 공주지역에도 남아 있다. 웅진시대 백제 도읍지였던 공주지역에는 20개소의 대소 성곽이 분포하고 있다. 이들에 대해서는 아직 이렇다할 발굴조사가 이루어지지 않아 백석동토성처럼 명확하게 그 축조시기를 알 수는 없다. 다만 그 중 오인리산성, 단지리토성, 중장리산성, 송정리산성 등을 보면 일정 간격을 두고 공산성을 중심으로 원형(圓形)으로 분포하고 있는 것이 눈에 띈다. 일단 배치 상태로 보아 왕도 방비를 목적으로 동일 시기에 축성되었을 가능성이 높다고 판단된다.

실제로 그 중 한 곳인 오인리산성(五仁里山城)에서는 공산성에서 발견된 것과 똑같은 형태의 연화문와당이 발견된 바 있다. 오인리산성에서 발견된 와당은 공산성내에서 발견되는 백제 와당 중에서도 연대가 가장 빠른 형식으로,[15] 웅진 천도 직후에 만들어진 것으로 보고 있는 것이다. 그런 점에서 오인리산성 또한 웅진 천도 직후에 축성된 것으로 보아도 큰 무리는 없어 보인다. 입지조건과 규모, 공산성과의 관계 등을 고려해 볼 때 비슷한 조건을 갖추고 있는 단지리토

14) 李南奭, 「天安 白石洞土城의 檢討」, 『韓國上古史學報』 28호, 1998, 75~93쪽.
15) 李南奭, 「百濟 蓮花文瓦當의 一研究」, 『古文化』 32輯, 1988, 69~73쪽.

백제의산성

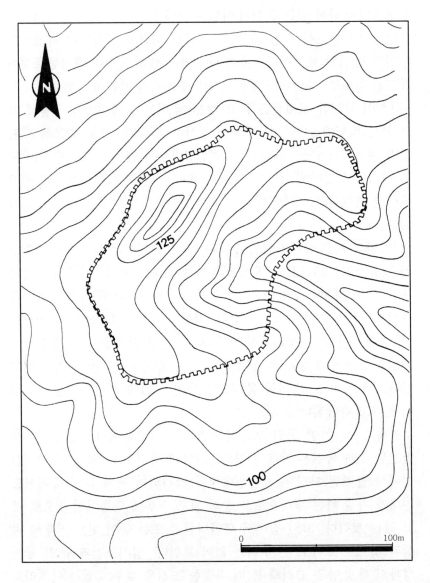

125

100

0   100m

〈도면 2〉 공주 오인리산성 평면도

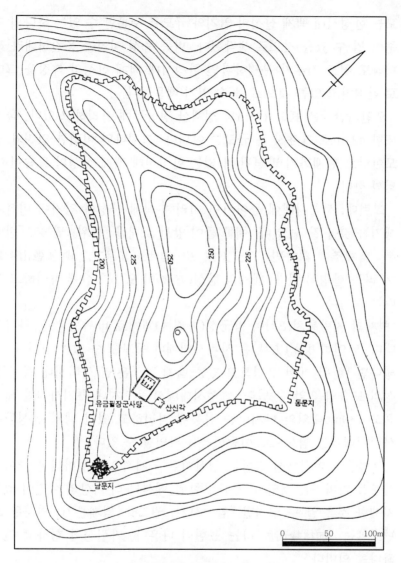

〈도면 3〉 성흥산성 평면도

성이나 중장리산성, 송정리산성 또한 같은 시기에 축조되었을 가능
성이 크다는 것을 의미한다.
  이러한 추론이 어느 정도 타당한 것이라면 오인리산성의 입지와 규

모는 한성시대 백제 산성의 입지와 규모를 추론할 수 있는 하나의 기준이 될 수 있을 것으로 생각된다. 비록 축성 시기는 웅진시대라 하더라도 천도 직후가 분명하다면 한성시대 백제 산성의 특징을 그대로 간직하고 있는 것으로 볼 수 있기 때문이다.

오인리산성은 표고 135m의 성재산 정상부에 자리하고 있다. 둘레 또한 424m로 그다지 큰 규모는 아니다. 그렇다면 이러한 입지와 규모야말로 현재까지 발견된 바 없는 한성시대 백제 산성의 모습이 아닐까 한다.

그런데, 사비시대에 들어서면 이러한 백제 산성의 입지에 변화가 생기는 것을 알 수 있다. 예를 들어 앞서 소개한『한원』권 30,「번이부」백제조에 의하면 "百濟王城 方一里半…其諸方之城 皆憑山險爲之"라는 설명이 있다. 백제의 방성(方城)이 모두 험산에 자리하고 있다는 의미다.

백제의 지방통치조직이 방군성(方郡城)체제로 바뀌는 것은 사비시대다. 당연히 방성(方城)은 사비시대에나 등장할 수 있는 것이다. 그렇다면『한원』에서 설명하고 있는 백제 산성은 곧 사비시대 백제 산성의 모습임을 알 수 있다. 한성시대에서 웅진시대 초기까지만 해도 표고 130m 내외의 나지막한 산봉에 자리하고 있던 백제 산성들이 사비시대에는 험산으로 이동했음을 확인할 수 있다.

그렇다면 여기에서 말하는 험산이란 구체적으로 얼마만한 높이의 산봉을 의미하는 것일까. 물론,『한원』에서는 더 이상의 설명이 없어 자세한 것을 알 수 없지만『삼국사기』권 28,「백제본기」의자왕 20년조에는 "加林險而固"라는 표현이 나온다. 가림성이 험하고 견고하다는 의미다.

여기서 말하는 가림성이란 현재의 부여 임천에 있는 성흥산성을 말하는 것으로 알려져 있다. 성흥산이 표고 250m에 이르고 있는 만큼 이러한 높이의 산성이 험산으로 비쳐졌다는 의미다.

주지하다시피, 이 가림성은『삼국사기』권 26,「백제본기」, 동성왕

23년조에 나와 있듯이 501년에 축성한 것이다. 같은 웅진시대에 축성되었다는 뜻이다. 그렇다면 한성시대와 웅진시대 초기를 통해 표고 130m 내외의 나지막한 산봉에 자리하던 백제 산성이 가림성 축조를 계기로 입지를 달리했음을 알 수 있다. 사비시대에 축성된 백제 산성이 가림성과 같은 입지조건을 갖추고 있었던 것은 앞서 든 『한원』을 통해서 확인된다.

　이상과 같이 백제 산성은 시간의 흐름에 따라 입지조건을 달리 했던 것으로 보인다. 입지조건이 달라진 것은 전술의 변화, 무기의 변화, 전투에 동원된 병력의 변화와 관련이 깊은 만큼 앞으로 이러한 문제들이 해명되면 백제 산성의 입지 변화에 대해서도 입체적인 설명이 가능할 수 있을 것이다.

4. 백제 산성의 규모

　백제 산성의 일반적인 규모를 이해하는 것도 성곽의 축성 연대를 파악할 수 있는 중요한 방법 중의 하나다. 성벽이 대부분 지상에 드러나 있는 것이 산성 유적의 특징임을 감안해 볼 때 규모를 확인하는 작업은 가장 쉽게 축성 연대에 접근할 수 있는 방법이 된다.

　물론, 아직까지 백제 산성의 조사 예가 많지 않고, 백제 산성의 규모를 알 수 있는 분명한 기록 또한 남아 있지 않는 것이 사실이다. 그런 점에서 앞에서 소개한 『한원』 권 30, 「번이부」, 백제조에 보이는 백제 산성에 대한 기록을 주목해 볼 필요가 있다.

百濟王城 方一里半…北方城 方一里半…東方城 方一里…西方城 方二百步…中方城 方一百五十步…南方城 方一百三十步…

다시 말해서 백제 왕성은 한변이 1리 반이고, 북방성 또한 한변이 1

리 반이었다고 한다. 계속해서 동방성은 1리, 서방성은 2백보이고, 중방성은 1백 5십보, 남방성은 1백 3십보의 크기였다고 한다. 백제 왕성과 방성의 규모를 전하는 기록이다.

여기에서 말하는 '리(里)'는 300보, 혹은 360보를 뜻하는 길이의 단위인데, 어느 쪽이 되었든 척으로 따지면 1,800척으로 동일한 길이가 된다.[16] 당연히 1척의 길이만 알면 왕성과 방성의 규모도 확인할 수 있게 된다.

고대의 도량형은 시기에 따라, 그리고 지역에 따라 하나로 통일되어 있었던 것이 아니기 때문에 1척의 길이 또한 매우 다양하다. 최근 부여에서는 백제시대 자가 발견되었는데, 1자의 길이가 29.0~29.5 ㎝였다.[17] 백제시대에 당척(唐尺)이 사용된 적이 있다는 의미다.

그러나 이 길이를 위의 『한원』에 보이는 왕성이나 방성의 길이에 그대로 적용할 수는 없다. 예를 들어, 『한원』에서 말하는 왕성이나 북방성은 현재의 부소산성과 공산성을 가리키는 것이 분명한데, 1척의 길이를 30㎝로 볼 경우 한 변의 길이가 810m가 되어 결국 전체 성곽의 둘레는 3,240m가 된다. 이러한 수치는 현재까지 알려진 부소산성 2,495m[18]나 공산성 2,450m[19]와 비교해 볼 때 차이가 너무 크기 때문이다.

이와 달리 백제를 비롯한 삼국시대에 23.04㎝나 23.7㎝ 크기의 한 척(漢尺)이 사용된 일이 있다는 지적도 있다.[20] 이러한 수치는 『삼국사기』에 보이는 왕의 키를 설명한 기록과도 부합되는데, 실제로 무령왕릉에서 출토된 목관의 경우 크기가 232㎝였다.[21] 무령왕의 키가

---

16) 李宇泰,「韓國 古代의 尺度」,『泰東古典硏究』, 創刊號, 1984, 21쪽.
17) 이강승,「백제시대의 자에 대한 연구」,『韓國考古學報』, 43輯, 2000, 210쪽.
18) 國立扶餘文化財硏究所,『扶蘇山城發掘調査中間報告書』, 1995, 260쪽.
19) 成周鐸,「百濟 熊津城과 泗沘城硏究」,『百濟硏究』 11, 忠南大學校 百濟硏究所, 1980, 29쪽.
20) 金容雲,『韓國數學史』, 1977, 75~77쪽.
21) 尹武炳,「Ⅳ.木棺」,『百濟武寧王陵』, 公州大學校 百濟文化硏究所, 1991, 326쪽 및 330쪽.

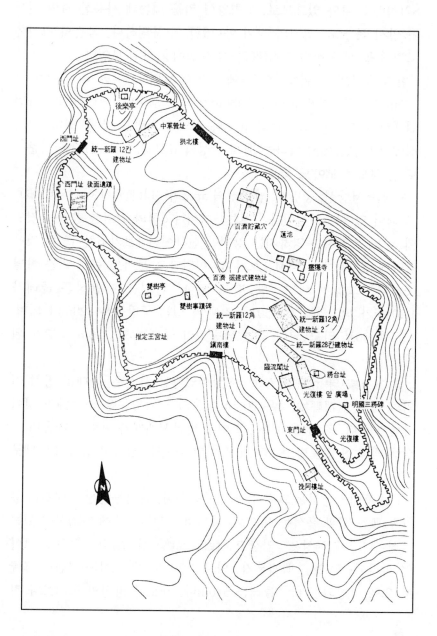

<도면 4> 공산성 평면도

백제의산성

8척이라고 나와 있으므로, 무령왕의 키를 재는데 사용한 자의 길이가 앞서 든 30㎝ 크기의 것이 아니었음이 분명하다. 목관의 크기를 고려해 볼 때 오히려 한척(漢尺)이 사실에 가까워 보인다.

한척(漢尺)의 길이를 『한원』에 적용해 보면 '1리 반'의 길이는 약 620m가 된다. 전체 둘레가 2,480m가 되는 셈이다. 이러한 수치라면 현재의 부소산성, 공산성의 규모와 거의 일치함을 알 수 있다. 그런 점에서 『한원』에서 말하는 백제 산성의 규모는 한척(漢尺)을 기준으로 한 것으로 보아도 좋을 듯하다.[22]

문제는 서방성, 중방성, 남방성의 규모가 '리(里)'가 아닌 '보(步)'로 되어 있다는 사실이다. 1보는 5척이나 6척의 길이를 말하는 것인데, 어느 쪽인지 분명하지는 않지만 신라에서 1보가 6척이었던 것을 감안해 볼 때 백제 역시 1보가 6척이었다고 보아도 큰 무리는 아닐 듯하다. 그렇게 되면 '방2백보'로 나와 있는 서방성은 둘레가 1,104m가 되고, '방1백 50보'로 나와 있는 중방성은 828m가 되며, '방1백 30보'라고 되어 있는 남방성의 규모는 약 720m 정도가 된다.

방성(方城)의 규모가 700m 이상이었다는 사실은, 반대로 방성 이외의 군현성(郡縣城)들은 700m 이하의 크기였음을 의미하는 것이 아닐까 한다. 적어도 사비시대 이후 방군성체제가 확립된 다음에 축성된 백제 산성은 방성보다 규모가 더 클 수는 없다고 생각되기 때문이다.

대전 흑석동산성은 그런 점에서 주목된다. 흑석동산성은 대전시 봉곡동(鳳谷洞)과 흑석동(黑石洞) 사이의 '고무래봉'에 자리하고 있는 산성이다. 이 산성은 '임강고준(臨江高峻)'한 입지나 위치로 보아 『삼국사기』권 28, 「백제본기」의자왕 20년조에 보이는 진현성(眞峴城)으로 비정되는데,[23] 둘레는 540m다. 규모가 방성의 크기보다 작

---

22) 徐程錫, 「百濟 5方城의 位置에 대한 試考」, 『湖西考古學』 3輯, 2000, 51~53쪽.

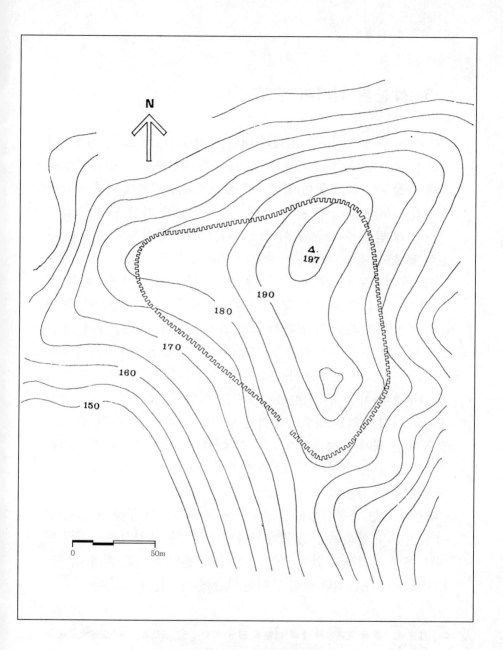

N

△.
197

190

180

170

160

150

0   50m

〈도면 5〉 대전 흑석동산성 평면도

은 것을 확인할 수 있다.

5. 성문의 위치와 구조

다 아는 것처럼 성문은 성곽의 내외를 연결하는 통로다. 성내에서
필요한 물자를 조달하는 곳이자, 성내외를 출입하는 곳이다. 출입하
기에 가장 편리하기 곳이기 때문에 성곽에 접근하기에 가장 유리한
곳이기도 하다. 자연히 유사시에는 적의 공격을 가장 먼저, 그리고
가장 쉽게 받을 수 있는 곳이기도 하다.[24] 성문 주변에 적대(敵臺)나
옹성(甕城)을 집중 배치하는 것도 그 때문이다.

산성의 경우도 예외는 아니다. 산성은 지형상 평지성(平地城)과 달
라 성벽에 접근할 수 있는 곳이 한정되어 있다. 성벽에 접근할 수 있
는 곳이라 하더라도 그 공간이 그리 넓지 못하다. 많은 사람들이 성
문에 밀집할 수 없다는 의미다. 그렇다 하더라도 성문이 방어에 취약
하기는 평지성(平地城)이나 산성이나 마찬가지다. 그러나 산성은 평
지성(平地城)처럼 옹성(甕城)을 쌓기도 여의치 않다. 따라서 성문의
출입을 어렵게 하는 것으로 취약한 방어력을 보완하고자 하였다. 이
것은 비단 백제 산성만이 아니라 삼국시대 산성에서 찾아지는 일반
적인 특징이다. 심지어 통일신라시대에 축성된 것 중에도 출입이 쉽
지 않은 곳에 성문이 자리한 예가 있다.

대전에 있는 보문산성은 발굴조사를 통해 규모와 구조, 축성법 등
이 밝혀진 몇 안되는 산성 중의 하나인데,[25] 성문이 능선에서 약간 벗
어난 곳에 자리하고 있는 것이 특징이다. 뿐만 아니라 직접 성내로
들어오지 못하고 일단 한번 꺾어진 다음에 진입할 수 있도록 역 'ㄱ'

---

23) 沈正輔, 「百濟 復興軍의 主要 據點에 關한 研究」, 『百濟研究』 14, 忠南大學校 百
濟研究所, 1983, 167~169쪽.
24) 孫永植, 『韓國 城郭의 研究』, 文化財管理局, 1987, 117쪽.
25) 李達勳 外, 『寶文山城發掘調査報告書』, 大田市, 1994.

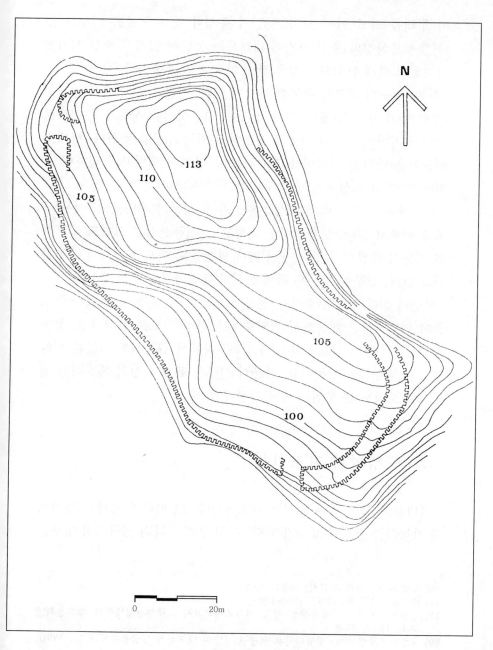

N

113
110
105
105
100

0   20m

〈도면 6〉 대전 보문산성 평면도

자 형태를 하고 있어 고식(古式)의 옹성과 같은 구조를 이루고 있다.[26] 보문산성의 축성 시기에 대해서는 논란이 있지만 축성 시기에 관계없이 백제 산성의 특징을 잘 보여주고 있는 셈이다.

한편, 성문의 구조도 주목할 필요가 있다. 성문은 크게 보아 평문식(平門式)과 현문식(懸門式)이 있다.[27] 평문식이란 성문을 중심으로 내외의 지면이 비슷한 레벨을 유지하고 있는 성문을 뜻한다. 반대로 현문식은 다락문 형식이라고도 하는데, 안팎의 레벨차가 심하여 요자(凹字)형태로 성문이 개설되어 있는 것을 말한다.

지금까지 확인된 백제 산성들은 모두가 평문식(平門式)의 성문 구조를 이루고 있다. 성흥산성도 그렇고, 흑석동산성도 그렇고 평문식의 성문이 개설되어 있다. 왕성이나 방성들도 역시 평문식의 구조를 하고 있다. 평문식 성문은 백제 산성의 특징적인 구조인 셈이다.

반면에 신라 산성들 중에는 현문식(懸門式) 성문을 갖고 있는 산성들이 있다. 대전 계족산성,[28] 양주 대모산성,[29] 보은 삼년산성, 충주 충주산성[30] 등이 대표적인 예다. 그런 점에서 현문식의 성문은 신라 산성의 특징적인 성문이고, 평문식 성문은 백제 산성의 특징적인 성문으로 보아도 큰 무리는 아닐 듯하다.

6. 축성법과 기초시설

성벽은 유사시 적과 맞서는 최일선이다. 그 때문에 성곽의 방어력을 가늠하는 중요한 요소가 된다. 특히 우리 나라의 성곽처럼 대부분

---

26) 李達勳 外, 위의 보고서, 1994, 28쪽.
27) 孫永植, 앞의 책, 1987, 129~136쪽.
28) 심정보·공석구, 『계족산성 정밀 지표조사보고서』, 대전산업대학교 향토문화연구소, 1992, 85쪽.
29) 국립문화재연구소·한림대학교 박물관, 『양주 대모산성 발굴조사보고서』, 1990, 225쪽.
30) 충주공대 박물관, 『충주산성 종합 지표조사보고서』, 1984.

이 단곽(單郭)으로 되어 있는 경우, 성벽의 중요성은 더 커질 수 밖에 없다.[31] 삼국시대의 성곽들이 성벽의 견고성을 높이기 위해 당시로서는 최고로 발전된 기술을 선보인 것도 그 때문이다.[32] 그런 점에서 성벽의 축조 기법을 살펴보는 것도 축성 시기를 가늠해 볼 수 있는 단서가 된다.

백제 산성을 포함한 삼국시대 성벽의 축성에 사용된 성돌은 크게 보아 세 가지 종류가 있다.[33] 판석형과 할석형, 그리고 다듬은 성돌이 그것이다.

판석형 성돌로 축성한 예는 삼년산성, 충주산성, 온달산성, 적성, 계족산성 등지에서 찾아볼 수 있다. 신라 산성, 혹은 신라계산성이라고 할 만한 산성들에서만 나타나는 특징임을 알 수 있다.

다듬은 성돌은 다시 두 가지로 나누어 볼 수 있다. 하나는 성돌의 두께와 너비가 거의 일정한 방형, 내지는 장방형의 형태로 다듬은 성돌이 있고, 또 하나는 두께에 비해 너비가 훨씬 넓은 세장방형 형태로 다듬은 것이 그것이다. 세장방형 성돌은 흡사 모전석(模塼石)처럼 다듬은 것이 특징이다.

부여 나성, 성흥산성, 청마산성, 보문산성, 망이산성 외성벽, 설봉산성 등은 방형, 내지는 장방형의 성돌을 사용하여 축성한 대표적인 예다. 위치나 출토유물 등으로 미루어볼 때 백제 산성, 혹은 백제계 산성 이라고 볼 만한 유적들임을 알 수 있다.

반면에 면석의 가로:세로가 3:1 이상 되는 세장방형으로 다듬은 성돌을 사용한 예는 단양 적성, 대모산성, 남산성, 경주 남산성, 충주 대림산성 등지에서 찾아볼 수 있다. 신라 산성, 혹은 신라계 통일신라시대의 산성에서 찾아볼 수 있는 특징이다.

---

31) 孫永植, 앞의 책, 1987, 163쪽.
32) 김기웅, 「고구려산성의 특성에 관한 연구」, 『고고민속론문집』 9, 과학백과사전출판사, 1984, 141쪽.
33) 민덕식, 「삼국시대 축성법에 관한 몇 가지 시고」, 『백산학보』 38호, 1991, 23~42쪽.

백제의 산성

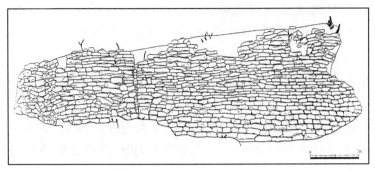

충주 대림산성 성벽 입면도

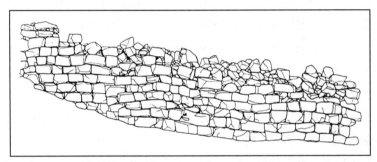

대전 보문산성 성벽 입면도

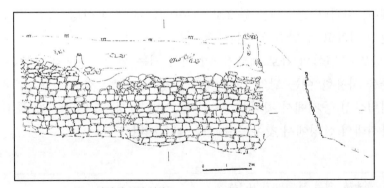

논산 노성산성 성벽 입면도

〈도면 7〉 다양한 성벽의 성돌

여기서 백제 산성이나 신라 산성이라 하지 않고 백제계산성, 혹은 신라계산성이라고 표현한 것은 축성 시기 때문이다. 즉, 백제계산성이나 신라계산성이란 말은 축성시기가 통일신라시대란 의미다. 다만, 통일신라시대에 축성된 산성이라 하더라도 백제 산성의 특징을 갖추고 있으면 백제계산성이라고 하고, 신라 산성의 특징을 간직하고 있는 경우 신라계산성 이라고 하여 양자를 구별하는 것이다.

물론, 성곽은 유적의 특징상 한번 축조되고 나면 당대에만 활용되는 것이 아니라 후대에도 계속해서 사용하게 된다. 자연히 그 과정에서 성벽에 대한 수축(修築)이나 개축(改築)이 있을 수 있다. 그런 점에서 현재 남아 있는 성벽이 초축(初築) 당시의 것인지에 대해서는 앞으로 조사와 연구가 더 이루어질 필요가 있다. 다만, 신축(新築)이나 수축(修築)은 있을 수 있지만 개축(改築)은 쉽지 않다는 점에서 일단은 현재 남아 있는 성벽이 초축 당시의 것일 가능성이 크다고 보아진다.

그럼, 백제에서는 언제부터 이렇게 다듬은 성돌을 이용하여 성벽을 축성하였을까. 막돌로 축조하는 것에 비해 고도로 발달된 기술을 필요로 한다는 점에서 백제의 건축 기술이 한 단계 발전한 다음에야 가능했던 것만은 분명해 보인다. 그런 점에서 우선적으로 주목되는 것이 능산리고분군의 석실묘들이다.

능산리고분은 모두가 횡혈식 석실묘로 되어 있는데, 웅진시대의 횡혈식 석실묘와는 달리 곱게 물갈이한 판석이나 장대석을 이용하여 석실을 축조하고 있는 것이 특징이다.[34] 최고조에 달한 백제의 석재 가공 기술을 상징적으로 보여주는 유적이다. 그렇다면 적어도 사비시대에는 다듬은 성돌을 이용한 축성이 이루어질 정도의 여건은 갖추고 있었다고 보아도 큰 잘못은 아닐 듯하다. 천도 직전에 축성 되었을 것으로 생각되는 나성의 성벽이 다듬은 성돌로 축성되었다는

---

34) 姜仁求,『百濟古墳研究』, 一志社, 1977, 41~43쪽.

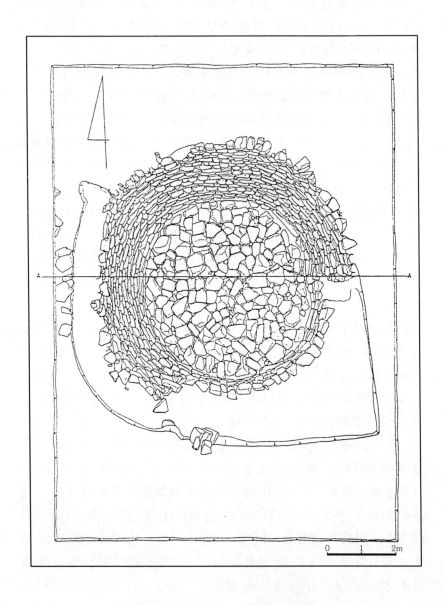

〈도면 8〉 공산성 연지(蓮池) 평면도

사실도 이러한 추론을 입증해 줄 수 있는 훌륭한 자료다.

그런데, 백제에서 이렇게 고도로 발달된 석재 가공 기술은 웅진시
대까지도 소급해 볼 수 있을 듯하다. 천도를 전후한 시점에 이렇게
발달된 기술이 갑자기 출현하였다기 보다는 이미 웅진시대부터 선보
이고 있었다고 보는 것이 한결 자연스러워 보이기 때문이다. 그런 점
에서 주목하고 싶은 것이 공산성에서 발견된 연지(蓮池)다.

공산성의 연지는 추정 왕궁지로 알려진 공산성내 쌍수정 앞 광장을
조사하는 과정에서 발견된 것인데, 왕궁지로 추정되는 건물과 조화
를 이루고 있어 왕궁지를 구성했던 요소 중의 하나로 이해되고 있
다.[35] 평면은 원형(圓形)을 이루고 있으며, 바닥의 직경이 4.7m인데
비해 윗면의 직경은 7.3m에 이르고 있어 위로 갈수록 점점 벌어지는
구조를 하고 있다.

문제는 이 연지의 바닥면과 벽면의 축조에 석재를 사용하고 있다는
사실이다. 더구나 사용된 석재의 형태가 성돌과 같이 가로:세로가
3:2~2:1 정도 되는 장방형의 형태를 하고 있어 주목된다. 다시 말해
서 백제에서 다듬은 성돌에 의한 산성의 축성이 연지의 축조와 비슷
한 시기일 가능성을 열어주고 있다.

실제로 연지에서 출토된 삼족토기 중 가장 연대가 빠른 것은 5세기
후반까지 소급되기도 한다.[36] 만약, 이 연지가 『삼국사기』권 26 동
성왕 22년조 기사에 보이는 "착지양기금(鑿池養奇禽)"한 연못과 관
련이 있다면 그 축조 시기는 서기 500년이 된다. 다듬은 성돌에 의한
백제 산성의 출현이 이 시기까지 소급될 수 있다는 의미다. 마침, 그
다음 해에 장방형으로 다듬은 성돌을 이용한 가림성 축조가 이루어
지고 있어 이러한 추론은 한결 가능성이 커지고 있다. 그런 점에서
백제에서 다듬은 성돌로 축성이 이루어진 시기는 5세기 말에서 6세

---

35) 安承周 · 李南奭, 『百濟 推定王宮址 發掘調査報告書』, 公州師大博物館, 1987, 96쪽.
36) 趙由典, 「宋山里 方壇階段形 무덤에 대하여」, 『百濟文化』 21輯, 公州大學校 百濟
    文化研究所, 1991, 52~53쪽.

백
제
의
산
성

〈사 진〉 운주산성의 성벽 기초석

기 초부터라고 보고 싶다.

백제 산성의 축성법과 관련지어 주목되는 것은 성벽의 기초시설에
서 보이는 특징이다. 여기서 말하는 기초시설이란 성벽의 최하단부,
즉 지면과 성벽이 맞닿는 부분을 가리키는 말이다. 기초시설을 어떻
게 처리하는가 하는 것은 성벽의 견고성 여부를 결정지을 수 있는 중
요한 잣대가 된다.

일반적으로 신라 산성은 성벽 바깥쪽에 보조 석축을 덧붙이는 것이
하나의 특징이다.[37] 삼년산성과 명활산성, 대모산성, 계족산성 등에
서 이러한 보조 석축의 흔적이 확인되었다. 보조 석축을 신라 산성의

---

37) ①車勇杰, 「나. 城壁의 規模와 構造」, 『楊州大母山城發掘調査報告書』, 國立文化
財研究所・翰林大學校博物館, 1990, 33~53쪽.
②朴鍾益, 「古代山城의 築造技法에 대한 研究」, 『嶺南考古學』 15, 1994, 139~
142쪽.

특징이라고 보는 것도 그 때문이다.[38]

반면에 백제 산성은 성벽의 기초 부분에는 별다른 시설을 가하지 않는 것이 특징이다. 생토면을 정지하고 그 위에서부터 성벽을 축조하거나, 생토면을 L자식으로 파고 그 턱에 의지해서 성벽을 축조한다.

성벽의 기초 시설과 관련하여 한 가지 덧붙이고 싶은 것은, 성벽 최하단에 놓이는 성돌의 크기를 주목할 필요가 있다는 점이다. 백제 산성의 경우, 성벽 최하단에 놓이는 성돌이나 그 위쪽에 놓이는 성돌이나 크기에 별 차이가 없다. 반면에 연기 운주산성이나 호암산성내 한 우물지, 망이산성의 남문지 · 2호 치성(雉城) 등지에서는 최하단에 놓이는 성돌이 그 위쪽의 체성(體城)을 이루는 성돌보다 2~3배 정도 크다. 뿐만 아니라 성벽 최하단에 놓이는 성돌은 다른 성돌과 달리 밖으로 15~20cm 정도 크게 돌출되어 있는 것이 또 다른 특징이다. 그런 점에서 이러한 특징은 통일신라시대에 축성된 산성의 특징으로 보아도 큰 잘못은 아닐 듯하다.

7. 맺음말

산성은 성곽 고유의 방어 기능과 함께 지방통치의 중심지로서의 기능을 함께 지니고 있다. 백제의 5방성이 험산에 자리하고 있던 산성이었다는 사실이 이를 잘 입증시켜 준다. 그런 점에서 산성은 고대국가의 출현과 발전 과정을 이해할 수 있는 핵심적인 자료중의 하나다.

그러나 이러한 중요성에도 불구하고 백제 산성에 대한 이해는 아직 초보적인 수준에 불과하다. 우선, 발굴조사를 통해 규모와 구조, 축성법 등이 제대로 밝혀진 유적이 극히 일부에 불과하다. 더구나 발굴

---

38) 徐程錫, 『百濟의 城郭』, 學研文化社, 2002, 245쪽.

조사된 유적이라 하더라도 조사된 면적이 극히 일부에 불과한 경우가 대부분이다.

조사된 유적에 대한 해석이 서로 엇갈리는 것도 백제 산성의 이해를 더디게 하는 요인 중의 하나다. 특히 산성의 편년 문제는 백제 산성 연구를 근본적으로 다시 시작해야 할 필요성이 있음을 일깨워주고 있다. 나아가 잘못된 산성의 편년이 성내에서 출토된 토기, 기와의 잘못된 편년으로 이어지면서 백제 고고학의 한계를 고스란히 드러내고 있다. 무엇보다도 전 백제 역사의 2/3를 차지하는 한성시대 백제 산성의 양상을 전혀 알 수 없다는 사실은 현행 백제 산성 연구가 안고 있는 근본적인 한계점을 말해주는 것이다. 그런 점에서 한성시대 백제 산성을 찾는 작업이야말로 백제 산성 연구를 한 단계 진전시킬 수 있는 가장 손쉽고도 중요한 방법이 될 것이다.

백제 산성을 이해하는데 가장 큰 어려움중의 하나는 역시 출현 시점과 배경이 불분명하다는 사실이다. 백제 산성이 출현하기 이전부터 한반도에는 집단간의 갈등이 야기되고 있었고, 그 과정에서 주거지의 입지가 고지성(高地性)으로 옮겨지면서 장차 산성이 출현할 토대를 마련하고 있었다. 그러나 백제 산성이 이러한 고지성취락(高地性聚落)의 연장선상에서 출현하게 된 것인지, 아니면 백제를 건국한 유이민세력들에 의해 한반도 북쪽에 있던 산성의 개념이 직수입된 것인지는 분명하지 않다.

출현 시점 또한 불분명하기는 마찬가지다. 출현 배경이 분명하지 않은 만큼 출현 시기도 명확하지 않다. 『삼국사기』권 23, 「백제본기」에는 온조왕 27년(서기 9)에 대두산성(大豆山城)을 축성한 것으로 나오지만 고고학적 자료로는 3세기 후반 경에 이르러서야 산성이 출현하였을 것으로 보고 있다.

백제 산성의 실체가 드러나는 것은 웅진으로 천도하고 난 이후다. 공주지역에 남아 있는 20개소의 대소 산성 중 오인리산성, 송정리산성, 단지리토성, 중장리산성 등은 공산성과 거의 일정한 간격을 유지한 채 사방에 원형(圓形)으로 돌려져 있어 웅진시대에 왕도 방비를 위해 축성한 것으로 생각된다. 웅진시대 백제 산성의 전형적인 모습을 보여주는 셈이다. 그런 점에서 웅진시대 백제 산성은 표고 130m 내외의 나지막한 구릉 위에 자리했던 것으로 믿어진다. 이러한 추론이 크게 잘못된 것이 아니라면 한성시대 백제 산성 역시 사정은 마찬가지였을 것이다.

사비시대가 되면 이러한 일반적인 입지에 변화가 온다. 백제의 방성이 험산에 자리하고 있다는 설명이『한원』에 나오기 때문이다. 역시 험산으로 표현된 가림성이 현재의 성흥산성이라면 여기서 말하는 험산이란 표고 250m 정도의 높이를 가리키는 말이 된다. 웅진시대보다 훨씬 높아진 산봉(山峰)에 축성이 이루어진 것을 확인할 수 있다.

백제 산성의 규모는 그다지 크지 않았던 것으로 보인다.『한원』에는 백제 방성의 크기가 나오는데, 그 중 가장 작은 것이 남방성이다. 현재의 도량형으로 환산한면 약 720m 정도가 된다. 그런 점에서 일반 군현성(郡縣城)은 700m 이하였던 것으로 믿어진다.

한편, 백제 산성은 장방형으로 다듬은 성돌을 이용하여 바른층쌓기한 것이 하나의 특징이다. 판석(板石)이나 모전석(模塼石)이 주로 신라 산성의 축성에 사용되었다는 점에서 축성에 사용된 성돌의 모양과 크기는 산성의 축조 집단을 가늠해 볼 수 있는 좋은 단서가 된다.

그러나 아직까지 백제 산성 연구는 초보적인 수준임을 고백하지 않을 수 없다. 특히 백제사의 2/3를 차지하는 한성시대 백제 산성의 실체를 알 수 없다는 것은 백제 산성 연구가 안고 있는 문제점을 한 마디로 대변해 주는 것이다. 그런 점에서 한성시대, 웅진시대, 사비시대를 대표할 수 있는 산성 유적이 조사되어 각 시기별 백제 산성의 모델이 구해지기를 기대해 본다.

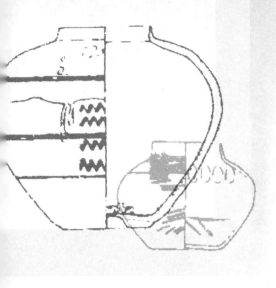

백제의 토기

■ 박순발

【백제의 토기】

박 순 발*

1. 토기개설

　인간의 일상적인 삶을 구성하고 있는 3가지의 주요한 요소로서 흔히 의·식·주(依·食·住)를 든다. 이 가운데 가장 필수적인 것을 하나만 고르라고 하면 역시 생물학적인 신진대사 활동의 하나인 식생활이 될 것이다. 이러한 인간의 식생활과 직접 관련되어 있는 고고학적인 자료 즉, 유물이 바로 토기이다. 따라서 토기의 역사는 인간의 역사에 버금갈만큼 유구하다.

　여기서 토기의 역사가 인류의 역사에 버금간다는 것에 대해서는 약간의 설명이 필요하다. 인간이 처음부터 토기를 만들어 쓰지는 않았다는 의미이므로 어느 무렵에 이르러 왜 토기를 만들었으며, 그러한 토기의 처음 쓰임새는 어떠했는지가 궁금하기 때문이다.

　토기란 넓은 의미에서 보면, 점토광물에 물을 가하여 가소성(可塑性) 즉, 빚음성이 있는 물질로 변환하고 인간이 필요로 하는 형태로 만든 다음 여기에 불을 가하여 그 모양을 고정시킨 일종의 신소재(新素材)인 요업제품(窯業製品)의 하나이다. 이러한 요업제품을 흔히 세

*충남대학교

라믹스(ceramics)라 하는데 이 소재의 유용성 및 개발가능성은 매우 커서 현대의 첨단공학의 한 분야이기도 하지만 그 출발은 후기구석기시대인 지금으로부터 약 27,000년 전에 이미 조소상(彫塑像)의 형태로 나타나고 있음이 체코의 파블로프유적에서 확인된 바 있다.

그러나 그릇의 형태로 만들어진 좁은 의미의 토기는 그후 약 2만여년이 경과한 다음의 시기인 신석기시대(新石器時代)에 들어서 비로소 출현하고 있다. 신석기시대에 대한 고고학적인 정의는 식량생산이 이루어진 시대, 다시 말하면 인간이 자신의 식량을 사냥이나 채집 등의 자연에 의존하지 않고 목축이나 농경 등의 자연의 변형 또는 자연에의 적극적인 간섭과정을 통해 획득하기 시작하는 시대이다. 식량생산경제로의 전환은 인구성장에 수반된 환경악화에 대처하기 위한 인류의 선택으로 보는 입장이 지배적인 해석인데, 그렇다면 이러한 상황에서 토기가 등장하는 것은 어떠한 의미를 가지고 있을까?

식량생산경제의 원활한 운용을 위해서는 생산물의 저장이 매우 중요한데, 환경에 대한 인구압력(人口壓力)의 증가의 결과로 초래된 식량자원의 계절적 불균형에 대비하기 위해서는 생산물의 즉시적 소비가 아닌 일정한 저장이 필수적이기 때문이다. 이러한 생계경제(生計經濟)하에서 토기가 등장하고 있음은 토기의 쓰임새와 관련하여 시사(示唆)하는 점이 많아 처음 토기의 용도는 식품저장에 있었을 가능성이 유추된다. 인류역사상 맨 먼저 식량생산경제가 나타난 근동(近東)지방에서 기원전 7,000년 무렵 최초로 토기가 출현하고 있는 이란의 간즈다레유적에서 나온 토기의 크기가 높이 80㎝에 이르는 대형으로 확인되고 있는 점은 이러한 추정을 뒷받침해 주는 것으로 볼 수 있다.

한반도에서는 기원전 5,000년 무렵 경에 처음으로 토기가 나타나고 있다. 그러나 당시의 생계경제는 아직 채집경제에 머무르고 있어 근동이나 인접한 중국의 중원지방 등의 신석기시대와는 다르다. 이러한 사정은 일본열도에서도 마찬가지지만, 반면에 토기는 한반도는 물론이고 근동지역보다도 훨씬 이른 기원전 10,000년 경에 이미 나타나고 있어 토기와 식량생산경제와의 관계는 직접적이지 않음을 보여주고 있다. 일본열도에서 이처럼 일찍 토기가 출현하고 있는 것에 대해서는 아직 의아스럽게 여기는 입장이 있으나, 이는 어찌하였든 토기가 식량생산경제 성립 이전에도 만들어 졌음은 분명하다.

근동의 토기 등장과 관련하여 위에서 말한 것처럼 토기는 식량생산 그 자체와 연관된다기보다는 식량의 저장과 더욱 밀접한 관련을 가지고 있음을 보여 주는 것으로 이해하면 좋을 것이다. 사실, 근동지방에서는 식량생산의 이른 단계에는 아직 토기가 쓰이지 않았는데 이 단계를 '무(無)토기 신석기시대(pre-pottery neolithic)'라고 부른다. 이 단계에서는 아직 수렵과 채집 등이 생계에서 차지하는 비중이 다음 시기에 비해 상대적으로 높았음은 두말할 필요 없다. 결국 이 단계의 생계경제 상황에서는 아직 식료품의 저장이 많지 않았을 것으로 보아야 할 것이다. 한편, 채집경제 하에서도 유리한 환경을 갖춘 곳에서는 식량의 저장과 더불어 정주생활(定住生活)이 이루어지고 있었음이 확인되고 있는데, 북태평양연안의 인디언사회의 경우가 이에 해당된다. 이러한 고고학적인 사실들은 토기의 출현이 식량의 저장과 밀접한 관계가 있음을 보여 주는 것으로 이해된다.

저장용기로서 처음 등장한 토기는 이후 인간의 식생활과 더욱 깊은 관련을 가지면서 발달되어 조리용기나 배식기(配食器) 등의 용도로 자리잡으면서 풍요로운 우리의 음식문화의 한 부분으로 정착되었을 것이다.

이러한 토기의 쓰임새에 비추어 보면 인류문화의 진보와 더불어 토기는 더욱 발달되기 마련인데, 우리의 음식문화 내용의 개선에 따라 토기의 종류나 질 역시 점차 다양화, 고급화의 길을 걷게 되었을 것임은 두말할 필요가 없다. 따라서 토기의 변천을 살펴봄으로써 인간의 식생활의 변화과정을 알 수 있을 것이다. 또한 토기에는 각 시대마다의 다양한 치장이 더해져 있어 이의 분석을 통해 그 시대 사람들간의 상호관계, 사회구조 등을 파악할 수 있는 고고학 및 고대사의 자료는 물론이고 나아가 그들의 아름다움에 대한 집단의식의 변천내용 즉, 미술사(美術史)의 자료로도 쓰일 수 있다. 더구나 인간생활에서의 토기의 쓰임이 많은 까닭에 그 양이 많을 뿐만 아니라 그 재질이 오랜 시간의 경과에도 불구하고 썩어 없어지지 않는 무기질(無機質)로 되어 있으므로 고고학자료의 대부분을 차지하고 있는 중요한 연구자료가 된다.

2. 백제토기의 개념

백제토기란 백제시대에 백제사람들이 만들어 쓰던 토기라 할 수 있을 것이다. 여기서 백제(百濟)란 역사적인 정치체(政治體)의 이름인데, 그 정치사회적 발전단계는 국가(State)단계를 의미한다. 즉, 백제토기는 국가단계의 정치체로서 백제에서 제작하여 쓰던 토기이다.

이러한 명확한 개념규정이 없이 백제의 고토(故土)로 여겨지는 지금의 경기, 충청 그리고 전라도 지역에서 발견되는 고대토기를 모두 백제토기라 한다면, 국가단계 이전의 원삼국시대(原三國時代) 마한(馬韓)이나 예계(濊系)집단의 토기는 물론이고 심지어 고구려나 신라의 토기도 백제토기로 혼동하는 잘못을 범할 수 있다. 실제로 1980년대 중엽에 발간된 백제토기 관련 도록(圖錄)에 수록되어 있는 자료 가운데는 백제토기가 아닌 것들이 다수 포함되어 있음을 알 수 있는데, 그러한 잘못은 백제토기에 대한 개념이 분명하지 못한 데에 따른 것이라 할 수 있다.

그런데, 위와 같은 백제토기 개념을 따라 실제로 백제토기를 가려내는 일은 결코 간단하지 않다. 백제라는 정치체가 언제 어디서 국가단계로 성장하였는가 라는 전제적 작업이 선결되어야 하기 때문이다.

백제의 건국(建國)에 대하여『삼국사기』백제본기의 온조(溫祚)왕 건국조에는 기원전 18년 온조가 고구려로부터 내려와 한강유역의 오늘날 서울 강동구 일원에 도읍(都邑)한 것으로 전하고 있다. 그러나 기원후 3세기 중엽경까지의 한반도의 각 정치체(政治體)들의 사정을 기록하고 있는 중국의『삼국지』위서 동이(東夷)전에는 아직 백제(百濟)라는 정치체는 보이지 않고 다만 마한(馬韓) 54개의 작은 나라[小國]들 가운데의 하나로서의 '백제(伯濟)'만이 확인될 뿐이어서 과연 그 무렵 백제의 정치사회적인 발전단계가 국가 수준에 도달하였는지를 판단하기 어렵다.

　한편, 고고학적인 자료를 보면『삼국사기』에서 말하는 백제 건국 시점인 기원전 1세기 말은 한강유역에서 철기가 등장한지 약 1세기가 경과한 시기로서 국가 수준의 물질적 자료로 볼 수 있는 대형고분(大形古墳)이나 성곽(城郭) 등은 보이지 않고 있다. 이러한 점으로 보면『삼국사기』의 기사보다는『삼국지』동이전의 기사가 당시의 실상에 부합된다.

　백제의 발상지(發祥地)인 한강유역에서 현재까지 확인된 고고학적 자료로 보는 한 백제의 국가형성은 서울의 석촌동(石村洞), 가락동(可樂洞) 일원의 평야지대에 대형봉토를 가진 고분이 만들어지고 풍납토성이나 몽촌토성 등의 성곽이 출현하는 기원후 3세기 중후반경을 상한(上限)으로 하며, 좀더 구체적으로 3세기 3/4분기(250~275년)의 일로 보인다. 이 무렵에 등장하는 위의 유적들에서는 당시 중국의 서진(西晉, 265~318)에서 들어온 유물들이 출토되고 있어 이제 막 국가단계로 성장하고 있는 한강유역의 정치체 즉, 백제는 중국의 서진(西晉)과 활발한 대외교섭을 하고 있었음을 잘 보여주고 있을 뿐 아니라 이러한 교섭을 담당할 수 있는 정치 엘리트들의 존재를 반증(反證)하고 있기도 하다. 이는『진서(晉書)』마한(馬韓)전에 보이는 마한의 서진 조공(朝貢)관련의 기사와도 일치되고 있어 이 무렵에 한강유역의 '백제(伯濟)'가 실질적인 마한의 맹주로 성장하였음을 말

백제의토기

해주고 있다.

이러한 고고학자료 및 중국측 사료에 의해 엿보이는 기원후 3세기 중후반의 백제국가형성 과정은 같은 시기의『삼국사기』기사인 고이왕(古爾王)조의 내용과도 부합되는 측면이 많다. 현재 문헌사학계에서는 백제가 국가 단계로 성장하는 시점을 고이왕대의 연맹왕국의 등장과 함께 하는 것으로 보는 것이 정설이다.

백제가 국가단계에 이른 기원후 3세기 중후반 무렵에 처음으로 등장하는 대형고분과 성곽 등의 유적에서 출토되는 토기들은 앞선 시기에 한강유역에서 보이던 원삼국시대의 토기와는 매우 다른 새로운 그릇 종류들로 구성되어 있다.

기원후 3세기 중후반 무렵에 등장하는 백제토기는 그 이전 시기에는 보이지 않았던 다수의 새로운 기종들로 구성되어 있다. 2~5cm 가량 되는 굽다리가 달려 있는 굽다리접시(高杯), 직구단경호(直口短頸壺)라 부르는 것으로서 짧고 곧은 목에 공모양의 둥근 형태의 몸체를 가진 항아리, 그리고 그와 거의 같은 모양이지만 어깨가 더욱 넓으면서 아래쪽으로 갈수록 그 폭이 점차 줄어 든 모양을 한 직구광견호(直口廣肩壺), 삼족기(三足器)라 부르는 것으로서 3개의 다리가 달려 있는 접시 또는 쟁반 모양의 그릇(三足器) 등이 대표적이다.

백제의 국가 성립기에 등장하는 그러한 일련의 새로운 그릇형태들은 중국 서진대(西晉 : 265~316년)를 중심으로 한 시기에 널리 유행하던 것들과 매우 흡사한 점이 주목된다. 앞서 이미 보았듯이 국가 성립기에 활발하였던 조공(朝貢) 관련 기록들과 밀접한 관계가 있을 것이다.

원거리 대외교섭은 흔히 국가 성립기에 활약한 정치적 엘리트계층들이 전담하게 되는데,『진서』마한전에 보이는 빈번한 대외교섭은 바로 그 무렵 한강유역에서 국가로 성장하던 백제의 지배 엘리트들의 모습을 엿볼 수 있게 한다. 아마도 그러한 과정에서 중국동북지역의 선진 문물이 다수 유입되었을 것이며, 이들은 곧 지배계층의 고급

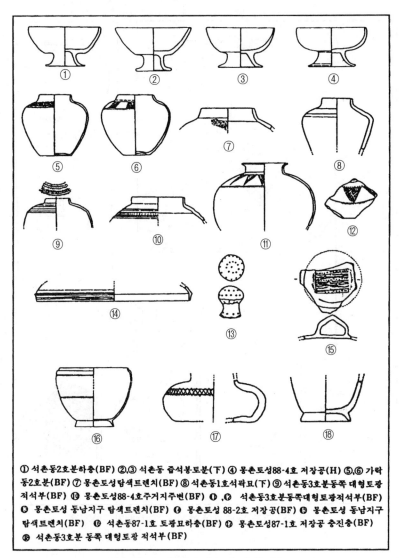

① 석촌동2호분하층(BF) ②,③ 석촌동 즙석봉토분(下) ④ 몽촌토성88-4호 저장공(H) ⑤,⑥ 가락
동2호분(BF) ⑦ 몽촌토성탐색트렌치(BF) ⑧ 석촌동1호석곽묘(下) ⑨ 석촌동3호분동쪽 대형토광
적석부(BF) ⑩ 몽촌토성88-4호주거지주변(BF) ⑪ ,⑫ 석촌동3호분동쪽대형토광적석부(BF)
⑬ 몽촌토성 동남지구 탐색트렌치(BF) ⑭ 몽촌토성 88-2호 저장공(BF) ⑮ 몽촌토성 동남지구
탐색트렌치(BF) ⑯ 석촌동87-1호 토광묘하층(BF) ⑰ 몽촌토성87-1호 저장공 충진층(BF)
⑱ 석촌동3호분 동쪽 대형토광 적석부(BF)

〈그림 1〉 흑색마연토기 여러 기종

물질문화로 정착되었던 것으로 이해된다(그림 2 참조). 이와 관련해
주목되는 점은 그러한 새로운 토기 종류들이 모두 표면을 매끄럽게
문질러 광택이 나는 검은 색깔의 토기질로 만들어 졌다는 것이다(그

백제의토기

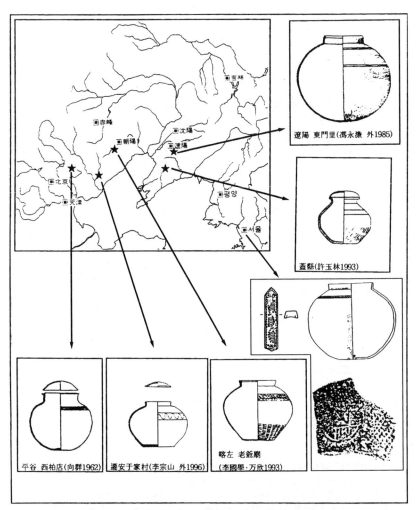

〈그림 2〉 중국 동북지역 후한~서진대 직구단경호

림 1 참조). 이를 '흑색마연토기(黑色磨硏土器)'라 하는데, 이는 당시 고급 그릇의 재질로 귀하게 여기던 칠기(漆器)의 재질감을 토기로 번안(飜案)하려는 제작의도와 밀접한 관련이 있을 것으로 보인다.

흑색마연토기로 나타나는 일련의 특징적인 토기양식의 출현은 곧 백제의 국가 성립과 시기적으로 일치되고 있다. 이러한 특정 토기양식은 백제의 영역 확대와 더불어 점차 인접지역으로 확산되면서 일정한 공간 내에서 통일적인 모습을 띠고 있다. 이러한 모습은 백제뿐만 아니라 고구려나 신라의 국가형성과정에서도 나타나고 있어 매우 흥미롭다. 특정한 토기양식의 공간적 통일성과 국가 단계의 정치체 등장 사이에 관찰되는 대응관계는 한반도 고대사회의 중요한 특징 가운데 하나라 할 수 있다.

여기서 잠시 토기의 명칭에 대하여 살펴보기로 한다. 우선, 고고학에서 쓰고 있는 토기 이름은 당시 그 토기를 사용하였던 사람들의 실제 쓰임새와는 직접 관련이 없다는 점을 알아야 한다. 고고학자들이 토기의 분류나 구분을 위하여 편의적으로 부여한 이름에 지나지 않는다. 사실 어떤 그릇의 구체적인 쓰임새는 고고학적으로 정확히 드러나지 않는 경우가 대부분인데, 그릇에 담아 두는 거의 대부분의 물질이 쉽게 썩어 없어지는 유기질로 된 것이기도 하거니와 설사 운 좋게도 우연히 그 물질의 흔적이 남아 있더라도 그러한 예들이 그릇의 쓰임새를 단정해도 좋을 정도로 충분한 통계적 의미를 확보하기란 어렵기 때문이다.

그렇다면 우리는 토기의 종류, 즉 기종(器種)을 어떻게 가려낼 수 있으며, 그리고 분류 결과 각 기종에 부여한 이름의 의미는 어떻게 이해하여야 하는가.

토기의 전체적인 형태가 서로 같지 않다는 것은 토기의 제작자 또는 사용자들이 무엇인가의 쓰임새를 전제하고 그에 따라 적당한 형태를 선택한 결과임은 틀림없을 것이다. 오늘날 우리가 접시나 대접으로 부르는 것과 같이 그릇 벽의 높이가 입지름에 비해 작은 것들은 분명 항아리와 같이 내용물을 담는 몸체가 입지름에 비해 현저하게 큰 부류와 쓰임새가 같지 않을 것이다. 앞 부류의 그릇들은 담긴 것을 쉬 퍼낼 수 있도록 배려한 것이라면 항아리와 같은 부류는 저장의 편의성에 초점이 맞추어져 있음을 알 수 있다. 이처럼, 토기의 전체적인 형태에는 일정하게 그 쓰임, 즉 기능(機能)이 반영되어 있다.

그렇다고 하여 토기의 전체형태가 곧 구체적인 용도(用途)를 말해주는 것은 아님을 유의하여야 한다. 항아리와 같은 형태는 무엇인가를 저장하는 데에 편리한 기능을 가지고 있음은 분명하지만 구체적으로 그 속에 어떤 내용물을 담았느냐와 같은 쓰임새, 즉 용도에 대해서는 확실하게 알 수는 없다. 더우기 형태가 내포하고 있는 제작당시의 본래적인 기능과는 다른 쓰임새로도 사용될 수도 있다. 항아리를 취사(炊事)용이나 배식(配食)용 등으로 일시 사용하는 경우가 얼마든지 있을 수 있기 때문이다. 그러므로, 일반적인 의미의 토기 쓰임새는 전체적인 형태에 반영된 기능의 개념과 특정 토기가 구체적으로 사용된 용도의 개념을 구분하는 것이 필요하다. 이러한 관점에서 보면 고고학에서 흔히 사용하고 있는 기종 개념은 일련의 동일 형태를 지닌 토기들에 내재적인 기능이 같은 것들을 의미하는 것이라 할 수있다. 이러한 까닭에 토기의 명칭은 주로 그 형태상의 특징을 나타내는 이름이 사용되고 있다. 직구단경호, 굽다리 접시(고배), 삼족기, 깊은 발형 토기(심발형토기), 목긴 항아리(장경호) 등의 기종명이 그러하다.

지금까지 살핀 내용으로 보면 백제토기의 형성은 3세기 중후반 무렵 당시 중국 특히 서진대의 보편적인 기종들을 재래의 고급그릇의 소재(素材)인 칠기(漆器)와 같은 재질감을 내도록 흑색마연토기의 제작기법으로 국산화하는 과정으로 이해되며, 표면장식 역시 당시 중국에서도 고급그릇으로 여기던 고월자의 청자들에 적용되던 음각선무늬를 채용하고 있었던 것으로 보인다. 토기의 기종구성상에서 나타나는 이러한 개방적인 수용(收用) 및 국제감각은 당시 백제 이외의 한반도 여타지역에서는 찾아 볼 수 없는 것으로 주목되어야 한다. 이는 물론 백제의 국가형성기에 있었던 중국과의 활발한 원거리 대외교섭의 산물인 일면, 백제인이 가지고 있던 선진문물에 대한 적극적이고 개방적인 수용을 통해 자기 문화를 풍부하게 하는 특유의 모습을 잘 보여주는 고고학적 증거 가운데 하나이기도 하다.

3. 백제토기 성립 전야

백제토기를 백제가 국가 단계에 진입한 이후의 토기양식으로 규정할 때 그에 앞선 시기의 토기를 원삼국시대(原三國時代) 토기라 할 수 있다. 원삼국시대란『삼국사기』등 문헌사료 상으로는 고구려, 백제, 신라 등의 국가체의 명칭이 등장하고 있으나 백제나 신라 등의 발상지에는 아직 완전한 국가 단계에는 이르지 못한 다수의 소국(小國)들이 병립하고 있는 시대를 지칭한다. 이 무렵 대동강유역을 중심으로 하는 한반도 서북지역에는 낙랑(樂浪)으로 대표되는 중국의 군현(郡縣)이 존속하고 있던 때이기도 하다. 최근 원삼국시대 설정에 대한 이견도 있으나 고고학적으로 볼 때 낙랑으로 대표되는 중국 군현의 선진 문물이 특히 한반도 남부 토착사회에 지속적으로 영향을 미치면서 토착 군소 정치체들이 국가 단계로 성장하고 있던 시기로 이해할 수 있다. 여기서는 이 무렵의 토기 가운데 백제의 발상지인 한강유역 및 중서부지역의 토기 양상의 전개를 중심으로 살펴봄으로써 백제토기 성립 이전의 모습을 알아보기로 한다.

지금의 행정구역상으로 서울, 경기, 충청남북도에 해당하는 한강유역 및 중서부지역의 원삼국시대는 토기의 변천양상을 기준으로 할 때 I, II, III기 등 대략 3 시기로 구분 가능하다.

제 I기는 초기철기시대(初期鐵器時代)의 특징적인 토기인 점토대토기(粘土帶土器)에서 유래한 것으로 추정되는 이른바 경질무문토기(硬質無文土器)만 사용되던 시기이다. 점토대토기는 구연(口緣)에 점토띠를 부착한 특징적인 모습의 토기로서 세형동검(細形銅劍), 다뉴경(多鈕鏡) 등의 한반도지역 특유의 청동기와 함께 사용되던 것이다. 시간의 경과와 더불어 점토띠의 단면 모양이 처음 둥근 원형에서 삼각형으로 변천하다가 마침내 점토띠는 없어지고 구연이 밖으로 외반(外反)되는 모습으로 귀결된다. 경질무문토기란 바로 점토띠가 소

백제의토기

멸된 외반 구연 단계의 토기라 할 수 있다. 이 무렵의 토기질은 표면 색이 적갈색이고 바탕흙에는 모래등 거친 입자가 다수 포함된 것으로서 청동기시대의 무문토기(無文土器)의 그것과 차이가 없다. 그렇지만, 청동기시대 무문토기와 구분하기 위하여 경질무문토기라는 명칭을 부여하고 있다. 경질무문토기의 출현 시점은 대략 기원전 100년 경으로 볼 수 있다.

지금까지 확인된 이 시기의 유적은 주로 한강유역 및 강원도 영동(嶺東)지역에 집중되고 있다. 하남시 미사리(漢沙里), 강릉 강문동(江門洞), 중원 하천리(荷川里) 등에서 확인된 것들이 이에 해당된다. 이 시기에 과연 경질무문토기만이 사용되었는지 여부를 둘러싸고 논란이 없지 않으나 앞서 예로든 바와 같이 경질무문토기만 출토되는 주거지들의 형태가 이후의 것들과 차이가 있는 점등은 경질무문토기 단일기로서의 제 I기 설정의 타당성을 뒷받침하는 것이다. 한편, 이 무렵의 주거지에서는 철기가 출토되고 있는데, 그 기술적인 계통은 앞선 초기철기시대와 달리 중국 한(漢)대의 발달된 단조(鍛造)철기 들이다. 이들은 물론 낙랑 등 중국의 군현지역으로부터 수용된 철기 기술이다.

제 II기는 경질무문토기와 더불어 새로이 표면을 두드려 무늬를 남긴 이른바 타날문토기(打捺文土器)가 나타나는 시기이다. 한강유역에서 타날문토기가 정확히 언제 등장하였는 지에 대해서는 아직 확실하지 않은 점이 많다. 한강유역이나 중서부지역에서는 이 무렵에 해당되는 자료가 거의 없으나 최근 영남지역에서 속속 드러나고 있는 예(그림 3 참조)로 보아 한강유역에서도 대략 기원전후 무렵에는 타날문토기가 제작 사용되었을 가능성이 있다.

〈그림 3〉을 보면 영남지역에서 타날문토기가 등장하는 시점은 기원후 1세기 전반경이다. 그리고, 그러한 타날문토기의 등장 배경은 역시 낙랑지역으로 판단된다. 사실, 타날문토기는 일찍이 중국의 전국(戰國)시대 주조(鑄造) 철기문화의 확산의 결과인 한반도 초기철

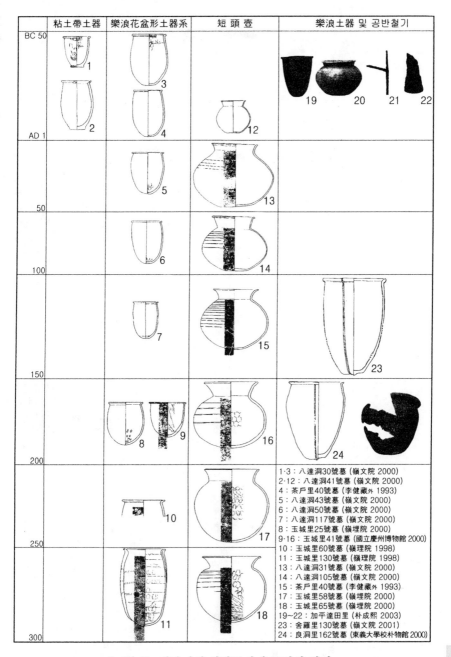

	粘土帶土器	樂浪花盆形土器系	短 頭 壺	樂浪土器 및 공반철기
BC 50 AD 1	1 2	3 4	12	19 20 21 22
50		5	13	
100		6	14	
150		7	15	23
200		8 9	16	24
250		10	17	1·3：八達洞30號墓 (嶺文院 2000) 2·12：八達洞41號墓 (嶺文院 2000) 4：茶戶里40號墓 (李健茂外 1993) 5：八達洞43號墓 (嶺文院 2000) 6：八達洞50號墓 (嶺文院 2000) 7：八達洞117號墓 (嶺文院 2000) 8：玉城里25號墓 (嶺埋院 2000) 9·16：玉城里41號墓 (國立慶州博物館 2000) 10：玉城里60號墓 (嶺理院 1998) 11：玉城里130號墓 (嶺理院 1998) 13：八達洞31號墓 (嶺文院 2000) 14：八達洞105號墓 (嶺文院 2000) 15：茶戶里40號墓 (李健茂外 1993) 17：玉城里58號墓 (嶺埋院 2000) 18：玉城里65號墓 (嶺埋院 2000) 19~22：加平達田里 (朴成熙 2003) 23：舍羅里130號墓 (嶺文院 2001) 24：良洞里162號墓 (東義大學校朴物館 2000)
300		11	18	

〈그림 3〉 영남지역 원삼국시대 토기의 변천

백제의토기

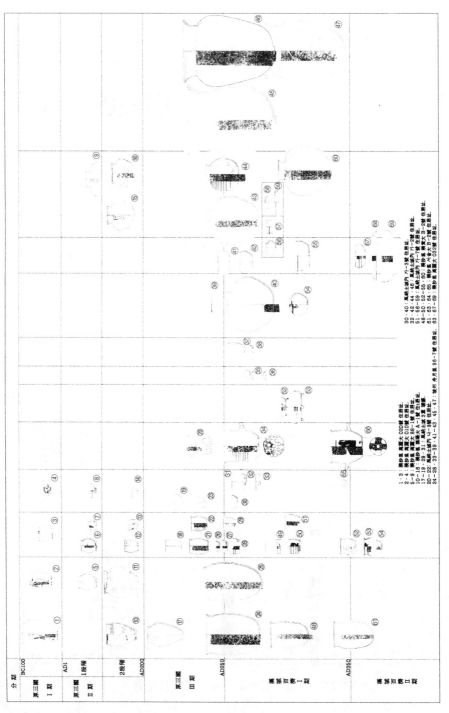

〈그림 1〉 최근 운영 의식그사세 토기의 편년

기문화의 시작과 더불어 압록강(鴨綠江), 청천강(淸川江) 유역 등 한반도 서북지역에 먼저 등장하였다. 그 시점은 대략 기원전 300년 경을 전후한 무렵이었다. 그러나, 한반도 남부지역까지 널리 퍼지게 된 것은 낙랑 등 한(漢) 군현이 대동강유역 등에 설치된 이후이다. 그러한 점에서 타날문토기의 기술적인 계보는 중국의 전국시대 토기 제작기술에 있다 할 것이다.

아무튼, 낙랑 문물의 확산에 따라 영남지역에 처음 등장하는 타날문토기는 항아리(壺)의 몸체에 새끼줄 무늬가 있는 이른바 승문(繩文) 타날이다. 그러나, 기원후 2세기 이후가 되면 문살무늬가 있는 이른바 격자(格子) 타날이 새롭게 나타나고 있음을 알 수 있다. 이러한 격자 타날의 등장 역시 낙랑등 군현지역으로부터의 새로운 토기 제작 기술의 파급으로 이해되고 있다. 이와 같은 영남지역에서의 타날문토기 변천 양상에 비추어 볼 때 한강유역 및 중서부지역의 모습에는 특이한 점이 발견된다. 이른 시기에 해당되는 승문 타날 기법이 극히 희소하다는 점이 그것이다. 현재까지 알려진 것 가운데 승문 타날된 것은 미사리에서 확인된 1점만이 있는데, 그 역시 기형(器形)으로 보아 2세기 전반경에 해당될 수 있을 뿐이다.

이에 이어지는 다음 단계의 격자 타날 토기는 비교적 풍부하다. 이는 영남지역에서 2세기 후반대에 처음 등장한 격자 타날 토기들과 같은 맥락임은 물론이다. 이처럼, 한강유역 및 중서부지역의 타날문토기의 전개과정은 영남지역에 비해 승문 타날 단계가 생략된 듯한 느낌이다. 장차 이른 단계의 승문 타날 토기 자료의 증가가 기대되며, 만약 이 단계의 토기가 확인된다면 그 시점은 앞서 말한 것처럼 기원전후 무렵이 될 가능성이 높다.

타날문토기의 이와 같은 변천 경향을 고려하면 한강유역 및 중서부지역의 원삼국시대 제 II기는 승문 타날 단계와 격자 타날 단계로 세분해 볼 수 있다. 그 분기점은 영남지역의 예를 참고하면, 대체로 기원후 150년 경이 될 수 있을 것이다(그림 4 참조).

백제의토기

제 III기는 이른바 심발형토기(深鉢形土器)나 장란형토기(長卵形土器) 등 새로운 취사용기의 등장을 표지(標識)로 하는 시기이다.

심발형토기란 청동기시대 이래의 무문토기와 같은 적갈색 또는 갈색을 띠는 무른 질의 토기로서 그 형태 역시 무문토기나 경질무문토기와 다르지 않다. 유적에서 출토되는 맥락으로 보아 이들은 취사용기의 일종으로 보아 틀림없다. 장란형토기는 그 모양이 계란의 윗부분을 잘라낸 모습 같기 때문에 붙여진 이름인데, 심발형토기와 달리 밑이 둥글며, 크기 역시 훨씬 크다. 이는 지금의 솥과 같은 기능을 가진 것으로서 그 위에 시루를 올려 곡물을 쪘던 것으로 보인다. 심발형토기나 장란형토기에는 모두 표면에 타날문이 있는데, 구체적인 문양 내용은 지역에 따라 일정한 차이가 있어 흥미롭다. 백제의 발상지인 지금의 서울지역에서는 승문 타날이 주종을 이루는 반면 그 외곽의 경기, 충청남북도 지역에서는 격자문이 중심을 이루고 있다. 이들 새로운 기종 출현의 이면에는 낙랑이나 대방(帶方) 등 군현지역의 신문물이 있었던 것임이 최근 경기지역의 고고학조사를 통해 알려지고 있다.

최근 심발형토기와 장란형토기의 구체적인 출현 시점을 둘러싸고 학계의 관심이 고조되고 있는데, 그 까닭은 백제가 국가 단계로 성장한 고고학적 근거가 될 수 있는 성곽(城郭)의 축조 시기 비정과 밀접한 관계를 가지고 있기 때문이다. 풍납토성 발굴을 담당한 국립문화재연구소측의 보고자들은 이 성의 축조 시기를 기원후 1세기 전엽~말엽으로 올려 보고 있으며, 일부 문헌사학자들 역시 이러한 주장에 가세하고 있다.

풍납토성 조사는 일찍이 1962년도에 부분적으로 조사한 후 오랫 동안 관심밖에 머물렀으나, 1997년도 아파트 건립을 위해 지하 4m 가량되는 지점까지 굴토하였을 때 원삼국시대 및 백제시대 문화층이 그대로 남아 있는 것이 확인됨에 따라 본격적으로 학계의 집중적인 관심을 끌게 되었다. 일부 지점에 대한 조사를 통해 토성(土城)이 축

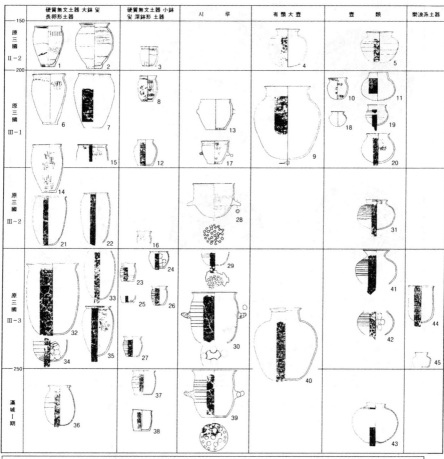

硬質無文土器 大鉢 및 長卵形土器		硬質無文土器 小鉢 및 深鉢形 土器	시 루	有 頸 大 壺	壺 類		樂浪系土器
原三國 II-2							
原三國 III-1							
原三國 III-2							
原三國 III-3							
漢城 I 期							

1・2・3・4・5: 漢沙里 A地區 1號 住居址(漢陽大 92)
6・7・8・9・10・11: 荷川里 F地區 1號 住居址
12: 舟月里 97-13遺構
13: 舟月里 2號 住居址(漢陽大 96)
14・15・17・20: 發安里 1號 住居址
16・27・26・29・41: 風納土城 나-8號 住居址
18・19: 清堂洞 20號
21・22: 長院里 19號墓 周溝埋納 3號 甕棺
23・30: 風納土城 가-2號 住居址

24・29・34: 明岩洞 1號 主居址 (清州博物館 99)
25・32・33・39・40: 舟月里 96-7遺構
31: 長院里 19號墓
35: 長院里 19號墓 周溝埋納 4號 甕棺
36・37・38: 馬霞里 木槨墓
42: 明岩洞 5號 主居址 (清州博物館 99)
43: 馬霞里 1號 石槨墓
44: 堂下里 F-1遺構
45: 馬場里 住居址

〈그림 5〉 한강유역 및 중서부지역 원삼국시대 II~III기 토기의 변천

조되기 이전에 이미 환호(環壕)로 불리는 방어 시설로 둘러싸인 취락
이 있었으며, 이것이 폐기된 후에 성벽이 만들어졌음이 알려졌다. 그

백제의 토기

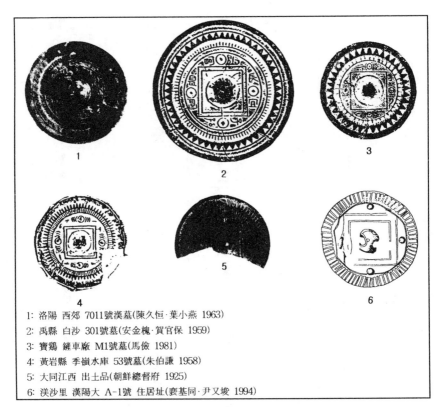

1: 洛陽 西郊 7011號漢墓(陳久恒·葉小燕 1963)
2: 禹縣 白沙 301號墓(安金槐·賀官保 1959)
3: 寶鷄 鏟車廠 M1號墓(馬儉 1981)
4: 黃岩縣 季嶺水庫 53號墓(朱伯謙 1958)
5: 大同江西 出土品(朝鮮總督府 1925)
6: 渼沙里 漢陽大 A-1號 住居址(裵基同·尹又埈 1994)

〈그림 6〉 미사리 출토 방제거울과 후한~서진대 중국 거울

과정에서 도랑 형태의 환호내부 매몰토 속에서 문제의 심발형토기나 장란형토기가 출토되었으며, 성벽을 축조할 무렵의 구지표면에서도 심발형토기, 장란형토기를 비롯한 유물들이 확인되었던 것이다. 결국 성벽의 축조 시점은 이들 토기가 제작 사용되었던 시기보다 더 올라 갈 수 없음은 분명한 것이다.

심발형토기나 장란형토기가 언제 등장하였는 지를 말해주는 직접적인 고고학자료는 없으나 적어도 상한(上限) 시기, 즉 그보다 더 연대가 올라 갈 수 없음을 보여주는 자료는 있다. 그것은 미사리유적 조사를 통해 확인된 '한양대 A-1호'로 이름 붙여진 주거지 출토품들

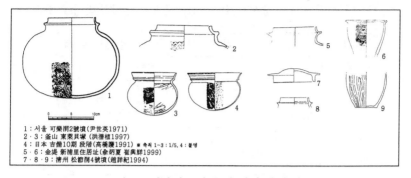

1 : 서울 可樂洞2號墳(尹世英1971)
2 · 3 : 釜山 東萊貝塚(洪潽植1997)
4 : 日本 吉備10期 段階(高橋護1991) ＊ 축척 1~3 : 1/5, 4 : 불명
5 · 6 : 金堤 新浦里住居址(兪炳夏 崔奐鮮1999)
7 · 8 · 9 : 淸州 松節洞4號墳(趙詳紀1994)

〈그림 7〉 심발형토기 출현 시점 관련 자료

이다. 〈그림 5〉의 1~5의 토기들이 그것인데, 여기에는 아직 심발형
토기나 장란형토기가 없다. 그런데, 이와 같은 토기 양상이 어느 시
기에 해당하는 것인지를 판단하는 데에 있어 매우 중요한 근거가 되
는 것이 함께 나온 청동거울이다. 이 거울은 본래 보다 정교한 거울
을 되찍어 만든 이른바 방제경(仿製鏡)으로서 그 모델이 되었던 거
울은 〈그림 6〉과 같은 소위 방격사유경(方格四乳鏡)임을 알 수 있
다. 가운데 고리 주위에 네모를 두르고 각 변에 각기 한 개씩의 점을
찍은 문양으로 되어 있는 원래의 거울 내부만을 본 뜬 것임을 알 수
있다.

　방격사유경은 후한(後漢)의 늦은 시기부터 서진(西晉 : 265~316년
존속)대까지 성행하던 거울의 형식으로 알려져 있다. 이로 보아 이
주거지의 시간적 위치는 기원후 150~200년 사이에 비정하는 것이
가능하게 된다. 앞서 이미 본 것처럼 이 무렵은 영남지역 타날문토기
전개 과정상으로 볼 때 격자 타날이 성행하던 시기와 일치되는데, 이
주거지 토기 역시 동일한 격자 타날 일색이어서 그러한 시기 비정의
타당성을 뒷받침해주고 있다. 아무튼, 이러한 근거 자료로 보면 기원
후 200년 이전에는 아직 심발형토기나 장란형토기가 등장하지 않았
음은 분명하다. 그러므로, 풍납토성의 축조 시기를 기원후 1~2세기
대로 비정하는 것은 그 근거가 전혀 없는 것이다.

백제의토기

〈표 1〉 한강유역 및 중서부지역 원삼국시대 토기 변천 및 주요 유적

분 기	연 대	토 기 양 상	주 요 유 적
원삼국 I 기	BC100 AD1	경질무문토기	미사리 고려대 20, 22호 주거지. 강릉 강문동 1호 주거지. 중원 하천리 F지구 1호 주거지.
원삼국 II 기	1 AD150	경질무문토기 승문타날 단경호	미사리 고려대 88-1호 주거지
	2 AD200	경질무문토기 격자타날 호류	미사리 한양대 A-1호 주거지
원삼국 III 기	1	경질무문토기 : 바리, 납작밑시루 격자타날 : 심발형토기, 호류	하천리 F지구 1호, 파주 주월리 97-13호, 2호, 화성 발안리 1호 등 주거지, 천안 청당동 20호 묘
	2 AD225	경질무문토기 : 바리, 둥근밑시루 격자타날 : 심발형토기, 장란형 토기, 유경호 평행타날 호류	청주 명암동1호주거지, 송절동93B-1,2,3호 묘, 공주 장원리 19호 묘, 진천 요지 1단계.
	3 AD250	격자타날 : 장란형토기, 심발형토기 승문타날 : 장란형토기, 심발형토기(한강류역) 승문+격자타날 : 심발 형토기, 둥근밑시루 (한강류역) 평행타날+격자 단경호 평행타날 단경호 낙랑계 토기	풍납토성내 나-8호, 가-2호, 명암동 99-5호, 주월리 96-7호, 춘천 중도 1, 2호, 가평 마장리 등 주거지, 송절동 93A-6호 묘 화성 당하리, 기안리, 시흥 오이도 등 낙랑계 토기 출토 유적 중도, 제천 양평리 1, 2호, 연천 학곡리 등 즙석식적석묘
한성 I 기		승문+격자 : 장란형토기승문타날 : 심발형토기(깎기수법), 납작밑시루 평행타날 단경호, 심발형토기 한성양식 기종 등장 : 고배, 직구단경호, 흑색마연 직구 광견호 등	도화리 즙석식적석묘 오창 송대리 6호 묘 진천 요지 2~5단계 화성 마하리 목곽묘, 서울 가락동 2호 분 몽촌토성

한강유역에서 심발형토기나 장란형토기가 출현하는 시점은 현재까지 알려진 자료로 볼 때 기원후 200~250년 사이로 판단된다. 이러한 연대관은 당시 한반도 주변의 일본열도나 중국의 고고학자료와의 대비검토를 통해서도 뒷받침될 수 있다. 〈그림 7〉에서 보는 것처럼 부산 동래패총에서는 심발형토기와 함께 사용되던 대경호(帶頸壺) 또는 경부돌대토기(頸部突帶土器) 등으로 불리는 특징적인 원삼국시대 토기와 3세기 중엽~후반경의 일본열도 토기가 함께 나오고 있다. 그리고, 풍납토성 내부 조사에서는 심발형토기 및 장란형토기와 역시 동시기에 제작 사용된 토기 가운데 하나인 대옹(大甕)으로 불리는 대형 저장토기(그림 3의 45~47 참조)가 중국의 동오(東吳 : 222~279년 존속)~동진(東晋) 초(4세기 전반)에 특징적으로 유행하던 돈무늬가 찍혀진 이른바 전문도기(錢文陶器)와 함께 나오기도 하였다.

지금까지 살펴본 한강유역 및 중서부지역 원삼국시대 토기 변천 내용을 요약 정리하면 〈표 1〉, 〈그림 4〉, 〈그림 5〉 등과 같다.

4. 백제토기의 변천

1) 제작 기술의 변천

백제토기는 그 제작기술상으로 보면 크게 4가지의 기술적인 유형으로 구분할 수 있다. 흑색마연토기(黑色磨硏土器), 회색연질토기(灰色軟質土器), 회청색경질토기(灰靑色硬質土器), 그리고 적갈색연질토기(赤褐色軟質土器)가 그것이다.

흑색마연토기는 위에서 이미 보았듯이 백제토기의 형성과정에서 처음으로 등장하는 기종들이 모두 이 기술적인 유형에 속한다. 입자가 고운 바탕흙으로 토기를 빚은 다음 반건조 생태에서 표면에 광택

백제의토기

이 날 정도로 곱게 문지른 다음 가마속에서 많은 거으름을 내면서 구우면 거으름의 주성분인 탄소가 토기 바탕흙에 흡수되어 마치 칠기(漆器)와 같은 검은 광택을 띠는 토기가 된다. 이와 같은 토기제작 기술은 기원전 300년 경을 전후하여 한반도에 등장하였던 초기철기시대의 장경호(長頸壺 : 목긴 항아리)에서 이미 채용된 바 있기도 하다. 흑색마연토기의 기술적 유형은 앞서 백제토기의 개념을 통해 이미 설명한 바 있듯이 백제가 국가 단계의 정치체로 성장하는 과정에서 주도적 역할을 하였던 정치엘리트 계층의 고급 생활용기 제작에 주로 채용되었다. 이 유형의 기술은 전통적으로 고급 생활용기 또는 제사용기의 재질로 사용되었던 칠기와 같은 질감을 의도한 데에서 비롯된 것으로 추정되는데, 천안 용원리 고분군 등에서는 실제로 칠을 입힌 예들도 확인된 바 있어 그러한 추정을 뒷받침하고 있다. 대략 백제가 국가 단계로 진입하던 3세기 중엽~후반경에 한강유역에서 처음 출현한 이래 백제의 정치적 영역 확대와 더불어 중서부지역으로도 확산된다. 중서부지역의 경우 5세기 전반경까지도 유력한 지방 지배계층의 위세품(威勢品 : 소지한 사람의 신분이나 계급을 말해주는 물품)으로 사용되고 있었으나, 점차 시간의 경과와 더불어 그 질이 회색연질토기, 회청색경질토기 순으로 변화되고 있음이 관찰된다(그림 2 참조).

회색연질토기란 환원소성(還元燒成)에 의해 토기의 표면이 회색 또는 흑회색을 띠면서 경도(硬度)가 그다지 높지 않아 손톱등으로 표면을 그으면 흠집이 날 정도의 토기를 말한다. 환원소성이란 실요(室窯)와 같은 밀폐된 가마 속에서 외부 유입 공기가 차단되면 바탕흙속에 있는 각종 금속산화물로 존재하던 산소가 빠져 나와 연소되고 그 결과 바탕흙이 금속환원물 형태로 전환되면서 토기가 굽히는 과정을 말한다. 토기 바탕흙 성분인 점토(粘土) 속에는 여러 가지 금속산화물이 혼재되어 있지만, 그 가운데 토기의 표면색깔을 결정하는 데에 가장 많은 영향을 미치는 것은 철(鐵) 성분이다. 철은 산화상태에서는 적갈색 또는 갈색을 띠지만 환원되면 흑색, 회색, 흑회색으로 변한다. 이런 까닭으로 환원소성된 토기는 회색이나 흑회색을 띠게 되는 것이다. 회색연질토기의 제작기술은 계통상으로 보면 중국의 전국시대 철기문화와 함께 들어온 외래 토기 제작기술이라 할 수 있는데, 한강유역에 등장하는 시점은 대체로 타날문토기가 만들어지던 기원전후 무렵 경으로 추정된다. 이점에 대해서는 위에서 이미 설명한 바 있다. 그러나, 타날문토기가 등장하면서 곧 바로 회색연질토기 제작 기술이 생활용기 전반으로 파급된 것은 아니며, 취사용기와 같이 직접 불과 접촉되던 토기는 여전히 종전의 토기제작 기술로 만들어 졌다. 항아리(壺)나 큰 옹(甕)과 같은 저장용기류의 제작기술에 주로 채용되었다. 회색연질토기의 기술적 유형은 대량생산 체제의 확립에 따라 회청색경질토기로 대체되는데, 그 시점은 이미 말한 바 있듯이 기원후 3세기 중엽경이다.

회청색경질토기란 1,000°C 이상의 높은 온도로 구워져 바탕흙 속의 규소질이 완전히 녹아 응결된 이른바 '석기(炻器 ; stonware)'질의 단단한 토기인데, 흑색마연토기로 처음 출현한 고배, 삼족기, 직구단경호 등 백제토기의 특징적인 기종들은 대체로 4세기 중엽이후부터 회청색경질로 전환되고 있는 듯하다. 그러나, 이미 말한 것과 같이 원삼국시대부터 만들어 졌던 항아리 등은 대량 생산이 시작되던 3세기 중엽이후가 되면 회청색경질의 석기질로 제작되기도 하였다.

토기의 기종 사이에 보이는 이러한 질의 차이는 해당 기종의 기능이나 그에 따른 수요의 크기 등의 요인과 어떤 연관이 있을 것으로 생각된다. 가령 그 쓰임새가 일상생활과 밀접한 항아리와 같은 기종은 그 수요가 상대적으로 크므로 비교적 이른 시기부터 대량생산의 이점이 인식되었을 것이며, 그에 따라 생산체제의 전문화가 더욱 촉진되었을 가능성이 높고, 이러한 대규모의 전업적인 생산체제하에서 회청색경질토기를 생산하는 것이 소규모의 생산체제하에서의 그것보다 경제적인 효율성 면에서 훨씬 유리할 것이기 때문이다.

　적갈색연질토기는 그 제작기술의 계통으로 보면 선사(先史)시대 이 래 줄곧 이어져온 전통적인 것이다. 앞서 이미 설명한 환원소성과 달리 노천(露天) 가마와 같이 외부 공기의 유입이 충분한 상태에서 토기를 구우면 바탕흙 속의 금속산화물이 그대로 잔존하게 되어 표면색이 적갈색 또는 갈색을 띠고 있게 되는데, 이를 산화소성(酸化燒成)이라 한다. 신석기시대(新石器時代)의 빗살문토기, 청동기시대 무문토기, 그리고 원삼국시대의 경질무문토기 등이 모두 이에 해당된다. 토기 제작 기술의 발달 수준이라는 측면에서 보면 이 기술은 실요에서 구운 회색연질토기나 회청색경질토기에 비해 낮은 단계임은 분명하지만, 앞서도 말한 바와 같이 지속적으로 가열과 냉각이 반복되면서 사용되어야 하는 솥과 같은 취사용기는 후대에도 여전히 산화소성으로 만들어지고 있었다. 산화소성 토기에는 바탕흙에 굵은 입자의 거친 모래를 의도적으로 혼입한 예가 많은데, 이것이 바로 가열과 냉각에 따른 열충격을 완화하는 기능을 하는 것이다. 선사시대는 물론이고 원삼국시대의 이른 단계까지도 취사용기와 저장용기 사이에 뚜렷한 형태상의 차이는 거의 발견할 수 없었으나, 한강유역 및 중서부지역의 경우 원삼국 제 III기(200~250년)에 들어 와서는 심발형토기, 장란형토기, 그리고 시루와 같이 취사 조리 전용 기종이 등장하게 되었던 것이다. 이는 이후 백제가 국가 단계로 성장한 이후에도 그대로 지속되어 백제토기의 한 기술적 유형으로 이어진다(그림 4 및 5 참조). 백제토기의 경우 심발형토기, 장란형토기, 시루 등이 적갈색연질토기로 만들어진다. 솥의 기능을 하는 장란형토기는 한성기(漢城期 : 지금의 서울에 백제의 도읍이 있던 시기로서 백제의 국가 성립 시점인 250년 경부터 475년까지의 기간을 말함) 및 웅진기(熊津期 : 지금의 공주에 도읍을 두던 시기로 475~538년까지의 기간을 말함)까지 이어지다가 사비기(泗沘期 : 지금의 부여에 도읍이 있던 시기로 538~660년까지의 기간을 말함)에 들면서 철제 솥의 등장과 더불어 점차 소멸된다.

2) 주요 기종의 변천

백제 토기의 기종구성은 지금까지의 조사 결과에 의하면 대략 25~30여 종에 달한다. 이는 대부분 비교적 자세한 연구결과가 있는 한성기를 중심으로 한 것이어서 향후의 자료 축적에 따라 달라질 수 있다. 토기의 종류는 일반적으로 시대에 따라 달라진다. 선사시대에 비해 문화의 수준이 발달된 원삼국시대, 그리고 역사시대로 올수록 그 종류가 많아지는 것은 당연하다. 그릇의 종류는 이처럼 시대에 따라 문화의 발전 정도에 따라 변천하지만 대체로 시간의 경과에 따라 많아지는 경향이므로 웅진기, 사비기로 이행되면서 더욱 많아진다. 그러나, 어떤 이유로 이전의 기종이 없어지기도 하므로 특정 시대의 토기 기종 수를 그대로 당시의 문화 수준의 정도로 이해하는 것은 곤란하다.

한성기 백제토기의 기종 가운데 대표적인 것들을 중심으로 그 대략적인 변천 양상을 살펴보기로 하자. 이에 해당되는 것으로는 삼족기(三足器), 직구단경호(直口短頸壺), 광구장경호(廣口長頸壺), 고배(高杯), 기대(器臺) 등이 있다 (그림 8 참조).

삼족기는 접시 혹은 반(盤) 형태의 토기 바닥에 다리가 셋 달린 토기류를 말하는데, 이러한 형태의 토기는 오로지 백제 토기에만 존재하는 것이어서 마치 백제의 트레이드마크처럼 인식되는 중요한 기종이다. 종래 한강유역의 한성기 백제유적에 대한 본격적인 조사가 거의 없었던 80년대까지만 하여도 삼족기는 웅진기 이후에야 나타나는 것으로 생각한 적이 있었으나 최근의 조사 연구 결과 이미 백제 국가로 성립하던 3세기 중엽~후반 무렵부터 등장하고 있는 것이 확인되었다. 그리고 그 기원은 당시 유행하던 진(晉 : 265~420년 존속)대의 청동제 삼족반(三足盤)에 있는 것으로 이해된다. 삼족기는 이처럼 한성기에 등장한 이래 백제의 영역 변화에 발맞추어 중서부지역, 금강이남의 전북지역, 그리고 최종적으로는 영산강유역을 비롯한 전남지역까지 확산된다. 이와 같은 삼족기의 공간적 분포범위는 곧 당시 백제의 영역으로 보아도 좋을 정도이어서 백제고고학 및 백제사 이해에 매우 중요한 자료가 되고 있다. 삼족기는 한성기 동안에선 모두 생활유적에서만 출토되지만, 대체로 5세기 후반 이후가 되면 금강유역을 비롯한 중서부지역 이남에서는 무덤의 부장품으로 널리 사용되기도 하였다. 백제의 국가형성기부터 멸망기에 이르는 약 500여 년의 장구한 기간에 걸쳐 제작 사용된 삼족기는 당연히 세부적인 형태상의 변화도 수반하므로 이를 통해 백제토기 변천의 기준으로 삼기도 한다. 이에 대해서는 뒤에 볼 직구단경호와 함께 다시 살펴볼 것이다.

직구단경호 역시 백제 토기의 특징적인 기종 가운데 하나로서 곧고 짧은 목을 가진 공모양의 항아리이다. 어깨부분에 있는 특징적인 음각문양대와 몸체 아랫부분에서 바닥에 걸쳐 두드린 문양이 있는 점이 중요한 특색이다. 이 기종은 중국 동북지역의 후한(後漢)의 늦은 시기부터 서진(西晋 : 265~316년 존속) 시기까지의 유적에서 확인되는 것과 동일한 것으로서(그림 2 참조) 국가 형성기 장거리 대외교섭을 통해 백제에 수용되어 한성기에 특히 유행하였으며, 이후 웅진기, 사비기에 걸친 백제 전기간 동안 제작되었다. 그러므로, 이 기종의 세부적인 형태 변화 역시 삼족기와 더불어 백제고고학 편년(編年 : 고고학자료의 시간적 공간적 위치를 확정하는 작업)에 매우 중요하며, 또한 특정 시점에 있어 이 토기의 공간적 분포는 곧 백제 영역의 범위로 이해할 수 있을 정도로 백제적인 토기이다. 이에 대해서는 뒤에서 다시 살펴보기로 한다.

한편, 직구단경호는 특히 한성기 동안 적갈색연질의 심발형토기와 더불어 필수적인 무덤의 부장품으로 자리 잡는다. 어느 시대이든 무덤의 부장품은 당시 사람들이 살아가는 데에 있어 필수적인 품목들이라 할 수 있다. 생전에 반드시 필요한 최소한의 생활 필수품이 사후 세계에서도 필요하리라는 사후관(死後觀)이 작용하였을 것이기 때문이다. 심발형토기는 소형 취사 또는 조리 용기에 해당되는 것임은 위에서 이미 살펴 본 바와 같으므로 필수 부장품이 된 점이 쉬이 납득이 될 것이다. 직구단경호의 용도는 아직 정확히 알 수 없으나 이것이 심발형토기와 함께 무덤 속에 묻히는 필수 부장토기라는 점으로 미루어 보면 당시 백제인들의 삶에 중요한 품목이 저장되었을 것임은 짐작할 수 있다.

직구단경호와 형태적으로 매우 흡사하나 저부가 편평하면서 어깨가 발달된 기종이 있다. 이 토기에 대해서는 종래 직구단경호와 동일한 기종으로 이해하기도 하였으나, 대부분 흑색마연토기 유형에 한정되고 있고 따라서 그 존속 시기가 한성기의 이른 단계에 국한되고 있는 점 등으로 보아 별도의 기종으로 설정하는 것이 타당하다. 이를 직구광견호(直口廣肩壺)라 한다. 이 토기 역시 처음에는 백제의 중심지인 서울지역에서만 발견되다가 영역의 확대에 따라 중서부지역 등으로 확산된다.

고배는 접시 형태의 몸체 아래 굽다리가 달린 토기로서 백제뿐 아니라 고대 한반도 각 지역에서 널리 사용되던 기종이다. 현재까지 알려진 자료에 의하면 고구려에는 고배가 확인되지 않았으나 신라나 가야 등 한반도 남부지역은 물론이고 일본열도에서도 크게 유행하였던 기종이다. 지역에 따라 구체적인 형태에 차이가 있는데, 특히 굽다리의 높이나 장식에서 그러하다. 신라나 가야에 비해 백제의 고배는 굽이 낮을 뿐 아니라 투창(透窓)이라 부르는 뚫은 장식이 없는 점 등이 특징이다. 이처럼 그 형태에 지역색이 뚜렷하므로 이의 공간적 분포 양상을 통해 각 정치체의 영역변천 및 교류 관계 등을 연구하는 중요한 자료가 되기도 한다. 백제의 고배는 삼족기와 마찬가지로 5세기 중엽이전의 한성기 동안에는 무덤에 부장된 예가 거의 없으나 웅진기 이후 부장품으로 추가되고 있다.

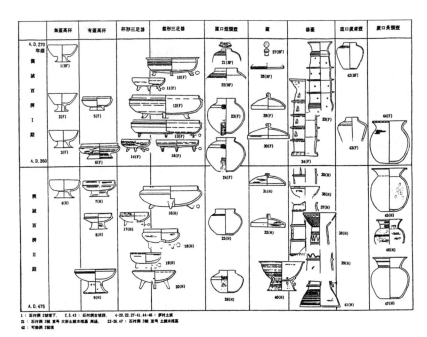

無蓋高杯	有蓋高杯	杯形三足器	盤形三足器	直口短頸壺	盌	器盖	直口廣肩壺	廣口長頸壺

<table>
<tr><td>A. D. 270
年頃

漢
城
百
濟
Ⅰ
期

A. D. 350</td><td>1(BF)
2(F)
3(F)</td><td>5(F)
6(F)</td><td>10(F)
11(F)
12(F)
13(F)
14(F)</td><td>9(F)
10(F)
15(F)</td><td>21(BF)
22(BF)
23(F)
24(H)</td><td>27(BF)
28(BF)
29(F)
30(F)</td><td>33(F)
34(F)</td><td>42(BF)
43(F)</td><td>44(F)</td></tr>
<tr><td>漢
城
百
濟
Ⅱ
期

A. D. 475</td><td>4(H)
8(H)
9(H)</td><td>7(H)
16(H)
17(H)
18(H)
19(H)
20(H)</td><td></td><td></td><td>25(H)
26(H)</td><td>31(H)
32(H)
40(H)</td><td>35(H)
36(H)
37(H)
38(H)
39(H)
41(H)</td><td>45(H)
46(H)
47(H)</td><td></td></tr>
</table>

1 : 石村洞 2號墳下,　2. 3. 43 : 石村洞古墳群,　4-20. 22. 27-41. 44-46 : 夢村土城
21 : 石村洞 3號 東쪽 大形土壙木棺墓 周邊,　23-26. 47 : 石村洞 3號 東쪽 土壙木棺墓
42 : 可樂洞 2號墳

〈그림 8〉 한성기 백제토기의 편년

　시간에 따른 고배의 형태 변화에는 일정한 정형성이 관찰되는데, 한성기의 이른 시기의 것은 구연부가 낮고 굽다리 역시 낮으나, 한성기의 늦은 시기에 오면 굽다리가 높아지면서 접시 형태의 몸체의 깊이도 얕아지는 경향이 나타난다. 이러한 형태 변화와 더불어 토기의 질역시 이른 시기의 것은 흑색마연토기, 회색연질토기로 제작되나 늦은 시기에는 회청색경질토기로 된다. 이와 같은 토기질의 변천 양상은 삼족기, 직구단경호, 그리고 뒤에 볼 기대 등도 마찬가지여서 백제토기의 편년에 있어 하나의 근거가 된다. 흑색마연 또는 회색연질이면서 구연과 굽이 낮은 고배와 함께 제작 사용되던 부류의 토기들을 '한성 Ⅰ기', 회청색경질이면서 굽이 높고 몸체가 얕은 고배와 함께 제작 사용되던 부류의 토기들을 '한성 Ⅱ기'로 각각 구분할 수 있다. 그리고 한성 Ⅰ기와 Ⅱ기의 분기점은 350년 경으로 비정된다. 이러한 구분에 따라 한성시기 백제토기를 편년한 것이 〈그림 8〉이다.

〈그림 8〉에는 없으나 앞서 〈그림 4〉와 〈그림 5〉에서 보았듯이 심발형토기, 장란형토기, 시루 등 적갈색연질로 만들어진 기종들에서도 그러한 시간적인 변화가 감지된다. 심발형토기나 장란형토기의 경우 특히 표면 처리 문양에 시기적인 변화가 잘 나타나는데, 구체적인 내용은 〈표 1〉을 참고하기 바란다. 한편, 이들 토기에는 지역적인 차이도 관찰된다. 백제가 국가로 성립하였던 서울지역의 것에는 승문이 타날된 반면, 그것을 둘러싼 중서부지역 이남 지역의 토기는 모두 격자 타날 일색이다. 백제의 영역 확대와 더불어 격자 타날은 점차 승문 계통의 타날로 변화되고 있는 점은 주목된다.

시루에는 주로 바닥의 형태에서 시간적인 변화가 나타난다. 원삼국시대 등 이른 시기의 것은 밑이 편평한 평저(平底)로 되어 있으나 시간의 경과와 더불어 둥근 밑의 원저(圓底)로 되었다가 한성 II기가 되면 다시 평저로 전환되는 것이 관찰된다.

기대는 제사와 같은 특수한 상황에 사용되는 그릇 받침으로 추정되는 것으로 거의 대부분의 몸체가 높은 굽에 해당한다. 이 기종은 고배와 마찬가지로 고구려를 제외한 고대 한반도 남부지역의 각 정치체 마다 제 각기 특색을 가지고 있어 고고학 연구에 중요한 자료가 된다. 백제의 경우 이른 시기의 기대는 거의 대부분 회색연질로 제작되는데 비해 한성 II기가 되면 회청색경질로 전환되면서 몸체에 특징적인 고사리모양의 장식이 부착되기도 한다. 한성기 이래 사비기까지 그 지속기간이 길지만, 웅진기 이후의 것은 특히 굽의 아랫부분이 장고처럼 부풀은 형태를 하고 있어 원통모양을 한 한성기와는 다른 모습을 보이고 있다.

광구장경호는 몸체에 비해 목이 높고 구연부가 크게 벌어진 형태의 항아리이다. 이 기종 역시 고대 한반도 남부 지역에서 크게 유행하였으며, 각 정치체 마다 특색이 뚜렷하여 고고학 연구에 중요한 자료가 된다. 백제의 광구장경호는 신라, 가야에 비해 목이 짧고 구연부가

백제의토기

더욱 밖으로 벌어진 점이 특징이다. 시간이 경과하면서 토기질이 회청색경질토기로 전환되거나 목부분에 돌대(突帶)가 부착되는 등의 변화가 감지된다.

　지금까지 백제토기의 주요 기종을 중심으로 그 대략적인 변천을 살펴보았으나 아직 백제토기에 대한 구체적인 변화 양상 파악에는 분명하지 않은 부분도 많다. 백제는 그 도읍지를 지금의 서울에서 공주로, 그리고 다시 부여로 옮겼으므로 새롭게 도읍지가 되었던 각 지역마다의 전통이 남아 있는 탓에 전기간에 걸친 토기의 변천을 일목요연하게 이해하기는 용이하지 않다. 특히, 시간의 경과에 따라 종래의 기종이 소멸되기도 하고 그때그때 중국 등 외부의 영향을 받아 새로운 기종이 등장하기도 하여 백제 전기간 지속되는 기종은 위에서 이미 설명한 바 있는 직구단경호, 삼족기 등 몇몇을 제외하고는 드문편이다. 여기서는 이러한 어려움을 극복하면서 백제 전기간에 걸친 토기의 변천 양상을 엿보기 위해 직구단경호와 삼족기를 중심으로 백제토기의 편년을 살펴보고자 한다. 이를 통해 백제토기에 대한 통시적인 편년 근거를 찾을 수도 있을 것이다.

　한성기 삼족기에 대한 전반적인 양상은 몽촌토성(夢村土城) 발굴조사를 통해 알려진 바 있다. 그에 따르면, 삼족기는 구경이 크고 몸체가 반(盤)처럼 생긴 이른바 반형삼족기(盤形三足器)와 구경이 작고 몸체가 고배의 그것과 같은 배형삼족기(杯形三足器)로　대별된다. 이들은 다시 뚜껑 받이가 있느냐 없느냐를 기준으로 뚜껑 받이가 있어 본래 뚜껑이 필요한 이른바 유개삼족기(有蓋三足器)와 그렇지 않은 무개삼족기(無蓋三足器)로 구분된다. 반형삼족기는 유개와 무개 모두 한성기의 비교적 이른 시기에만 성행된 데 비해 배형삼족기에 있어서는 무개는 한성기 말 또는 웅진기 초기까지 이어지고, 유개 배형삼족기는 한성기 이후 사비기까지 계속된다. 그러므로, 백제 전기간 동안의 변화를 관찰하기 위해서는 지속기간이 긴 유개 배형삼족기를 대상으로 하여 여러 가지 속성(屬性 : 토기가 가지고 있는 최소

단위의 형태적 특징을 말함)들을 관찰해 본다.

유개배형삼족기는 구연부에서 몸체로 이어지는 어깨의 형태 차이를 기준으로 2개의 부류로 구분하는 것이 가능하다. 어깨 부분이 둥글게 처리된 것, 이른바 '둥근어깨 유개 배형 삼족기(有蓋圓肩杯形三足器)'와 어깨 부분이 각지게 처리된 것 '각진어깨 유개 배형삼족기(有蓋角肩杯形三足器)'가 그것이다. 이 2개의 기형은 한성기 이후 사비기까지 병존하고 있다.

유개배형삼족기는 지금까지 관찰한 바에 따르면 대체로 시간의 경과와 더불어 몸체의 깊이가 얕아지면서 다리의 접착 위치가 점차 배신(杯身 : 몸체)의 외곽으로 분산되는 경향이 감지된다. 이를 좀더 구체적으로 살펴보기 위해 다음과 같은 통계적 지표를 설정하여 검토해보기로 한다.

배신심도(杯身深度) = 배신의 깊이 / 배신의 최대 직경, 삼족분산도(三足分散度) = 삼족이 부착된 지점을 연결한 원의 직경 / 배신의 최대 지경. 삼족기들을 한성기, 웅진기, 사비기 등 크게 3개의 시간대로 구분하여 각기 이들 지표의 변화 양상을 관찰한 결과는 다음과 같다.

배신심도는 한성기가 가장 크고 웅진기, 사비기 순으로 줄어들고 있으며, 삼족분산도는 한성기가 작아서 삼족이 배신 바닥의 중심부 근에 가까이 접합되는데 비해 웅진기, 사비기로 가면서 커져 배신부 외곽에 접합되고 있는 경향임을 보여준다.

배신심도와 삼족분산도가 한성기에서 사비기로 가면서 정향적인 변천을 보이고 있는 점이 확인되므로 이 두 속성의 변화를 함께 산포도로 나타내어 보았다. 그 결과는 〈그림 9〉와 같은데, 이는 각 시기별로 기형의 변화가 일정한 방향으로 점진적으로 변천하고 있음을 보여주는 것으로 볼 수 있다.

직구단경호의 특징은 짧고 곧은 구연 아래에 공모양의 원형 몸체를 가진 것으로서 어깨 부분에 문양대가 있고 몸체의 아래 부분에는 반

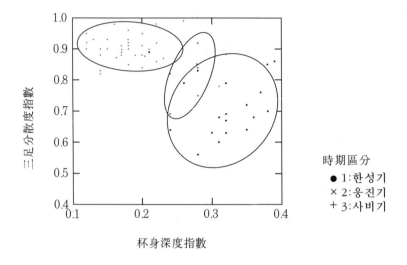

有蓋三足器 器形變遷樣相

時期區分
● 1:한성기
× 2:웅진기
＋ 3:사비기

<그림 9> 삼족기의 통시적 기형 변화 양상

드시 타날문이 찍혀 있다.

　한성기 이래 지속적으로 제작 사용되어 온 여러 지역 출토 직구단
경호들은 전체 크기, 동체부를 중심으로 한 기형, 그리고 견부 문양
등에서 다양성을 보이고 있다. 이러한 다양성 가운데 시간적 또는 공
간적 차이를 일정하게 보여 주는 속성으로는 전체적인 크기, 몸체의
형태, 그리고 어깨 문양 등이다. 그 가운데 어깨의 문양 내용이 가장
시기적인 변화를 잘 보여 주고 있는데, 지금까지 알려진 직구단경호
의 문양을 분류해보면 <그림 10>과 같다. 앞의 삼족기와 마찬가지로
직구단경호를 각각 한성기, 웅진기, 사비기로 구분하여 문양 내용의
변화를 관찰한 결과는 <표 2>와 같다.

<표 2> 직구단경호 어깨 문양의 변천 양상

문 양	한 성 기	웅 진 기	사 비 기
C	11		
B	4		
D1	1		
E	10		2
F	1	3	
D2		2	
I		2	2
G			1
H			3
J			1
D3			2

(숫자는 각 시기에 해당되는 직구단경호 개수)

그리고, 지금까지 관찰한 삼족기와 직구단경호의 세부 기형 변화 경향성을 토대로 한 종합적인 변천양상은 〈그림 10〉과 같다.

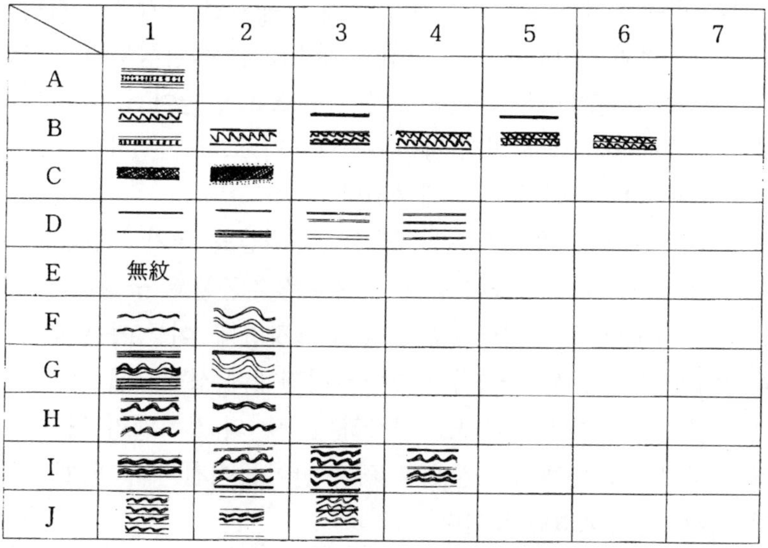

〈그림 10〉 직구단경호 어깨 문양

5. 맺음말

지금까지 백제토기는 언제 어떻게 형성되었으며, 주요한 기종의 변천 내용은 어떠한지를 중심으로 개괄하였다.

백제토기란 백제가 한강유역에서 국가 단계로 성장하였던 3세기 중엽~후반경부터 660년 멸망할 때까지 백제의 영역 내에서 백제인들이 만들어 쓰던 토기를 말한다.

백제가 아직 국가 단계의 정치체에 이르지 못한 때인 원삼국시대의 토기는 백제토기와 밀접한 관련을 가지고 있음은 물론인데, 백제가 국가로 발돋움한 한강유역 및 중서부지역의 경우 원삼국시대 토기 양상은 크게 3 시기로 구분하여 볼 수 있다. 제 I기는 선사시대의 토기와 마찬가지 기술로 만들어진 이른바 경질무문토기로 된 기종들만이 제작 사용되던 때로서 그 시기는 기원전 100년부터 기원전후 무렵에 걸친다. 제 II기는 기술계통상으로 볼 때 중국의 전국시대 환원소성 타날문토기와 연관되는 새로운 토기 제작 기술이 한강유역에 등장하여 종전의 경질무문토기와 함께 사용되던 시기로서 기원전후 무렵부터 기원후 200년 경까지이다. 제 III기는 심발형토기나 장란형토기와 같이 산화소성 타날문토기 기법으로 만들어진 새로운 취사 및 조리 용기가 등장하면서 경질무문토기가 소멸하는 시기로서 기원후 200년부터 250년 사이에 해당된다.

이어서 등장하는 백제토기는 칠기의 재질감을 토기로 만든 특유의 흑색마연토기 제작 기술이 적용된 새로운 기종들로 구성된다. 고배, 삼족기, 직구단경호, 직구광견호 등이 그것인데, 이들 가운데 삼족기와 직구단경호 등은 중국의 후한말~서진대에 성행하던 기종들로서 그 무렵 한강유역에서 국가로 성장하던 백제의 정치엘리트들의 장거리 대외교섭을 통해 위세품으로 처음 받아들여진 이후 백제 고유의 기종들로 정착하였던 것이다.

백제토기는 크게 한성기, 웅진기, 사비기로 나누어 살펴볼 수 있는

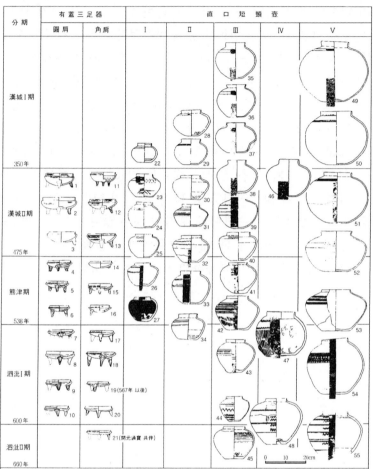

分期	有蓋三足器		直口短頸壺				
	圓肩	角肩	I	II	III	IV	V

〈그림 11〉 삼족기 및 직구단경호에 의한 백제토기 편년

1·13.夢村土城88方形遺構·2.夢村土城88-5號貯藏孔·11.夢村土城88-4號住居址·12.夢村土城88-1號貯藏孔(金元龍外1988) 3·14.公山城 28間建物址(安承周·李南奭1992) 4.艇止山 28號貯藏孔·15.艇止山1號石室墳(국립공주박물관1999) 5·6.餘美里8號石室墳·27.餘美里8號石室墳(李尚奭2001) 7.蓮芝里49號石室墳·18.蓮芝里16號石室墳·45.蓮芝里2號石室墳·48.蓮芝里3號石室墳(李弘鍾外2002) 8·10·54·55.軍守里地點(忠南大百濟研究所 發掘) 9·17.東南里(忠南大博物館 發掘) 16.定林寺(尹武炳1981) 19.陵寺(國立扶餘博物館2002b) 20·44.九龍里(安承周1977) 21.宮南池赤褐色砂質土層(國立扶餘文化財研究所2001) 22.石村洞破壞墳(任孝宰 1976) 23.法泉里2號墳(宋義政·尹炯元2000) 24.龍院里21號土壙墓·51.龍院里2號土壙墓(李南奭2000) 25.新鳳洞13號土壙墓(李隆助·車勇杰1983) 26.汾江楮石里1號埋納遺構·40.汾江楮石里가號埋納遺構(李南奭1997) 28.馬霞里21號石槨墓·49.馬霞里1號石槨墓(金載悅外1998) 29.石村洞3號墳東쪽4號土壙墓·35.石村洞3號墳東쪽3號土壙墓·36.石村洞3號墳東쪽8號土壙墓·37.石村洞3號墳東쪽A地域中層·38.石村洞3號墳東쪽A地域中層·52.石村洞3號墳東쪽9號土壙墓(金元龍·林永珍1986) 39.熊浦里93-3號墳(崔完奎1995) 41.山儀里28號石室墳·42.山儀里40號石室墳·43.山儀里39號石室墳(李南奭1999). 46.石村洞2號墳(金元龍外1989) 47.松菊里百濟土壙墓(國立扶餘博物館2000a) 50.夢村土城(金元龍外1988) 53.公山城5號貯藏孔(安承周·李南奭1992)

데, 한성기는 다시 한성 I기(250~350년)와 II기(350~475년)로 구분할 수 있다. 웅진기와 사비기에 대해서는 아직 구체적인 세분이 용이

백제의토기

하지 않으나 백제 전기간에 걸쳐 존속한 기종들인 삼족기와 직구단경호 등의 세부적인 기형변화를 통해 대략적인 내용을 짐작할 수 있다.

한편, 웅진기 이후에는 중국으로부터 수입된 자기(磁器)나 금속기(金屬器)의 기형에서 유래한 것으로 판단되는 새로운 토기들도 만들어진다. 그 가운데, 특히 사비기에 성행하던 완(盌)은 무령왕릉 등에서 확인된 바 있는 금속제 그릇에서 비롯된 대표적인 기종이라 할 수 있다. 그리고, 아직 그 배경을 정확히 알 수 없으나 사비기에는 또한 고구려토기 형태와 매우 흡사한 새로운 기종들도 유행한다. 자배기라 불리는 구연이 넓으면서 그릇 벽이 얕은 기종이 대표적인데, 고구려토기 특유의 띠모양 손잡이가 부착된 것이 많다. 이러한 새로운 토기의 등장에는 고구려가 한 때 금강유역까지 진출하여 일정기간 머문 당시의 역사적 상황이 작용하였을 가능성이 있다.

백제의 불상

■ 곽 동 석

【백제의 불상】

곽 동 석*

1. 머리말

우리의 민족문화 형성기인 4세기 후반(372년), 불상과 함께 처음으로 전해진 불교는 우리에게 새로운 철학을, 나아가 죽음과 내세의 문제를 인식시키는 계기가 되었다는 점에서 역사상 일획을 긋는 중대한 사건이었다.

백제는 384년 동진(東晉)으로부터 불교를 받아들인 이듬해에 한산(漢山)에 절을 지었다고 하지만 유구를 확인할 길이 없다. 백제에서의 본격적인 대가람의 건립은 웅진(熊津) 천도 이후부터로 추정되는데, 이러한 일련의 대역사는 민중의 호응 없이는 불가능했을 것이다. 4세기 후반에 불교를 처음 접한 지 1세기가 지나서야 본격적으로 사원이 건립되는 것은 불교가 민중 사이에 뿌리를 내리기까지 그 만큼 시간이 걸렸기 때문이다.

현재 남아 있는 불상의 대부분이 6세기 이후부터 등장하는 것도 이러한 맥락으로 이해되는데, 따라서 불교 전래 초기부터 5세기까지의 우리나라 고대 조각사는 현재 공백기로 남아 있다. 백제의 경우에도

---

* 국립중앙박물관

현존하는 불상은 모두 사비시대(泗沘時代) 이후의 것이며 웅진시대의 불상은 지금까지 한 점도 발견되지 않아 그 전모를 파악할 길이 없다.

이처럼 백제 불교조각의 흐름을 불교 전래 초기부터 백제가 멸망하기까지 시대순으로 일목요연하게 정리하는 것은 불가능에 가깝다. 이 글에서는 유례가 본격적으로 등장하기 시작하는 6세기부터 7세기 중엽에 이르는 약 150년간의 백제 불상의 특성을 몇 가지 유형별로 나누어 살펴보고자 한다. 삼국시대의 조각사는, 이것은 고구려 불상, 이것은 백제 불상이라고 단정적으로 말할 수 없을 정도로 아직 지역성이 명확하게 밝혀지지 않은 상태에 있다. 그것은 대상 불상의 양식 분석이 학자에 따라 다소 주관적이기 때문에 생긴 결과이기도 하지만 조각사의 연구방법 자체가 불상에 담겨져 있는 조형언어 파악에 있으므로 이는 불가피한 현상으로 풀이된다. 이 글에서 살펴보고자 하는 '백제 불상'은 글쓴이의 양식관에 따라 분류한 '백제 양식의 불상'을 대상으로 했음을 미리 밝혀 두고자 한다.

2. 백제의 불교문화와 불상

1) 백제 불교문화의 흐름

백제인들이 자신의 뿌리를 기본적으로 부여족 계통의 고구려에 두고 있었음은 이미 잘 알려진 사실이다. 이러한 의식구조에 비추어 백제의 초기 불교 문화 역시 고구려를 통한 중국 북방 문화의 영향을 받아 전개되었던 것으로 추정된다. 더욱이 백제가 처음 도읍을 정한 한강 하류 지역은 이미 그곳에 정착한 중국 군현과 인접해 있었기 때문에 일찍부터 낙랑 문화의 영향도 받았을 것이다.

한성(漢城)을 도읍으로 했던 침류왕(沈流王) 원년(384), 백제는 동진(東晉)에서 온 고승 마라난타(摩羅難陀)로부터 불교를 전해 받고 이듬해에는 한산(漢山)에 절을 지었다고 한다. 그러나 당시의 유구가 전혀 남아 있지 않아 그 성격을 확인할 길이 없다.

낙랑이 망하고 고구려의 국력이 막강해지면서 백제는 그 세력에 밀려 475년 한성에서 웅진으로 수도를 옮기게 되며 이때부터 본격적인 대가람이 건립되기 시작한다. 당시 공주 지역에는 대통사(大通寺)를 비롯하여 서혈사(西穴寺), 남혈사(南穴寺), 동혈사(東穴寺), 수원사(水源寺) 등의 사찰이 활발하게 건립되었다. 이들 웅진시대 사찰의 건물터는 지금도 남아 있지만, 여기서 출토된 불교미술품은 전혀 알려져 있지 않다. 단지 불교적인 모티브가 가미된 무령왕릉(武寧王陵) 출토의 금속공예품에 보이는 섬세하고 정교한 기법과 참신한 조형감각 등에서 백제 문화의 높은 수준을 엿볼 수 있을 뿐이다. 웅진 시대의 절터나 불상이 남아 있었다면 상대적으로 백제가 영향을 받았던 중국 남조(南朝)문화의 성격 규명은 물론이고, 백제의 영향을 받았던 일본의 아스카[飛鳥]시대 불상연구에도 상당한 실마리를 제공했을 것이다.

잘 알려져 있듯이 백제는 중국 남조의 양(梁) 나라(502~557)와 밀접한 관계를 맺고 문화적인 영향을 크게 받았다. 양 나라의 장인들이 직접 백제에 왔다는 기록은 성왕대(聖王代)부터 나타난다. 그러나 무령왕(재위 501~523)이 양 무제(武帝)를 위하여 '대통(大通)' 이라는 양 나라 연호를 따서 웅진에 대통사(大通寺)를 건립했다는 기록과, 무덤의 구조와 출토 유물의 양식에서 남조 문화의 영향이 강하게 반영된 무령왕릉의 성격에 비추어 백제는 이미 무령왕대에 중국 남조 문화의 영향을 받았음이 분명하다. 그러므로 웅진시대(475~538)에 건립된 사찰이나 불상들도 남조 문화의 영향에서 벗어날 수 없었을 것이다.

6세기에 접어들면서 백제 문화는 왕권 확립이라는 정치의 안정과 불교라는 사상적·신앙적 안정 속에서 찬란한 꽃을 피우게 된다. 성왕은 국내외의 불안을 극복하고 왕권 강화를 통한 정치적 안정을 꾀하기 위해 538년 수도를 사비로 옮기고 왕흥사(王興寺) · 천왕사(天王寺) · 정림사(定林寺) · 금강사(金剛寺) 등, 일련의 대찰을 지어 불교 미술의 전성기를 맞이하게 된다. 이 가운데 왕흥사는 이름에서도 알 수 있듯이 왕권 확립의 기념비로서 건립된 백제 최초의 대가람으로 생각되지만 그 정확한 규모는 알 길이 없다. 541년에는 양에 사신을 보내어 모시박사(毛詩博士), 열반경(涅槃經) 등의 경전, 공장(工匠), 화사(畵師) 등을 보내줄 것을 청함으로써 백제의 문화는 양의 영향 아래 사비에서 화려하게 꽃피우게 되었다.

백제는 사비로 천도한 해에 새로운 국제 질서의 파트너였던 일본에 불교를 전해주며, 이어서 577년에는 경론(經論) · 율사(律師) · 선사(禪師) · 비구니(比丘尼) · 주금사(呪禁師) · 조불공(造佛工) · 조사공(造寺工) 등 6명을 보낸다. 588년에는 사공 · 노반박사(鑪盤博士) · 와전박사(瓦博士) · 화공(畵工) 등을 보냄으로써 일본 최초의 사원인 아스카데라[飛鳥寺] 건립으로 대표되는 일본 고대문화의 터전을 제공하게 된다. 이로써 동아시아 역사에서 양과 백제와 일본이라는 수평적 국제질서와 문화적 친연성의 틀이 확립된 것이다.

한편 무왕대(武王代)에는 전제 왕권을 더욱 공고히 하여 호국사찰인 미륵사(彌勒寺)를 건립한다. 미륵사와 같은 대규모 가람의 건립이야말로 강력한 왕권의 뒷받침이 있었기에 가능했을 것이다. 그러나 백제는 막강한 고구려와 빠른 속도로 성장하는 신라의 틈바구니에서 그 꿈을 펴지도 못한 채 곧 파국의 길을 걷게 된다.

이처럼 백제는 부여족이란 긍지를 끝까지 지니면서 중국 북위와 고구려 및 낙랑의 영향, 그리고 남조 양의 영향 등 다방면에서 복합적으로 문화를 수용하고 이를 나름대로 소화하여 신라와 일본에까지 전파하는 등, 처음부터 끝까지 불교를 통한 동서 문화의 중심지로서의 역할을 다하였다.

2) 백제의 불교미술과 불상

한 국가가 형성되면서 사회질서를 추구할 때에는 하나의 보편적인 사상과 신앙이 요구된다. 잘 알려져 있듯이 불교는 4세기 후반, 삼국의 민족국가 형성기에 처음 전래된 이래로 우리에게 새로운 철학을, 나아가 죽음과 내세의 문제를 인식시키는 계기가 되었다. 당시 불교는 동아시아를 휩쓴 위대한 사상이자 새로운 신앙이었던 만큼 백제도 예외일 수 없었다. 그것은 선택의 여지가 없었으며 이에 따라 이루어진 문화도 불교적인 성격을 띠지 않을 수 없었다.

불교가 4세기 후반에 이 땅에 들어오면서 삼국은 모두 이를 적극적으로 받아들여 국가통치의 이념으로 삼는다. 그래서 세 나라가 각각 궁궐 못지 않는 거대한 규모의 절을 지으면서 이 땅에 본격적인 조형활동이 활발히 전개되어 수많은 건축과 조각, 공예 등 예술작품들을 남기게 되었다. 이처럼 불교는 우리나라 역사와 문화에 획기적인 변화를 일으켰기에 우리 역사에서 가장 중요한 사건이라 할 수 있다.

오늘날 지상에 남아 있는 우리의 고대 유물 가운데 불상만큼 오랜 시대에 걸쳐 남아 있는 미술장르가 드물다. 목조건축은 기껏해야 고려 말기의 것이 몇 있을 뿐이고 조선시대의 건축도 후기 것이 대부분이다. 회화도 고구려 고분벽화를 제외하면 조선 중기 이후 것이 대부분이다. 불화는 고려 것이 있으나 역시 일반회화와는 뚜렷이 구별되어 장식화의 성격이 강하다. 이에 비하여 조각은 삼국시대부터 조선시대에 이르기까지 상당히 많은 예가 남아 있어 전체의 변화과정과 특색을 규명하기가 상대적으로 유리한 편이다.

백제 불교미술의 흐름을 불상을 중심으로 서술할 수밖에 없는 이유도 여기에 있다. 미술은 크게 건축, 회화, 조각, 공예의 네 장르로 나뉘므로, 백제의 불교미술 역시 이 네 장르별로 살펴보아야 마땅하다. 미륵사지 석탑과 정림사지 석탑, 연화화생(蓮花化生)의 장면이 묘사된 무령왕릉 출토의 두침(頭枕), 백제 금속공예의 백미로 손꼽

〈사진 1〉 금동여래좌상
　　서울 뚝섬출토, 중국(또는 삼
　　국시대) 5세기초, 높이4.9cm,
　　국립중앙박물관.

히는 무령왕릉출토 금속공예품과 최근에 발견된 백제금동대향로 등
은 백제의 불교미술을 대표하는 유물들이다. 그러나 이들은 시간적
으로나 공간적으로나 매우 제한된 자료이므로 이로써 백제의 불교
미술 전체를 논하기는 어렵다.

　반면 불상은 초기의 공백기를 제외하고는 백제 전 시기에 걸쳐 고
르게 분포하므로 이를 통해 백제 불교미술의 흐름을 되짚어볼 수 있
다. 나아가 백제 불상에는 삼국시대 불상의 모든 변화과정이 낱낱이
반영되어 있다. 고구려는 6세기말부터 도교의 영향으로 불교가 쇠퇴
함에 따라 7세기 전반의 불상이 어떻게 전개되었는지 알 길이 없다.
더욱이 신라는 불교 공인이 늦었기 때문인지 6세기대의 불상이 매우

〈사진 3〉 납석삼존불입상
부여 정림사지 출토, 백제 6세기, 높이
11.4cm, 국립부여박물관.

〈사진 2〉 금동여래좌상
부여 규암면 신리 출토, 백제 6세기, 높
이 5.5cm, 국립부여박물관.

희소하다. 반면 백제 불상에는 6세기부터 멸망 직전까지의 모든 전
개과정이 고스란히 담겨져 있다.

  백제의 불상은 삼국시대 불상의 일반적인 추세와 마찬가지로 6세
기에 이르러서야 비로소 그 전개과정이 뚜렷이 드러나기 시작한다.
그렇다면 백제 불상의 공백기, 나아가 삼국시대 조각사의 공백기라
할 수 있는 불교 전래 이후부터 500년까지는 어떤 모습의 불상이 만
들어지고 예배되었을까? 그것은 아마도 4세기에서 5세기 전반기에
걸쳐 중국에서 크게 유행했던 여래상의 형식인 선정인(禪定印)의 여
래좌상이었을 가능성이 크다. 중국에서는 이른 시기의 돈황석굴이

〈사진 4〉 납석여래좌상
부여 군수리 절터 출토, 백제 6세기, 높이
13.5cm, 국립부여박물관.

나 운강석굴, 나아가 용문석굴에 선정인의 여래상이 꽤 조성되었으며, 특히 오호십육국(五胡十六國) 시대에는 매우 작은 금동제의 선정인상이 많이 만들어졌다.

국내에서는 서울 뚝섬에서 중국의 5세기 전반기 선정인 여래좌상과 형식이 똑같은 소형의 금동제 선정인 여래좌상(사진 1)이 발견되었고, 또 5세기 중엽의 고구려 고분벽화인 통구의 장천(長川) 1호분 천장에는 선정인의 여래좌상이 그려져 있다. 뚝섬 출토의 금동불은 수입된 중국 불상인지 아니면 한국 불상인지, 국내작이라면 고구려불인지 백제불인지 아직 논란이 많기는 하다. 이러한 초기의 선정인 여래좌상은 고구려의 평양 토성리 출토 소조불과, 백제의 부여 신리 및 군수리 출토 여래좌상과 같은 6세기대의 선정인 여래좌상 형식으로 이어진다. (사진 2, 4)

그러면 왜 중국이나 한국에서는 처음부터 선정인 여래상을 예배대상으로 삼았을까. 선정인 여래상은 깊은 명상에 든 모습이어서 얼핏 생각하면 예배대상으로는 적합하지 않은 듯 하다. 그러나 선정이야말로 인도의 독특한 명상법으로 불교뿐만 아니라 인도의 다른 종교에서도 흔히 취하는 일반적인 수련 방법이다. 선정이야말로 불교의 가장 본질적인 수행 과정이었으며, 석가도 선정을 통하여 불교의 진리를 깨우쳤으므로 불교의 가장 본질적인 수도과정이라 할 수 있다. 그러나 두 손을 겹쳐서 가부좌한 무릎 위에 얹어 놓고 머리를 숙이고 눈을 감고 깊은 명상에 잠긴 모습, 이러한 자태는 분명히 중국인에게는 낯설었을텐데 어찌하여 그토록 유행했을까.

중국의 선정인상의 모습은 인도의 경우와는 다르다. 즉 손을 일으켜 세워 손등이 보이도록 두 손을 겹친 채 배꼽 밑 부분 단전(丹田) 부분에 댄다. 이것은 손을 잘 보이기 위해서가 아니라 당시의 호흡법과 관련이 있다. 중국은 처음 불교를 받아들였을 때 외래의 것을 그대로 따른 것이 아니라 자기 나름의 것으로 변형시켰다. 불교 교리는 이미 사용하고 있는 도교의 용어로 바꾸어 설명했으며 노자와 장자의 사상과 같이 융합되었다. 선정인상도 손바닥을 단전에 대는 도가의 호흡법을 변형시켜 만들었던 것이다. 인도의 선정인도 인도 나름의 호흡법이었다. 그런 단전호흡의 모습이었기에 중국 사람이나 우리나라 사람들은 아무런 갈등 없이 처음부터 선정인 여래상을 변형시켜 예배대상으로 만들었던 것이다. 흥미롭게도 이러한 선정인 여래상은 일본에는 한 점도 없다.

3. 백제 불상의 조형미와 양식변화

예술 사조는 국가적인 후원과 선진으로부터의 신선한 자극이 있을 때 항상 창의력을 발휘하기 마련이다. 그러나 미술 형식과 양식은 처음 영향을 준 선진의 영향을 받지만 일정한 시간이 지나면 곧 민족성과 풍토성에 의하여 변화되어 독특한 양식을 확립하게 된다.

삼국은 처음부터 서로 다른 민족 구성과 풍토성(風土性), 그리고 특유의 지정학적(地政學的) 조건 속에서 각기 따로 형성되었기 때문인

〈사진 5〉 서산마애불의 본존 얼굴

지 현재 남아 있는 삼국의 불상들은 시대 양식은 같지만 조형미(造
形美)에서 차이가 난다. 고구려의 조각이 약동하는 힘 있는 조형이
라면 백제의 불상은 아름다운 조화의 미(美)로 특징지을 수 있다. 반
면 신라는 불상 양식의 전개 과정과 조형적 특징이 뚜렷하지 않다.
백제의 불상이 부드럽고 온화한 느낌을 주는 것은 백제 지역의 산세,
곧 나지막하고 부드러운 능선과 온화한 기후 같은 풍토성과 연관이
깊은 것으로 생각한다. 그러나 이것은 고정된 틀이 아니라 하나의 경
향일 따름이다. 고구려 불상에서도 원오리 출토 소조불과 같이 복스
러운 둥근 얼굴에 온화한 느낌을 주는 불상이 있고, 백제에서도 정림
사지 출토 활석제 삼존불입상(사진 3)처럼 예리하고 동세(動勢)가
강한 불상도 있다.

　예술은 그 시대정신의 반영이다. 그렇다면 백제인들이 생각했던 이

〈사진 6〉 석불입상(얼굴) 인도 간다라 2-3세기.

〈사진 7〉 석조삼존불좌상(얼굴)
인도 마투라 2세기 전반.

상적인 부처는 과연 어떠한 모습이었을까? 그것은 바로 초월적인 신으로서의 부처가 아니라 우리의 생활 속에서 함께 호흡하는 우리네 모습 그대로였다. 백제 조각에 조형성은 한 마디로 세련되고 온화한 분위기로 특징지울 수 있는데, 그것은 얼굴 표정에서 단적으로 드러난다.

부여 군수리의 절터에서 나온 곱돌제 여래좌상(사진 4)에서 보듯이 백제 불상의 얼굴은 감히 근접할 수 없는 근엄한 신의 얼굴이 아니라 사람의 얼굴이다. 서산마애삼존불의 본존(사진 5)처럼 드물게 함박웃음을 머금은 예도 있지만 대부분은 인간적이고 친근한 온화한 미소를 머금고 있다. 이 미소는 고구려 불상이나 신라 불상에도 있지만 백제 불상의 얼굴이 더 인간적이다. 마치 백제인의 온화한 심성을 엿보는 듯하다. 이러한 백제인들이 생각했던 이상적인 부처의 이미지는 백제 지역의 풍토성, 곧 나지막하고 부드러운 능선

〈사진 8〉 석불입상(얼굴)
　　인도 굽타시대 5세기.

〈사진 9〉 금동보살입상(얼굴)
　중국 북주시대 6세기 후반.

〈사진 10〉 금동보살입상(얼굴)
　일본 아스카시대 7세기.

과 온화한 기후와도 연관이 깊을 것이다.

이 미소를 흔히 '고졸한 미소(Archaic Smile)' 라고 한다. 고졸한 미소란 얼굴 전체가 아니라 양 입가만을 살짝 눌러서 표현한 고대 조각의 미소를 말한다. 입으로만 짓는 미소라 할 수 있다. 그리스의 조각이나 고대의 인도 불상과 중국 불상 모두 이러한 고졸한 미소를 머금고 있다. 그러나 우리 불상의 얼굴 표정은 중국이나 일본처럼 어떤 정형이 없고 얼굴이 제각기 다르다. 한마디로 너무나 인간적이고 친근하다고 할 수 있는데 이러한 표정은 순진무구한 미소와 뜬 듯 감은 듯 가녀린 눈매 때문이다.

이러한 얼굴 표정은 동양의 불상을 통틀어서도 매우 이례적이다. 인도의 간다라 불상은 눈을 반쯤 감고 아래를 내려다보는 침울한 표정의 얼굴이 대부분이다(사진 6). 반면 마투라의 불상들은 깨달은 다음에 맛보는 희열의 순간을 표현한 듯 매우 활달하고 생동감에 가득 찬 모습이지만 어딘지 비현실적이어서 낯설은 느낌을 준다(사진 7). 이 두 지역의 형식과 양식을 융합하여 가장 이상적인 신성(神性)을 구현한 4~5세기의 굽타시대 불상들은 두 눈을 반쯤 감아 깊은 명상에 잠긴 모습이다(사진 8). 이처럼 인도인들이 생각했던 이상적인 부처의 모습은, 세속을 떠난 조용하고 근엄한 표정의, 예배 대상으로서의 신의 초월적인 모습을 형상화한 것이었다.

중국 불상 가운데에도 천진스러운 미소를 머금은 불상이 있기는 하지만 눈매가 날카로워 어딘지 억제된 미소처럼 보이며(사진 9), 반대로 같은 시대의 일본 불상은 항상 딱딱하고 심각한 표정을 짓는다(사진 10).

이처럼 우리의 불상들은 사람 냄새나는 우리네 모습 그 자체이다. 심지어 이 가운데에는 아예 어린아이 모습으로 표현한 것도 많다. 그 대표적인 것이 어린아이 모습의 선정인 여래좌상이다. 이미 인도에서 처음 불상이 만들어질 때 우람하고 건장한 남성의 모습을 띠었다가 굽타시대 후기에 이르면 체구가 작아지고 어린 모습으로 변하는

백제의 불상

〈사진 12〉 금동보살입상
부여 군수리 절터 출토, 백제 6세기,
높이11.2cm, 국립부여박물관.

〈사진 11〉 금동여래입상
서산 보원사지 출토, 백제 6세기, 국립부여박물관.

데 왜 그랬을까. 그 영향으로 중국이나 우리나라에서도 처음 불상이 만들어질 때 천진한 어린아이의 모습으로 만든 예가 많다. 그것은 아마도 아무 욕심 없고 때묻지 않고 순수한 상태 그대로인 동심을 자비로운 불심에 빗댔기 때문일 것이다. 그래서 얼굴이 동안이고 손가락 마디가 굵지 않거나 아예 없는 통통한 어린이의 손가락 그대로다. 이러한 동안과 동심은 세월이 흐르면서 어른처럼 건장해지고 얼굴에서는 미소가 사라지고 근엄해지며 손은 두툼해진다. 사람의 마음도 문명이 발달하면서 탐욕스러워지고 권위적으로 되어버렸을지도 모른다.

고구려와 마찬가지로 백제의 6세기대 불상을 지배하는 기본적인 조형관을 한 마디로 정의한다면, "엄격한 균제(均齊)와 세부의 예리한 맛을 통한 내면에서 발산하는 기세(氣勢)의 구상화(具象化)"라 할 수 있다.

불상을 만들 때 가장 중요한 것은 종교적인 예배대상인 불상에 어떻게 생명력을 불어넣는가 하는 것이다. 전통적으로 인도에서는 풍만한 육신을 통해서, 중국에서는 전신에 배인 기(氣)를 통해서 이 생명력을 표현하고자 하였다. 중국인들은 독특한 세계관을 소유하여, 기(氣)는 만물생성의 근원을 이루는 눈에 보이지 않는 인자로 기(氣)가 많이 모일 경우에는 성스러운 것이 생겨난다고 생각하였다. 곧 기(氣)는 만물의 본질이며 눈에 보이는 형(形)은 단지 현상(現象)일 뿐이다. 중국인들은 눈에 보이지 않는 이 기(氣)를 가시적으로 표현하고자 하였는데, 그 첫 번째 창안이 남북조시대에 일반화되는 운기문(雲氣文, 구름처럼 꼬리가 길게 당겨져 유동하며 때로는 소용돌이를 이루며 반전하는 무늬)이다.

불상과 같은 인체조각의 경우, 이 기(氣)를 몸 밖으로 발산하는 모습으로 묘사하여 그 인물의 성스러움과 생명력을 구현하고자 하였다. 가사나 천의(天衣) 자락에 강한 동세(動勢)를 주어 옷자락이 마치 칼날처럼 예리하게 뻗쳐 기(氣)의 발산을 암시하는 표현법이 그것이다. 그 결과 정신표현으로서의 변형을 거쳐 현실에 존재하는 듯한 형이 만들어지게 되었다. 중국 고대미술은 단순히 묘사표현에 그치지 않고 항상 기를 잉태하는 것으로서 전개하였던 것이다.

이러한 기(氣)에 충만된 불상의 모습은 중국의 북조(北朝)의 미술에서 두드러지며, 그 영향을 받은 6세기대의 고구려와 백제 미술에서 여실히 드러난다. 서산 용현리 출토 금동여래입상(사진 11)과 부여 군수리 출토 금동보살입상(사진 12)이 그 대표적인 예이다.

예로부터 동양에는 '아름다워야 예배의 대상이 될 수 있다'는 철학

〈사진 13〉 금동보살입상
  공주 의당면 출토, 백제 7세기,
  높이 25.0cm, 국립공주박물관.

〈사진 14〉 금동보살입상
  부여 규암면 출토, 백제 7세기,
  높이 21.1cm, 국립부여박물관.

〈사진 15〉 도제(陶製)불상대좌
  청양 목면 본의리 출토, 백제 7세기, 폭 250cm 높이 90.0cm, 국립부여박물관.

이 있었고 그 전통은 오늘날까지 변함 없이 이어져 오고 있다. 이 아름다운 형태를 여자의 몸에서 구하여 조형화한 것은 동서양이 같다. 불상이라는 관념상 완전한 인격체 역시 아름다운 것으로 조형화할 수밖에 없었으므로, 여래상이나 보살상 모두 기본적인 신체구조가 여성화되었던 것이다.

이러한 경향은 자비와 구원의 상징인 보살상에서 더욱 두드러지는데, 특히 우리나라에서는 삼국 말기인 6세기 전반기에 백제 지역을 중심으로 늘씬하고 육감적이며 표면질감이 매끄러운 아름다운 보살상들이 크게 유행하였다. 그 대표적인 예가 공주 의당(儀堂)과 부여 규암(窺巖)에서 출토된 금동제 관음보살상으로, 지금까지의 정신성을 강조하던 엄격한 정면(正面) 관조성(觀照性)의 조형틀에서 벗어나 늘씬한 신체와 율동적인 포즈를 통한 외형적인 형태미(形態美)로 변모되었음을 알 수 있다(사진 13, 14). 한 마디로 여성적 아름다움이 강조된 불상이 등장하는 것이다.

더욱이 충남 청양에서는 너비가 2.5m에 이르는 거대한 규모의 도제(陶製) 불상 대좌(사진 15)가 발견되기도 하는 등, 백제의 불상은 오히려 말기에 이르러 더욱 거대화되고 난숙된 형태미를 나타낸다. 이러한 현상은 무왕 후반기와 의자왕대의 지나치게 호사스럽고 난숙했던 백제 문화의 단면을 반영한 것으로 생각되지만, 일반적인 예술 사조의 흐름으로 보면 분명히 이례적이다. 대체로 예술 활동은 정치적인 혼란기에는 창의력과 활력이 감퇴되기 마련이다. 반면 백제 말기인 7세기 전반에서 중엽 사이에 조성된 일련의 종말로 치닫는 백제 정치사의 말기적인 현상과는 달리 오히려 전성기를 맞이한 뒤 곧바로 역사의 무대 뒤로 사라지는 비운을 맞게 된다.

4. 백제의 금동 일광삼존불(一光三尊佛)

1) 형식과 양식적 특징

한국 불교조각의 창세기이면서 한국적인 조형감각이 본격적으로 발휘되기 시작했던 삼국시대 6세기 조각은 금동으로 주물된 소형의 일광삼존불(一光三尊佛)에 의해 주도되었다고 해도 과언이 아니다. 글자 뜻 그대로 하나의 대형 광배를 배경으로 삼존을 배치한 일광삼존불의 조형은 물론 중국의 북위 조각에서 구할 수 있다. 그러나 그것이 소형의 금동불로서 하나의 정형을 이루고 또 크게 유행하게 되는 것은 한반도의 6세기 후반에서 7세기 초에 걸친 시기였으며, 그 영향으로 7세기 전반의 일본 아스카[飛鳥] 불상에서도 일광삼존불 형식의 금동불이 조성되었다.

현재 남아 있는 삼국시대의 금동일광삼존불 가운데에는 원래의 형태대로 남아 있는 경우도 있지만 본존불이 떨어져 나가고 대광배만 남아 있는 경우도 있고, 어떤 경우에는 삼존 각각이 본체에서 모두 떨어져 마치 독립된 불상처럼 남아 있는 경우도 있다. 이들 중에는 고구려 것도 있고 백제 것도 있지만, 신라에는 주목할 만한 유례가 없으며, 또한 고구려 백제 양자 사이에서 논의되는 것도 있다.

삼국시대 금동일광삼존불의 원형은 물론 중국의 북위(北魏) 조각에서 구할 수 있지만 고구려와 백제를 중심으로 크게 유행했던 우리의 금동일괄삼존불과 직접적으로 비교되는 예는 중국에서도 산동(山東)지방에서 발견된 몇 구가 알려져 있을 뿐이다. 이들은 양식과 형식이 우리의 금동일광삼존불과 흡사하여 한반도의 영향을 받았을 가능성이 크다. 반면 현재까지 조사된 우리의 삼국시대 금동일광삼존불은 모두 20여 구에 이르고 있으며, 여기에 일광삼존불의 일부일 가능성이 있는 독립된 금동불을 더한다면 그 수는 더욱 늘어날 수 있다. 더욱이 한반도로부터 강한 영향을 받은 일본 호류지[法隆寺]의 금동석가삼존상과 무자년(戊子年)명 금동일광삼존불까지 포함한다면, 6~7세기 동아시아의 불교조각사는 한반도에서 정형을 이루었던 금동일광삼존불을 중심으로 전개되었다고 해도 과언이 아니다.

삼국시대에 유행했던 금동일광삼존불은 공통적으로 다음과 같은 형식적 특징을 지니고 있다. 삼존상 각각은 별도의 머리 광배나 몸 광배를 갖추지만 삼존불 전체가 하나의 대광배(大光背)를 배경으로 배치되며, 이 삼존불 전체는 다시 하나의 연꽃 대좌로 지지된다. 대광배의 중앙에는 본존 여래상의 머리광배[頭光]와 몸광배[身光]띠가 새겨지며 그 바깥에는 불꽃무늬와 화불(化佛)이 배치되는데, 화불은 없이 불꽃무늬만 표현되는 경우도 있다. 머리광배와 몸광배띠는 마치 원판을 포갠 듯한 형식도 있고 여기에 연꽃이나 당초무늬를 새긴 것도 있다.

이상의 특징을 갖춘 백제의 금동일광삼존불은 다음과 같다.

〈국내소재〉

① 금동일광삼존불 편 : 부여 출토, 백제 6세기 후반, 높이 7.5cm, 국립부여박물관(사진 16).

② 금동여래입상 : 서산 운산면 보원사지(寶願寺址) 출토, 백제 6세기 후반, 높이 9.4cm, 국립부여박물관. (※일광삼존불의 본존) (사진 11)

③ 금동보살입상 : 부여 군수리(軍守里) 절터 출토, 백제 6세기 후반, 높이 11.2cm, 국립부여박물관(국보 330호). (※일광삼존불의 협시보살) (사진 12)

④ 금동보살입상 : 부여 규암면 신리 출토, 백제 6세기 후반, 높이 10.2cm, 국립부여박물관. (※일광삼존불의 협시보살) (사진 21)

⑤ 금동보살입상 : 백제 6세기 후반, 높이 11.5cm, 서울 호림박물관. (※일광삼존불의 협시보살) (사진 22)

⑥ 금동여래입상 : 부여 가탑리 출토, 백제 7세기 초, 높이 6.7cm, 국

〈사진 16〉 금동삼존불편
백제 6세기, 높이 7.5cm, 국립부여박물관.

〈사진 17〉 금동여래입상
부여 가탑리 절터 출토,
백제 7세기, 높이
14.8cm, 국립부여박물관.

〈사진 18〉 정지원(鄭智遠)명 금동삼존불입상
부여 부소산성 출토, 백제 6세기 말, 높이
8.5cm, 국립부여박물관.

립부여박물관. (※일광삼존불의 본존) (사진 17)

⑦ 정지원명(鄭智遠銘) 금동삼존불입상 : 부여 부소산성 출토, 백제 6세기 말, 높이 8.5cm, 국립부여박물관(보물 196호). (사진 18)

⑧ 금동삼존불입상 : 백제 6세기 말, 높이 10cm, 국립경주박물관.

〈일본소재〉

① 금동삼존불좌상 : 백제 7세기 초, 높이 6.8cm, 일본 도쿄국립박물관(오쿠라 수집품). (사진 23)

② 금동삼존불입상 : 백제 7세기 초, 본존불 높이 28.7cm, 일본 도쿄국립박물관(법륭사헌납보물 143호). (사진 19)

〈사진 19〉 금동삼존불입상(법륭사헌납보물 143호)
일본 아스카시대 또는 백제 7세기 초, 본존높이 28.7cm, 도쿄국립박물관.

위의 예 가운데 국내에 있는 완형을 갖추고 있는 예로는 ⑦과 ⑧ 및 일본 소재의 2구를 포함하여 모두 4구에 지나지 않는다. 이들은 일본 법륭사헌납보물(일본 ②)을 제외하면 높이 10cm 내외의 소형이며, 제작시기도 대부분이 6세기 후반에서 7세기 초에 집중되어 있다.

반면 한국의 불교조각사에서 삼국시대 말기에 해당하는 7세기 이후의 금동제 일광삼존불은 한 점도 없다. 제작 기법도 삼존불과 대광배 및 대좌를 모두 별도로 주물한 뒤 결합한 방식(일본②)과 전체를 한 몸으로 주물한 방식[一鑄式]으로 나눌 수 있다.

이들 두 가지 형식의 금동일광삼존불은 연판형(蓮瓣形) 광배만 남아 있다면 누구나 식별이 가능하다. 반면 연판형 광배와 협시와 본존을 모두 따로 주물하여 서로 결합한 형식의 금동일광삼존불[三尊別鑄結合式]의 경우 삼존불 각각이 광배면에서 분리된다면 일광삼존불의 한 부분인지 확인하기 어렵다.

현재 국내에는 이러한 방법으로 제작된 금동일광삼존불의 완형은 한 점도 남아 있지 않지만, 삼국시대의 백제 금동불일 가능성이 큰 일본 법륭사헌납보물 143호 금동삼존불(일본②)을 통해서 그 구조적 특징에 대한 역유추(逆類推)가 가능하다.

법륭사헌납보물 143호 금동삼존불(사진 19)은 다음과 같은 조형감각과 양식, 제작기법의 특징, 대광배의 의장(意匠) 등에서 백제작일 가능성이 높다.

우선 조형감각면에서, 대다수의 일본 도리[止利] 양식의 금동불들은 얼굴이 무표정하고 장방형의 조형틀에 얽매여 평면성을 탈피하지 못하고 있는 반면, 헌납보물 143호 삼존불은 온화한 얼굴표정과 입체적인 신체 조형성, 옷입는 방식[服制] 및 옷주름 형식 등에서 백제 조각과의 친연성이 강하다.

양식을 공통적인 표현 형식으로 정의할 때 제작기법상의 일정한 특징은 곧 그 상의 양식 및 조형성에까지 연결된다고 할 수 있다. 이러한 측면에서 이 삼존불은 제작기법면에서도 한반도의 금동불, 특히 백제 금동불과 관련이 깊다. 이 삼존불과 구조가 동일한 이른바 삼존별주결합식(三尊別鑄結合式) 금동일광삼존불의 협시보살들이 백제불에서만 발견되는 점, 밝고 중후한 도금, 주물 뒤에 끌로 눈썹선을 선조(線彫)한 점, 본존의 발을 치맛자락 속에서 성형(成形)한 점, 납원형 단계에서 틀잡이[型持] 대신 작은 구리못을 많이 사용한 점, 그

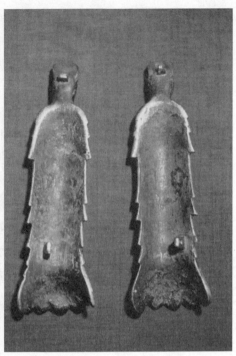

〈사진 20〉 사진 19의 협시보살상(앞면, 뒷면)

리고 상반신에 기포(氣泡)가 많이 몰려 있는 점 등이 그것이다.

대광배의 의장에서도 백제적인 요소가 발견된다. 법륭사 헌납보물 삼존불의 대광배의 기본 형식은 삼국시대 금동일광삼존불의 그것과 동일하다. 그러나 본존의 두광 광심부(光心部)에 광선문(光線文)을 새겨넣는 형식과 인동당초(忍冬唐草) 줄기 위에 화불(化佛)을 배치하는 수법은 오직 백제 조각에서만 나타나는 특징의 하나이다. 특히 불꽃이 세 갈래로 나뉘고 그 하부 좌우에 고사리 모양의 돌기가 중첩되면서 마치 틀로 찍어낸 듯 질서정연한 훼룡문 (虺龍文) 계통의 불꽃무늬 형식은 백제에서 정형화된 의장의 하나이다.

이러한 사실은 법륭사헌납보물 금동삼존불이 당시의 일본 금동불

백제의 불상

과는 전혀 다른 조건과 환경, 곧 백제에서 주조되어 일본에 전해졌을 가능성을 뒷받침한다.

백제계 금동불로 추정되는 법륭사헌납보물 143호 삼존불은 끝이 뾰족한 연판 모양의 대광배를 배경으로 각각 따로 주조한 삼존불을 서로 결합하여 구성한 형식으로, 현재 삼존불 각각은 후대에 제작된 사각형 목제 받침대 위에 올려져 있지만 삼국시대 금동일광삼존불의 예에 비추어 원래는 본존의 연육부(蓮肉部)와 결합되는 연화대좌를 갖추었을 것으로 추정된다.

본존불 뒷면의 광배용 촉은 본존별주결합식에서는 한 개만 달리지만, 여기서는 어깨와 무릎 높이의 뒷면 가운데에 상하로 두 개의 촉이 달리며, 신체는 발 아래의 연실부(蓮實部)까지 포함하여 모두 한 몸으로 주조되고, 양 발 사이가 뚫린 경우가 많다. 협시보살은 신체와 대좌까지 한 몸으로 주조되지만, 조각은 앞면에만 베풀고 광배면과 맞닿는 뒷면은 대좌까지 모두 세로로 잘라낸 듯 평면적이다. 특히 협시보살상의 구조에서 주목되는 점은 광배용 촉의 위치로, 앞에서 볼 때 광배용 촉은 중앙에서 벗어나 본존쪽으로 치우쳐 달린다. 즉 뒷면에서 보면 좌협시는 왼쪽으로, 우협시는 오른쪽으로 치우쳐 있다(사진 20-①, ②).

이것은 삼국시대 금동일광삼존불이 갖는 구조적인 특징 때문으로 생각한다. 곧 삼국시대의 금동일광삼존불들은 한결같이 양 협시보살의 신체 바깥선이 연판형 광배 바깥으로 돌출되는데, 이 경우 광배용 촉을 뒷면 중앙에 둔다면 이와 서로 결합되는 광배의 결합용 구멍도 가장자리 쪽으로 치우쳐 뚫려야 한다. 그러나 연판형 광배면의 협시보살 결합용 구멍은 몸광배 띠와 테두리 중앙 지점에 위치하므로 이와 결합되는 협시보살의 촉도 필연적으로 본존쪽으로 치우쳐 달릴 수밖에 없다.

이러한 구조적인 특징에 비추어 삼존별주결합식 금동일광삼존불로의 본존으로 추정되거나 협시로 확인되는 유례로는 ②서산 보원사지 출토 금동여래입상, ③부여 군수리 출토 금동보살입상, ④부여 신리 출토 금동보살입상, ⑤호림박물관 금동보살입상, ⑥부여 가탑리 출토 금동여래입상 등이다.

이 가운데 ②와 ⑥은 독립된 단독불일 가능성도 없지 않지만, 뒷면의 위아래에 두 개의 촉이 달려 있고 양발 사이를 투조한 점에서 일광삼존불의 본존일 가능성이 크다. 특히 ⑥의 가탑리 금동불(사진 17)은 조형감각은 물론 착의법(着衣法)과 옷주름 및 세부 무늬의 형식이 법륭사헌납보물 143호 삼존불의 본존불과 흡사한 점에서 더욱 그 가

〈사진 21〉 금동보살입상
부여 규암면 신리 출토, 백제 6세기, 높이 10.2cm, 국립부여박물관.

능성을 높여준다.
한편 ④, ⑤, ⑥의 보살상은 법륭사헌납보물 143호 삼존불의 협시보살의 구조적 특징에 비추어 일광삼존불의 협시보살로 추정되는 귀중한 예이다. 법륭사헌납보물 143호 삼존불의 협시보살은 신체와 대좌까지 한 몸으로 주조되지만, 조각은 앞면에만 베풀고 광배면과 맞닿는 뒷면은 대좌까지 모두 세로로 잘라낸 듯 평면적이다. 특히 협시보살상의 구조에서 주목되는 점은 뒷면에 달리는 광배용 촉의 위치로,

〈사진 22〉 금동보살입상
삼국시대(백제) 6세기, 높이
11.5cm, 서울 호림박물관.

앞에서 볼 때 광배용 촉은 중앙에서 벗어나 본존쪽으로 치우쳐 달린
다. 이것은 삼국시대 한반도에서 정형화된 금동일광삼존불에서는
두 협시보살의 신체 바깥선이 연판형 광배 바깥으로 돌출되기 때문
인데, 따라서 신광대와 테두리 중앙에 뚫린 결합용 구멍과 결합하기
위해서는 본존쪽으로 치우칠 수밖에 없다.

　③의 군수리 금동보살입상(사진 12)은 현재 광배 꼬다리가 확인되
지 않지만 뒷면의 허리 왼쪽에 녹이 슬어 도드라진 부분이 꼬다리 자
리일 가능성이 크며, 또 편불화(片佛化)된 상의 뒷면구조와 세로로
반절된 연화좌의 형태 등은 법륭사헌납보물 일광삼존불의 협시보살
의 구조와 상통된다.

　발을 포함한 대좌와 신체는 한몸으로 주조되었고, 도금은 대좌 내

부를 제외한 상의 전면에 베풀어져 있다. 발목은 치맛자락 하단에서 직접 연결되었는데, 그 경계선이 얕게 패어져 있어 납(蠟) 원형의 단계에서 양 발목 이하를 따로 만들어 신체에 붙여 주조했던 것으로 보인다. 탄력성 있게 조형된 천의와 양다리 위의 깊고 넓은 옷주름선은 납원형의 단계에서 미리 새긴 것으로 보이지만 각선(刻線) 곳곳에 주물 뒤 모조용(毛彫用) 끌로 마무리한 흔적이 남아 있다.

④의 신리 금동보살입상(사진 21)은 뒤의 호림박물관 보살상과 더불어 당시의 일광삼존불에는 두광배를 함께 주조한 경우도 있었음을 보여주는 귀중한 예이다. 두광배가 보주형인 점은 헌납 143호 삼존불의 그것과 동일하다. 세로로 반절된 대좌와 몸 오른쪽으로 치우쳐 달린 광배 꼬다리의 위치로 보아 일광삼존불의 좌협시가 분명하다. 전신에 부식이 심하고 도금 흔적이 없지만 당시의 추세에 미루어 상 전체에 도금되었을 가능성이 크다.

이 보살상의 형식은 군수리보살상의 그것을 답습했지만 양식적으로 단순화 내지는 추상화의 경향이 강하며, 이는 제작기법면에서도 역력하다. 여기서는 군수리 보살상과는 달리 두광배는 신체와 한몸으로 주조되었고, 양발 사이도 투조하지 않고 대좌와 함께 맞붙어 있다. 한편 세부 옷주름도 군수리 보살상의 경우 깊고 뚜렷한 옷주름선이 활달하게 표현되었지만 여기서는 힘이 빠지고 대부분 주물 뒤 모조용(毛彫用) 끌을 이용하여 선각하였다. 상반신 뒷면에는 앞으로 굽힌 양 팔꿈치의 윤곽이 성형되어 있다.

⑤의 호림박물관 금동보살입상(사진 22)은 통통하면서 은은한 얼굴 표정에서 백제풍이 완연하며, 세부 형식면에서 기본적으로 군수리 보살상 계열로 분류할 수 있다. 갈퀴처럼 뻗친 천의 자락과 심엽형의 목걸이, 두손의 모습 등에서 군수리 보살상의 형식을 이었지만 형식화가 엿보이며, 두광배가 본체와 한몸으로 주조되고 상반신 뒷면에 양 팔꿈치의 윤곽이 성형된 점, 그리고 양 발목이 맞붙은 점 등은 신리 보살상과 동일하다. 대좌가 세로로 반절되어 있고 광배 꼬다

백제의 불상

〈사진 23〉 금동삼존불좌상
백제 7세기 초, 높이 6.8cm, 도쿄국립박물관(오쿠라 수집품).

리가 몸 왼쪽에 치우쳐 있어 일광삼존불의 우협시가 분명하다. 도금은 대좌 내부를 포함한 신체 전면에 베풀어져 있으며, 주물 뒤 선조한 흔적은 보이지 않는다.

특히 연화좌 뒷면에 사다리꼴로 턱을 둔 것은 헌납 143호 삼존불과 같은 별도의 하부구조와 결합하기 위한 구조적인 배려로 생각된다.

이처럼 백제의 금동일광삼존불들은, 부분적인 차이점은 있지만 전체적인 형식과 구조를 종합해보면 다음과 같은 특징을 지니고 있음을 알 수 있다.

삼존불은 본존이 입상인 경우가 대부분이지만 오쿠라 수집 삼존불(일본①)의 예에 비추어 좌상 형식도 일부 조성되었음을 알 수 있다.

대광배는 연판형이고 본존불 하단에 연화 대좌를 배치하여 삼존불 전체를 받친다. 연판형 광배에는 중앙에 본존불의 두광과 신광띠를 새기고, 하단 좌우에 협시보살을 부조로 배치하며, 나머지 여백에는 화불과 화염문을 표현한다.

본존불의 두광은 중앙에 원판(圓板)을 포갠 듯한 몇 겹의 동심원 속에 연꽃잎을 배치하고 그 주위에는 반-팔메트 모양의 당초문을 돌리며, 두광띠의 정상에는 연꽃 위에 안치된 보주(寶珠)를 배치한다. 신광대 내부 좌우에도 넝쿨 모양의 줄기가 달린 팔메트를 한 송이씩 표현한다. 연판형 광배의 나머지 여백에는 역동적인 화염문과 연화화생(蓮花化生)을 상징하는 화불(化佛)을 표현하는데, 화불은 본존의 두광띠 바깥에 3구, 5구, 또는 7 구씩 홀수로 좌우대칭적으로 배치된다.

이러한 광배의 의장은 물론 중국의 북위시대 그것에서 영향을 받은 것이지만 이처럼 금동불로서 정형화된 형식은 중국에서는 찾기 어렵다. 일례로, 북위시대의 태화명(太和銘)금동삼존불(일본 후지타미술관 소장)의 경우 전체적인 구성은 삼국시대의 금동일광삼존불의 그것과 다르지 않다. 그러나 연판형 광배의 형식은 삼국시대 금동일광삼존불에서 정형화된 화불이나 식물문 또는 보주 등은 볼 수 없고 대신 폭이 넓은 테두리로 표현된 단순한 형식의 두·신광대와 이른바 S자형으로 연속되는 훼룡문계(虺龍文系)의 화염문으로 구성되었을 뿐이다.

특히 삼존불의 배치방법과 구도는 상당한 차이점을 나타낸다. 태화명 금동불의 경우 광배면 하단에 배치된 협시보살은 본존이나 연판형 광배의 크기에 비해 지나치게 작고 또 연판형 광배의 폭이 넓기 때문에 본존과는 상당한 거리를 두고 떨어져 있다. 이러한 구도 때문에 협시들은 본존불에 비해 매우 위축된 모습이다.

반면 백제의 금동일광삼존불에서는 협시보살의 크기와 구성이 연판형 광배의 높이나 좌우폭과 유기적인 조화를 이루고 있다. 그 단적인 예가 좌우 협시들의 신체 바깥선을 연판형 광배면 바깥으로 돌출

〈사진 24〉 금동석가삼존불좌상
   일본 아스카시대 663년, 본존 높이
   86.4cm, 일본 나라 호류지[法隆寺] 금당.

시킨 것으로, 따라서 뒷면에서 보면 광배의 좌우 하단이 마치 날개처럼 꺾여져 있다. 이것은 본존 좌우의 제한된 공간에, 그것도 본존의 신광대를 가리지 않게 협시들을 배치했을 경우 생기는 구도상의 부조화를 극복하기 위한 조형적인 배려로 생각한다.

이처럼 백제의(나아가 삼국시대의) 금동일광삼존불은 한국적인 창안은 아니지만 중국의 그것을 받아들여 이를 한국적인 감각으로 정형화시킨 것으로 해석하면 무리가 없을 것이다.

2) 일본으로의 전파

일본의 나라[奈良]의 호류지[法隆寺] 금당(金堂)의 석가삼존상 (623, 사진 24)은 아스카[飛鳥] 조각을 주도했던 도리[止利] 양식의 대표작으로, 그 형식이 한반도에서 크게 유행했던 금동일광삼존불 이라는 점에서 일찍부터 주목받아 왔다. 호류지 삼존불은 커다란 연판형 광배를 배경으로 목조 사각대좌 위에 안치된 좌상 형식의 삼존 별주결합식(三尊別鑄結合式) 일광삼존불이다. 현재 국내에는 이와

〈사진 25〉 무자년(戊子年)명 동제석가삼존불좌상
일본 아스카시대 628년, 본존높이 16.7cm,
일본 나라 호류지.

사진 26〉 계유(癸酉)명 아미타삼존불비상(碑像)
통일신라 673년, 높이 43cm,
국립청주박물관.

〈사진 27〉 계유명 천불비상(千佛碑像)
충남 조치원 서광암 발견, 통일
신라 673년, 높이 91cm, 국립
공주박물관.

직접적으로 비교되는 대형의 금동제 일광삼존불은 남아 있지 않지
만, 충남 연기 지방에서 발견된 계유명아미타삼존불비상(癸酉銘阿
彌陀三尊佛碑像)은 호류지 삼존상의 계보 추정에 귀중한 자료를 제
공한다.

이 비상(碑像)(사진 26)은 통일신라 초기인 673년에 백제의 유민들
이 자신들의 문화적 전통이었던 백제 조각양식으로써 조성한 귀중
한 예로, 따라서 전반적인 양식은 7세기 초로 편년해도 좋을 정도로
고식을 띠고 있다. 비록 시대는 늦지만 구양식을 답습한 것이므로 호
류지 삼존상의 계보 추정에 귀중한 단서를 제공하며, 재료 역시 돌이
지만 높이 43cm의 소형이어서 이동이 가능하다는 점에서 소형 금동
불처럼 미술양식 전파의 수단이 될 수 있다. 현재 협시의 수가 8구에

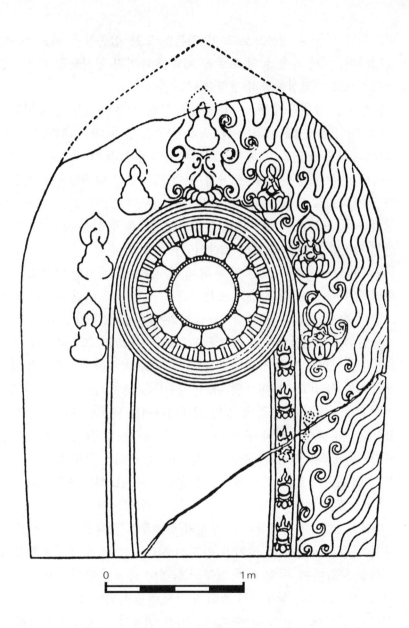

〈사진 28〉 익산 연동리 석불좌상 광배(실측도) 백제 7세기, 3.26m.

이르지만 명문의 내용으로 보아 기본 구도는 삼존불을 의도했음이 분명하며, 실제 좌우 끝의 보살을 제외한 나머지 협시들을 제거하면 구도적으로 일광삼존불의 정형을 나타낸다.

본존불은 상현좌(裳懸座)의 형식은 물론 시무외(施無畏)·여원인(與願印)의 통인(通印)의 수인, 왼쪽 손목을 감싸 내린 대의(大衣)의 착의법, 하단에 연판이 배치된 사각대좌의 형식 등이 서로 흡사하다. 더욱이 본존의 경우 얼굴과 어깨, 무릎 바깥면이 일직선으로 연결되어 전체적으로 정확한 이등변삼각형을 이루며, 또 이 선을 연장하면 상현좌의 좌우 바깥 측면으로 연결되는 등, 두 불상은 모두 미리 계산된 일정한 조형틀 속에서 조각되었음을 알려 준다.

특히 바닥에서 피어오른 연꽃 위에 협시보살을 배치한 방법도 서로 동일하며, 왼손을 위로 들고 오른손을 허리 근처에 내린 수인과 하트 모양의 광배 형태는 계유명 아미타삼존불비상과 동일 조각 유파의 작품인 계유명천불비상(癸酉銘千佛碑像)(사진 27)의 그것과 꼭같다.

연판형 광배의 테두리에 주악천(奏樂天)을 배치한 점, 바깥에 넓은 테두리를 돌리고 그 내부에 다시 연주문(連珠文)을 돌린 두광배의 형식, 두광 정상에 연꽃에 놓인 보주(寶珠)를 배치한 점, 그리고 화불(化佛)과 불꽃무늬의 구성 등, 두 상은 대광배의 형식도 매우 비슷하다. 차이점을 지적하자면, 계유명 비상의 광배는 두광과 신광띠 내부에 당초문이 없고 화불이 5구로 줄었으며, 또 화염문은 훼룡문계(虺龍文系)가 아니라 당초문 계열이라는 점 정도이다.

더욱이 호류지 석가삼존상 광배의 화염문은 훼룡문계이면서도 훼룡문 특유의 날카로운 돌기가 완전히 사라지고 마치 당초문처럼 도식화된 모습이며, 특히 광배 첨부의 불꽃이 독립된 단위 불꽃을 이루고 또 불꽃꼬리가 상부에서 거의 수직으로 경직되어 있다. 이러한 화염문은 중국에서는 찾을 수 없고, 익산 연동리 석불좌상의 광배(사진 28)에서 보듯이 한반도, 특히 백제에서 정형화된 형식이다. 또 불꽃의 내부에는 깃털처럼 미세한 평행선을 불꽃 방향을 따라 정교하

〈사진 29〉 용문(龍門)석굴 빈양중동(賓陽中洞) 남벽의 불상, 북위 6세기 초.

게 음각하였는데, 광선문(光線文)이라 부를 수 있는 이러한 평행선
을 베푼 예는 삼국시대의 금동광배에서 흔히 나타난다.

　호류지에는 금당 석가삼존상과 같은 동일 형식의 일광삼존불인 무
자명(戊子銘, 628) 동제석가삼존상(사진 25)이 봉안되어 있어 주목
되는데, 도리[止利] 양식으로 분류되는 이 삼존불 역시 부드럽고 온
화한 조형감각에서 백제 조각의 영향이 엿보인다. 이들 2구의 법륭
사 삼존불들의 본존은 정돈된 주름의 특징적인 상현좌로 구성되었는
데, 치마는 아래쪽이 좌우로 벌어진 안정된 형태에, U자 모양의 평면

적인 옷주름을 하나의 단위 주름으로 하여 상하 2단으로 엄격하게 반복시켰으며, 각 단위 주름이 만나는 곳에 다시 두 겹의 자형 주름을 두고, 치마 하단의 각 단위 옷주름 사이사이에 다시 연판 형태의 옷자락이 삐죽이 나와 있다. 일본에서는 이 형식의 원형을 중국의 용문석굴(龍門石窟) 빈양중동(賓陽中洞) 본존불(사진 29)이나 남조(南朝) 양(梁)의 석불좌상에서 구하려는 경향이 있지만, 이와 동일한 형식의 상현좌는 중국 조각에서는 찾을 수 없고 오히려 백제 조각에서만 발견된다. 충남 청양에서 발견된 백제의 도제(陶製) 불상대좌(사진 15)는 법륭사의 그것과 형식이 동일한 상현좌이다.

이상의 사실에 비추어 일본 아스카[飛鳥]시대의 상현좌 여래좌상 형식의 일광삼존불의 원형을 일본의 7세기 조각과는 시간적인 간격이 너무나 큰 중국의 북위 또는 남조 조각에서 구하기보다는 삼국시대 조각의 영향을 받아 나름대로의 변형을 거쳐서 일본식으로 확립된 것으로 해석하는 것이 합리적일 것이다.

한반도에서 하나의 정형을 획득하게 되는 삼국시대의 금동일광삼존불은 현재 국내의 것과 일본에 있는 것을 포함하면 모두 20여 구에 이른다. 이들은 대부분이 소형이며, 또 삼존불 자체는 정면만 조각되기 때문에 공예적인 성격이 짙다. 그러면서도 삼국시대의 금동일광삼존불들에 주목해야하는 것은 삼국 사이는 물론 대외적으로도 양식 전파의 중요한 매개체 역할을 담당했기 때문이다. 삼국시대의 금동일광삼존불과 구별할 수 없을 정도로 흡사한 예가 한반도와 가장 가까운 거리에 있는 중국의 산동(山東) 지역과 일본에 전하고 있고, 또 일본의 초기 불교조각을 대표하는 호류지의 금당 석가삼존상 역시 한반도의 그것과 형식이 같다는 사실은, 6~7세기 동아시아 조각사의 전개과정에서 차지하는 삼국시대, 특히 백제 금동일광삼존불의 매개자적 역할을 웅변으로 대변한다고 하겠다.

5. 백제의 화강암 석불

1) 석불의 상징성

진리가 영원하다면 부처를 조각한 불상도 영원해야 한다. 그렇다면 견고성과 순백의 색조, 내구성 등에서 돌보다 더 적절한 불상의 재료가 있을 수 있을까. 석불이 주는 부동의 조형미와 입체미야말로 불변의 진리를 구상화하기에 안성맞춤이었을 것이다. 사막 한가운데서 꽃핀 중국 돈황 석굴의 그 화려한 불교미술도 흙이라는 재료의 한계때문에 크게 파손되어 옛 모습을 잃지 않았던가.

우리에게는 석불이 가장 많다. 그것은 그 어느 나라보다도 석재가 풍부하고, 또 석불은 그 견고성 때문에 수많은 전란 속에서도 훌륭히 살아남을 수 있었기 때문이다. 산 정상에서 세간을 지긋이 내려다 보는 원각상으로, 깎아 지른 절벽의 얕은 마애불로, 마치 길라잡이인냥 깊은 산속에 돌출된 바위면에 새겨진 고부조의 마애불로, 때로는 지금은 없어져버린 절터를 홀로 지키는 단아한 모습으로, 우리의 산천 방방곡곡에는 갖가지 모습의 수많은 석불들이 부동의 자세로 남아 우리를 맞이한다.

여기에는 역사에서 일어나는 왜곡과 과장과 생략이 있을 수 없다. 오직 본래의 모습 그대로 남아 당시의 진실을 우리에게 전한다. 이석불이 주는 조형언어를 바르게 읽게 되었을 때 우리는 어느새 석불과 일체가 되어 우리 민족의 숨결과 정서와 지혜를 느끼게 된다.

인간은 단단하고 강하고 일정한 형태가 없는 바위 앞에서 어떤 힘을 느끼게 된다. 그것은 절대적인 존재 양식이다. 그 돌이 자신과는 다른 어떤 것을 드러낼 때 사람들을 돌을 숭배하게 된다. 일찍이 인간은 바위 속에 혼이 깃들여 있다고 생각했으며 따라서 바위는 신의 현현이었다. 바위라는 초월적 존재 양식에 신상을 조각한다는 것처럼 감동적이며 야심적인 것은 없었던 것이다. 갖가지 모습의, 장엄하

〈사진 30〉 중국 운강(雲岡)석굴 내부

면서도 오만하게 우뚝 선 화강암 덩이에서 고대인들은 절대적인 존재 양식을 보았을 것이다. 그것은 인간이 속해 있는 속세와는 다른 세계에 속하는 실재와 힘이자, 고대인이 희구했던 진리의 세계(法界)나 다름없다.

두리새김한 석불로, 때로는 바위 속에서 출현하는 듯한 도들새김의 마애불로, 때로는 그림을 보는 듯 유려하고 가느다란 선으로 새겨진 선각 마애불로 새겨진 화강암 석불은 견고하고 거칠며 영원성을 지닌 화강암의 완전성을 구상화한 것이다. 절대성의 존재인 화강암이 부처라는 진리를 드러내거나 모방함으로서 성스러운 신앙의 대상이 될 수 있었던 것이다.

2) 화강암 석불의 창안과 전개

우리에게는 석불과 석탑이 가장 많다. 그것은 그 어느 나라보다도 석재가 풍부하고 재질의 견고성 때문에 수많은 전란 속에서도 훌륭히 살아남을 수 있었기 때문이다.

동양의 불교 문화에 관심이 많은 외국인들은 인도와 중국의 웅장한 석굴 사원 앞에서 경탄을 금치 못한다. 인도와 중국뿐만이 아니다. 캄보디아의 앙코르와트 사원과 같은 동남아시아의 웅장한 석조 유적 앞에서 그 힘과 신비로움에 감동하지 않는가.

반면 한국을 찾는 외국인들은 우리의 불교 조각 앞에서 장중한 스케일이 주는 힘보다는 아기자기하고 인간적이며 소박함에서 한국적인 전통미를 음미하려고 한다. 우리에게는 인도와 중국처럼 웅장한 석굴사원이나 석불이 남아 있지 않기 때문에 합리적인 사고 방식의 서구인들의 눈에는 '작은 문화'로 밖에 비치치 않았을 것이다. 그러나 이러한 평가는 옳지 않다. 우리에게도 웅장한 석굴 사원이나 거대한 석불을 조성하려는 열정이 있었지만 그것을 실현시킬 수 없었던 것은 태생적으로 안고 있는 지질학적 환경 때문이었다.

인도와 중국에서는 일찍부터 바위산을 뚫고 들어가서 예배 공간을 마련한 뒤 여기에 탑을 조각하고 불상을 조각한 이른바 석굴 사원이 크게 유행하였다. 이 석굴의 내부는 불전(佛殿)과 불상, 탑, 비천상, 공양상 등등 갖가지 조각으로 가득 차있어 무한한 경외심을 느끼게 한다(사진 30). 우리에게는 이러한 석굴사원이 없다. 흔히 석굴암을 떠올리지만 석굴암은 바위산을 뚫은 석굴이 아니라 돌을 건축 재료

〈사진 31〉 예산 화전리 사면석불 백제 6세기 중엽, 높이 1.6m.

처럼 잘라 다듬은 뒤 이를 건축적으로 짜 맞춘 것이다. 석굴암에서
보듯이 우리에게도 석굴 사원을 만들고자 하는 의지는 분명히 있었
지만 현재 남아 있지 않는 것은 왜일까? 그것은 우리가 석굴사원과
석불을 만들려고 했을 때 우리 주위에는 온통 화강암뿐이었기 때문
이다.

인도, 중국, 한국, 일본의 동양 삼국 가운데 화강암으로 불상을 조

각하고 탑을 세운 나라는 우리 나라뿐이다. 화강암은 단단해서 조각의 재료로서는 잘 사용하지 않는 재료이다. 인도에서는 편암이나 사암을 재료로 삼았고, 중국에서는 석회암이나 사암을 재료로 삼았으며, 일본에서는 특히 나무를 선호하였다. 한 통계에 따르면 일본 조각의 90 % 가량이 목조라고 한다. 편암과 사암, 석회암, 그리고 나무는 조각칼을 이용해서 일정한 양을 깎아낼 수 있기 때문에 재질은 틀리지만 그 성격은 같다.

반면 우리는 석불을 조각할 때 굳기나 조각 방법이 전혀 다른 화강암을 재료로 선택할 수밖에 없었다. 화강암은 경도가 강하고 입자가 굵기 때문에 조각칼 사용이 불가능하다. 대신 정을 대고 망치로 쳐서 입자 하나 하나를 떼어 내야 하므로 조각 방법과 도구가 전혀 달라야 한다. 더욱이 정으로 쪼아 내는 과정에서 한번 실수하면 회복할 길이 없으므로 자유로운 조각 행위가 극히 제한될 수밖에 없다. 때문에 모델링을 괴체적으로 처리하고 복잡한 장식은 생략하는 단순화 과정을 거쳐야 하므로 사실적이고 정교한 조각이 어렵다.

더욱이 석회암이나 사암은 굳기가 약하기 때문에 수많은 석굴 사원의 굴착이 가능했던 반면 우리 나라에서는 화강암이라는 재료 때문에 그 열정이 마애불로 대체될 수밖에 없었다. 강암의 암벽을 인도나 중국처럼 깊게 굴착하여 예배 공간을 마련한다는 것은 불가능한 일이다. 대신 우리는 화강암의 바위면에 불상을 얕게 새긴 마애불이 크게 성행하였는데, 이 마애불 위에 목조 가구를 설치함으로써 석굴 사원의 형식을 취하게 된 것이다. 곧 화강암은 어떤 면에서는 불상 제작과 석굴 조영에 제한을 가져다주었지만 다른 한편으로는 한국의 독특한 불상 양식과 마애 석굴의 형식을 낳게 하였던 것이다.

그렇다면 우리 나라에서는 언제부터 화강암으로 조각하고 탑을 세웠을까?

우리 나라 최초의 석불은 공주 서북쪽으로 그리 멀지 않은 충남 예

백제의불상

〈사진 32〉 **청원 비중리 삼존석불** 삼국시대 6세기.

산의 화전리에 있는 거대한 백제 사면석불(四面石佛)이다(사진 31).
6세기 중엽에 조성된 것으로 보이는 이 석불은 고르게 다듬지 않은
자연석의 네 면에 형식과 크기가 서로 다른 불상을 높은 돋을 새김으
로 조각하였는데, 매우 두터운 계단식으로 옷주름을 표현하였지만
전반적으로 매우 부드럽고 기법도 세련되어서 백제 문화의 높은 수
준을 엿볼 수 있다. 그러나 이 사면석불의 재료는 우리 주위에 흔히
있는 화강암이 아니라 조각하기 쉬운 납석 계통이다. 비록 납석이 조
각하기는 쉬웠겠지만 석질이 부스러지기 쉽고 큰 규모의 바위를 구
하기 어려웠기 때문에 이후 백제에서는 주로 소형의 작은 납석불만
을 만들었다.
  고구려, 백제, 신라 삼국 가운데 화강암으로 불상과 탑을 조각한 나
라는 백제로 알려져 있다. 그러나 이에 앞서 고구려에서 먼저 시도했

〈사진 33〉 **석불입상**
백제 7세기 중엽, 높이
2.56m, 2.27m, 전북
정읍 소성면 신천리.

으리라 추정되는 화강암 마애불이 남아 있다. 6세기 후반의 고구려
양식이 뚜렷한 중원 봉황리의 마애불과 청원 비중리의 삼존석불(사
진 32)이 그것으로, 이들은 6세기 후반의 고구려 양식이 남아 있어
석불로서는 가장 이른 시기의 것이다. 뒤이어 백제에서도 태안 마애
삼존불과 서산 마애삼존불이 조각되며, 7세기 전반에는 신라에서도
화강암 석불이 활발하게 조성된 것으로 보인다. 이들 마애불은 앞의
예산 화전리 사면석불보다 무려 50년이나 늦은 것이다. 특히 태안 마
애삼존불과 서산 마애삼존불, 그리고 미륵사지 석탑으로 대표되는
백제의 화강암 석조미술은 6세기 말 내지는 7세기 초에 비로소 등장

백제의불상

하지만, 이들은 초기적인 경직성에서 완전히 벗어나 생동감과 양감을 지니고 있어 화강암 조각기법의 완숙된 경지를 보여준다.

이처럼 우리 나라가 중국에 비해서, 또 불교 수용 시기에 비해서 비교적 늦게 석불이 등장하는 것은 화강암을 불상의 재료로 선택하고 조각 기술을 개발하는 데 상당한 시간이 걸렸기 때문이다. 여기서 한 가지 흥미로운 사실은 백제의 금동불은 대부분이 부여에서 발견되는 반면, 화강암 석불은 모두 부여에서 멀리 떨어진 곳에 위치해 있다는 점이다. 이에 비해 신라의 화강암 석불은 백제보다 늦게 시작되었지만 수도 경주에 밀집되어 있다. 더욱이 백제 최대의 석불인 익산 연동리의 석불좌상은 부여가 아닌 익산에 위치해 있다. 그것은 익산을 수도로 정하려 했던 당시의 정치 추세와 관련이 깊은 것으로 보이는데, 특히 전북 정읍의 석불입상 2구(사진 33)에서 보듯이 백제 말기인 7세기 중엽 경에는 전라북도 정읍 지역에까지 조성 범위가 확대되기도 한다. 이러한 사실은 곧 백제의 세력이 종래의 공주·부여 중심의 충청남도 지방에서 남쪽의 전라북도 지방으로 확대되었음 의미한다.

6. 백제적인 도상(圖像)들

도상(圖像)이란 그림으로 그린 사람이나 사물의 형상을 말한다. 그러므로 불교조각의 도상이란 어떤 불상을 구체적인 모습으로 형상화한 것이라 할 수 있다. 이 형상은 불교 경전 속에 구체적으록 규정되어 있다고 생각하기 쉽다. 그러나 실제 불교 경전 속에 어떤 여래상이나 보살상을 어떤 모습으로 그리거나 조각해야한다는 규정은 극히 제한되어 있다.

신앙의 세계에서 문제되는 것이 예배 대상인 부처의 모습이다. 불교는 고정된 관념을 끊임없이 깨는 늘 역동적이고 생성·변화하는 올바른 사고 방식을 조건에 따라 달리 해석하는 자유로운 사고 방식을 일깨워 준다. 그런 까닭에 경전과 마찬가지로 무수한 도상이 창안되어 왔던 것이다. 우리나라에서도 다른 나라에서 볼 수 없는 독특한 도상이 끊임없이 창안되어 온 것도 그러한 불교의 독특한 경향에 말미암은 것이다.

말하자면 불상의 도상이 끊임없이 변화되고 창안되어 온 까닭은, 불교에는 절대적 고정 관념이 없기 때문이다. 늘 조건에 따라 변하는 상대적 관념이 강조되는 까닭에 여러 종류의 부처 도상은 신앙의 세계에서는 상대적일 수밖에 없다. 이 경향이 극단에 이르면 부처의 구체적인 모습은 아예 부정되어 버릴 수밖에 없는 경우도 가능하게 된다. 이런 맥락에서 보면 의궤(儀軌), 즉 일정하게 고정된 도상을 설정하는 것은 반(反)불교적 행위라고 할 수 있다.

한국 불상의 도상은 의궤를 따르지 않는 경우가 많아 언뜻 보기에 혼란스러움을 준다. 수인과 지물(持物)이 의궤에 어긋나서 존명 확인이 지극히 어렵다. 의궤를 충실히 따르는 일본과는 매우 대조적이다. 이것은 한국인이 의궤에 얼마나 무관심하였나를 보여주는 것 같아서 혹 이러한 현상을 가지고 한국인이 소극적이고 철저하지 못하고 늘 원칙에 어긋나는 불성실한 마음을 가졌다고 지적할지 모른다.

그러나 뒤집어 생각해 보면 의궤에 얽매이지 않고 자유롭게 표현하여 새로운 도상을 창안함으로써 한국인은 본래 불교 도상 성립의 원리를 오히려 가장 충실히 실현하여 왔다고 해석해 볼 수 있다. 따라서 우리나라 불교 도상은 의궤라는 일정한 틀에 맞추어 규명하려 든다면 많은 경우 실패하게 된다. 그러므로 도상의 여러 표현 양식들을 수집하고 그 현상들을 있는 그대로 살펴서 검토함으로써 한국인의 독특한 독창적 해석 과정을 추출하여 낼 수 있는 것이다. 도상이란 대중의 신앙형태와 관련이 깊기 때문에 특정한 도상은 곧 특정한 신앙 형태를 반영한다고 할 수 있다.

〈사진 34〉 석조사유보살상
　　인도 간다라 3세기, 높이 50.3cm,
　　일본 마츠오카[松岡]미술관.

〈사진 36〉 석조수하사유상(樹下思惟像)
　　중국 북제 6세기 후반, 높이 47.7
　　cm, 일본 도쿄국립박물관.

〈사진 35〉 석조태자사유상
　　중국 북위 492년, 높이 33.0cm,
　　일본 오사카시립미술관.

왼 무릎 위에 오른다리를 걸치고 고개숙인 얼굴의 뺨에 오른 손가락을 살짝 대어 깊은 명상에 잠긴 듯한 모습의 상은 일찌기 인도에서 비롯되었다(사진 34). 원래 이러한 모습은 출가 전의 싯달타 태자가 인생무상을 사유하던 모습이어서 중국에서는 태자사유상(太子思惟像)이라 하였는데(사진 35, 36), 하나의 독립된 보살상 형식으로 확립되면서 반가사유상 또는 단순히 사유상으로 불리게 되었다.

반가사유상은 지금까지 미륵보살상으로 통칭되어 왔다. 반가사유상을 미륵보살로 부르는 유일한 근거는 일본 오사카 야츄지[野中寺]에 있는 나라시대 금동반가사유상의 대좌에 새겨진 '彌勒御像也'라는 명문이다. 그러나 이 한 예만 가지고 일본은 물론 한국의 반가사유상들을 모두 미륵보살로 단정해 버릴 수는 없다. 또 반가사유상과 관련된 일본의 문헌 자료에 미륵보살이라는 내용이 보이지만 이 기록들은 모두 후대인 헤이안[平安]시대 이후의 것이다.

신라의 경우 화랑도는 미륵불을 신봉했기 때문에 용화교도(龍華敎徒)로 불리었고 그 우두머리는 국선(國仙) 또는 미륵불의 분신(分身)으로 보았는데, 특히 반가사유상은 화랑도 유적과 관련된 경우가 많아 이를 미륵보살로 해석하기도 한다.

그러나 미륵보살이 반가사유의 모습으로 표현될 수 있는 의궤(儀軌)의 규정은 그 어디에서도 찾을 수 없다. 미륵보살은 인도에서는 정병(淨甁)을 쥔 모습으로, 중국에서는 교각(交脚)보살좌상(사진 37)의 형태로 표현되는 것이 일반적이었다. 반가사유상은 처음에 '태자사유상(太子思惟像)'으로 이해되다가 나중에는 교각 미륵보살의 협시로 등장하기도 하고 독립상으로도 만들어졌다. 독립상의 경우 명문을 살펴 보면 '彌勒'으로 된 경우는 찾을 수 없고 모두 '思惟像' '思惟佛' '心惟佛'로 되어 있을 뿐이다.

우리나라에서는 이러한 중국의 교각 미륵보살은 일체 받아 들이지 않고 그것과 관련이 있는 것으로 생각되는 반가사유상을 받아들여 독립된 예배 대상으로 삼았던 것으로 보인다.

〈사진 37〉 석조교각(交脚)보살좌상
중국 북위 5세기 후반, 높이 31.5cm, 일본 오사카시립미술관.

　이처럼 중국의 반가사유상(半跏思惟像)은 대개 어떤 주된 불상에 종속되거나 한 부분적인 존재에 불과하였지만 백제에 와서는 종속적인 관계에서 벗어나 독립적인 조형성을 획득하게 된다. 따라서 반가좌 특유의 복잡한 신체 구조를 무리없이 소화하여 중국의 반가사유상에서 일관되게 나타나는 자세의 과장과 단순화, 동일한 단위 옷주름이 반복되는 도식성을 극복하게 된다. 또 중국에서는 수대(隋代)에 이미 반가사유상이 소멸하지만 백제에서는 말기와 통일신라

〈사진 38〉 **활석제반가사유상편**
　　　　부여 부소산 출토, 백제 7세기,
　　　　높이 13.5cm, 국립부여박물관.

〈사진 39〉 **서산마애삼존불의 반가사유상**

초기에 걸쳐 크게 유행하여 반가사유상에 대한 신앙이 민간에 널리 퍼져 있었음을 알 수 있다. 반면 고구려에서 반가사유상이 어느 정도 신앙되고 예배되었는지는 남아 있는 유물이 적어 정확히 밝히기 어렵다.

우리의 반가사유상은 일본의 아스카[飛鳥]·하쿠호[白鳳]시대에 영향을 주어 고류지[廣隆寺]와 쥬코지[中宮寺]의 반가사유상과 같은 예를 남기고 있다.

현재 국내에 남아 있는 반가사유상 가운데 확실한 백제작으로는 부여 부소산에서 출토된 활석제(滑石製)의 반가사유상 하반신(사진 38)과 서산 마애삼존불의 왼쪽 협시보살상(사진 39)이 있을 뿐이다. 그 외의 대부분의 반가사유상들은 양식 분석에 의해 그 국적이 논의되고 있는 실정이다. 그러나 미술사학의 기본은 작품 자체의 양식 분석에 있는 만큼 설사 출토지나 기록이 없더라도 양식적으로 백제불로 분류할 수 있는 유례는 많다. 그 대표적인 예가 국보 83호 금동반가사유상(사진 40)이다.

이 반가사유상은 우리나라 고대 조각사 연구의 출발점이자 6~7세기 동양의 불교 조각 가운데 가장 대표적인 불상 가운데 하나로, 이 반가상과 비슷한 목조 반가사유상이 일본 교토의 고류지[廣隆寺]에 있어 한일 문화 교류사에서 가장 큰 쟁점이 되어 왔다.

얼굴은 풍만한 가운데 양 눈썹에서 콧마루로 내린 선의 흐름이 시원하고 날카롭다. 눈은 매우 가늘지만 눈매가 날카로우며, 입은 힘있게 다물고 고졸한 미소를 머금었다. 가슴과 팔은 가냘프지도 않고 풍만하지도 않으며, 손은 비교적 작고 통통하지만 손가락 하나 하나에도 미묘한 움직임이 있어 생동감이 느껴진다. 반가한 오른 다리의 발도 오른손과 대응하여 미묘한 생동감이 가득하며, 마치 진리를 깨달은 순간의 희열을 표현한 듯 발가락 하나 하나에도 힘이 주어져 있다. 이에 비해 족좌에 내린 왼발은 경직되어 균형을 잃었는데, 이것은 연꽃과 함께 뒤에 수리한 것이다.

〈사진 40〉 금동반가사유상
삼국시대 7세기, 높이 93.5cm,
국립중앙박물관(국보 83호).

〈사진 41〉 사진 40의 측면

〈사진 42〉 사진 40의 뒷면

반가사유상에서 조형적으로 가장 어려운 부분이 뺨에 댄 오른팔의 처리이다. 이 팔은 무릎에서 꺾여서 뺨에 다시 닿아야 하므로 길게 마련이다. 그러나 여기서는 무릎을 들어 팔꿈치를 받쳐 주고 그 팔도 비스듬히 꺾여서 살짝 구부린 손가락을 통해 뺨에 대어 치밀한 역학적 구성을 보여준다. 이러한 유기적인 관계는 살짝 숙인 얼굴과 상체까지 이어진다. 이처럼 사유상의 복잡한 신체 구조를 무리 없이 자연스럽게 조각하는 것은 결코 쉬운 일이 아니다. 여기에는 동양 고대의 반가사유상에 일관되게 나타나는 특징인 자세의

〈사진 43〉 목조반가사유상
일본 아스카시대 7세기, 높이 84.2cm,
일본 교토 고류지[廣隆寺].

과장과 단순화, 같은 단위의 옷주름이 반복되는 도식성이 말끔히 해소되고 불필요한 장식이 없다(사진 41, 42).

이 반가사유상을 둘러싼 가장 큰 쟁점은 신라작인가 백제작인가 하는 제작지의 문제와 일본 고류지 목조반가사유상(사진 43)과 어떤 관계에 있는가 하는 점이다. 삼산관의 형태, 가슴과 허리의 처리, 무릎 밑의 옷자락과 의자 양 옆으로 드리운 허리띠 장신구 등, 실제 두 상은 똑같은 부분이 너무나 많다. 그러나 고류지상에는 약동하는 생

명력보다는 정적인 느낌이 강해 두 상은 서로 다른 조형감각을 나타 낸다. 지금까지 우리의 금동반가사유상은 신라작으로 보아왔다. 『일본서기』에 신라에서 가지고 온 불상을 고류지에 모셨다는 기록이 있고 상의 재료도 일본에는 드물고 한국에 많은 적송(赤松)이라는 점 때문이다.

그러나 최근에는 기록에 근거한 제작지 규명보다는 미술사적인 양식 분석을 우선하는 경향이 강하다. 낮고 안정적인 자세와 완벽한 조형감각 그리고 사실적인 세부표현에서 국보 83호 금동반가사유상은 오히려 백제 양식에 가깝다.

관세음보살(觀世音菩薩)은 불교의 자비심을 상징하는 보살이다. '觀世音'이란 중생이 고통짓는 소리를 듣고 구원한다는 뜻으로 세상 모든 중생의 여망에 따라 33가지 모습으로 나타나 구제해 준다고 한다. 광세음(光世音), 관세음, 관음, 관세자재(觀世自在), 관자재(觀自在) 보살이라고도 한다. 세상을 살아가면서 겪게되는 고통과 두려움의 제거야 말로 불교의 가장 큰 특징이며, 그 주체가 바로 관세음보살이다. 중생들의 모든 고난을 구제하고 복덕을 나누어 안락한 세계로 인도해 주는 구세주로서의 존재인 것이다. 그래서 관음보살상은 여래상 못지않게 단독불로서도 널리 조성되었다.

관음보살상은 삼국시대부터 단독상으로서 또는 아미타불의 협시로서 널리 조성되었지만 처음에는 그 도상(圖像) 특징이 확립되지 않아 명문이 없을 경우 구별이 쉽지 않다. 관음의 도상적 특징은 중국에서는 수대(隋代)부터, 우리나라에서는 삼국시대 말기부터 비로소 확립되기 시작하는데, 보관에 화불(化佛)이 있고 손에 보병(寶瓶)이나 연봉오리를 쥔 보살상 형식이 그것이다.

그렇다면 관음보살상의 도상 규범이 확립되기 전에는 과연 어떤 모습의 관음보살상이 만들어지고 신앙되었을까. 고구려와 신라의 경우는 확인하기 어렵지만, 유독 백제에서는 관음보살의 도상이 확립

백제의불상

〈사진 44〉 **소조 보살상편** 부여 정림사지 출토, 백제 6세기, 높이 25.0cm,
국립부여박물관.

〈사진 46〉 **금동보살입상**
부여 규암면 신리 출토,
백제 6세기, 높이 9.6cm,
국립부여박물관.

〈사진 45〉 서산 마애삼존불의 우협시(봉보주 보살상)

〈사진 47〉 신해년(辛亥年)명 동제보살입상
법륭사헌납보물 165호, 일본 아스카
시대 651년, 도쿄국립박물관.

되기 전에 이상적인 관음의 모습으로 몸 앞에서 양손을 아래 위로 하
여 보배구슬[寶珠]을 받든 특징적인 보살상 형식을 창안하였다.

　이러한 집보주 보살상의 도상은 중국에서는 찾기 어려운 한국적인
것으로, 현재 국내에 남아 있는 10여 구의 집보주(執寶珠) 보살상 가
운데 출토지가 백제 지역이고 양식적으로 백제 양식으로 파악되는
보살상이 9구에 이른다(사진 44, 45, 46). 이들 집보주 보살상은 양
손으로 보주를 받들었다는 특징 외에도 공통적으로 천의 자락이 몸
앞에서 X꼴로 교차하고 다시 뒷면에는 U꼴로 허리 밑에까지 드리워
진다.

이상적인 관음 보살의 형태로서 백제인들이 창안했던 집보주 보살상은 일본에도 큰 영향을 주어 지금까지 모두 13구가 발견 조사되었다. 일본의 아스카[飛鳥] 및 나라[奈良] 시대에 집중적으로 등장하는 집보주보살상은 몸 앞에서 양 손을 위아래로하여 보주를 받든 자세는 물론 몸 뒷면의 천의 자락이 길게 U꼴로 드리운 형

〈사진 48〉 태안 마애삼존불
백제 6세기말, 오른쪽 불상 높이 2.09m

식 등에서 백제의 그것과 꼭 같다. 이 가운데에는 법륭사헌납보물 165호 신해년명(辛亥年銘) 금동보살입상(사진 47)과 같이 집보주 보살상이면서도 보관 정면에 화불(化佛)까지 새겨진 경우도 있어 그 영향의 선후관계를 짐작하고도 남음이 있다.

일반적으로 삼존불은 여래상을 중심으로 좌우에 같은 자세의 보살이 대칭적으로 배치되는 것이 원칙이다. 반면 백제에서는 서산 마애삼존불과 태안 마애삼존불과 같은 특이한 형식의 삼존불이 조성되었다. 전자는 본존 여래입상의 우협시로 집보주 보살입상을, 좌협시로 반가사유상이 배치되는 특이한 형식이다. 후자는 집보주 보살상

〈사진 49〉 사진 48의 중앙 보살입상

을 본존으로 삼고 좌우에 여래상을 배치한 형식으로, 일반적으로 보
살은 여래보다 크게 나타낼 수 없으므로 여기서는 삼존형식의 중앙
에 관음보살을 둠으로써 관음 신앙을 강조하고 있음을 알 수 있다.
이러한 삼존불은 다른 나라에서는 볼 수 없는 것으로, 이것은 불교
신앙의 체계도 백제 나름으로 전개되어 갔음을 의미한다.

　태안 마애불(사진 48)은 충남 태안의 백화산 정상 못미쳐 동향한
큰 화강암 바위면에 높은 돋을새김으로 조각한 마애불이다. 이 삼존

〈사진 50〉 서산 마애삼존불 백제 7세기 초, 본존불 높이 2.8m

불은 그 배치 방법이 파격적이다. 중앙에 작은 보살상이 있고, 그 좌우에는 우람한 체구의 여래상이 배치되어 있다.

　일반적으로 삼존불이란 가운데에 여래상이 있고 그 좌우에 마치 호위하듯이 보살이 배치되는 형식을 말한다. 여기서는 보살을 여래보다 크게 나타낼 수 없는 원칙을 지키면서 여래상의 중앙에 관음을 배치하여 관음신앙을 강조한 매우 대담한 배치 방법으로, 이처럼 관음보살을 본존으로 삼고 좌우에 여래상이 협시한 삼존 형식은 다른 나라에서는 찾을 수 없는 백제 특유의 것이다(사진 49). 불교에는 어떤 고정된 관념도 없다. 도상은 곧 대중의 신앙 형태를 반영한 것이므로 이 삼존불을 통하여 백제의 독자적인 관음신앙을 엿볼 수 있다.

　보살상 좌우의 여래입상은 체격이 우람하고 얼굴과 신체의 양감이 매우 풍부한데, 이처럼 불상의 신체가 장대해지는 것은 중국의 수(隋) 나라 불상의 영향을 받은 것이다. 민머리[素髮]의 머리 위에 팽이 모양으로 볼록하게 솟아 있는 아주 작은 살상투[肉髻]가 특이하다.

옷깃은 U형으로 넓게 트였으며 하단 옷깃 사이로 고리 모양의 띠매듭이 삐죽이 솟아 있다. 속옷을 맨 이 띠매듭은 국내에서는 처음 등장하는 것으로 그 끝을 길게 드리운 중국 불상과는 달리 짧게 매듭지어진 점이 특징이다.

보살상 오른쪽의 여래상은 서로 흡사한 모습이지만 왼쪽의 여래상은 왼손에 둥근 합을 들고 있어 약사여래상으로 추정된다. 따라서 이 여래상은 삼국시대 석불로서는 유일한 약사여래상인 셈이다. 이들은 모두 보주 모양의 머리 광배를 갖추었으며, 대좌는 서산마애삼존불과 동일한 홑잎 연꽃 대좌이지만 꽃잎의 폭이 좁고 잎끝이 살짝 반전되었다.

이 삼존불은 서해의 태안 반도가 한눈에 바라보이는 곳에 위치해 있다. 모든 중생이 고난에 처했을 때 남김없이 구제해 준다는 관음신앙의 특성에 비추어 이러한 입지는 바다에서의 안전을 기원하는 민중의 염원과 관련된 것으로 생각된다.

한편, 서산 마애삼존불(사진 50)은 백제 석조 미술의 절정이자 백제 불상의 최고 걸작으로 손꼽힌다. 이곳은 태안반도에서 부여로 가는 옛 교통로의 입구에 해당하며 근처에 있는 보원사터(普願寺址)에서는 백제 초기의 금동여래입상이 발견된 적이 있다.

본존불은 묵중하고 중후한 체구에 둥근 맛이 감도는 세련된 조각 기법을 보여주고 있어 기본적으로 위의 태안 마애불과 유사한 조형 감각을 느낄 수 있다. 머리는 민머리이고 살상투는 작으며 입을 꼭 다물고 뺨을 팽창시켜 쾌활하게 웃는 얼굴 표정은 흔히 '백제의 미소'로 알려져 있다.

몸 전체를 가린 옷자락이 두터워서 신체 굴곡이 드러나지 않지만 늘어진 옷주름의 형태가 훨씬 자연스럽고 부드러워졌으며, 가슴의

백제의 불상

옷깃 사이로 태안 마애불과 같은 속옷을 맨 고리 모양의 띠매듭이 나타나고 속옷의 윤곽이 y꼴로 표현되어 있다.

본존불의 오른쪽에는 태안 마애삼존불의 중앙 보살상과 마찬가지로 보배 구슬을 받든 보살상이 서 있다. 몸 앞에서 U형으로 드리워진 뒤 양 팔목을 감싸고 길쭉한 몸매를 따라 가지런히 붙어 늘어진 천의 표현이나 꽃 장식이 붙은 높은 보관은 중국의 수 나라의 양식을 반영한 것이다. 가녀린 눈매와 고졸한 미소로 친근감을 주는 얼굴 표정과 우아하고 세련된 형태미는 백제 특유의 조형 감각이다.

본존 왼쪽의 협시는 어린애 얼굴의 반가사유상으로, 오른쪽 다리를 올리고 몸을 약간 옆으로 튼 대담한 구성을 통하여 부조상으로서의 평면성을 극복하고 있다.

일반적으로 삼존불의 경우 협시보살은 서로 같은 자세로 표현되는 것이 원칙이지만, 여기서는 본존 여래입상을 중심으로 그 오른쪽에는 양손을 위 아래로 하여 보주를 받든 관음보살상이, 왼쪽에는 반가사유상이 협시하여 새로운 형식과 양식을 취하고 있다. 이러한 삼존불의 도상은 앞의 태안 마애삼존불과 마찬가지로 백제의 독자적인 창안에 의해 만들어진 것이다.

서산 마애불은 생동감 있는 얼굴과 양감이 느껴지는 손, 부드러운 옷자락 표현과 얼굴 전체에 가득 머금은 미소 등에서 난숙한 백제 문화의 단면을 보여주는 대표작으로 손색이 없다.

이러한 백제인들이 생각했던 이상적인 예배상의 이미지는 백제 지역의 풍토성, 곧 나지막하고 부드러운 능선과 온화한 기후와도 연관이 깊을 것이다. 예술 사조는 국가적인 후원과 선진으로부터의 신선한 자극이 있을 때 항상 창의력을 발휘하기 마련이다. 그러나 미술 형식과 양식은 처음 영향을 준 선진의 영향을 받지만 일정한 시간이 지나면 곧 민족성과 풍토성에 의하여 변화되어 독특한 양식을 확립하게 된다. 이런 측면에서 서산 마애불은 중국 불상의 양식을 백제적인 미감으로 융화시켰다는 점에서 그 작품성이 높게 평가된다.

독립상으로서 정형을 획득한 반가사유상, 집보주 관음보살상, 독특한 구도의 서산 마애삼존불과 태안 마애삼존불 등, 특징적인 도상이 백제에서 유행했다는 사실은 곧 백제 특유의 불교 신앙이 민중 속에 널리 퍼져 있었음을 뜻한다.

7. 맺 음 말

불상을 불교의 신앙대상으로 국한해 버린다면 우리는 한국 고대문화의 많은 부분을 잃어버리게 된다. 예술은 그 시대정신의 반영이므로, 인생관과 우주관의 문제를 떠나서 예술을 논할 수 없다. 종교 역시 이상향의 실현이 목적이므로 예술의 힘을 빌지 않고서는 성립할 수 없다. 예술과 종교의 궁극의 목표는 같은 것이다.

불교 역시 다른 고등종교나 기타 위대한 사상과 마찬가지로 보편적인 진리를 추구해왔다. 불교가 내세우는 세계관과 인생관은 우리나라 전반에 엄청난 영향을 주어 국민을 계몽했으며, 한자를 광범위하게 사용하게 되었고, 국가 성립의 이념을 제공했으며, 그리고 본격적인 조형활동을 가능케 했다. 불교의 세계관과 인생관은 한국문화의 밑바탕을 이루게 된 것이다.

백제의 불상 역시 그 시대정신의 반영이다. 여기에는 백제인, 나아가 삼국시대 선조들의 미의식과 정서가 담겨져 있다. 이 이름 모를 조각가의 손놀림만으로 조각된 불상에서 우리가 백제인의 애환과 숨결을 느끼게 되는 것은, 진리의 입체물인 불상에 백제인의 예술 정신과 자아실현의 과정이 담겨져 있기 때문이다. 불상이 주는 무언의 메시지, 곧 조형언어를 바르게 읽게 되었을 때 우리는 곧 진리의 길로 들어서게 된다.

〈백제 조각사 문헌목록〉

ㅇ 개설서 · 도록
강우방, 『원융과 조화』(열화당, 1990)
───, 『한국 불교조각의 흐름』(대원사, 1995)
강우방 · 곽동석 · 민병찬, 『불교조각』1, 2 (솔출판사, 2003)
공주대학교박물관, 『백제의 조각과 미술』(1992)
곽동석, 『KOREAN ART BOOK』금동불(예경, 2000)
구노 타케시(久野健), 『古代朝鮮佛と飛鳥佛』(東出版, 1979)
국립중앙박물관, 『삼국시대 불교조각』(1990)
김리나, 『한국고대조각사연구』(일조각, 1990)
마쯔바라 사부로(松原三郎), 『韓國金銅佛研究』(吉川弘文館, 1985)
문명대, 『한국조각사』(열화당, 1984)
이태호 · 이경화, 『한국의 마애불』(다른세상, 2001)
진홍섭, 『한국의 불상』(일지사, 1976)
최완수, 『불상연구』(지식산업사, 1984)
───, 『한국불상의 원류를 찾아서』(대원사, 2002)
타무라 엔쬬(田村圓澄) · 황수영 편, 『半跏思惟像の研究』(吉川弘文館, 1985)
─────────────, 『百濟文化と飛鳥文化』(吉川弘文館, 1978)
황수영, 『한국불상의 연구』(삼화출판사, 1973)
황수영 편, 『국보』2 · 금동불 마애불(예경, 1984)
───, 『국보』4 · 석불(예경, 1985)
황수영, 『한국의 불상』(문예출판사, 1989)
황수영 · 진홍섭 · 정영호 편, 『한국불상 삼백선』(한국정신문화연구원, 1982)

ㅇ 논문
강우방, 「전부여출토 납석제불보살병입상고」, 『고고미술』138 · 139 (1978)
───, 「금동삼산관사유상고」, 『미술자료』22 (국립중앙박물관, 1978)
───, 「백제반가사유상의 신례」, 『미술자료』45 (1990)
───, 「전(傳)공주출토금동사유상」, 『고고미술』136 · 137 (1978)
───, 「금동일월식삼산관사유상고」, 『미술자료』30, 31 (1982)

강우방, 「삼국시대 불교조각론」, 『삼국시대불교조각』(국립중앙박물관, 1990)

───, 「태안백화산 마애관음삼존불고」, 『백제의 중앙과 지방』(충남대 백제
연구소, 1992)

곽동석, 「제작기법을 통해본 삼국시대 소금동불의 유형과 계보」, 『불교미술』
11(동국대학교 박물관, 1992)

───, 「연기지방의 불비상」, 『백제의 조각과 미술』(공주대학교 박물관,1992)

───, 「금동제 일광삼존불(一光三尊佛)의 계보~한국과 중국 산동지방을
중심으로」, 『미술자료』 51 (1993)

───, 「백제 불상의 훼룡문계(虺龍文系) 화염광배」, 『신라문화』 17 · 18
(동국대학교 신라문화연구소, 2000)

───, 「법륭사헌납보물 143호 금동일광삼존불고-백제조각과의 비교를 중심
으로」, 『강좌 미술사 16』(한국불교미술사학회, 2001)

Kwak, Dong-seok, 「Korean Gilt-Bronze Single Mandorla Buddha Traids as
Intermediaries in the Dissemination of East AsianCultural
Style」, 『The Dynamics of Transmission: Early Buddhist
Art from

Korea and Japan, 6th~9th Century』, (New York: Japan Society, 2001)

구노 다케시(久野 健), 「백제불상의 복제(服制)와 그 원류」, 『백제연구』 창간호
(1982)

김리나, 「삼국시대 불상양식연구의 제문제」, 『미술사연구』 2 (1988)

───, 「삼국시대의 봉지보주형(捧持寶珠形) 보살입상 연구」, 『미술자료』37
(1985)

───, 「백제조각과 일본조각」, 『백제의 조각과 미술』(공주대학교 박물관,
1992)

───, 「백제초기 불상양식의 성립과 중국불상」, 『백제사의 비교연구』(충남대
백제연구소, 1993)

김원룡, 「독도(讀島)출토 금동불상」, 『역사교육』 5 (1961)

김춘실, 「삼국시대 시무외 · 여원인 여래좌상고」, 『미술사연구』 4 (1990)

───, 「삼국시대 여래입상 양식의 전개」, 『미술자료』 55 (1995)

───, 「백제조각의 대중교섭」, 『백제 미술의 대외교섭』(예경, 1998)

문명대, 「불상의 전래와 한국초기의 불상조각」, 『대구사학』15 · 16 (1978)

───, 「한국고대조각의 대외교섭에 관한 연구」, 『예술원논문집』 20 (1981)

───, 「백제사방불의 기원과 예산 석주사방불상(石柱四方佛像)의 연구」『한국

불교미술사론』(민족사, 1987)

문명대,「백제조각의 미의식」,『백제의 조각과 미술』(1992)

──,「백제불상의 형식과 내용」,『백제의 조각과 미술』(1992)

──,「백제조각의 양식변천」,『백제의 조각과 미술』(1992)

──,「태안마애삼존불상의 신연구」,『불교미술연구』2 (불교미술문화재
연구소, 1995)

──,「백제불상조각의 대일교섭」,『백제 미술의 대외교섭』(예경, 1998)

──,「서산 마애삼존불상의 도상 해석」,『미술사연구』221 · 222 (1999)

박영복,「예산 백제 사면석불의 고찰」,『윤무병박사회갑기념논총』(1984)

안병찬,「청양 도제 불상 대좌의 복원과 제작기법」,『미술자료』51 (1993)

오오니시 수야(大西修也),「百濟の石佛坐像~益山 蓮洞里 石造如來坐像を
めぐって」,『佛敎藝術』107 (1976)

────────,「百濟佛立像と一光三尊形式~佳塔里廢寺址出土
金銅佛立像をめぐって」,『Museum』315 (1977)

────────,「百濟佛再考~新發見の百濟石佛と偏衫を着用し
た復制をめぐって」,『佛敎藝術』149 (1983)

────────,「對馬淨林寺の銅造半跏像について」,『半跏思惟
像の研究』(吉川弘文館, 1985)

────────,「百濟半跏像の系譜について」,『佛敎藝術』158
(1985)

이와자끼 가즈꼬(岩崎和子),「韓國國立中央博物館藏 金銅半跏思惟像につ
いて」,『論叢佛敎美術史』(吉川弘文館, 1986)

이은창,「서산 용현리 출토 백제 금동여래입상고」,『백제문화』3 (1969)

정영호,「일본 관송원소장 백제금동반가상」,『김삼룡박사화갑논문집』(원
광대, 1976)

──,「대마도 발견 백제금동반가상」,『백제연구』15 (1984)

鄭禮京,「韓國半跏思惟像の編年に關する一考察(1 · 2 · 3 · 4)」,『佛敎藝術』
194, 197, 204, 206 (1991 93)

Jonathan Best,「The Sosan Triad」,『Archives of Asian Art 33』(1980)

조용중,「익산 연동리 석조여래좌상 광배의 도상연구」,『미술자료』49 (1992)

진홍섭,「고대 한국불상양식이 일본불상양식에 끼친 영향」,『이화사학연구』
13 · 14(1983)

황수영,「서산 백제마애삼존불상」,『진단학보』20 (1959)

황수영,「태안의 마애삼존불상」,『역사학보』 17 · 18 (1962)

황수영,「부여규암출토 백제불보살상」,『미술자료』 8 (1963)

황수영,「백제의 불상조각」,『백제문화』 7 · 8 (1975)

황수영,「전북김제출토 백제동판불상」,『불교미술』 5 (1980)

황수영 · 정명호,「정읍 부처당이 석불입상이구에 대한 고찰」,『불교미술』 7
     (1983)

황수영,「충남연기석상조사」,『한국의 불상』(문예출판사, 1989)

백
제
의
불
상

백제의 가람과 탑

■ 조 원 창

【백제의 가람과 탑】

조 원 창 *

1. 머리말

사찰은 부처님을 모시고 부처님의 가르침을 닦는 사람들이 모여 사는 성스러운 곳으로 불교의 삼보인 불, 법, 승이 모두 갖추어져 있는 곳이다. 인도에서는 초기 수행처로써 비하라(Vihara), 아난야(Aranya), 승가라마 등이 존재하게 되었고, 이것이 발전하여 중국에서는 가람, 총림, 사원, 암 등으로 불려졌다. 아울러 우리나라 고대 삼국 역시도 중국의 북방불교를 유입하게 되면서 그것을 그대로 받아들이게 되었다.

인도에서 중국으로의 불교전래는 후한 명제 10년(67년)으로 중국은 이후 동북아시아에 있어서의 불교문화 중심지가 되었다. 중국 불교는 서진을 지나 위진남북조 시대에 이르러 융성기를 맞이하게 되었고 4세기 말경에는 우리나라에도 공식적으로 전래되었다.

삼국 중 가장 먼저 불교를 수용한 나라는 고구려로 전진왕 부견이 372년 승 순도로 하여금 전래하였고, 백제는 이보다 12년 뒤인 침류

---

* (재)중원문화재연구원

백제의 가람과 탑

7

왕 원년 즉 384년 동진왕 효무제가 마라난타로 하여금 불교를 전래하였다. 불교의 수용은 곧 승에 의해 불상과 경문이 전래되는 것으로서 이는 곧 사찰조성의 직접적인 계기가 되었다.

중국과 마찬가지로 고대 삼국의 경우도 불교는 왕실에 의해 적극적으로 받아들여졌고, 또한 국왕은 이를 강력하게 보호하여 왕즉불(王即佛) 사상의 기초로 활용하였다. 특히 백제는 처음 불교를 받아들일 때부터 유례를 살필 수 없을 만큼 적극적이었고, 국왕을 중심으로 하여 국가불교로 발전시켜 갔다. 이러한 불교에 대한 열의는 곧 한성지역의 사찰 조영으로 이어졌다. 하지만 지금까지 한성지역에서 고고학적인 발굴조사를 통해 확인된 백제 사지(寺址)는 한 곳도 없어 문헌상으로만 그 편린을 살필 수 있을 뿐이다. 이는 웅진도읍기에 있어서도 마찬가지이다. 이 시기는 문주왕—삼근왕으로 이어지는 정권의 혼란기가 동성왕—무령왕—성왕으로 이어지면서 왕권이 안정된 시기로 무령왕, 성왕은 특히 불사를 조영하는 등 불교문화 발전에 큰 기틀을 마련하였다. 그러나 웅진지역도 한성지역과 마찬가지로 문헌에만 그 시대의 사명(寺名)이 존재할 뿐 고고학적으로는 백제시대의 사지가 확인된 바 없어 이 시대의 가람을 연구하는데 있어 많은 어려움을 주고 있다.

물론 최근 들어 웅진시대의 사지 연구에 많은 관심을 갖고 대통사지에 대한 시굴조사를 진행한 바 있으나 6세기 초반에 해당하는 가람은 확인하지 못하였다. 아울러 무령왕대에 창건된 것으로 추정되는 홍륜사의 경우도 가람 배치는 물론 그 위치조차도 파악할 수 없어 웅진지역의 사지 연구를 진행함에 많은 장애가 되어 왔다. 뿐만 아니라 수원사지, 주미사지, 웅산사지 등 문헌상에 등장하는 여러 사지도 조사 자체가 이루어지지 않아 창건시기나 가람배치 또한 알 수 없는 실정이다. 더구나 일제시대 이후 일인학자들에 의해 주장되어 온 웅진시대의 혈사(穴寺) 및 사지의 존재는 최근까지도 올바른 백제 사지를 검토하는데 있어 하나의 편견을 안겨주었다. 이러한 모순은 또한 시굴조사나 발굴조사가 아닌 지표조사 혹은 지명고찰 등의 방법을 통해 사지를 검토한 데서도 비롯되었다.

반면, 사비지역의 경우는 웅진지역과 비교해 최근까지도 활발하게 백제시대의 사지가 조사되어 왔다. 특히 일제시대에 부분적으로 조사된 바 있는 사지에 대해서도 재조사를 실시하여 올바른 사비 백제시대의 사지 연구에 도움을 주고 있다.

따라서 여기에서는 그 존재가 밝혀지지 않은 웅진지역의 사지에 대해서는 문헌 검토를 중심으로 하여 그 실체에 접근해 보고, 사비지역의 사지는 고고학적 조사를 중심으로 하여 가람배치 및 출토유물 등을 알아보고자 한다. 그리고 사지의 존재는 결국 당탑의 조영을 의미하는 것이기 때문에 백제시대 탑의 존재 역시도 고고학적으로 조사가 완료된 사지를 중심으로 검토해 보도록 하겠다. 아울러 탑신이 없는 탑의 경우는 기단과 축기부를 중심으로 살펴보고자 한다.

2. 백제시대의 가람

1) 웅진시대

(1) 대통사지(大通寺址)

대통사지는 공주시 반죽동에 위치 하고 있는 평지가람으로 현재 이곳엔 통일신라시대의 석조 당간지주 1기가 위치해 있다. 또한 이곳에서 수습된 것으로 전해지는 "대통(大通)"명 평기와와 수막새, 그리고 원형 석조 2기는 현재 국립공주박물관에 보관·전시되어 있다. 수막새는 8엽에 1+6 과의 연자 배치를 보이는 것으로 6세기 초반의 편년적 특징을 보여주고 있다. 대통사는 백제시대 성왕 5년인 527년에 중국 남조 양 무제(武帝)를 위하여 웅천주(공주)에 세워진 사찰로 전해지고 있으나 현재 이곳엔 시가지가 형성되어 확실한 가람배치는 확

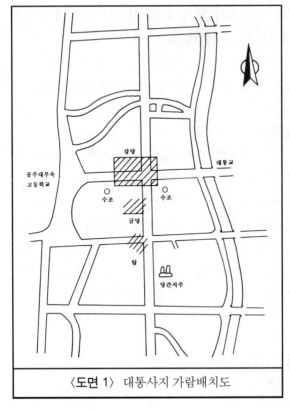

〈도면 1〉 대통사지 가람배치도

인할 수 없다. 얼마 전 이 사지에 대해 당간지주를 중심으로 그 북쪽 일대 약 1,000여 평에 걸쳐 시굴조사가 이루어졌으나 백제시대와 관련된 유적은 확인되지 않았다. 아울러 당간지주 아래에서 백자편이 검출되어 이 당간지주는 조선시대 무렵에 현재의 위치로 옮겨졌음을 판단케 하였다.

한편, 경부자은(輕部慈恩)은 대통사지가 현 제민천을 동쪽으로 두고 중문─탑─금당─강당의 순으로 남에서 북으로 배치되었음을 추정하였다. 아울러 중동석조 및 반죽동석조로 알려진 2개의 석조가 각각 강당 정면 좌우에 위치하였던 것으로 비정하기도 하였다.

(2) 흥륜사지(興輪寺址)

흥륜사는 현재 문헌에서만 그 사명(寺名)이 살펴질 뿐, 그 조성위치나 가람배치 등은 전혀 알 수 없다. 흥륜사에 관한 기록은 일본의 『미륵불광사사적(彌勒佛光寺事蹟)』에 자세히 언급되어 있는데 그 내용은 다음과 같다.

…겸익은 해로로 인도로 건너가 그곳 중인도의 상가나대율사(常伽那大律寺)에서 범문을 5년간 배운 뒤 범승 배달다삼장(倍達多三藏)과 함께 범본 아비담장과 오부율문을 가지고 귀국하였다(성왕 4년, 526년). 이에 성왕은 이들을 크게 환영하여 그들을 흥륜사에 머물게 하고 국내 고승 28인을 불러 논장과 율전을 번역케 하였다. 이에 율부 72권이 만들어지게 되고 겸익은 백제 율종(律宗)의 시조가 되었다. 아울러 담욱(曇旭)과 혜인(惠仁) 등은 율소 36권을 지었으며 성왕은 신역된 비담과 신율에 서를 짓고 태요전(台耀殿)에 봉안하였는데 간행치 못하고 세상을 떠났다….

이를 통해 볼 때 흥륜사에는 많은 인원이 모여 범본을 번역할 수 있는 전각이 있었고, 아울러 번역된 범본을 봉안한 태요전(台耀殿)이란 전각이 있었음도 살펴볼 수 있다. 여기서 태요전은 경루지로 판단되며, 사비시대 군수리 폐사지에서 살필 수 있는 소형의 전각으로 추정된다. 그리고 범승인 배달다삼장(倍達多三藏)이란 인물에서 살펴볼 수 있는 바와 같이 6세기 초반에 이미 인도의 불교문화가 백제에 유입되었음도 충분히 판단해 볼 수 있겠다.

(3) 용정리폐사지(龍井里廢寺址)

용정리 폐사지는 현재 충청남도 부여군 부여읍 용정리 용전마을에 위치하고 있다. 지난 1991년과 1992년 2차에 걸친 발굴조사 결과 백제시대 사지로 알려졌다. 금당지는 조사결과 상·하층으로 중복되게 나타났으며, 목탑지는 축기부(築基部) 굴광판축공법(掘壙版築工法)으로 조영되었음이 밝혀졌다. 그러나 금당과 목탑을 제외한 중문, 강당 등의 부속 건물은 조사 범위의 축소로 확인하지 못하였다.

폐사지가 위치하고 있는 용정리는 웅진에서 사비로 진입하는 입구에 자리하고 있어 사비도성으로의 접근이 용이하다. 또한 육로뿐만 아니라 금강을 이용한 수로의 활용도 용이하여 웅진으로의 교통도

백제의가람과탑

수월한 편이다.

하층 금당지는 상층 금당지의 중건과 관련하여 대부분 파괴되었다. 다만 할석과 판석으로 이루어진 부석렬(敷石列)을 통해 금당지의 규모만이 파악되었다. 부석렬은 사역전반에 형성된 대지 조성토를 5~10cm 정도로 굴토한 후 너비 60~70cm로 윗면을 골라 깐 형태로써, 기단석의 보강시설로 추정되었다. 보강시설의 축조기법을 보면 북쪽 석렬과 동쪽 석렬이 만나는 모서리부는 할석 표면이 편평한 면을 위로 하여 곡선처리한 반면, 동쪽 석렬과 남쪽 석렬이 접하는 동남쪽 모서리부는 석렬이 서로 연결되어 있지 않고 각각 마감처리 되었다. 남아 있는 석렬로 보아 금당지의 동서 길이는 3,075cm, 남북 길이는 2,019cm로 추정된다. 금당지와 목탑지 간의 거리는 4,655cm이다.

상층 금당지는 하층 금당지를 전반적으로 정지한 기단토 상면에 조영되었다. 기단토는 암갈색 사질점토와 황갈색 사질점토를 교대로 성토한 다짐토로 이 내부에서는 판단 첨형 연화문 와당과 복선연화문 와당, 곡절소판형 와당 등이 출토되었다. 발굴조사 당시 상층 금당지에서 확인된 유구는 기단석렬 일부와 초석 등이다. 기단토 상면에 남아 있는 초석의 경우 하층 건물지의 석재를 재사용하였기 때문에 주좌부(柱座部)의 면이 고르지 못하고 남겨진 수효도 적어 정형성을 찾기 어렵다.

2) 사비시대

(1) 정림사지(定林寺址)

정림사지는 익산의 미륵사지와 더불어 백제시대 대표적인 절터 중의 하나이다. 하지만 "정림사"란 사명은 1942년 등택일부에 의해 발굴조사 되었을 때 출토된 「태평팔년무진정림사대장당초(太平八年戊辰定林寺大藏當草)」라 기록된 고려시대 암키와에서 연유된 것이기 때문에 백제시대 당시에도 그 사명이 동일하게 사용되었는지는 현재로써 알 수 없다.

정림사지의 가람은 남북을 축으로 하여 남에서부터 중문-탑-금당-강당의 순으로 배치되어 전형적인 1탑1금당식을 보여주고 있으며, 중문은 강당과 회랑으로써 연결되고 있다.

금당지는 석탑과 강당 사이에서 확인되었고 이중기단으로 축조되었음이 조사되었다. 상층기단은 완전히 멸실(滅失)되어 초석이나 적심석의 흔적이 찾아지지 않았다. 그러나 상층기단과 하층기단 사이에서 고저차가 발생하기 때문에 상층기단의 존재는 부정할 수 없다.

하층기단은 상층기단과 달리 1.8m의 상면에서 외진주적심석렬(外陣柱積心石列)이 확인되었다. 정·측면이 각각 7칸(18.75m), 5칸(13.8m)이므로 퇴칸(혹은 차양칸)을 제외하면 상층기단의 정·측면은 5칸, 3칸으로 추

〈도면 2〉 정림사지 가람배치도

강당

금당

탑

회랑

중문

N

0   10m

정할 수 있다. 상층기단의 동서 길이는 15.15m, 남북 너비는 10.20m 이다.

현재 정림사지에는 고려시대에 제작된 석조불상 1구를 비롯해, 백제시대의 5층석탑 1기가 자리하고 있다. 그 외에 사지에서는 석조삼존불, 소조불, 도용, 기와, 토기, 벼루 등 다양한 유물이 출토되었다. 특히 도용은 그 생김새가 이국적인 호인의 모습이어서 당시 백제불교문화의 국제성을 살필 수 있는 좋은 자료라 할 수 있다.

사적 제 301호로 지정되어 있다.

(2) 능사지(陵寺址)

능사지는 사리감에 쓰여진 "百濟昌王十三季太歲在 丁亥妹兄公主 供養舍利"로 보아 567년경에 창건되었음을 알 수 있다. 동나성(사적 48호)과 능산리왕릉(사적 14호) 사이의 소 계곡에 중문—탑—금당—강당이 남향으로 1탑1금당식을 이루고 있다. 특히 사찰의 출입이 서 회랑쪽의 목교나 석교를 건너 중문에 다다르게 함으로써 일반적인 남쪽에서의 출입과 차이를 보인다.

능사에서는 중문지, 목탑지, 금당지, 강당지, 회랑지를 비롯한 공방지, 배수구 등의 유구와 사리감, 금동대향로, 불상, 옥, 금사 등의 유물 등 뛰어난 백제의 공예품들이 다수 출토되었다. 특히 사리감에 음각된 명문은 이 사찰이 능사이고 성왕의 아들인 위덕왕에 의해서 창건되었음을 알게 한다.

금당지는 강당지 전면 기단에서 남쪽으로 16.26m의 거리에 위치하고 있다. 목탑지와 같은 이중기단이나 상층기단의 하대석 일부와 하층기단 만이 남아 있다. 하층기단은 동서 길이 21.62m, 남북 길이 16.16m로 양단을 제외하고는 잔존상태가 양호하다. 목탑지와 같이 40~60cm의 화강암제 장대석을 이용하여 축조하였다. 상층기단은 하층기단에 비해 상당부분 교란·멸실되었다. 동쪽과 남쪽 기단석만

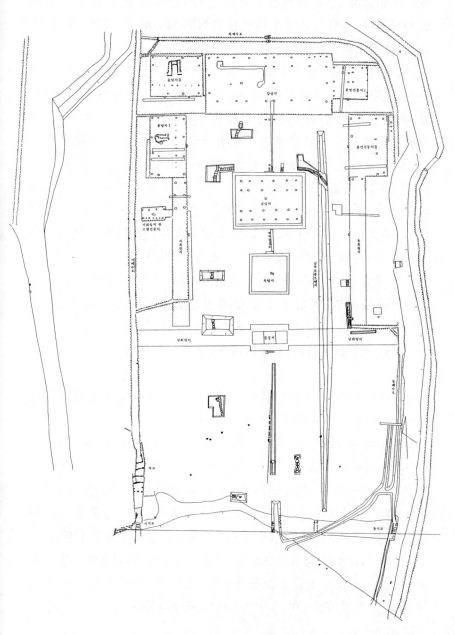

〈도면 3〉 능사지 가람배치도

양호하게 남아 있다. 복원컨대 동서 길이 19.94m, 남북 길이 14.48m로 판단된다. 상층기단에서 확인된 적심토(積心土)는 정면 6개, 측면 4개로써 정·측면이 각각 5칸, 3칸임을 알 수 있다.

강당지의 기단은 잡석과 평적식의 와적기단으로 조성되었다. 건물은 한 지붕 아래 2개의 방이 있고, 그 사이에 좁은 통로가 있다. 통로의 서쪽 방(동서 길이 14.3m, 남북 9.7m)에는 퇴칸이 있고, 이의 남쪽부분이 통로가 되어 공방지Ⅱ와 연결되고 있다. 동쪽 방(동서 길이 15.75m, 남북 길이 9.7m)은 퇴칸이 없이 벽 중앙에 불명 건물지 Ⅰ로 연결되는 통로가 마련되어 있다. 동·서쪽 방은 좌우 비대칭으로 이루어져 있다. 특히 서쪽 방에서는 온돌시설, 화강암제의 방형 초석, 장방형의 석곽형 시설 등이 확인되었다. 반면, 동쪽 방에서는 내진주가 확인되지 않아 통칸이었음을 알게 한다.

이 밖에도 능사지에서는 동·서 회랑지를 비롯한 공방지 Ⅰ·Ⅱ, 그리고 용도를 알 수 없는 소형 및 불명 건물지 등이 조사되었다.

(3) 군수리폐사지(軍守里廢寺址)

1935년과 1936년 2차에 걸쳐 발굴조사된 백제시대의 절터로 궁남지 서편의 낮은 구릉지에 위치하고 있다.

군수리 폐사지는 남북을 축으로 하여 중문—탑—금당—강당의 1탑 1금당식 가람배치로, 강당의 좌우에선 종루지, 경루지로 추정되는 소규모의 건물지가 발굴조사되었다. 특히 금당지를 비롯한 강당지에서는 기와를 겹겹이 쌓아 만든 평적식·합장식·수직횡렬식 등의 와적기단이 확인되어 백제인의 뛰어난 건축기술을 보여주고 있다.

출토된 유물로는 상자모양전돌, 지두문단평와, 납석제여래좌상(보물 329호), 금동보살입상(보물 330호), 수막새 등이 있다. 현재 사적 제44호로 지정되었으며, 6세기 후반에 조영되었다.

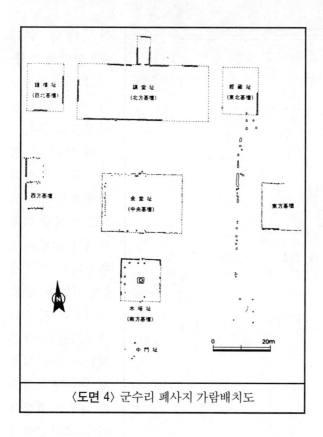

〈**도면 4**〉 군수리 폐사지 가람배치도

(4) 금강사지(金剛寺址)

2차례에 걸친 발굴조사의 결과 일반적인 백제 가람이 남북 일직선
상에 배치되고 있는 점과는 달리 동서 일직선상으로 중문—목탑—금
당—강당이 배치되는 1탑1금당식임이 확인되었다. 이 사지는 창건
된 후 통일신라시대 및 고려시대 두 차례에 걸쳐 크게 보수되었고 고
려 때에 폐사된 것으로 밝혀졌다. 한편, 사명인 "금강사"는 고려시대
의 기와편에서 연유한 것이므로 백제시대에서도 동일한 사명을 가졌
는지는 확인할 수 없다. 이러한 경우는 "정림사지"도 마찬가지이다.
이 절터에서는 백제의 연화문 수막새, 서까래기와를 비롯해 통일신

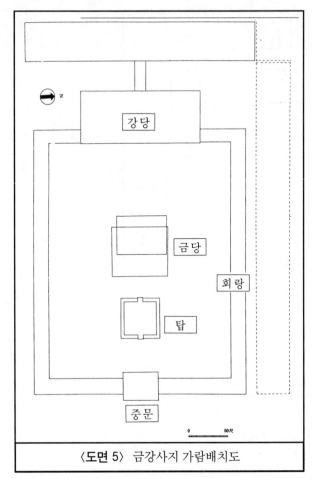

라시대의 수막
새·암막새 기와,
그리고 고려시대
의 기와, 토기 등
이 출토되었다.
　사지의 추정
종·경루지 자리
엔 북회랑이 시설
되었고 회랑 외곽
에서도 승방지로
추정되는 유구가
확인되었다. 금당
지에서는 단층의
가구기단이 확인
되었다. 기단석으
로 사용된 석재들
은 대부분 화강석
이나 크기면에서
는 정형성이 없
다. 즉, 지대석을
보면 북쪽 기단에
서의 경우 너비 45~60cm, 두께 30cm, 길이 210~240cm에 달하는
장대석을 사용한 반면, 서쪽 기단에서는 길이 90cm 이하의 석재를
주로 이용하였다. 기단 주위에는 돌아가면서 지대석에 잇대어 너비
24~36cm, 두께 12~15cm의 장방형 판석을 1렬로 깔았다. 이는 하
층기단이 아닌 포석으로서의 성격을 지닌 것으로 생토면 위에 시설
되었다.
　지대석 상면에는 면석을 세우기 위한 요구(凹溝)가 마련되어 있고,

서북·서남쪽 모서리부에 위치한 지대석[隅石]의 상면에는 면석을 올리기 위한 홈이 파여져 있다. 면석 위의 갑석은 포석과 같은 장방형의 판석으로 올려져 있다.

기단의 규모는 지대석 외면에서 실측하였을 때 남북 길이 18.9m, 동서 너비 13.8m로 계측되었다. 기단 높이는 완전한 형태로 남아 있는 것이 없어 확실치 않으나 지대석의 높이가 약 21cm, 면석 높이가 약 48cm, 갑석 두께가 15~18cm이어서 전체 높이는 약 90cm 정도로 추정된다. 현재 충청남도 지정 기념물 제 31호로 되어 있다.

(5) 부소산폐사지(扶蘇山廢寺址)

부소산의 서남쪽 기슭에 위치하고 있는 백제시대의 절터로 일명 '서복사지'라 불리고 있으며, 1942년 8월 일인 미전미대치(米田美代治), 등택일부(藤澤一夫)에 의하여 발굴조사가 실시된 바 있다. 이후 1980년 이 사지는 재조사되어 서회랑지에서 와적기단이 확인되었는데 이는 군수리 폐사지의 와적기단과 함께 백제시대의 기단 연구에 귀중한 자료가 되고 있다.

발굴조사 결과 사지는 중문—목탑—금당이 남북 일직선상에 배치되었고, 중문의 좌우로 남회랑과 동·서회랑이 시설되었음을 볼 수 있다. 특히 금당 후면에서 강당이 확인되지 않아 백제 왕실과 관련이 있는 내원의 기원사찰로 추정되었다.

금당지는 이중기단으로 축조되었으며, 생토면인 풍화암반층을 삭토·정지하고 조성되었다. 금당지의 평면은 장방형에 가까우며, 네면에서 석조 계단지가 확인되었다. 발굴조사 당시 하층기단에 해당하는 요구(凹溝)내에서 지대석(장대석)의 존재가 전무하여 기단의 많은 멸실을 추정케 한다. 정치된 장대석은 기단내부에 해당하는 암반 외부에서 조사되었다.

하층기단은 지대석을 시설하기 위해 생토면을 요(凹)형으로 굴착하

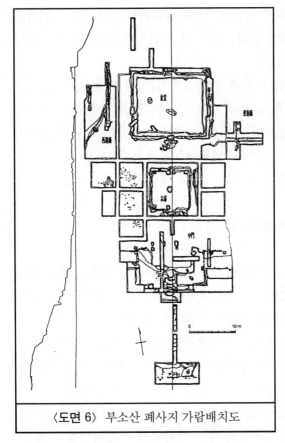

〈도면 6〉 부소산 폐사지 가람배치도

였다. 지대석을 설치하기 위한 요구(凹溝)는 구 지표면보다 20~25cm가 깊었으며, 너비는 40~45cm였다. 아울러 요구(凹溝)의 바닥면으로부터 하층기단 상면까지의 높이는 약 40~45cm이다.

하층기단 상면의 너비는 남북이 약 1m, 동서가 약 80~90cm이다. 하층기단 전체의 너비는 요구(凹溝)의 안쪽을 기준으로 할 때 동서 정면이 15.9~16m, 남북 측면이 12m이다. 그리고 하층기단에 기단석을 세우기 위하여 수직으로 면을 세운 암반의 실측치는 동서 정면이 14.1~14.2m, 남북 측면이 11.1~11.2m이다. 금당지의 하층기단은 40~45cm에 해당하는 높이를 고려하여 볼 때, 1매의 면석으로 축조하거나 혹은 2단 이상의 장대석을 상하로 겹쳐 요구(凹溝)내에 조성하였을 것으로 추정된다.

상층기단 역시 생토면인 풍화암반토를 정지하고 조성하였다. 그러나 상층기단 내에서 살필 수 있는 적심시설이나 초석은 전혀 확인되지 않았다. 금당지에서 많은기와가 출토된 것으로 보아 금당지는 기와집이었음을 알 수 있다. 또한 이러한 기와집의 하중을 지탱하기 위해선 초석과 적심시설의 구비는 필수 불가결하였을 것으로 생각된다. 따라서 현 상황으로 추정컨대 상층기단은 후대에 많은 멸실이 이루어졌음을 알 수 있다. 아울러 이를 감안하여 볼 때 하층기단 상면과 상층기단 상면 사이의 높이 차도 현재보다는 훨씬 더 컸을 것으로 추정된다. 그러나 상층기단과 관련된 기단석의 존재가 전무하여 더 이상의 추론은 불가능한 실정이다.

이곳에서 출토된 유물은 와당과 더불어 소조불, 청동제 등뚜껑, 금동제 허리꾸미개, 치미 등 7세기대 이후의 유물이 출토되었다. 특히 금동제 허리꾸미개는 목탑지의 아래에서 출토되어 진단구로 판단되었다.

(6) 왕흥사지(王興寺址)

1934년에 "왕흥(王興)"이란 기와가 출토된 곳으로 현재 절터가 위치하고 있는 마을도 "왕언이"마을로 통하고 있다.

왕흥사는 백제 법왕 2년(600)에 건립하기 시작하여 그의 아들인 무왕 35년(634) 2월에 완공된 사찰로『삼국사기』및『삼국유사』에 비교적 자세히 전해지고 있다. 즉『삼국유사』법왕금살조에 의하면 '… 사비성에 왕흥사를 창건하였다. 왕이 시작하여 승하하니 무왕이 계승하였다 … 그 절 역시 미륵사라 하였다. 산을 곁에 두고 강을 임하여 꽃과 나무가 수려했고 사계가 아름다웠다. 왕은 매번 배를 띄워 강을 따라 절에 드는데 그 경관이 장관이다.' 라 기록되어 있다.

최근 왕흥사지에 대한 발굴조사 결과 회랑지에서 와적기단이 조사되었고, 회랑지와 연결된 건물지에서는 치미편이 조사되었다. 아울러 주변에서는 사찰에 사용되었던 것으로 보이는 방형 초석 및 기와 등이 확인되었다.

현재 충청남도 지정 기념물 제 33호로 되어 있다.

(7) 미륵사지(彌勒寺址)

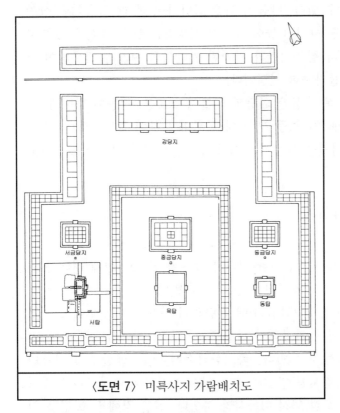

<도면 7> 미륵사지 가람배치도

부여 정림사
지·능사지 등
과 함께 백제
불교문화 연구
에 귀중한 자료
중 의 하나이
다.『삼국유
사』에 의하면
백제 무왕이 왕
비와 함께 사자
사로 가던 중
미륵삼존이 나
타나 왕비의 발
원에 의해 미륵
사의 창건이 이
루어졌다. 가

<도면 8> 미륵사지 가람복원도

람배치는 동서의 석탑과 가운데에 목탑이 위치하고 있으며, 탑의 후면에는 금당이 자리하고 있다. 전체적으로 3탑3금당식의 특이한 가람배치를 보여주고 있다.

미륵사지의 중·동·서원 금당지는 모두 이중기단으로 이루어 졌다. 기단은 모두 가구기단으로써 금강사지의 기단과 유사함을 볼 수 있다.

동원 금당지의 하층기단은 간단한 면석과 갑석인 판석으로 이루어졌고, 상층기단은 지대석과 면석, 그리고 갑석으로 결구되었다. 기단은 생토면을 파고 조성하였으며, 하층기단의 면석은 거의 땅속에 묻혀 있다. 하층기단의 갑석은 두께 10cm, 너비 80~85cm 내외로 면석 위에 올려 있다. 지대석은 하층기단의 갑석과 맞닿아 있으며, 너비는 약 30cm 내외이다. 지대석의 정상부에는 면석이 올려질 수 있도록 약 1/2 가량 "ㄴ"모양으로 치석되었다. 면석은 쓰러져 있지만 높이가 74cm 정도이며, 갑석은 하층기단과 마찬가지로 면석 보다 약 10cm이상 앞으로 빼어 놓았다. 기단에 사용된 석재의 전면은 모두 정치석되었다. 이러한 기단의 축조기법은 계단지에서도 똑같이 살필 수 있다. 기단의 전체 높이는 120cm 이상으로 높은 편이다.

중원 금당지의 기단도 동원 금당지의 것과 비교하여 결구면에서 동일하나 규모면에서는 약간의 차이가 발견된다. 즉, 상층기단의 면석 높이가 약 20cm 정도 높아 전체적으로 금당지의 기단을 높게 하고 있다. 이는 신라의 황룡사지나 분황사지와 마찬가지로 금당의 규모를 크게 하는데서 오는 불가피한 조처로 판단된다.

서원 금당지도 이층기단으로 추정되나 잔존 상태가 불량하여 자세한 현황은 살필 수 없다. 그러나 중·동원 금당지의 기단과 비교하여 큰 차이가 없어 그 형상은 유추 가능하다. 지대석은 북동측과 남측 중앙에서 확인되었고, 하층기단 갑석은 동북쪽과 서북쪽에서 각각 1매씩 조사되었다. 그리고 하층기단의 면석은 동측과 서측, 그리고 북측에서 양호하게 살펴졌다.

(8) 오합사지(烏合寺址)

오합사는『삼국유사』및『삼국사기』에 등장하는 백제 사비시대의 사찰로 현재 보령 성주사지(통일신라시대) 아래에 위치하고 있다. 오함사(烏含寺), 혹은 오회사(烏會寺)라고도 한다. 이 사찰은 전쟁에서 사망한 군인들의 영혼을 위해 법왕대에 창건된 호국사찰이다. 이후 오합사는 백제의 멸망과 함께 웅천주 지역을 봉지로 받은 김인문에 의해 귀족사찰로 변모하게 되었고 그의 사후에는 낭혜화상 무염의 주석과 문성왕에 의한 사액을 받으면서 선종사원인 성주사로 개창하게 되었다.

오합사는 6차에 걸친 발굴조사 결과 전체 3차 가람 중 1 · 2차 가람이 백제시대의 것으로 판단되었다. 배치는 군수리 폐사지와 같이 강당 좌우에 방형 혹은 장방형의 건물이 위치하고 동 · 서 회랑은 이들 건물 앞에서 끊어지고 있다. 아울러 백제시대의 새로운 기단이라 할 수 있는 전석혼축기단이 확인되었다.

사지에서 출토된 백제시대의 유물로는 와당을 들 수 있는데 대부분 판단 중심이 삼각형인 삼각돌기식이다. 연판수는 8엽이고 연자 배치는 1+5과, 1+6과, 1+8과 등 다양하다. 아울러 같은 형식임에도 불구하고 드림새와 수키와의 접합기법이 서로 달라 와공의 제와술이 다양하였음을 볼 수 있다.

이 외에도 백제의 가람은 수원사지, 옹산사지, 주미사지, 수덕사, 제석사지, 왕궁리 폐사지 등을 들 수 있다. 그러나 대부분 전체적인 조사가 이루어지지 않았고, 그 위치 또한 확인되지 않아 정확한 백제가람의 복원에는 많은 한계가 있다. 따라서 이들 난제에 대해서는 향후 좀 더 면밀한 검토를 통해 점진적으로 조사를 진행하여야 할 것이다.

3. 백제시대의 탑

1) 석탑

(1) 정림사지 5층석탑

〈도면 9〉 정림사지 5층석탑 실측도

이 탑은 국보 제 9호로 지정된 것으로 현재 남아있는 2기의 백제 석탑 중 하나이다. 화강암으로 만든 이 탑은 높이 8.33m로 현재 부여읍 정림사지에 위치하고 있다.

일반적인 건축이나 석탑에서와 같이 지대석을 놓고 기단부를 축조한 다음 그 위에 5층 탑신을 놓고 정상에 상륜부를 올려놓고 있다.

여러 매의 장대석으로 지대석이 짜여지고 그 위에 단층 기단이 마련되었는데 그 면석은 2단의 높직한 괴임대 위에 놓여 있다. 면석의 높이는 낮고 각 면에는 양 우주가 마련되었으며 8매의 판석으로 이루어진 갑석은 두꺼운데 이러한 형식은 곧 목조건축물 기단의 그것과 흡사하다. 갑석 상면은 약간 경사졌고 괴임대는 없이 평평한 갑석 위에 탑신을 놓았다.

탑신부는 옥신과 옥개석이 여러 개씩의 석재로 건조되어 총 108석이나 되는데 각 층의 조립형식은 같다. 옥신은 초층이 12석, 2·3층은 4매석, 4층이 2매석, 5층은 1석인데 각 층의 양 모퉁이에는 엔타시스가 표현되어 있다. 옥개석은 낙수면부와 받침부가 별개의 석재로 구성되었으며 모두 여러 매의 판석으로 결구되었는데 각 세부에서는 목조가구의 변형 수법을 볼 수 있다.

상륜부는 현재 5층 옥개석 위에 거의 원추형에 가까운 노반석 하나가 있을 뿐 다른 부재가 없으며 찰주공은 노반을 관통하여 그 밑의 옥개석 중심부에까지 파여 있다. 1963년 실측조사가 이루어졌고 이때 4층 옥신에서 사리공이 확인되었으나 유물은 없었다.

(2) 미륵사지석탑(서탑)

이 탑은 『동국여지승람』에서 '東方石塔之最'라 할 정도로 거탑에 해당된다. 특히 조선시대 영조대의 문인(文人)인 강후진의 『와유록(臥遊錄)』에 의하면 이 석탑에 대해 다음과 같이 말하고 있다.

미륵산 서쪽 기슭에 미륵사터가 있다. …밭 가운데에 있고 7층석탑으로 대단히 높고 크며 모두 석병을 첩첩이 쌓아올려 단장하였다. 별도로 석주로써 그 서우를 지탱케 하여 동방석탑의 최자라 하였음도 거짓말이 아니다. 백년 전에 벼락으로 인하여 그 절반이 허물어졌고 아래에 석문이 있어 출입할 수 있게 통해 있는데 세 사람이 같이 들어가 노닐 수 있다.

내용에 따르면 서탑은 조선 중기 무렵 벼락에 의해 훼손되었고 그

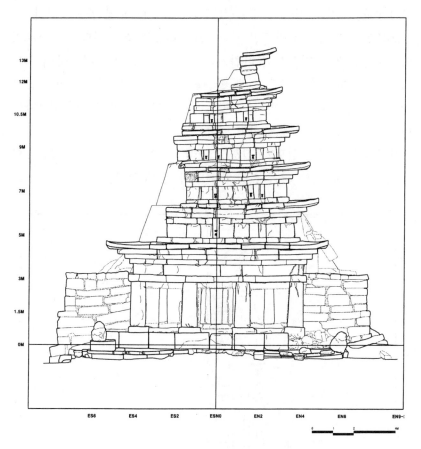

ES6　　　　ES4　　　　ES2　　　ESN0　　　EN2　　　EN4　　　EN6　　　　EN9-{

〈**도면** 10〉 미륵사지 서탑 동쪽 입면도

이전 사서를 어느 정도 참조하였음을 알 수 있다. 아울러 탑 기단부
의 석문을 출입하였던 것으로 보아 석탑 내부는 오래 전부터 개방되
었던 것으로 생각된다.

　현재 남아 있는 석탑의 특징을 살펴보면, 기단부는 이중기단으로
조영되었고 정림사지 5층 석탑과 달리 많은 판석을 이용하여 축조하
였다. 아울러 목조건축을 모방한 듯 창방과 평방이 면석 위에 올려져
있고 기단 사방으로는 계단이 설치되었던 것으로 생각된다. 기둥으

백제의가람과탑

로 보이는 우주와 탱주는 배흘림(엔타시스) 기법으로 만들어졌다.

탑신부는 현재 6층 정도만 남아 있어 확실한 층수 파악은 알 수 없다. 탑신부 역시 기단부와 마찬가지로 수많은 판석을 이용하여 축조하였다. 옥개석의 전각은 살짝 반전하고 있고 옥개석 아래의 층급받침은 모두 3단이다. 옥개석 상면의 옥신괴임은 초층과 이층이 1단인 반면 3층 이상은 2단을 보이고 있다.

전체적으로 훼손 정도가 심하고 일제시대에 보수해 놓은 시멘트의 부조화 등으로 인해 최근 전면 해체 보수 중에 있다.

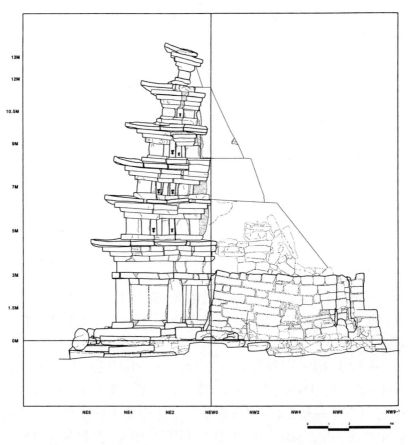

〈도면 11〉 미륵사지 서탑 북쪽 입면도

2) 목탑지

(1) 용정리폐사지 목탑지

목탑지는 사역의 원 퇴적토(굵은 모래층)와 사원조영을 위해 조성된 성토층을 350cm 깊이까지 사다리꼴 형태로 되파기한 후 그 내부를 판축하여 완성하였다. 이와 같이 퇴적토상의 대지 조성토를 되파기하고 판축하는 공법은 백제의 정림사지, 미륵사지 및 신라의 황룡사지 등에서 살필 수 있고, 생토층을 되파기한 후 판축하는 경우는 백제의 금강사지 금당지 · 목탑지 등에서 찾아볼 수 있다. 목탑지의 하부는 160cm 두께로 점토와 사질토를 교대로 준판축하고 상층부는 190cm 두께로 정제된 점토와 사질토, 그리고 풍화 암반토를 혼합하여 판축하였다. 특히 판축토 내에 형성된 철분층은 탑지 축기부의 판축토 침강방지와 수분침투 억제를 위해 인위적으로 포함시켰다고 보았다. 아울러 중심 찰주를 세우는 심초부는 판축토상에서 확인되지

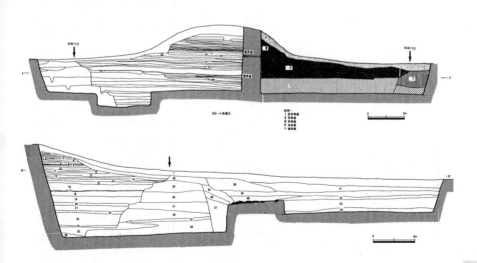

〈도면 12〉 용정리 폐사지 목탑지 토층도

않는 것으로 보아 기단 상면에 놓여진 것으로 판단하였다. 이처럼 심초부가 지상에 놓여진 예는 구아리 폐사지, 부소산 폐사지, 제석사지 등에서 살필 수 있고, 반대로 지하에 놓여진 경우는 능사지, 군수리 폐사지, 금강사지 등에서 찾아볼 수 있다.

목탑지의 기단은 현재 상면에서 초석이나 적심석이 확인되지 않는 것으로 보아 어느 정도 멸실이 이루어졌음을 추정할 수 있다. 목탑지 한 변 길이는 1,850cm이며, 잔존 높이는 150cm이다.

(2) 능사지(陵寺址) 목탑지

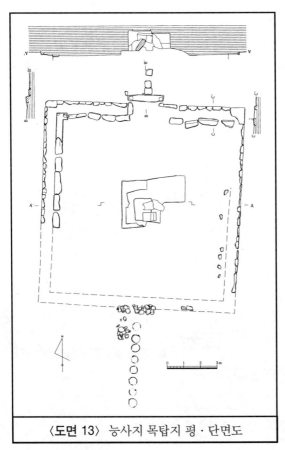

목탑지는 금당지의 전면으로부터 남쪽으로 21.84m 떨어져 위치하고 있다. 기단토는 판축공법을 이용하여 암갈색 사질점토와 풍화암반토를 교대로 쌓아 축조하였다. 기단토의 가장 밑바닥은 모래를 깔아 배수를 용이토록 하였다.

하층기단은 동서 길이 11.73m, 남북 길이 11.79m로 정방형에 가깝다. 지대석은 길이 40~60cm, 너비 15~20cm, 높이 6~

〈도면 13〉 능사지 목탑지 평·단면도

10cm인 화강암제 장대석(治石)을 이용하여 축조하였다. 지대석의 상면에서 요구(凹溝)나 "ㄴ"모양의 단이 없는 것으로 보아 가구기단은 아니었음을 알 수 있다.

상층기단은 하층기단보다 안쪽으로 약 70cm 들어가 조성되었다. 상층기단에 사용된 화강암제 장대석은 길이 약 110~130cm, 너비 약 50~95cm로 하층기단의 장대석과 비교해 크기면에서 훨씬 크다. 아울러 기단석 상면의 안쪽 11cm 되는 지점에서 "ㄴ"모양의 단이 조출되어 있음을 살필 수 있다. 이는 면석을 올리기 위한 치석기법으로 상층기단이 결과적으로 가구기단이었음을 의미한다. 그러나 가구기단을 형성하는 면석이나 갑석의 경우 탑지내에서 정위치의 것으로 한 매도 확인되지 않았다. 이로 보아 상층기단의 많은 멸실이 추정되었다. 상층기단의 동서 및 남북 길이는 모두 10.3m이다.

이상의 자료들을 통해 볼 때 능산리 폐사지의 금당지와 목탑지 하층기단은 석축기단으로 조성된 것에 반해, 상층기단은 기단석 위에 면석이나 갑석을 올린 가구기단이었음을 알 수 있다.

한편, 목탑지내에서는 사리감을 비롯해 불상, 옥 등의 각종 유물들이 출토되었다.

이중 사리감은 국보 제 288호로 지정되었다.

□ 사리감

사리는 불가에서 진리의 상징임과 동시에 지혜의 완성이며, 깨달음의 실체가 된다. 이러한 사리는 부처의 다비 이후 현재에 이르기까지 불탑과 함께 숭배의 대상이 되어 왔다. 사리감은 이러한 사리를 넣어두는 장엄구로써 능사의 경우 화강암으로 만들었다.

목탑지 중심부에서는 108×133cm 크기의 심초석이 지표하 114cm 아래에서 묻혀 있었고 사리감은 심초석의 가장자리에서 약 45°정도 뉘어진 채 발견되었다. 사리감은 높이 74cm, 가로와 세로가 각각

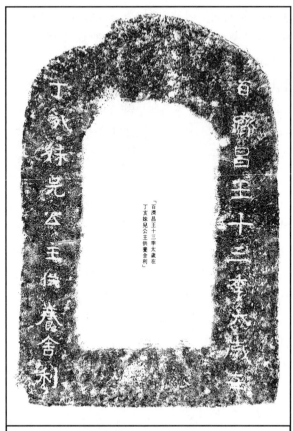

「百濟昌王十三季太歲在
丁亥妹兄公主供養舍利」

〈탁본 1〉 사리감 명문탁본

50cm이다. 전체적인 형태는 밑면이 납작하고 윗면이 둥근 아치형이며 사리기를 안치하는 감실의 형태도 아치형이다. 감실은 높이 45cm, 너비 25.3cm이고 깊이는 25.5cm이며 아치형의 둘레에 4cm 깊이로 턱을 두었는데 이는 감실을 여닫는 문으로 추정된다.

감실의 좌우 양쪽 면에는 각각 10자씩 총 20자의 명문이 음각되어 있다. 명문의 내용은 아래와 같다.

百濟昌王十三季太歲在　丁亥妹兄公主供養舍利

『삼국사기』에 의하면 백제 창왕은 위덕왕으로 성왕의 아들이며 서기 554년 성왕의 뒤를 이어 왕위에 올랐다. 따라서 이 사리감의 명문은 567년에 능사가 창건되었음을 보여주는 중요한 자료라 할 수 있다.

(3) 군수리폐사지 목탑지

조사 당시 남방기단으로 불린 것으로 중문지에서 북쪽으로 약 83척, 금당지에서 남쪽으로 약 30척 지점에서 확인되었다. 기단의 구조는 한 변이 46척의 정방형이고 주위에는 전을 깔았다. 기단 상변에서는 7군데에서 굴립목주가 타다 남은 7개의 방형 목탄구가 배열되어 있는데 조사 당시 이 목탄구는 탑의 차양칸을 세웠던 자리로 파악하고 있다. 그러나 당시 방형 초석을 사용한 점으로 보아 목탑의 변주(邊柱)일 가능성도 배제할 수 없다. 탑지 중앙 지하에서는 방형의 심초석이 발견되었고, 그 위에서는 석조여래좌상, 금동보살입상, 금환, 소옥, 토기, 철기 등이 올려져 있었다.

① 목탑지 출토 석조여래좌상
연질의 납석제 여래 좌상으로 높이는 13.5cm이다. 석상의 초기예인 이 작품은 방형 대좌 위에 단정하게 앉아 선정인을 취하고 있는 여래상이다. 원형의 육계에 나발은 소발이며 상호는 원만상을 띠고 있다. 이처럼 만면에 미소를 짓고 있는 것은 서산마애삼존불의 본존불과 친연성이 있음을 보여준다. 가슴 부분에는 만자가 새겨져 있고 어깨 부분은 좁게 표현하였다. 법의는 통견식이며 무릎 아래까지 덮고 있어 상현좌를 이루고 있다. 두 손은 신체에 비해 크게 조각되었고 수인은 선정인을 이루고 있다. 이 불상은 연한 석질인 납석을 재료로 하여 돌의 부드러운 질감과 뛰어난 조각수법을 유감 없이 발휘한 작품이다. 특히 부여에서 이러한 납석제 불상이 많이 발견되는 점을 보면 백제불상의 하나의 특색인 듯하다. 뒷면은 옷주름을 새기지 않고 편평하게 다듬었다. 조성연대는 6세기 중엽으로 추정되며, 현재 보물 제 329호로 지정되어 있다.

② 목탑지 출토 금동보살입상
1936년 출토된 것으로 머리에는 삼산 형태의 보관이 씌워져 있다.

〈도면 14〉 목탑지 출토 석조여래좌상   〈도면 15〉 목탑지 출토 금동보살입상

상호는 통통하며 개성 있게 표현되어 있다. 보발은 꽈배기 형태로 중국 동위시대의 그것과 친연성이 있다. 천의는 앞가슴에서 X자로 교차되었고 몸의 좌우에서는 물고기 지느러미 형태의 옷주름을 살필 수 있다. 옷주름은 두꺼우나 신체의 굴곡이 일부분 표현되었으며, 족부의 아래에는 단판의 연화좌가 놓여져 있다. 목에는 심엽형의 목걸이가 장식되어 있다. 수인은 시무외·여원인의 변형된 수인을 결하고 있다. 높이 11.5cm이며, 보물 제 330호로 지정되어 있다. 6세기 중엽 이후의 작품으로 추정된다.

(4) 금강사지 목탑지

중문, 탑, 금당은 판축기단토 위에 조성되었고, 특히 탑지는 이중기

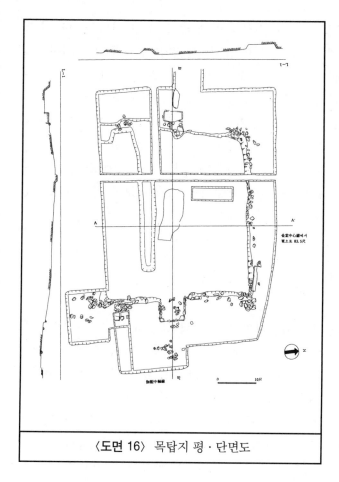

<〈도면 16〉 목탑지 평·단면도>

단으로 조성
되었다. 그러
나 통일신라
시대에 금강
사지에 대한
전반적인 중
건작업이 이
루어지면서
백제시대 창
건기의 목탑
지는 많은 교
란과 훼손을
입게 되었다.
　탑지의 하층
기단은 판축
토의 범위로
보아 한 변의
길이가 약 47
척으로 추정
된다. 판축토
의 외곽으로는 폭 2척 내외, 깊이 3~4촌의 얕은 요구(凹溝)가 확인
되었다. 이러한 요구(凹溝)는 금당지에서도 확인된 것으로 하층기단
의 지대석지로 판단된다. 동북쪽에 남아 있는 지대석의 경우 금당지
의 북서쪽과 남서쪽에서 확인된 것과 같은 장대석이 조사되었다. 이
들 상면에는 동자주와 면석을 올리기 위한 단이 조출되어 있다. 탑지
지대석의 장축은 동―서 방향을 이루고 있으며, 주변에서 확인된 면
석이나 갑석은 없다.
　아울러 서북쪽에 남아 있는 지대석은 동북쪽에서 조사된 것과 성격

백제의가람과탑

이 전혀 다른 것으로 동자주의 흔적은 없고, 다만 면석을 올리기 위한 단이 조출되어 있다. 따라서 탑지의 기단은 동북쪽 혹은 서북쪽에 남아 있는 지대석으로 추정컨대 금당지와 같은 가구기단으로 판단된다. 아울러 이러한 지대석은 상층기단에서도 일부 확인되었다. 따라서 금강사지 탑지는 상·하층기단에서 출토된 지대석으로 파악컨대 동자주, 면석, 갑석이 결구된 발전된 2층의 가구기단이었음을 알 수 있다. 아울러 면석 위의 갑석은 현재 멸실되어 그 형상을 알 수 없지만 능산리 폐사지나 미륵사지 상층기단의 예로 보아 판석이 올려졌을 것으로 추정된다.

4. 맺음말

여기에서는 본래 백제시대의 가람과 탑을 살펴보려고 하였으나 불교 초창기에 해당하는 한성시대 및 웅진시대의 불교문화에 대해서는 그 실체를 살필 수 없었다. 이는 근대화로 인한 사전조사의 미비, 그리고 사찰건축에 대한 낮은 관심도에 기인된 바 크다.

현재까지 백제시대의 가람을 알 수 있는 자료는 대부분 사비시대의 사지에 한정되고 있다. 지역적으로는 부여, 익산, 보령 등에서 백제사지를 살필 수 있으나 대부분 부여지역에 국한되어 있다. 그러나 당시 가람은 조사공, 와박사, 조탑공, 조불공, 화사 등의 연합에 의해 종합적으로 조영되기 때문에 사비시대의 가람 축조기법이나 배치는 웅진시대의 그것과 친연성이 있었을 것으로 판단된다. 이러한 점에서 홍륜사의 태요전은 군수리 폐사지의 강당 좌우에서 확인되는 소형 전각의 경루지로 추정되기도 한다.

그 동안 사비시대의 사지로 발굴조사된 예는 부여지역의 정림사지, 능사지, 군수리 폐사지, 부소산 폐사지, 금강사지 등을 비롯해 익산지역의 미륵사지, 보령지역의 오합사지(오함사지) 등이다. 이들 사지를 통해 살필 수 있는 백제 가람의 배치와 특징은 다음과 같다.

첫째, 가람은 평지가람으로써 중문—탑—금당—강당이 차례로 배치되고 중문을 중심으로 회랑이 시설되었음을 알 수 있다. 아울러 강당 좌우에는 종 · 경루지로 추정되는 소형의 건물지가 확인되고 있다. 특히 웅진시대 흥륜사의 태요전은 성왕과 관련된 경루로 판단되고 있다.

한편, 백제의 당탑이 고구려의 정릉사지, 청암리 폐사지, 토성리 폐사지 및 신라의 분황사지 등과 유사한 1탑 3금당식일 가능성도 배제할 수 없다.

둘째, 가람의 장축은 남북방향이 일반적이다. 이는 동향을 이루고 있는 금강사지를 제외한 나머지 백제 사지에서 살필 수 있는 일반적인 원칙이다.

셋째, 사찰건축에 사용된 기단의 다양한 재료를 엿볼 수 있다. 즉, 석축기단(할석기단, 치석기단)을 비롯해 와적기단(평적식, 합장식, 수직횡렬식), 전석혼축기단 등을 엿볼 수 있고 석축기단의 경우는 다시 모난돌 바른층 쌓기 기단(할석정층기단), 모난돌 흐튼층쌓기 기단(할석난층기단), 다듬은돌 바른층 쌓기 기단(치석정층기단), 다듬은돌 흐튼층 쌓기 기단(치석난층기단) 등으로 구분할 수 있다.

넷째, 능사지에서 처럼 강당지의 위치가 금당지보다 높게 조영되었음도 살필 수 있다. 이는 강당지가 확인되지 않았던 부소산 폐사지의 경우도 마찬가지였을 것으로 생각된다.

다섯째, 백제 사지에서 일반적으로 살필 수 있는 1탑1금당식의 가람배치가 일본의 사천왕사에서도 그대로 살펴지고 있어 조사공에 의한 가람배치의 전파를 확신케 한다. 아울러 와적기단 및 이중기단의 경우도 백제에서 일본으로의 기단 축조술 전파를 판단케 하는 고고학적 자료라 할 수 있다.

아울러 백제에서의 와박사 전파는 일본 비조사 창건와를 제작하는데 있어 결정적인 역할을 담당하게 되었다.

여섯째, 백제시대에는 법사사(法師寺)와 이사(尼寺)가 존재하여 일찍부터 비구니의 존재가 확인된다. 이는 일본 사료인『원홍사가람연기』및『일본서기』를 통해서도 살필 수 있다.

일곱째, 사지 및 그 주변에서 굴건식 건물지, 수혈주거지, 대벽건물지 등의 생활유구가 확인될 가능성이 있다. 예컨대 일본의 경우 조성시기는 좀 늦지만 관동지역의 무장국분사, 상야국분사, 하야국분사, 하총국분사 등에서 와즙(瓦葺)의 본격적인 가람이 조영되기 이전에 굴건식 건물지가 위치하고 있었음이 확인되었다. 특히 하총국분사의 북서쪽에서는 사찰의 조영과 관계된 공방지가 굴건식 건물지 및 수혈주거지의 존재로 확인되기도 하였다. 이렇게 볼 때 백제의 경우도 고대 일본과 마찬가지로 준비작업장 혹은 공방지로서의 유구가 사지내부나 그 주변에서 조사될 소지가 많다.

여덟째, 백제시대 탑파의 경우 기단은 지대석, 면석, 갑석으로 이루어진 가구기단임을 알 수 있다. 아울러 목탑지의 경우 심초석의 위치가 다양함을 볼 수 있다. 즉, 능사지, 군수리 폐사지, 금강사지의 경우는 심초석이 기단토 내에 놓여진 반면, 구아리 전 천왕사지, 부소산 폐사지, 제석사지 등의 경우는 기단토 상에 심초석을 올려놓고 있다.

아홉째, 탑파가 생토면이 아닌 퇴적토상에 조영될 경우 축기부 굴광판축공법이나 굴광다짐공법 등을 사용하고 있다. 이는 탑지의 기단부를 강화시키기 위한 보강시설로써 전자는 금강사지 목탑지, 정림사지 석탑지, 미륵사지 중(목)탑지 등에서 찾아볼 수 있다. 그리고 후자는 미륵사지 동·서탑지 등에서 살필 수 있다.

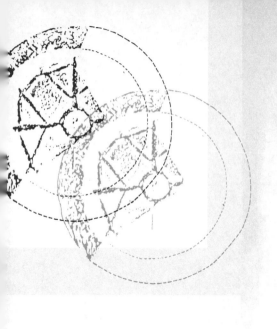

백제의 주거지

■ 권오영

【백제의 주거지】

권 오 영*

1. 주거지 연구가 중요한 이유

주거지는 인간의 삶의 터전으로서 그들의 생활방식, 가족구성, 사회적 계층관계 등을 엿볼 수 있는 일등급자료이다. 비록 고분에 비해서는 화려한 유물이 출토되는 경우가 극히 드물지만 고분 부장품이 기본적으로 죽은 자를 위해 저승세계에서 사용할 물건이란 점을 감안하면 주거지와 관련 유물에 대한 중요성은 결코 고분과 부장품에 못지않은 것이다.

원시 및 고대인의 주거방식은 다양한 형태를 갖추어서 동굴을 파거나 자연동굴을 이용하는 혈거방식, 나무 위에서 생활하는 수상주거 등도 존재하지만 가장 일반적인 주거형태는 토지를 기반으로 하는 것이다. 나무와 풀을 이용하여 지상에 간단한 움막을 치는 주거지도 존재하였겠지만 이러한 구조는 오랜 시간이 지나면서 그 흔적을 남기지 못하게 된다. 그리고 안정적이지 못하여서 장기간의 주거에는 부적합하였을 것이 틀림없다. 따라서 대부분의 원시~고대 주거는 땅을 파고 지하에 생활면을 마련한 움집(수혈주거)의 형태를 취하였다. 움집은 신석기시대 이후 청동기시대를 거치면서 수천 년 간 진화

---

* 한신대학교

하여 왔으며 마침내 어둡고 습한 지하를 벗어나 지상에 생활면을 마련하기에 이르게 된다. 지상식 주거의 출현이다.

현재 우리들의 주거지는 대부분 지상식이다. 보다 정확히 표현하자면 가옥의 고층화에 수반하여 생활면이 지면에서 점점 더 올라가 공중식으로 나아가고 있다. 지하에 생활의 터전을 마련한 경우도 적지 않지만 이는 제한된 토지의 효용가치를 극대화하기 위한 방편일 뿐 인류는 기본적으로 지하에서 지상으로 다시 공중으로 생활의 면을 상승시켜 왔다.

지하에서 지상으로 생활면이 바뀐 시점은 삼국시대이다. 삼국시대에 들어서면 일부 지배층의 가옥은 일반민의 수혈주거와는 달리 지상에 생활면을 두는 구조로 바뀌게 된다. 하지만 대부분의 일반 가옥은 여전히 수혈주거의 형태를 띠고 있다. 심지어 고고학적 발굴조사에서 나타난 바로는 고려와 조선시대에도 여전히 수혈주거가 사용되고 있다. 사회의 최하층민들의 주거, 그리고 부모님의 무덤 옆에서 시묘살이하는 경우에 이러한 수혈주거가 이용되었을 것이다.

주거지에 대한 조사는 당시의 건축문화를 이해하는 데에 기본일 뿐만 아니라 내부에서 취사의 흔적을 찾을 경우 음식문화에 대해서도 중요한 정보를 제공한다.

예를 들어 신석기시대의 주거지에서는 화덕이 발견되지만 취사는 대부분의 경우 야외에서 몇 채의 주거지에 나누어 살던 마을사람들이 함께 하였던 것으로 추정된다. 단순한 화덕이 아닌 본격적인 부뚜막이 주거지 내부에 설치되는 시점은 이제 조리가 마을단위가 아닌 주거단위로 이루어지게 되었음을 보여주는 것이다.[1]

부뚜막을 이용한 조리는 필연적으로 조리용기의 변화를 야기하는

---

1) 주거지 내부에 불을 피운 시설에 대해서는 노지, 화덕, 부뚜막, 온돌 등의 등이 혼용되고 있는데 이 글에서는 주거지 바닥 면에 마련한 시설을 화덕, 본격적인 조리를 염두에 두고 벽면에 설치한 것을 부뚜막, 불 고래를 갖추어 화기를 유인하여 난방에 이용한 것을 온돌로 부른다.

데 둥근 밑의 장란형토기와 시루, 심발형토기, 손잡이가 달린 귀때토기 등의 출현은 이러한 과정의 산물이다. 주거지의 부뚜막을 조사할 경우 간혹 음식물의 흔적이 남아 있는 경우가 있는데 당시 사람들의 음식물의 종류를 알 수 있는 결정적인 기회이다. 이렇듯 주거지의 조사에 의해 건축문화는 물론이고 조리문화에 대해서도 많은 정보를 얻을 수 있다. 따라서 당시의 생활상을 이해하는 데에는 주거지에 대한 이해가 필수적인 것이다.

주거지에 대한 조사는 당시의 사회구조에 대한 정보를 제공하기도 한다. 일반적으로 주거지의 규모는 그 내부에 살았던 사람의 숫자와 비례하기 때문에 한 사람이 평균적으로 점유하는 면적이 얼마인지를 알게 되면 주거지의 거주 인원수를 추정할 수 있다. 1인당 평균 점유 면적에 대해서는 3㎡라는 견해와 5㎡라는 견해로 나뉘어져 있으며, 조사된 주거지의 바닥 면적 모두가 생활면은 아니기 때문에 실제 취침할 수 있는 면적은 좀 더 작아질 것이다. 이런 점을 감안하더라도 청동기시대 전기의 세장한 대형 주거지는 길이가 20m를 넘는 예가 많으며 내부 주거 인원수가 10명을 훨씬 넘기는 수가 많다. 반면 중기의 주거지는 규모가 현저하게 감소하기 때문에 이 기간 동안에 모종의 가족구성상의 변화가 일어났음을 보여준다.

주거지가 폐기되는 원인은 여러 가지가 있지만 가장 극적인 경우는 화재로 인한 폐기이다. 화재로 인한 긴박한 상황에서 생활에 사용하던 물품들을 고스란히 두고 몸만 빠져 나올 경우 주거지 발굴조사에서 얻는 정보의 양은 매우 많아진다. 나아가 화재로 인해 주거인원 전원이 주거지 내부에서 사망하여 인골상태로 남아 있을 경우 가족 구성의 세부적인 측면까지 보여줄 수 있다.

화재의 원인이 실화가 아닌 외부인의 방화, 나아가 외적의 침략에 의한 것으로 판명될 경우 당시 사회가 어느 정도의 군사적 긴장관계에 놓여 있었는지를 여실히 보여주게 되므로 한편 동일한 취락 내에서 주거지의 분포양상과 규모, 내부 유물 등에서 균등한 양상을 보이지 않고 격차를 보일 경우 이는 곧 취락 내부의 계층차이를 반영한 것일 가능성이 높다. 이러한 점에 착안하여 취락과 주거지를 분석할 경우에는 당시 사회 내부의 계층구조를 파악할 수도 있는 것이다.

한반도 중부 이남의 3세기 무렵의 상황을 기록한 중국의 역사책인 『삼국지』에서는 당시에 부뚜막에 대한 신앙이 있었음을 전하고 있는 데 이러한 역사기록을 고고학적 발굴조사결과와 연결 지어 고찰하면 당시의 신앙형태에 대해서도 많은 시사를 받을 수 있다.

이렇듯 주거지에 대한 연구는 생활상의 파악에 긴요하지만 고구려, 신라, 가야의 주거지에 대한 조사와 연구가 그다지 진전되어 있지 못하다. 신석기시대 이후 수혈주거지에 대한 조사와 연구는 제법 높은 수준에 올라섰지만 4세기 이후의 수혈주거지 조사례는 그리 많지 못한데 그 원인은 지배층의 주거가 지상식으로 전환된 점, 지금까지 이루어진 조사가 주로 성곽이나 고분 등에 편중된 데에 기인한다.

상대적으로 백제지역에서는 주거지 조사례가 많은 편이지만 아직 전체적인 양상은 제대로 파악되고 있지 못하다. 가장 주된 원인은 백제의 영역확장과정, 그리고 도성이 서울에서 공주, 그리고 사비로 이동하면서 정치와 문화의 중심도 함께 이동하였다는 데에 있다. 예를 들어 공주나 부여지방은 엄연히 백제의 도성 중의 하나이지만 서울에 도성을 두고 있던 한성기의 이른 시기에는 아직 백제의 영역으로 편입되지 않은 상태였다. 따라서 엄밀한 의미에서 이 지역의 백제유적이란 이곳이 백제의 영역으로 편입된 이후의 것만 해당되는 셈이다. 이 문제가 해결된다 하더라도 본시 마한의 구성분자였다가 훗날 서울 강남에서 흥기한 백제에 통합당하는 많은 세력들을 어떻게 다룰 것인지는 여전히 문제로 남는다. 아직 백제의 영역으로 들어오지는 않았지만 문화적으로 많은 부분을 공유하고 훗날 완전히 백제화하는 지역의 유적은 공주나 부여 이외에도 광범위하게 존재한다. 특히 가장 늦게 백제 영역으로 편입되는 영산강유역의 경우는 과연 어느 시기부터 백제로 인식할 것인지에 따라 연구의 대상이 되는 유적의 범위가 완전히 달라지는 것이다. 3세기 이후 한강유역에서 이미 백제라는 국가체가 성장하고 있는 시점에도 영산강유역에는 독자적인 정치체가 여전히 성장해 나가고 있었으며 그 하한은 5세기까지 내려오게 된다. 그럴 경우 이 지역의 3~5세기 대의 고고학적 유적, 유물을 백제라는 시각에서 다루기는 곤란한 것이다. 따라서 이 글에서는 백제의 영역에 포함된 유적, 유물을 중심으로 다룬다는 입장에서 한성기의 서울-경기, 그리고 일부 충청지역만을 대상으로 할 수밖에 없었다. 전북 이남의 지역은 백제의 영역에 편입된 이후만을 대상으로 할 것이며 그 이전 시기의 것은 참고자료로 다루고자 한다.

또 한 가지의 문제점은 웅진기 이후에는 종전의 수혈주거지가 별로 보이지 않게 된다는 점이다. 많은 경우 지상화하거나 초석건물 등이 사용되었던 까닭이다. 그 결과 백제 주거지에 대한 연구는 한성기, 그리고 한성기의 전사격인 원삼국에만 머물러 있었던 것이다.

이 글에서는 초석 건물지는 다루지 않기 때문에 웅진기 이후의 자료는 매우 한정적이다. 하지만 이 단계에도 이른바 대벽건물이라고 하는 특이한 구조의 백제식 가옥이 발전하기 때문에 웅진기 이후에 대해서는 이 부분을 주로 언급하고자 한다.

2. 백제 주거지 자료의 검토

1) 원삼국단계

백제의 역사가 시작된 시점은 『삼국사기』에 의하면 기원전 18년으로 되어 있지만 그 연대를 그대로 믿을 수는 없다. 현재까지의 고고학적 조사 성과와 『삼국지』의 삼한관련 기사를 참고할 때 늦어도 3세기경에는 이미 한강하류역, 좀 더 좁히자면 현재의 서울시 송파구·강남구·강동구와 하남시 일대를 기반으로 마한의 강자로 성장하였음은 분명하다. 이 단계는 아직 마한의 여러 구성분자 중 하나에 불과하였기 때문에 『삼국지』의 용례대로 伯濟國이라 표현하여 훗날 마한을 통합한 고대국가 百濟와 구분하고자 한다.

백제국이 성장하던 단계는 역사학에서는 삼한에 해당되며 고고학적 시기구분으로는 원삼국시대가 된다. 그런데 원삼국단계의 백제국과 삼국시대의 백제는 상호 별개의 존재가 아니라 후자가 전자의 발전된 형태이다. 따라서 고고학적 물질자료에서도 변화의 양상은 용이하게 파악되지만 두 단계를 단절적으로 이해하기 곤란해진다. 주거지의 변화양상에서도 연속적인 모습을 보이기 때문에 1~3세기 단계의 자료들을 정리할 필요가 있다.

이 단계의 특징은 태백산맥 동쪽의 영동지방과 서쪽의 영서지방이 주거지의 평면형이나 토기문화에서 많은 부분을 공유하고 있다는 점이다. 이 지역은 북방의 예족과 남방의 한족의 분포지역이 겹치는 곳으로서 상호 교류에 의해 종족적으로나 문화적으로 많은 부분을 공유하였던 것 같다. 그 결과 훗날 광개토왕비문에도 별도의 구분 없이 韓濊라고 나란히 기록되어 있는 것이다. 이러한 문화적 기반이 백제국가 형성의 기초가 되었음은 물론이다. 이 글에서는 영동지방을 포함한 중부지방 전체를 조망하지 않고 서울과 인근지역에 국한시켜 보고자 한다.

(1) 서울 풍납토성

순수하게 중도식 경질무문토기만 출토되는 주거지는 한신대학교 박물관이 조사한 경당지구에서 검출되었다. 거듭된 중복현상으로 인해 원상을 파악하기 어려운데 장방형의 평면에 출입시설이나 부뚜막은 아직 출현하지 않은 것으로 이해된다.

국립문화재연구소가 발굴조사한 가, 나지구에서는 총 19기의 주거지가 조사되었는데 이중 17기가 육각형 주거지이다.[2] 그 중 가-11호

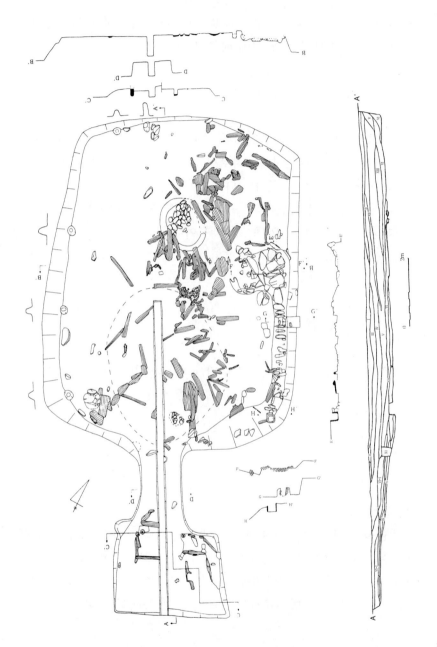

〈그림 1〉 하남 미사리 한-A 13호 주거지

주거지는 부석식 화덕을 갖추고 있으며 다른 육각형 주거지들에 앞선 것으로 보이므로 이 단계에 해당될 것 같다.

(2) 하남 미사리유적

풍납토성보다 상류 쪽에 위치한 하중도에 입지한 대규모 취락이다. 취락의 형성은 신석기시대부터로서 청동기시대를 거쳐 원삼국, 백제로 이어지는 장기간에 걸쳐 있다.

20기를 넘는 원삼국단계의 주거지는 평면 방형, 장방형, 육각형, 타원형 등으로 다양한 편인데 (장)방형이나 육각형 평면에 출입시설이 붙는 예들이 있다. 한양대 A-1호와 13호(그림 1), 고려대 008호, 010호, 014호 등이 이 단계에 속한다.

(3) 수원 서둔동유적

수원의 여기산에 형성된 원삼국단계의 취락이다. 평면 방형의 주거공간에 출입부가 부가된 凸자형 주거지로 구성되어 있으며 토기는 중도식 경질무문토기가 주종을 이룬다.

(4) 화성지역

* 고금산유적[3]
해발 99m의 야산 정상부와 사면에 형성된 취락이다. 청동기시대부터 취락이 형성되기 시작하여 원삼국과 백제로 이어진다. 주변에는 철기제작과 관련된 기안리유적(3세기) 및 백제 고분인 화산고분군(4-5)이 존재한다. 발굴조사된 부분은 전체 유적의 극히 일부에 불과

---

2) 국립문화재연구소, 『풍납토성 I』, 2001.
3) 임효재 · 김성남 · 이진민, 『화성 고금산유적』, 서울대학교박물관, 2002.

한데 3기의 주거지는 모두 말각 장방형 평면을 띠고 있다. 부뚜막은 확인된 것과 확인되지 않은 것이 병존한다. 중도식 경질무문토기와 타날문토기가 공반되었다.

* **발안리유적**[4] (그림 2)

발안천 주변에 형성된 충적대지 위에 위치한 대규모 취락이다. 점토대토기와 흑색마연장경호를 부장하는 초기철기시대 목관묘로부터 유적이 형성되는데 원삼국단계에 도달하면 대규모 취락으로 변화하고 그 존속기간은 한성기까지 이어진다.

원삼국단계의 주거지는 2-3기가 방향을 함께 하며 일정한 간격을 유지하고 있어서 동시 공존의 가능성을 보여준다. 평면은 방형이나 장방형에 출입시설이 부가된 것이 많으며 안쪽 벽이 한번 꺾여서 전체적인 평면이 오각형을 이루는 예도 일부 확인된다.

가장 이른 단계의 주거지에서는 중도식 경질무문토기만 출토되며 부뚜막이 없이 주거지 바닥 면에 마련한 화덕만 있는 형태이다. 중도식 토기와 함께 타날문토기가 공반하는 단계에 오면 화덕과는 별도로 벽에 붙인 부뚜막이 등장한다. 부뚜막은 돌과 점토를 이용한 터널식인데 평면형은 일자형과 L자형이 공존한다. L자형 부뚜막은 시원적인 온돌로 볼 수 있는 형태이다.

이 유적의 특징은 수혈 주거지 이외에도 지상식과 고상식으로 판단되는 유구가 다수 확인되었다는 점이다. 모두 원삼국단계의 것은 아니지만 많은 경우 수혈 주거지와 짝하여 별도의 기능을 지녔을 것으로 판단된다.

---

4) 기전문화재연구원, 「화성 발안리 마을유적·기안리 제철유적 발굴조사」 현장설명회자료 14, 2003.
정상석, 「화성 발안리 마을유적」, 「고구려고고학의 제문제」 제27회 한국고고학전국대회 발표요지, 2003.

백제의 주거지

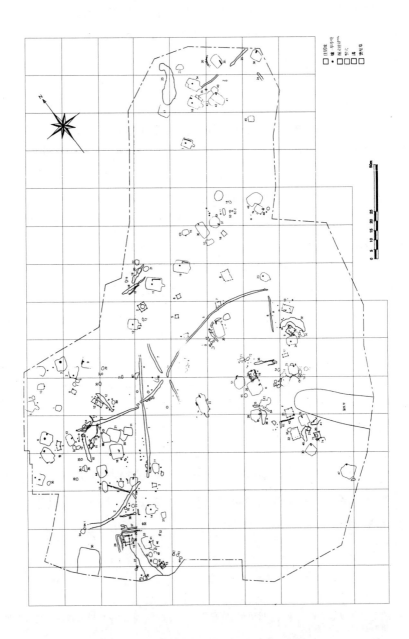

〈그림 2〉 화성 발안리 유적의 주거지 배치상황

* 가재리유적

발안리유적의 북방 2km 정도 북방에 위치한 야트막한 야산 정상부와 경사면에 형성되어 있다. 발굴조사된 경사면에서는 원삼국단계의 늦은 단계에 해당되는 토기 가마가 확인되었으며 주변에서 평면 장방형의 주거지가 1동 조사되었다. 화덕이나 부뚜막이 전혀 없고 내부에서 토기제작에 이용된 태토가 발견된 점으로 보아 토기공방이었을 가능성이 높다.

(5) 여주 연양리[5]

남한강변의 충적대지에 형성된 취락에서 주거지 7동이 조사되었다. 평면형은 장방형 4기, 원형 2기, 출입구가 달린 철자형 1기로 분류되었으나 유존상태가 불량한 점을 고려할 때 일부는 육각형 주거지일 가능성이 개진되었다.[6] 특히 일자형의 부뚜막이 붙어 있는 12호 주거지는 그럴 가능성이 높아 보인다.

경질무문토기와 타날문토기가 공반되었는데 전자의 비율이 매우 낮은 점을 볼 때 원삼국단계에서도 늦은 단계에 속하는 것 같다.

(6) 포천 영송리유적[7]

유적의 유존상태가 불량하여 명확히 알 수는 없으나 대부분의 주거지는 출입시설이 딸린 육각형의 평면을 지닌 것으로 판단된다. 1호 주거지에서만 부뚜막이 확인되었고 나머지는 화덕만 보이는데 그 중에는 강돌을 세운 것(3호), 판석을 눕힌 것(4호), 특별한 시설이 없는 것(5호) 등이어서 정형성이 없다.

---

5) 국립중앙박물관, 『여주 연양리유적』, 1998.
6) 신희권, 2001 「한강유역 1~3세기 주거지 연구 -'풍납동식 주거지'의 형성과정을 중심으로-」 서울대학교 석사학위논문.
7) 한양대학교박물관·포천군, 『영송리 선사유적』, 1995.

백제의주거지

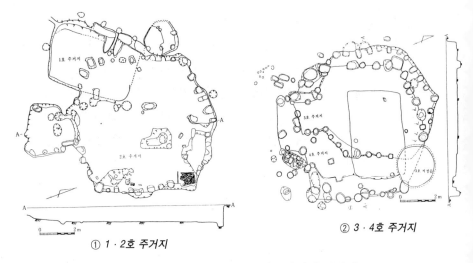

① 1・2호 주거지　　　② 3・4호 주거지

〈그림 3〉 서울 몽촌토성 내부 육각형 주거지

출토된 토기는 대부분 중도식 경질무문토기이며 3호에서만 타날문 원저단경호가 공반된다.

2) 한성기

(1) 서울 풍납토성

국립문화재연구소가 발굴조사한 가, 나지구의 육각형 주거지들은 대개 한성 1기에 속하는 것들로 이해된다. 이 단계에 들어서면 중도식 경질무문토기가 소멸되고 환원염 소성된 뚜껑, 직구단경호, 광구단경호, 완 등이 새로 등장하게 된다.

한신대학교 박물관이 조사한 경당지구를 참조할 때 한성 2기에 접어들면 육각형 주거지는 거의 보이지 않게 되고 평면 방형의 주거지라 주류를 이루게 되는데 여전히 점토나 판석을 이용한 부뚜막이 이용되고 있다.[8] 부뚜막에는 평면 ∩형의 토제 장식이 붙는 경우가 자주 있다.

(2) 서울 몽촌토성 (그림 3)

토성 내부 구릉상 고지대에서 총 9기의 주거지가 확인되었다. 이 중 88-2, 3, 4호의 3기가 육각형 평면을 띠고 있다.[9] 벽면을 따라 기둥구멍이 빽빽이 들어차 있는 점이 특징적이다. 나머지 주거지들은 파괴가 심하여 형태를 제대로 알 수 없는 것들이 대부분이다. 88-4호 주거지의 예를 볼 때 부뚜막의 형태는 판석과 흙을 섞은 것으로 이해된다.

(3) 하남 미사리[10]

미사리유적에서는 원삼국에서 한성 백제기에 걸쳐 취락이 지속적으로 유지되었기 때문에 원삼국과 백제를 구분하는 작업은 용이하지 않다. 다만 중도식 경질무문토기가 완전 소멸되는 시점을 백제의 시작으로 본다면 고려대 033호 및 040호 등이 백제에 속한다. 평면 육각형의 주거면에 출입시설이 부가되고 벽면 내부에 기둥구멍이 빽빽이 배치되어 있다. 앞의 몽촌토성의 예와 유사하다. 이 단계에는 육각형 주거지 이외에도 원형, 타원형, 방형의 주거지가 혼재하는 것이 특징이다.

취락의 규모가 큼에도 불구하고 원통형토기, 중국 도자기류, 마구와 갑주 등이 존재하지 않는다. 몽촌토성이나 풍납토성에 거처를 둔 사람들에게 지배와 통제를 받던 일반 취락의 양상을 보여준다.

---

8) 권오영, 「풍납토성 경당지구 발굴조사의 성과」, 『풍납토성의 발굴과 그 성과』, 한밭대학교, 2001.
9) 김원용 · 임효재 · 박순발, 『몽촌토성-동남지구발굴조사보고-』, 서울대학교박물관, 1988.
10) 미사리선사유적발굴조사단 · 경기도공영개발사업단, 『미사리』 1-5권, 1994.
　권오영, 「미사리취락과 몽촌토성의 비교를 통해 본 한성기 백제사회의 단면」, 『한국고대사논총』 8, 한국고대사회연구소, 1996.

백제의주거지

(4) 용인지역

* 수지유적[11]

서울 강남에서 한강 본류와 합류하는 탄천의 상류에 위치한 백제 취락이다. 6기의 주거지가 확인되었는데 평면형은 말각방형과 육각 형이 주류를 이루는 것으로 보인다. 부뚜막은 돌과 점토를 이용하여 만든 것으로 여겨진다. 출토 토기를 볼 때 유적의 시기는 한성 2기에 속한다.

* 죽전유적[12]

발굴조사된 구역이 취락의 주변부였는데 주거지는 2기만이 조사되 었다. 유구의 유존상태가 불량하여 분명치는 않지만 출입구가 부가 된 육각형 주거지로 보인다. 부뚜막과 부뚜막 장식이 출토되었다. 시 기는 한성 2기로 판단된다.

* 구갈리유적[13]

야산의 경사면에 입지한 취락으로서 50여 기에 이르는 저장고와 함 께 10여 기 정도의 주거지가 조사되었다. 유존상태가 좋지 않아 원상 을 파악하기 어려운데 대개 평면 방형에 별도의 출입시설이 없고 소 토가 존재하여 부뚜막의 존재 가능성이 추정되지만 정확한 형태와 성격은 알 수 없다. 시간적으로는 수지유적보다 한 단계 이른 시기로 서 대개 한성 1기에 속하는 것으로 보인다.

---

11) 이남규 · 권오영 · 조대연 · 이동완, 『용인 수지 백제 주거지』, 한신대학교박물관, 1998.
12) 토지박물관, 「용인 죽전지구 2구역 문화유적 정밀시굴조사 지도위원회의 자료」.
13) 기전문화재연구원, 「기흥 구갈(3)택지개발예정지구내 구갈리유적 발굴조사」 현장 설명회자료 8, 2001.

(5) 화성지역

* 봉담유적군

43번 국도의 동편에는 북에서부터 왕림리, 당하리, 마하리에 해당
되는데 주거지, 저장시설, 토기와 철기 등의 생산시설, 고분 등이 함
께 존재하는 복합유적이다. 그 중 당하리 I 지점에서는[14] 방형 평면
에 출입시설이 부가된 주거지 1동이 조사되었는데 내부에서 기둥 구
멍 이외의 별다른 내부 시설은 발견되지 않았다. 보고자는 토기제작
과 관련된 시설로 이해하고 있다.

이곳과 인접한 왕림리의 구릉과 당하리 II 지점에서도 등고선과 평
행하게 장축을 둔 평면 장방형의 백제 주거지가 조사되었는데 한성
2기에 속하는 것으로 판단된다. 당하리 II 지점에서 조사된 주거지는
판석을 이용한 부뚜막이 마련되어 있었다.

* 천천리주거지[15]

세장방형 주거지와 송국리형 주거지로 형성된 청동기시대 취락 조
사과정에서 장축을 등고선과 평행하게 마련한 말각장방형의 백제 주
거지 1동이 조사되었다. 주공은 일부 확인되었지만 출입시설과 부뚜
막, 화덕은 검출되지 않았다. 주변에서는 장란형토기와 호를 결합시
킨 소형의 합구식 옹관이 1기 확인되었다.

(6) 고양 멱절산유적[16]

한강 북안의 해발 50m쯤 되는 야산의 정상부와 사면에 형성된 백
제 취락이다. 서해와 연결되는 한강에 대한 조망이 매우 좋아 취락의

---

14) 이선복 · 김성남, 『화성 당하리 I 유적』 경부고속철도 상리구간 문화유적 발굴조
　　사 보고서, 2000.
15) 한신대학교박물관,「화성 천천리 유적」현장설명회자료, 2002.
16) 경기도박물관,『고양 멱절산 유적 발굴조사』지도위원회 자료, 2003.

백제의주거지

전략적인 요충지이기도 하다. 8기의 주거지가 확인되었는데 대부분 장방형 평면에 출입시설이 부가된 형태이다. 그 중 1기(1호)는 육각형일 가능성이 있다. 출토유물은 대개 한성 2기에 속하는 것들로서 서울 강남의 몽촌토성이나 풍납토성과 거의 구분이 곤란할 정도로 유사도가 높다.

(7) 이천 효양산[17]

효양산 일대에 광범위한 규모의 취락이 분포하는데 발굴조사된 주거지는 1동에 불과하다. 그나마 전모를 알기 어려운데 육각형일 가능성이 높아 보인다.

(8) 의정부 민락동유적[18]

3기의 주거지가 조사되었으나 평면형태는 불분명한 점이 있다. 장방형과 육각형으로 이루어진 것으로 판단되는데 출입시설은 뚜렷하지 않다. 일자형 부뚜막이 붙어 있다.

(9) 파주 주월리[19]

임진강이 크게 굽이치며 꺾이는 지점에 입지한 대규모 토성인 육계토성 내부에 형성된 취락이다. 경기도박물관과 한양대학교박물관의 조사에서 10여 기의 주거지가 확인되었으나 취락의 원래 규모는 훨씬 컸을 것이다. 임진강의 범람으로 인해 유적의 유존상태가 몹시 불량하여 원상을 알기 어렵지만 대개 육각형주거지가 중심이었을 것으

---

17) 호암미술관, 『이천 효양산유적 발굴조사 보고서』, 1995.
18) 최몽룡·이선복·최종택, 『의정부 민락동유적-시굴 및 발굴조사 보고서-』, 서울대학교 박물관, 1996.
19) 이인숙·김규상, 『파주 주월리유적』, 경기도박물관, 1999.

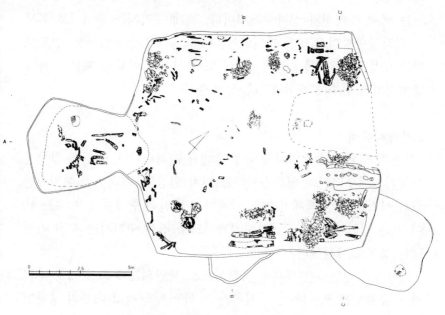

〈그림 4〉 파주 주월리 96-7호 주거지

로 이해된다. 특히 96-7호 주거지는 길이 17.5m, 폭 10.85m에 달하며 길이 3m에 달하는 대형 부뚜막, 8점의 대형 저장용 옹 등을 감안할 때 위계가 매우 높았던 주거지로 이해된다(그림 4).

　이밖에 주거지의 벽면이 이미 유실된 채로 부뚜막만 남아 있는 경우가 종종 발견되는데 대개의 경우 돌과 점토를 섞어 만든 것으로 이해되며 육각형 주거지와 관련된 것으로 이해된다.

　　(10) 포천 지역

＊ 성동리유적[20]
　영평천 주변에 형성된 충적대지에 위치하는 대규모 취락이다. 취락

---

20) 이인숙·송만영, 『포천 성동리 마을유적』, 경기도박물관, 1999.

의 형성은 원삼국단계부터 본격화되었을 터이지만 발굴조사된 주거지는 백제 주거지와 신라주거지이다. 백제 주거지는 총 4기로서 모두 말각장방형의 평면을 지니고 있다. 그 중 9호는 출입시설, 점토로 만든 부뚜막 등이 특징인데 평면형도 오각형에 가깝기 때문에 육각형주거지의 범주에 포함될 가능성이 높다.

* 자작리유적[21]

포천천 서편의 충적대지에 형성된 대규모 취락이다. 취락의 형성은 신석기시대부터이며 청동기시대를 거쳐 원삼국, 백제로 이어지지만 중심 시기는 한성 백제기이다. 현재까지 확인된 주거지의 총 수는 40여 기를 넘는데 이는 시굴조사결과이므로 전체 주거지는 수백 기에 달할 것으로 예상된다.

주거지의 평면형은 대부분 육각형으로 확인되는데 그 중 2호 주거지는 출입부를 포함한 전체 길이가 23.78m에 달하고 내부의 생활면 면적만 49평에 달하여 지금까지 조사된 한성기 백제 주거지 중 최대급이다. 주거지 규모에 비례하여 부뚜막의 길이도 5m에 달하는 대형이며 내부에서는 당시 주거지에서 출토례가 매우 드문 화려한 그릇받침도 출토되었다. 내부에서 출토된 다량의 토기중에서도 주목되는 것은 저장용의 대형 옹 3점이다. 이러한 요소는 자작리 백제 취락 내에서 가장 중심적인 인물이 2호 주거지에 거주하였을 개연성을 높여 주는 것이다.

3) 웅진기 이후-이른바 대벽건물을 중심으로

백제가 웅진으로 천도한 이후에도 일반민들의 주거지는 수혈주거지가 주류를 이루었을 것으로 짐작되지만 조사된 예는 그리 많지 않

---

21) 송만영 · 이헌재 · 이소희 · 권순진, 『포천 자작리유적 I』, 경기도박물관, 2004.

다. 그나마 유존상태가 불량하여 구체적인 내용을 알 수 있는 것은 더욱 드물다. 그 대신 이 시기에는 특징적인 주거형태로서 대벽건물이 출현한다.

한편 대벽건물이란 용어가 부적합함을 지적하면서 건물의 축조에 벽과 기둥이 강조된다는 의미에서 벽주건물이란 용어가 제창되었다.[22] 이 용어가 보다 합리적이라고 판단되지만 용어로 인한 혼란을 피하기 위해 본격적인 논의는 앞으로의 과제로 남기고 일단은 통용되고 있는 대벽건물이란 용어를 사용하겠다.

(1) 공주 정지산유적[23]

공산성의 서편에 있는 정지산 정상부에서 7동의 대벽건물이 조사되었다. 이 유적은 목책열로 감싸여 있으며 기와건물을 중심으로 대벽건물을 비롯한 각종 시설물이 배치되어 있다. 무령왕릉 출토 묘지에 나타난 왕비의 빈소와 방향이 일치하고 무령왕릉을 축조할 때 이용한 전돌과 유사한 것들이 출토되는 점, 시신이 부패할 때 냄새를 없애기 위한 얼음을 보관하던 빙고 등이 존재하는 점 등을 근거로 무령왕 부부의 빈소로 이해되고 있다. 그렇다면 대벽건물은 일반 주거용이 아닌 특수용도의 가옥으로 사용되었음을 알 수 있다.

(2) 공주 공산성 내부[24]

한반도에서 처음으로 발견된 대벽건물이다. 왕궁지로 추정되는 공산성 내부 평탄면의 서편에서 발견되었는데 구체적인 구조와 출토유물의 양상은 알 수 없다.

---

22) 이병호, 「백제 사비도성의 조영과 구획」, 서울대학교 석사학위논문, 2001.
23) 국립공주박물관, 『정지산』, 1999.
24) 안승주·이남석, 「공산성건물지」, 공주대학교 박물관, 1992.

백제의주거지

(3) 공주 안영리유적[25]

수혈 주거지나 저장고와 함께 3기의 대벽건물이 조사되었다. 구조적인 측면은 알 수 없는 부분이 많은데 취락의 중심적 위치에 해당되는 것으로 이해된다.

(4) 부여 군수리지점[26]

기존 사비도성을 감싸는 나성 가운데 서편의 나성 추정 지점에서 조사되었다. 추후 사비도성 서편에는 나성이 없음이 확인되었기 때문에 군수리지점이라고 명칭을 바꾸게 되었다. 평면은 방형이며 철제 부뚜막장식, 연통, 기대, 삼족기, 개배, 호, 벼루, 완 등이 출토되어 일반적인 주거지보다 위상이 높아 보인다.

(5) 부여 화지산유적[27]

궁남지의 동편에 위치한 화지산에서 2-3기의 대벽건물이 발견되었다. 유구의 유존상태가 불량하여 구조를 파악하기 어려우며 출토유물은 약간의 토기편에 불과하다.

(6) 완주 배매산유적[28]

주변 평지를 조망하기 좋은 해발 23m 정도의 야트막한 야산 위에 형성된 취락이다. 목책열, 수혈주거지와 저장고 등으로 구성되었는

25) 충청매장문화재연구원, 『공주안영리유적』, 1999.
26) 박순발 · 이형원 · 山本孝文 · 동보경 · 강병권 · 이성준 · 이판섭, 『사비도성』, 충남대학교 백제연구소, 2003.
27) 국립부여문화재연구소, 『화지산』, 2002.
28) 윤덕향 · 강원종 · 장지현 · 이택구, 『배매산』, 전북대학교 박물관, 2002.

데 건물지로 소개된 30기의 유구 중에는 원래 대벽건물이었을 유구가 섞여 있을 가능성이 매우 높다. 유적의 형성시기는 웅진기 초기로 이해된다.

다-1지구 3호 건물지에서는 풍납토성이나 죽전유적에서 출토되는 토제 부뚜막장식이 확인되었다.

(7) 익산 신동리유적[29]

1지구에서 지상식 건물 1동과 대벽건물 1동이, 2지구에서 대벽건물 1동이 조사도었다. 1지구의 대벽건물은 방형 평면이며 남변 중앙부는 도랑을 파지 않은 채 두어서 출입구로 삼고 있다. 3동 모두 기와가 출토되고 있어서 이 단계에는 지붕에 기와를 올리는 양상이 일반화되어 가고 있음을 보여준다.

3. 시간과 공간에 따른 백제 주거지의 변화양상

1) 평면형

백제가 성장하게 되는 한반도 중부지방에서 원삼국단계 초기, 즉 중도식 경질무문토기만 출토되고 타날문토기는 없거나 매우 드문 단계에 유행하는 주거지는 평면 방형 내지 장방형에 출입시설이 부가된 형태이다. 이러한 주거지는 그동안 呂자형이나 凸자형 주거지로 불리던 것들로서 태백산맥 동편과 서편이 매우 유사한 발전과장을 밟는다.

이어서 중도식 경질무문토기가 여전히 잔존하지만 새로이 타날문

---

29) 원광대학교 마한·백제문화연구소, 「익산 신동리 간이골프장 시설부지내 문화유적발굴조사 지도위원회의자료」, 2002.

백제의주거지

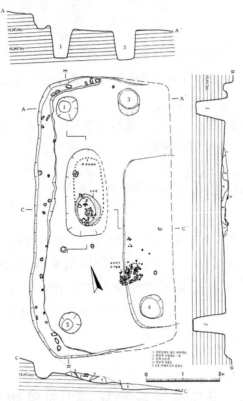

〈그림 5〉 천안 장산리유적의 장방형 주거지

토기의 비중이 증대되면서 영서지방에서는 주거지의 평면형이 오각형, 혹은 육각형으로 변화하는 양상이 현저해진다. 특히 서울지역이 현저하여서 한성 백제기에 들어와서도 특징적인 주거형태를 이루게 된다.

이러한 양상은 충청 이남지역과 판이하게 다르다. 예컨대 원삼국시대에 해당되는 천안 장산리유적의 경우[30] 주거지의 평면형은 기본적으로 말각장방형이며 별도의 출입시설은 확인되지 않는다(그림 5). 반면 대전 구성동유적의 경우는 타원형 내지 원형의 평면이 주류를 이루며[31] 논산 원북리의 주거지는 방형과 장방형이 혼재,[32] 대전 대정

---

30) 이강승 · 박순발 · 성정용, 『천안 장산리유적』, 충남대학교 박물관, 1996.
31) 최병현 · 류기정, 『대전구성동유적』, 한남대학교박물관, 1997.

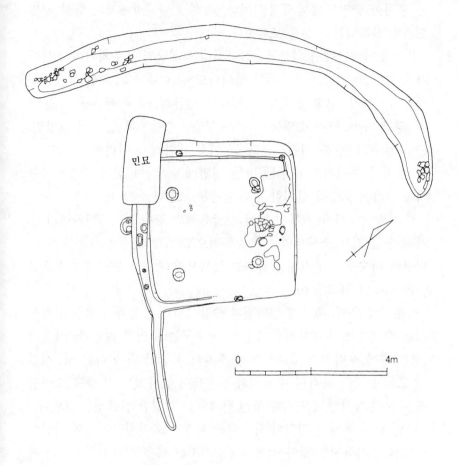

민묘

0   4m

〈그림 6〉 해남 신금 38호 주거지 평면도

동과[33] 송촌동유적은[34] 방형 평면이다.

　이렇듯 약간씩의 차이점은 있으나 대개 방형 내지 장방형 평면에 네 모서리에 하나씩 기둥을 세우는 4주식이 기본이다. 이러한 형태

32) 중앙문화재연구원, 『논산 원북리유적』, 2001.
33) 이흥종·최종택·박성희, 『대정동유적』, 고려대학교 매장문화재연구소, 2002.
34) 대전보건대학박물관, 『대전 송촌동유적』, 2002.

백제의주거지

는 충청이남 전역에서 공통적이다. 특히 호남지방에서는 방형 평면으로 균일화되는 양상을 보여준다.

최근 호남지방에서 원삼국~삼국시대에 해당되는 주거지의 조사례가 급증하였다. 대표적인 예만 들더라도 김제 대목리, 부안 부곡리 · 장동리 · 신리, 고창 신덕리 · 신송리 · 성남리, 광주 쌍촌동[35] · 동림동, 영광 마전, 함평 소명동 · 창서 · 무송 · 중랑 · 국산, 무안 양장리, 승주 낙수리, 장흥 지천리유적 등 이루 헤아리기 어려울 정도이다. 이 지역의 주거지는 대부분 방형 평면에 4주식인 점이 공통적이며 벽을 따라서 도랑을 설치한 경우가 종종 보인다.[36]

최근 발굴조사가 진행된 해남 신금유적의 경우[37] 3~5세기대의 주거지 수십 기가 조사되었는데 공통적으로 방형의 평면, 4주식 배치, 벽구와 배수구,[38] 주거지를 감싸는 눈썹모양의 주구 등이 종합적으로 나타나고 있다(그림 6).

물론 한강유역, 혹은 한성백제의 중앙에서도 방형과 장방형 평면을 지닌 주거지는 존재하지만 주구와 배수구는 보이지 않는다. 아울러 (장)방형과 육각형이 공존하면서 후자의 위상이 더 높다는 점, 시간이 흐름에 따라 육각형 주거지의 점유율이 높아지는 점 등을 고려할 때 확실히 육각형 주거지와 한성 백제와는 긴밀한 상관성을 보인다.

다만 한성 백제의 영역이 확장되는 과정과 육각형주거지의 확산이 반드시 일치하지는 않아서 육각형주거지는 충청 이남지역에서는 확인되지 않고 있다.[39]

---

35) 임영진 · 서현주, 『광주 쌍촌동 주거지』, 전남대학교 박물관, 1999.
36) 국립광주박물관, 『호남고고학의 성과』, 2000.
37) 호남문화재연구원, 「해남 신금유적 현장설명회 자료」, 2003.
38) 배수구는 주거지의 한 모퉁이에서 빠져 나오는 형태를 취하고 있다.
39) 현재까지 확인한 바로는 천안 두정동 Ⅰ지구 2호 주거지가 출입시설이 달린 세장한 육각형주거지일 가능성이 있지만 윤곽선이 불분명한 점이 문제로 남는다.

2) 조리 및 난방시설

주거지 내부에서 불을 피울 때는 여러 가지 목적이 있다. 제일 중요한 이유는 난방이다. 방한피복이 변변치 못 하였을 원시-고대의 주민들에게 주거지 내부의 온기는 겨울을 나는데 필수적이었을 것이다.

그 다음은 조명의 기능이다. 채광이 좋지 않은 수혈주거에서 어둠을 밝히기 위해서는 불이 필요한 경우가 있었을 것이다. 수혈주거는 필연적으로 땅에서 올라오는 습기에 취약하다. 장기간 거주할 때 건강에 이상을 가져올 가능성이 크다. 이것을 방지하기 위해 바닥에 짚이나 짐승의 가죽 같은 깔개를 깔더라도 근본적인 처방은 되지 못한다. 간혹 주거지 조사에서 바닥 면이 단단하게 다져져 있거나 불을 먹은 경우가 확인된다. 이러한 처리도 습기제거에 효과적이었을 것이지만 바닥에 설치된 화덕에서 불을 피우는 것이 보다 효과적인 습기제거 방법이었을 것이다. 각종 해충을 구제하는 데에도 화덕에서 피운 연기가 효과적이었을 것이다. 이렇듯 화덕은 다양한 용도로 사용되는 만큼 주거지에서 필수적인 시설이었다.

화덕이 처음부터 조리만을 목적으로 한 것이 아님은 분명하다. 신석기시대를 비롯한 원시시대 주거지에서 본격적인 조리를 하였다고는 보기 어렵다. 왜냐하면 당시의 경제 형태를 미루어볼 때 각 주거단위로 취사를 하였다기보다는 마을 전체가 공동취사를 하였을 가능성이 매우 높기 때문이다. 따라서 주거 내부의 화덕에서 조리를 하는 경우는 매우 드물었을 것이다.

간혹 신석기시대 수혈 주거의 화덕에서 생선뼈를 비롯한 식량이 나오는 경우가 있지만 본격적인 조리의 흔적은 아닐 것이다. 주거지 바깥에서 발견되는 불에 탄 돌무더기와 그 중간 중간에 박혀 있는 토기편과 숯, 생선뼈 등이 그 증거이다.

이러한 경향은 청동기시대에도 이어졌던 것 같다. 청동기시대 전기의 길쭉한 주거지(세장방형 주거지)는 내부에 여러 개의 화덕을 가

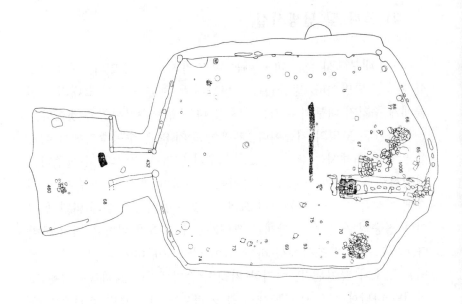

〈그림 7〉 포천 자작리 2호 주거지 평면도

지고 있지만, 대개 바닥을 얕게 판 정도에 불과하여 별다른 시설을 갖추지 못하고 있는데 본격적으로 조리를 하기에는 부적합해 보인다. 중기의 이른바 송국리형 주거지에서는 그나마 내부의 화덕이 전혀 발견되고 있지 않다.

　본격적인 조리시설은 벽에 붙은 부뚜막의 출현과 함께 한다. 부뚜막은 터널형 노지, 혹은 화덕이라고도 부를 수 있는데 점토나 돌, 혹은 두가지를 섞고 경우에 따라서는 전돌이나 기와 등을 섞어서 터널 모양의 불길을 만든 형태이다. 물을 끓이는데 필요한 장란형토기, 이 위에 올라가는 시루나 귀때토기, 개인용 식기로 여겨지는 심발형토기 등 조리용 토기가 주위에서 발견되는 빈도가 매우 높다. 부뚜막의 내부에는 밑이 둥근 장란형토기를 걸치거나 균형을 잡기 위해 돌이나 토기를 뒤집어 놓은 지각이 발견되는 경우가 대부분이다. 지각은 하나인 경우가 많지만 포천 자작리 2호 주거지처럼 화덕이 길어질 때에는 지각도 여러 개가 설치된다 (그림 7). 부뚜막은 벽으로 이어지면서 자연스럽게 굴뚝으로 연결된다.

부뚜막이 출현한 이후에도 주거지 바닥면의 화덕은 여전히 사용되는데 주된 기능은 난방, 조명, 제습, 해충구제일 것이며 경우에 따라서는 조리용 부뚜막을 보완하기도 하였을 것이다.

백제지역에서 확인되는 화덕의 종류는 다양한 편이다. 최근 발굴조사된 화성 발안리유적의 경우 외곽에 점토띠를 일부 돌리고 그 안을 약간 판 것(점토띠식), 판석 2-3매를 깐 것(판석식), 안쪽 끝에 판석 1장을 세워 불막이를 한 것(불막이식), 별다른 시설 없이 불탄 범위만 확인되는 것 등이 있다고 한다.

역시 발안리유적의 경우 화덕과 부뚜막의 관계를 본다면 화덕만 있는 경우, 화덕과 일자형 부뚜막이 있는 경우, 화덕과 L자형 온돌시설이 있는 경우, 온돌시설만 있는 경우로 나뉜다. 부뚜막이 발달하여 난방기능이 강화된 온돌로 바뀌면서 화덕은 자연스럽게 중요도가 줄어들 것이다.

고대인들은 부엌에 신이 있다고 믿는 경우가 많았는데 부엌은 부뚜막으로 상징된다. 원삼국단계의 삼한사회의 생활상을 묘사한 중국의 역사책 『삼국지』를 보면 당시 부뚜막에 대한 모종의 신앙이 있었던 것 같다. 이런 이유인지 백제 주거지에서는 부뚜막에 특별한 신경을 쓴 경우가 종종 발견된다. 풍납토성 경당지구의 주거지에서는 당시로는 매우 귀한 기와를 이용하여 부뚜막을 만든 경우가 확인되며 발안리에서는 역시 매우 진귀한 전돌을 이용해 부뚜막을 만든 경우가 있다.

3) 출입시설

모든 수혈 주거는 나름의 출입시설이 반드시 필요하다. 하지만 사

233

백제의주거지

다리를 놓고 오르내릴 경우 흔적이 남아 있지 않아서 발굴조사과정에서 확인하기 매우 어려워진다. 게다가 대부분의 수혈 주거지는 오랜 기간을 지나면서 벽면이 깎여 나가는 경우가 많기 때문에 당시의 지표면이 남아 있는 경우가 매우 드물다. 따라서 당시의 지표면에서 경사져 수혈 안으로 들어가는 출입시설은 삭평이 심할 경우 원래는 존재하였더라도 전혀 흔적을 남기지 않는 경우가 대부분이다.

이런 까닭에 출입시설이 확인되지 않는 주거지가 매우 많은 것이다. 특히 경사가 심한 사면에 만들어진 주거지는 아래쪽의 벽면이나 바닥 면이 유실되는 경우가 많기 때문에 더더욱 그러하다.

백제가 고대국가로 성장해가던 한반도 중부지방의 원삼국 이후의 주거지에는 출입시설이 부가되는 현상이 현저하다. 유독 이 지역에서 출입시설이 많이 확인되는 까닭은 폐기 이후의 주거지 유존상황의 차이에서 비롯되었다기 보다는 애초의 양상을 반영한다.

왜냐하면 충청 이남에서 발견되는 장방형, 혹은 방형계 주거지에서는 출입시설이 확인되는 경우가 드물기 때문이다. 천안 용원리유적에서는[40] 출입시설이 붙은 방형주거지가 확인되어 이채롭다. 조사된 원삼국 주거지는 총 94기로서 그 중 4주식이 82기, 기둥이 확인되지 않은 무주식이 12기인데 4주식 중 7기에서 출입시설이 확인되었다. 하지만 전체적인 비중을 고려한다면 역시 출입시설이 딸린 주거지의 비중은 높은 편이 아니다.

반면 중부지방에서는 원삼국단계의 이른 시기부터 출입시설이 부가된다. 주 생활공간인 방형 평면의 한 변에 작은 방형의 평면이 부가될 경우 凸자형, 2개의 방형 평면이 통로로 연결될 경우 呂자형이라고 불려왔다. 이러한 방형계 주거지는 시간이 경과하면서 주 생활공간의 평면이 오각형, 혹은 육각형을 띠게 된다. 그 동안 凸자형이나 呂자형으로 불린 주거지 중에는 육각형 주거지의 범주에 포함되

---

40) 오규진 · 이강렬 · 이혜경, 『천안 용원리유적-A지구』, 충청문화재연구원, 1999.

어야 할 사례가 많다.

원래 呂자형이던 주거지라도 폐기 이후 심한 삭평에 의해 출입부 대부분이 깎이게 되면 凸자형으로 오인될 가능성도 매우 높다. 그리고 중부지방에서는 출입시설이 부가되는 현상이 일반적이기 때문에 출입시설의 형태에 따라서 凸자형과 呂자형으로 구분하는 것은 큰 의미가 없어 보인다. 오히려 방형 생활공간에 출입시설이 붙은 부류와 오각형, 혹은 육각형의 생활공간에 출입시설이 붙은 부류로 양분하는 것이 합리적이다. 그럴 경우 한반도 중부지방의 원삼국단계 수혈 주거지는 방형계에서 시작하여 서울을 비롯한 백제 중추지역에서는 육각형으로 전환되어 가고 영동지방은 오랜 기간 동안 방형계가 이어진 것으로 보인다.

4) 벽체 및 지붕

(1) 벽체

육각형 주거지의 특징은 벽면을 따라서 기둥이 촘촘히 배치되는 것이다. 충청 이남지역의 수혈 주거지가 4주식인 점과 큰 차이점이다. 기둥의 수와 배치의 차이는 필연적으로 지붕의 형태를 다르게 하였을 것이지만 아직 이 부분에 대한 본격적인 연구는 드물다.

수직으로 세운 기둥의 사이는 수평으로 가로지른 나뭇가지와 진흙과 풀을 섞어 만든 벽재로 채워졌다. 풍납토성 경당지구에서는 불탄 상태의 엄청나게 많은 양의 벽재가 발견되었다. 대부분 진흙에 갈대와 같이 줄기가 있는 초본류를 섞어서 만든 것들이었다.

이렇듯 빽빽한 기둥 덕분에 벽이 튼튼해지면 벽 자체로 지붕의 하중을 견딜 수 있게 되며 이 가옥은 수혈주거에서 대벽건물로 전환하게 된다. 생활면이 지면으로 올라오고 평면 방형의 도랑을 판 후 여기에 기둥을 박게 되면 대벽건물로 되는 것이다. 이런 점에서 대벽건

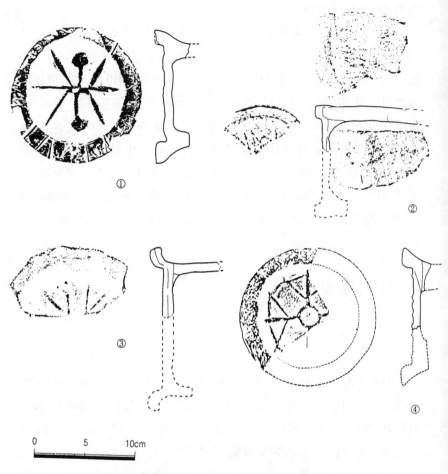

<그림 8> 서울 풍납토성 출토 막새기와

물의 발생지가 백제였던 사실은 자연스럽게 이해된다.

충청이남 지방에서는 수혈의 벽면을 따라 도랑이 돌아가는 점이 특징이다. 이 도랑을 벽구라고 하는데 벽체와 관련된 부분도 있겠으나 주된 기능은 배수이다. 이 지역의 주거지는 벽구에 모인 물이 배수구로 빠져 나가게 설계된 경우가 많은데 해남 신금유적의 경우처럼 배수구의 물이 아래쪽의 주구에 흘러들도록 고안된 경우도 있다.

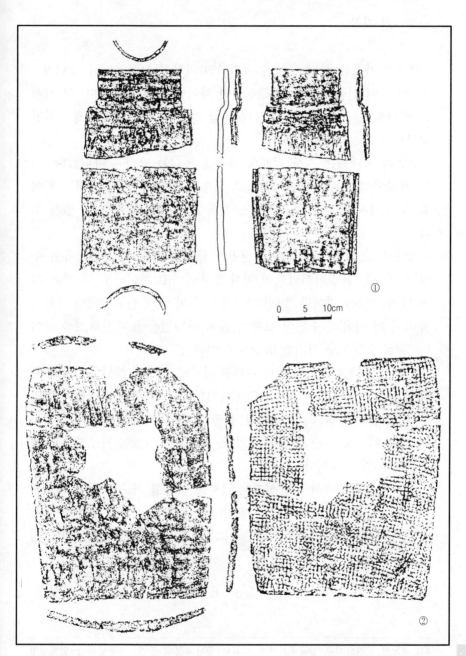

0 5 10cm

①

②

〈그림 9〉 서울 풍납토성 출토 기와

(2) 지붕

백제의 가옥은 상당히 이른 시기부터 기와를 사용하였다(그림 8·9). 이 점이 신라나 가야와 결정적인 차이를 보이는 점이다. 그 시기는 풍납토성 경당지구의 조사례를 참고할 때 대략 3세기 중~후반 경부터라고 짐작된다.[41]

그런데 이때에는 지붕 전체에 기와를 올리는 방식은 아니었다. 지붕 전체에 기와를 올리게 되면 그 무게는 수백 kg을 넘게 되는데 이럴 경우 당시의 가옥 구조로는 도저히 그 무게를 감당할 수 없게 된다.

게다가 당시에 기와는 매우 진귀한 물건이었다. 기와를 소유할 수 있는 계층은 한정적이었으며 설사 소유한다고 하더라도 그 양은 그리 많지 않았을 것이다. 이런 까닭에 가옥의 극히 일부분에만 기와를 올려서 이 가옥의 주인이 보통 인물이 아니었음을 과시하였을 것이다. 중국의 경우도 이러한 양상은 동일하였다.

현재 한성 백제의 가옥에서 기와를 사용한 경우는 풍납토성과 몽촌토성 등의 백제 중앙, 그리고 지방에서는 극히 한정된 지역에서 확인된다. 포천 자작리, 화성 길성리, 용인 수지 등 거점적 취락에 한정되며 그 안에서도 대개의 경우는 가장 중심적인 인물이 거주하던 가옥에 국한되었을 것이다.

충청이남 지역에서는 한성기에 기와를 사용한 가옥은 전혀 확인되지 않고 있다. 이 점에서도 백제 중앙과 지방의 차이를 볼 수 있다. 중앙이라 하더라도 일반 가옥은 이엉을 엮거나 널빤지를 올리는 정도였을 것이다.

---

41) 권오영, 「경당지구 발굴조사에서 드러난 풍납토성의 풍경」, 『풍납토성-잃어버린 왕도를 찾아서-』, 서울역사박물관, 2002.

4. 앞으로 풀어야 할 문제들

1) 주거지에서 취락으로

과거의 주거지 조사는 대개 1~2기의 개별 주거지에 대한 조사만으로 끝나는 경우가 대부분이었다. 자연히 연구의 관심은 주거지의 구조와 내부 시설, 거주인수 추정, 출토유물의 범주에서 벗어나지 못하였다.

1980년대 이후 대규모 개발공사에 수반하여 구제발굴의 규모가 확대되면서 개별 주거단위를 넘어서서 취락의 많은 부분, 혹은 취락 전체가 조사되면서 새로운 양상이 전개되었다. 마한 및 백제권역에서는 순천 대곡리 도롱유적, 하남 미사리유적, 천안 용원리유적이 대표적인 경우이다. 이후 연구의 관심은 개별주거에서 전체 취락으로 상승되었다.

개별 주거의 결합체인 주거군을 사회경제적 공동체의 최소단위인 세대공동체, 혹은 세대복합체로 명명하면서 그 역사적 유래, 이러한 단위가 다시 결집하여 개별 취락을 구성하게 되는 과정 및 그 양태, 취락과 취락의 관계를 규명하려는 시도가 나타나기 시작하였던 것이다.[42] 아울러 주거만이 아니라 창고, 광장, 토기가마 등의 생산시설, 폐기장, 제의공간 등 당시 생활상과 사회구조를 밝힐 수 있는 많은 자료가 축적되기에 이르렀다.

이렇듯 자료의 폭증으로 인해 연구의 시각은 개별 주거에서 취락으로, 단순 주거에서 취락 경관으로 상승되고 확대될 수 있는 계기는 마련된 셈이다. 하지만 선험적이거나 외국의 사례에 기초한 초기의 연구를 극복하고 새로운 자료를 집성하여 거시적인 안목에서 취락을 조감하려는 노력은 아직 나타나지 않고 있다. 특히 마한-백제권역의

---

42) 권오영, 「한국 고대의 취락과 주거」, 『한국고대사연구』 12, 한국고대사학회, 1997.

경우 서해안 고속도로의 건설을 위한 구제발굴 과정에서 많은 주거, 취락관련 자료가 축적되었기 때문에 질적으로 상승된 연구가 가능한 좋은 기회임이 분명하다.

2) 평지식 주거의 인식

청동기시대 이후의 취락을 조사하는 과정에서는 일반적인 수혈 주거지 이외에 무수히 많은 기둥구멍이 발견되는 경우가 자주 있다. 그 중에는 나름의 정연성을 보이면서 방형이나 장방형의 평면을 띠는 예가 있다.

초기의 발굴조사에서는 이러한 사례를 제대로 인식하지 못하고 수혈 주거지나 저장고에만 관심이 집중되는 경향이 있었다. 하지만 당시의 가옥 형태는 수혈만이 아니어서 지면에 생활면을 두거나 지상에 생활면을 두는 등 다양한 형태가 존재하였다. 가옥이 폐기되면서 기둥구멍 밖에 남지 않을 경우 발굴조사 과정에서 제대로 인식하지 못하였을 뿐이다. 최근에는 이 부분에 대한 인식이 크게 개선되어 취락조사과정에서 많은 수의 기둥구멍들이 조사되고 당초의 가옥형태를 복원하려는 시도도 이어지고 있다.

우리 학계에서는 이렇듯 기둥구멍만 남아 있는 주거에 대해 나름의 용어를 개발하지 못하고 일본 학계에서 사용하는 굴립주 건물이란 용어를 빌려 쓰고 있다.

굴립주란 땅 속에 박은 기둥을 말한다. 수혈 주거지에도 물론 기둥이 박히지만 일본 학계에서는 수혈주거와 구분하여 생활면이 지면인 평지건물, 공중에 떠 있는 고상건물을 포괄적으로 굴립주건물이라 칭하고 있다.

반면 우리 학계에서는 기둥구멍만 남아 있는 주거를 굴립주건물이라 통칭하면서도 내용적으로는 고상건물만을 상정하고 있다. 물론 당시 고상건물도 많이 존재하였겠지만 그 못지않게 중요한 것은 평지건물이다.

인류의 주거패턴이 수혈에서 지상을 지향한다는 점은 앞에서 이미 언급하였다. 삼국시대에 들어와서는 생활면이 지면 이상으로 올라가는 추세가 대세였을 것이다. 많은 경우 삼국시대의 가옥이라고 하면 최고 지배층이 거처하던 초석건물지, 기단건물지, 기와집만을 상상하기 쉽지만 일반민의 주거형태로는 생활면을 지면에 둔 평지식이 매우 많았을 것이다.

이런 측면에서 굴립주 건물이란 용어의 무비판적 사용은 재고할 필요가 있다. 수혈주거, 평지주거(건물), 고상주거(건물)로 나누어 이해하는 것이 훨씬 합리적이다.[43]

문제는 발굴조사에서 나타난 결과만을 가지고 평지주거와 고상주거를 어떻게 구분할 수 있을까 하는 점인데 이 점은 앞으로 연구가 심화되면 자연히 해결될 것으로 기대된다. 예컨대 기둥구멍 내부의 생활면에서 화덕이나 부뚜막이 발견될 경우 평지주거일 가능성이 매우 높아지는 것이다.

3) 대벽건물에 대한 인식

앞에서 대벽건물이 백제 가옥의 독특한 한 부류임을 지적한 바 있다. 대벽건물이란 용어는 일본에서 처음 사용된 것인데 대벽이란 기둥이 바깥에서 보이지 않는 구조를 지닌 벽을 말한다. 대개 네모난 구덩이를 파서 벽의 기초로 삼고 기둥을 세우고 그 틈을 점토로 메워 지붕을 지탱하는 구조이다. 그 명칭을 대벽건물이라고 하여 일반 가옥과 구분한 이유는 주거용 이외에 다른 용도로도 사용되었을 가능성을 염두에 두었기 때문이다.[44]

---

43) 이형원, 「사비도성내 군수리지점의 공간구획 및 성격」, 『호서고고학』8, 호서고고학회, 2003.
44) 靑柳泰介, 「대벽건물고-한일관계의 구체상 구축을 위한 일시론-」, 『백제연구』 35, 충남대학교 백제연구소, 2002.

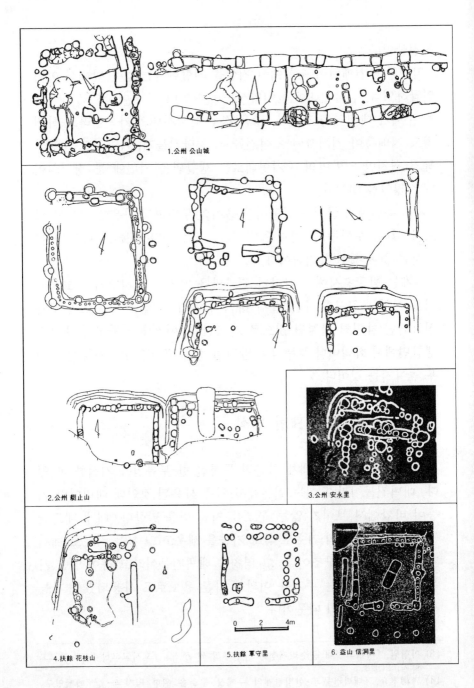

〈그림 10〉 백제지역의 대벽건물 (충남대학교 백제연구소, 『사비도성』, 2003에서 전재)

일본에서도 처음에는 그 성격을 분명히 알지 못하였으나 5~8세기 기내지역을 중심으로 존속하였으며 어떤 형태이건 한반도계 이주민과 관련된다는 점이 규명되었다. 종전에는 한반도의 어느 지역인지를 특정하지 못하였지만 최근의 발굴조사에 의해 백제가 본향임은 분명해졌다.

백제지역에서도 이러한 구조의 가옥이 조사되기는 하였으나 정확한 성격을 알지 못하다가 1990년대에 들어와 공주 정지산유적이 조사되면서 백제지역에도 대벽건물이 존재한다는 사실이 확인되었다. 이후 이미 조사된 자료가 새삼 재인식되거나 새로운 발굴조사가 이루어지면서 웅진기와 사비기의 하나의 특징적인 가옥형태로 자리매김 되었다(그림 10). 그 용도는 일상적인 주거지, 빈전, 창고 등 다양한 형태였을 것이다.

일본의 예를 참고할 때 백제지역에서도 5세기 단계, 혹은 한성기에 대벽건물이 출현하였을 가능성이 있으나 아직은 분명한 자료가 발견되지 않은 상태이다. 다만 앞에서 언급하였듯이 기둥을 빽빽하게 배치한 풍납토성이나 몽촌토성의 주거지가 지상화하면 대벽건물의 구조와 유사하게 되는 점을 지적할 수 있다.

하지만 이 경우 한성지역의 주거지는 육각형 평면이 기본형인데 비해 대벽건물은 방형이 기본형이란 점이 문제로 남는다. 앞으로 이 문제를 해결할 양호한 자료가 출현할 것으로 기대된다.

4) 부뚜막장식에 나타난 한일관계

백제 주거지의 부뚜막에서 가장 특징적인 사항은 아궁이부분에 흙이나 쇠로 만든 장식을 붙이는 점이다. 고구려에서는 쇠로 만든 부뚜막 장식이 실물자료로 발견되거나 벽화에 표현된 경우가 종종 있는데 백제 지역에서는 사비기에 속하는 철제품 1점을 제외하면 모두 토제품이다.

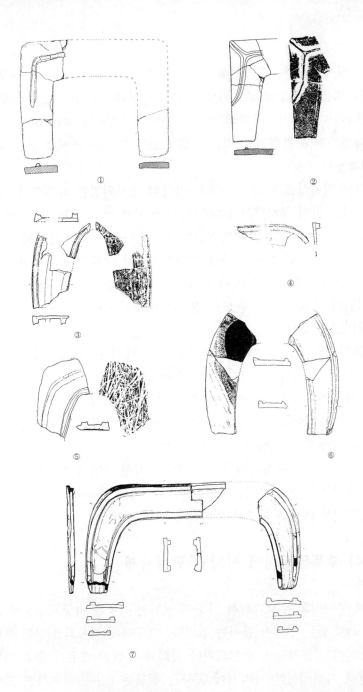

① · ② 풍납토성   ③ · ④ · ⑤ 광주지역   ⑥ · ⑦ 일본 오사까지역

〈그림 11〉 백제지역과 일본열도 출토 부뚜막 장식의 비교

중부지방에서는 서울 풍납토성과[45] 몽촌토성, 용인 죽전지구, 평택 현화리유적[46] 등이 알려져 있으며 충청지역에서는 충주 탑평리, 청주 신봉동전시관 부지, 진천 산수리·삼용리가마 등에서 확인된다. 호남지방에서는 남원 세전리, 완주 배매산, 광주 신창동·월전동·월계동·동림동, 화순 운월리, 해남 방산리 장고분 성토층, 나주 당가가마·석전리가마·신촌리 9호분 성토층, 영광 학정리, 무안 양장리 등에 광범위하게 분포하고 있다.[47]

각각의 지역마다 형태적인 차이를 보인다(그림 11). 부뚜막 장식의 차이는 그것으로 끝나는 것이 아니라 부뚜막 형태의 차이를 의미한다. 부뚜막의 형태적 차이는 가옥 구조는 물론이고 조리용기의 기종 구성과 형태에서 기인한다.

또 하나의 중요한 문제는 이 유물이 5~6세기 백제와 왜의 교류, 백제계 주거문화의 일본열도 전래 등의 중요한 과제를 해결할 열쇠란 점이다. 일본에서는 처음에 이 유물의 성격을 분명히 알지 못하였으나 차츰 부뚜막과 관련된다는 점, 한반도에서 이주해온 주민들이 남긴 것이란 점을 인식하게 되었다. 그 후 서울 풍납토성에서 양호한 자료가 축적되면서 이 유물이 부뚜막을 장식하였으며 백제 지역에서 유래하였음이 분명해졌다.[48]

일본에서 이 유물이 발견된 유적에서는 말(馬)의 사육, 소금생산, 철기와 유리제작, 한반도계 주거문화와 토기, 조리문화의 존재 등이 확인되며 고문헌에는 말의 사육을 담당하던 韓馬飼部의 거주지에 해당된다. 따라서 이들 집단의 원향이 한반도에서도 백제임이 밝혀지게 된 것이다.

문제는 백제라 하더라도 부뚜막 장식의 형태가 지역적 차이를 보이

45) 국립문화재연구소, 『풍납토성Ⅰ-현대연합주택 및 Ⅰ지구 재건축 부지-』, 2001.
46) 충북대학교 선사문화연구소, 『평택 현화리유적』, 1996.
47) 서현주, 「삼국시대 아궁이틀에 대한 고찰」, 『한국고고학보』 50, 한국고고학회, 2003.
48) 田中清美, 「造付け窯の付屬具」, 『續文化財學論集』, 文化財學論集刊行會, 2003.

백제의주거지

고 있기 때문에 구체적으로 어느 지역인지를 특정하는 것이다. 현재의 자료로 보는 한 영산강을 중심으로 한 전남지역의 것과 형태적인 유사성이 가장 높다. 4주식의 방형평면이란 주거지의 구조, 심발형토기 · 시루 · 장란형토기 · 귀때토기로 구성된 조리용기의 기종과 형태 등도 영산강유역과 일본 기내지역의 유사도가 가장 높아 보인다.

따라서 기내지역에 정착한 백제계 이주민은 영산강유역에서 건너간 주민들일 가능성이 매우 높아 보인다. 이렇듯 주거지의 구조와 내부시설의 형태적 차이에 의해 고대 한일관계의 한 측면도 규명할 수 있는 것이다. 주거지 연구의 중요성이 새삼 강조되는 장면이다.

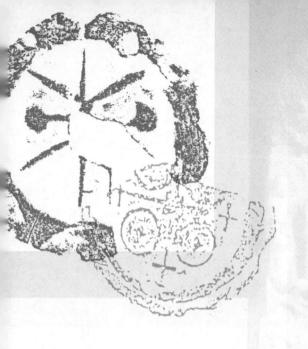

백제의 와전

■ 최맹식

【백제의 와전】

1. 머리말

한반도에 있어서 기와의 역사는 삼국시대로 거슬러 올라간다. 기와
의 용도는 지붕의 비바람을 막는 실질적인 기능을 가진 재료로서 사
용되었을 뿐만 아니라 장식용, 벽사용(辟邪用) 등으로도 제작되어 각
종 문양과 형태로 제작·사용되었다.

한반도에서 기와와 전(塼)의 기원은 중국에 그 연원을 두었던 것으
로 알려져 있다. 이러한 이유는 역사시대 직전에 중국의 한(漢)세력
이 한반도 북쪽일부지역에 들어오면서 시작되었다고 믿고 있기 때문
이다. 실제 한반도에서 조사된 유적은, 지금의 평양지방을 중심으로
하여 낙랑세력에 의여 조성되었던 당시의 전축분[1]이나 기타 건물터
에서 확인되고 있다. 또 이 지역은 지정학적인 조건을 보아, 당시 중
국의 한(漢)과 접경을 이루고 있었던 고구려가 가장 먼저 기와를 접
할 수 있었던 직접적인 원인이 될 수 있었을 것으로 인식된다.

---

* 문화재청
1) 전축분은 전돌로 조성한 무덤을 말하는 것으로 전돌에는 당시에 사용되었던 錢의
   銘文이나, 유행했던 문양 등이 새겨져 있어 생활상의 일면을 살펴보는 데에도 도움
   이 되고 있다. 전돌의 사용처는 위의 전축분 이외에도 건물의 주변이나 건물 사이
   에 깔아 보도로 이용하는 사례가 많다.

백
제
의
와
전

백제시대의 기와는 초·중기의 도읍지로 추정되는 서울과 부근의 여러 유적, 백제후기의 도읍지였던 공주와 주변 백제유적, 마지막 도읍지였던 부여를 포함한 주변의 유적에서 많이 출토되었다. 그 밖에 백제 후기에 지리적·정치적으로 중시되었던 지금의 익산지역을 중심으로 산성과 관련 및 건물지, 사찰 등지에서 가장 넓은 분포를 보이고 있다.

백제의 기와류는 '90년대 이후 특기할 만한 내용들이 점차 확인되고 있다. 지금까지 조사된 유적과 유물은 대부분 공주와 부여 중심으로 한 것이었다. 이들은 백제 중기 후반에서 말경에 이르는 것이었고, 이러한 제한적인 유적과 유물조사는 백제 전시대를 살펴볼 수 있는 자료로서는 너무나 부족한 것이 사실이었다.

한강유역을 중심으로 하여 주변의 포천과 화성지방을 중심으로 백제전기의 산성과 주거지에서 출토되기 시작한 자료의 축적은 백제 기와연구에 큰 획을 긋는 시발점이 되었다고 볼 수 있다. 특히 '97년도부터 본격적인 발굴을 시작하기 시작한 풍납토성에서는 백제 전기의 주거지와 함께 사용되었던 기와가 출토되었다. 이러한 일련의 성과는 그 동안 단편적인 백제 기와출토 및 관련유적과 뚜렷한 관련성을 부여하기 어려웠던 점에 비하여 본격적인 연구조사를 착수할 수 있는 직접적인 계기를 마련해주었다. 따라서 백제 전기와 후기의 기와 및 전돌에 관하여 전반적으로 살펴볼 수 있는 자료의 증가를 가져오게 되었다. 또 이에 힘입어 백제의 문화에 대하여 좀 더 다양하게 접근할 수 있게 된 좋은 사례라고 할 수 있겠다.

2. 기와

1) 막새

(1) 수막새의 형태와 등장시기

(가) 막새의 쓰임새

막새는 암막새와 수막새로 나누어지고, 그 사용처는 처마 끝에 얹어 빗물이 안쪽으로 새어 들어가는 것을 막거나, 장식적인 효과 등을 목적으로 사용하는 것이 일반적이다. 따라서 막새의 부위는 크게 두 부위로 분류할 수 있다. 한 부위는 등기와라고 부르는데, 이 부분은 지붕에 맞닿게 하여 지붕과 밀착·고정된다. 다른 부위는 등기와의 한쪽 끝에 직교방향으로 접합하는 이른바 드림새(내림새)라고 부르는 부위이며, 처마선 끝에 수직으로 자리 잡게 된다. 즉 처마 끝을 막음하는 부위이다(그림 1, 2).

처마 끝을 막음하는 기능은 곧 비바람으로부터 보호하는 의미를 포

〈그림 1〉 백제 암막새 (외면)   〈그림 2〉 백제 암막새 (내면)

함하며, 이는 가장 실용적인 실제 용도이기도 하다. 이 막새의 드림새 부위에는 각 종의 무늬를 넣어 장식용, 또는 귀신무늬를 새겨 넣어 좋지 않은 기운을 막아주는 의미인 벽사적인 용도로 사용되기도 하였다. 등기와는 지붕에 맞닿는 기와로서 일반적으로 드림새와 각각 따로 만들어 접합하는 작업을 거치게 됨으로서 하나의 막새로 탄생하게 된다.

(나) 막새의 등장시기

백제시대에는 수막새가 먼저 만들어져 사용되었다. 수막새가 처음 등장하는 시기는 백제 초기의 도읍지였던 한성시기이다. 이 시기 유적중의 하나로 확인되고 있는 풍납토성과 몽촌토성 등지에서는 성벽과 건물지 등이 조사된 바 있다. 이러한 유적에서는 당시 제작되었던 막새가 관련유적과 함께 출토되었다.

수막새의 사용은 백제 초기 후반부터 중기, 후기에 이르기까지 지속되었다. 백제에서의 수막새가 이른 시기부터 등장했던 점은 고구려나 중국(낙랑)으로부터 직접적인 영향을 받았던 결과로 추정된다.

암막새는 백제후기인 사비(지금의 부여)도읍기에 처음 등장하였다. 암막새가 처음 만들어진 형태는 정형화된 통일신라초기의 것과 비하여 다소 차이가 있다. 초기 암막새의 등장은 큰 토기의 입술부분과 목 부분을 그대로 본떠 만든 것처럼 제작되었다. 이는 수막새에서 볼 수 있는 것처럼 등기와와 드림새를 따로 만든 후, 나중에 서로 접합시켜 제작하였다. 즉 토기의 목에서 입술로 이어지는 부분이 마치 나팔처럼 벌어지면서 큰 곡선을 이루듯이, 등기와 부위와 드림새를 따로 제작하지 않고 곡선을 이루면서 자연스럽게 연결된 형상을 띠고 있다.

⊙ 한성도읍시기

수막새의 문양은 백제 전기와 후기로 크게 나누어 살펴볼 수 있겠다. 백제전기는 한성도읍기로서 존속연대로 보면 중기를 포함하는 시기 역시 한성 도읍시기에 해당한다. 이 시기에 백제는 시대의 변화, 국익과 존망에 따른 사활을 걸고 고구려 및 신라와의 연합 또는 견제와 전쟁을 거듭하였다.

이러한 과정에서 서기 475년 백제는 한성시대를 마감하고, 수도를 웅진(지금의 공주)으로 옮기게 되었다. 백제의 막새의 문양과 제작 기법의 변화는 정치와 군사적인 큰 변화를 겪은 것만큼이나 뚜렷한 차이를 보이고 있는 것이 조사연구에서 나타난 결과이다. 따라서 백제 수막새의 문양은 한성시기와 웅진 사비시기로 나누어 설명되어야 마땅하다.

◇ 문양

한성도읍시기의 수막새는 한강유역 주변에 분포하고 있는데, 이는 당시 백제 초기 주요 유적이 수도를 중심으로 포진하고 있었음을 말해준다고 할 수 있다. 또 이들 유적에서 출토된 수막새는 많은 기와와 함께 출토되고 있음을 확인할 수 있었다.

백제 초기의 수막새 문양은 크게 초화문(草花紋), 수목문(樹木紋), 원문(圓紋), 소문(素紋) 등이 조사되었다. 이들 수막새는 주로 풍납토성과 몽촌토성, 석촌동 4호 고분 등의 유적에서 출토되었다. 수막새의 문양은 드림새에 자리 잡고 있는데, 드림새는 편의상 세 부분으로 나누는 것이 일반적이다. 이는 문양과 제작기법 등 막새를 설명하기 위해서는 도움이 되는 것이다. 즉 드림새의 가장자리는 주연부로 불린다. 맨 가운데 부분은 자방부라는 명칭으로 불린다[2]. 또 주연부

---

2) 자방부(子房部)는 연화문의 경우, 그 씨앗을 상징적으로 만들어 도식화하여 드림 새의 중앙에 배치하는 것이지만, 여기서는 이러한 의미보다는 일반명사화한 의미로서의 자방을 뜻한다. 즉 수막새의 중앙에 배치하는 원형문이나 볼록하게 처리하는 형태 등을 포괄적으로 지칭하는 의미로 사용하였다.

백제의와전

① 앞면

② 뒷면

〈그림 3〉 백제 전기 초화문 수막새 (한성 도읍시기)

와 자방부 사이는 가장 중심되는 문양을 넣는 곳으로 이 부분을 화판
부[3]라고 부르고 있다.

---

3) 화판부는 꽃을 넣는 부위를 지칭한다.

초기 수막새의 특징 중 하나는 문양이 자리 잡고 있는 화판부를 편평하게 조성하고 문양은 선으로 처리하고 있다는 점이다. 이는 이후 수막새의 문양이 선으로 처리되는 대신 문양자체를 볼륨있게 처리하고 있다는 점과 차이가 있다.

① 草花紋 (그림 3)

초화문은 마치 풀잎이 양 옆으로 대칭하여 이어진 모습을 형상한 모습을 지칭하지만, 실제로는 변화된 다양한 모습을 형용한 것이어서 정확한 모습을 지칭하기는 어렵다. 특히 백제 초기에 등장한 초화문은 드림새의 중앙에 세 가닥의 선이 대칭모양으로 갈라져 있다. 이 시기의 초화문은 아직 도식화하지 않은 고졸한 모습을 그대로 띠고 있다.

이 수막새 문양은 중앙에 따로 자방부가 마련되어 있지 않아 초기 도식화하지 않은 수막새의 모습을 그대로 지니고 있다. 이 시기의 수막새 가장자리인 주연부에는 어떠한 문양도 새기지 않고 있다.

② 수목문(樹木紋) (그림 4-② , 그림 5-④ · ⑤)

수목문은 나무줄기와 가지를 형상화한 무늬를 말한다.[4] 백제 초기에 수막새 드림새에 나타나는 수목문은 역시 도식화 되지 않았기 때문에 Ψ와 같은, 마치 한 가닥의 나뭇가지를 대칭으로 표현하는 경우와, 세 가닥의 나무가지를 대칭으로 배치하는 것과 같은 사례가 확인된다. 풍납토성에서 출토된 수목문은 두 종류가 확인되었다.

두 종류의 수목문 중, 한 양식은 나무가지 한 줄기를 대칭으로 Ψ처럼 형상하고 있는데, 이 무늬를 네 곳에 등간격으로 배치한 것이다. 나무줄기를 네 곳에 이 무늬의 중심부에는 작은 ◎형태 무늬를 두고

---

4) 수목문은 나뭇가지를 형상화한다는 면에서 樹枝紋이라고도 불리고 있고, 통일신라 말경 이후에 본격적으로 등장하게 되는데 魚骨紋이라고 하는데 모두 동일한 무늬를 지칭한다.

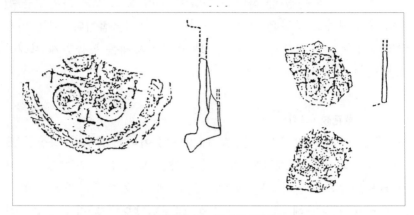

① 석촌동 4호 고분 출토 수막새

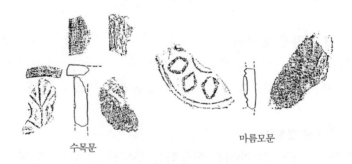

수목문

마름모문

② 몽촌토성 풀토 수막새

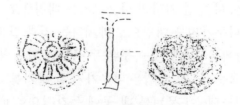

③ 몽촌토성지

〈그림 4〉 백제 전기 (한성 도읍시기) 수막새 각종 탁본

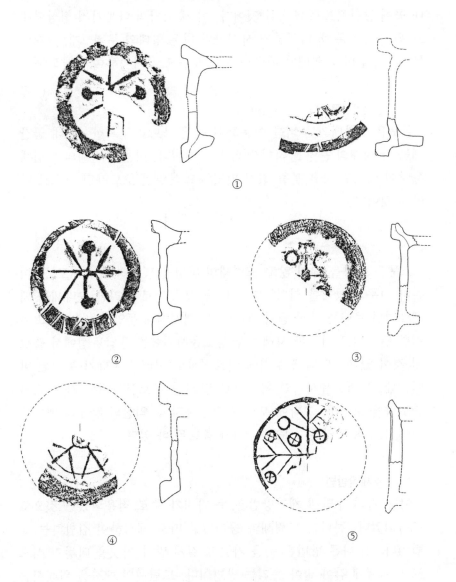

〈그림 5〉 백제 풍납토성 출토 각종 수막새 문양 탁본

백제의 와전

257

있다. 또 다른 종류는 나뭇가지 세 줄기를 형용한 듯하게 하여 역시 네 곳에 등간격으로 배치한 것이다. 이 세 가닥의 나뭇가지 형상형태로 된 수목문은 네 나무줄기 사이마다 자은 형태의 무늬 2개, 형태의 무늬 1개를 마치 열매가 매달린 듯한 모습으로 배치하여 특이하다.

③ 원문(圓紋) (그림 5-③)

원문은 †형태의 무늬를 이용하여 네 공간으로 구획한 후, 네 공간에는 각 형태의 문양을 하나씩 배치한 것이다. 이들 수막새의 드림새 문양이 배치된 곳은 볼륨 없이 밋밋하고 문양만 도드라진 선으로 나타낸 것이다.

④ 소문(素紋)

소문은 문양을 넣지 않고 드림새의 바탕을 밋밋하게 그대로 둔 이른바 민무늬 상태를 의미한다. 이러한 민무늬로 처리한 수막새는 백제에서만 보이는 특징 중의 하나이다. 백제시대 문양을 넣지 않고 이러한 민무늬로 처리한 사례는 한성도읍시기에는 풍납토성에서 출토된 것이 있다. 또 백제 후기에 이르러서도 이러한 사례가 확인된 바 있는데, 사비도읍시기의 왕성으로 알려진 부소산성에서 가장 많은 출토량을 보인다. 그밖에 부여의 정림사지 및 익산의 왕궁리 백제유적에서도 적지 않은 소문 수막새가 출토된 바 있다.

◇제작방법

이 시기의 수막새 제작방법은 두 가지가 주로 적용되었던 것으로 조사되었다. 하나는 드림새와 등기와를 따로 제작하여 접합하는 방법이다. 또 다른 방법은 흙을 가늘고 길게 말아 이것을 테쌓기 식으로 드림새에 감아 말아 올리는 방법이다. 드림새의 제작을 위해서는 먼저 틀을 만들어 바탕흙[5]을 사용하여 찍어낸다. 첫 번째 제작방법은 삼국시대에서 가장 널리 사용되었던 방법이며 이후, 근래 재래식

기와제작으로까지 전승되고 있는 것이다. 이 방법은 한성시기에는 오히려 드문 사례이며 기법상 다음에 설명하는 것에 비하여 나중에 등장하는 것이다.

다른 제작 방법 하나는, 먼저 드림새를 제작한 후 드림새의 뒷면에 가래떡형태의 흙을 원통형으로 말아 감아올린다. 이 말아 감아올린 것을 두드리거나 문질러 형태와 밀착도 작업을 거쳐 모양을 완성한다. 원통형의 모양이 완성되면 이 부분을 세로로 $^1/_2$정도 베어내게 된다. 이러한 일련의 제작방법은 중국의 경우 서주시대부터 이미 사용되었던 방법이다. 따라서 베어내는 과정에서 칼이나 얇은 철사와 같은 도구로써 베어낸 흔적이 뚜렷하게 남아 있는 것이 특징이다. 백제의 경우는 칼로 베어내어 깔끔하게 처리되었다. 이러한 베어낸 흔적을 남기는 방법은 막새의 뒷면에도 턱처럼 남아 있는 것이 일반적인 현상이다.

또한 이러한 사례는 중국의 서주와 한나라, 낙랑[6] 이나 백제의 한성 도읍시기, 신라의 경우 가장 이른 시기의 막새 중에 이러한 사례가 나타나고 있어 그 전파경로를 짐작할 수 있는 좋은 자료로 이용되고 있다. 수막새의 뒷면에 남겨진 턱의 높이는 일정하지는 않지만 0.3~2cm 내외이다. 이 제작방법은 토기제작방법과도 상통하는 면이 있으며 시원적인 방법에 속한다.

⊙ 웅진 사비도읍시기

백제사에서 한성에서 웅진 사비로 도읍을 옮기게 되기까지는 정치 및 군사적으로 큰 결단을 지을 수밖에 없는 상황에 처했던 것으로 여

---

5) 기와를 만들기 위하여 사용하는 흙은 아직 어떤 구체적인 모양을 성형하기 이전 단계이므로 아무런 형태를 취하지 않는 다는 의미에서 "바탕흙" 또는 "소지(素地)"라는 명칭을 부여하고 있다.
6) 중국의 막새제작방법 과정에서 조사된 칼자국은 일반적으로 가느다란 철사나 실을 이용하여 베어내었던 것으로 나타나고 있다. 그 이유는 베어낸 자국이 약 1mm간격마다 물결무늬처럼 선명하게 드러나 있음을 확인할 수 있다.

백제의 와전

겨진다. 실제 막새의 형태나 제작기법 등으로 본 두 시기를 비교해보면 그 변화의 정도를 짐작할 수 있을 만큼 차이를 느낄 수 있다.

막새의 형태와 문양, 제작방법에서 모두 이러한 이질감을 느낄 수 있는 것이다. 우선 막새의 전체 모습에서 보면, 한성도읍시기의 것은 막새의 크기가 작고 얇다. 또 드림새의 무늬를 넣었던 부분은 밋밋하고 넣고자 했던 무늬만 선으로 처리하여 볼륨감이 거의 없는 것이 일반적 사례이다. 반면에 웅진 사비도읍시기의 것은 정도의 차이는 있지만, 무늬 자체를 볼륨을 주어 전체적으로 풍만하고 크기에 있어서도 한성시기의 막새에 비하여 크고 두터운 편이다. 한성시기에는 드림새의 중앙에 자방부를 크게 의식하지 않아, 자방부를 단순한 선으로 원형 등을 넣어 처리하거나 전혀 고려하지 않고 생략한 것이 많다. 반면에 웅진기 이후에는 자방부를 볼록하게 하는 등 반드시 자방부를 두었다.

드림새 무늬는 웅진도읍시기에 오면, 연화문이 주류를 차지하고, 무늬를 전체적으로 볼륨감있게 표현하기 때문에 단순하게 선으로 처리하는 사례가 거의 사라진다.

◇ 문양

백제 후기의 수막새 문양은 연화문(蓮花紋)이 주류를 이루고 있지만, 이밖에 태극문(太極紋)[7], 소문(素紋), 귀면문(鬼面紋) 등이 확인된다.

① 연화문 (그림 6, 7, 8, 9)

연화문은 연꽃을 형상화한 무늬이다. 연화문은 백제의 경우 5세기 후반 경부터 본격적으로 등장 사용한 것으로 나타나고 있다. 연화문은 백제 중기이후 가장 대표적인 수막새 문양이다. 따라서 백제 수막

---

7) 파형문(巴形紋) 또는 만문(卍紋)이라고도 한다.

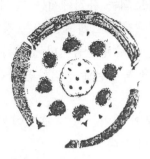

〈그림 6〉 연화문 수막새 (용정리 사지)

〈그림 7〉 연화문 수막새 (부소산성)

〈그림 8〉 연화문 수막새 (미륵사지)

〈그림 9〉 녹유 서까래기와 (미륵사지)

백제의와전

새가 출토되는 유적에서는 그 수량과 출토범위는 백제 후기유적의
전 지역에서 고르게 출토되는 경향을 보이고 있다.

  연화문은 수량만큼이나 문양과 형태가 다양하다. 이들 무늬에서의
차이점을 특징별로 정리하면 다음과 같다.

- 연화문의 배치는 숫자에 있어서 홀수로 배치하는 것과 짝수로 배치
  한 것이 있다.
- 연화문의 배치숫자는 대부분 짝수에 맞추어 배치하고, 홀수는 극히
  제한적으로 출토되는 경향이다.
- 연화문의 볼륨은 높게 표현한 것과 전체적으로 밋밋한 정도에 따라
  여러 형태가 보인다.
- 연화문의 꽃잎 끝부분이 완만한 곡선으로 처리된 것과 좀 날카롭게
  처리된 것이 있다. 이와 같이 연잎의 끝을 갈라 배치하지 않은 것은
  한 잎으로 보아 단엽으로 부른다.
- 연화문의 꽃잎 끝부분을 마치 하트의 윗부분처럼 갈라놓아 두 잎을
  포개어 놓는 형태로 배치한 것이 있다. 이러한 형태를 복엽으로 지
  칭한다.
- 연꽃과 연꽃사이에는 구획을 두는데 모양이 변형된 삼각형이나 선
  과 같이 가늘게 표현한 것과 뾰쪽한 삼각형모양 등 다양하다. 이것
  은 연꽃사이의 또 다른 꽃으로 보아 사이잎으로 부르기도 한다.
- 연꽃사이의 사이잎은 이른 시기의 수막새의 경우, 아직 도식화하지
  않아 물방울모양 또는 마름모형태로 보이는 것도 있다.
- 막새중에는 연꽃잎 중앙에 세로로 가로질러 가느다란 선문을 두는
  형태도 확인된다. 이러한 형태는 백제 연화문 수막새 중에 분포범
  위가 좁고 수량도 극히 제한적으로 출토된다. 이러한 양식은 고신
  라 연화문에서도 발견되어 구분이 거의 어렵다.
- 자방부에 배치된 원형의 점문은 연꽃의 씨앗으로 취급하는 것이
  일반적이며, 그 숫자는 일정치 않아 전혀 배치하지 않는 사례와 4

과에서 30여과가 넘게 배치하는 사례에 이르기까지 다양하게 조사된다.

② **태극문** (그림 10)

〈그림 10〉 태극문 수막새 (백제후기)

태극문은 중앙에 자방부를 배치하여 중심으로 삼고, 자방을 중심으로 4조의 곡선형 무늬를 등간격으로 배치한 것이다. 다만 이 곡선형태의 무늬는 좀 가느다란 선으로 배치된 것과, 곡선은 네 곳에 등간격으로 배치한 후, 그 사이의 넓은 공간에는 태극형태의 높고 볼륨있는 무늬를 역시 같은 방향으로 처리한 것 등 크게 두 종류로 나누어진다.

태극문의 자방부에는 씨앗형태의 점을 두지 않는 것이 기본배치 방법이다. 이는 연화문이 꽃이라는 점에서 씨앗을 배치하는 것과 비교하여, 형상하는 무늬의 성격에 따라 씨앗을 두지 않았던 것은 당연한 귀결로 여겨진다. 이 문양이 출토되는 범위는 부여의 부소산성과 정림사지, 익산의 왕궁리유적 등 극히 제한적으로 나타나고 있다.

③ 소문 (그림 11)

〈그림 11〉 소문 수막새 (백제후기)

소문은 무늬를 넣지 않는 민무늬를 말한다. 따라서 형태에 있어서 단순하여 어떠한 꾸밈이 없고, 주연부만 가장자리에 돌려진 것이다. 출토범위 역시 부여의 부소산성과 정림사지, 익산의 왕궁리유적 등 제한적으로 제작 사용되었다.

④ 귀신문

백제 수막새 중, 귀목문은 그 수량이 극히 적다. 부여지방에서 출토된 사례가 알려져 있다. 이러한 문양은 그 수량으로 보아 특수한 목적으로 제작되었던 것으로 추정되는데, 귀신문을 넣은 것은 좋지 않은 기운을 막기 위한 이른바 벽사적인 성격으로 해석된다.

◇ 제작방법

백제 중기 이후의 수막새 제작방법은 드림새와 등기와를 따로 제작하여 서로 접합하는 형태로 조성되었다. 따라서 접합했던 자리는 흙을 덧발라 문지르거나 두드려 밀착력을 강하게 하기 위하여 여러 가지 방법을 적용하였다.

수막새 중에는 화판부 가장자리에 덧붙인 주연부를 관찰하면, 화판부와 주연부를 처음부터 한 틀에서 빼낸 것이 아니었던 흔적을 확인할 수 있다. 이는 주연부를 따로 만들어 틀에서 제작된 드림새에 덧붙여 제작했던 근거로 해석되기도 한다.

이렇듯 등기와와 드림새를 따로 제작하여 접합한 방법은 이후 통일신라에서 고려, 조선시대까지 그대로 계승되었다.

2) 평기와

평기와는 일반적으로 암기와와 수키와를 말하며, 암기와는 여와(女瓦) 수키와는 남와(男瓦) 또는 부와(夫瓦)라고도 한다. 평기와는 많은 기와의 종류 중, 지붕에 얹는 가장 기본적인 건축재료에 속한다.

(1) 기록으로 본 기와의 역사 (그림 12, 13)

한반도에 처음 기와가 들어온 시기는 역사적으로 뚜렷한 기록은 없지만 중국이 한사군(漢四郡)을 설치한 시기에 중국의 직접적인 영향하에 있었던 낙랑을 통하여 들어왔을 것이라는 견해는 위에서 서술한 바이다.

역사적 기록으로 본 한반도내 기와의 존재는, 삼국사기 신라의 지마왕(祇摩王) 11년(122)기록에 의하면 「여름에 큰바람이 불어와 나무가 부러지고 기와가 날렸다」는 기록이 시초이다. 백제지역에서의 기와에 대한 최초의 기록은 삼국사기 백제본기 비유왕(毗有王) 3년(429) 11월에 「큰바람이 불어 기와가 날렸다」라는 내용이 가장 앞선 기록이다. 그러나 백제의 초기 도읍지 관련유적인 서울 석촌동고분과 풍납토성, 몽촌토성 등지에서 출토되는 기와를 보면 실제적인 역

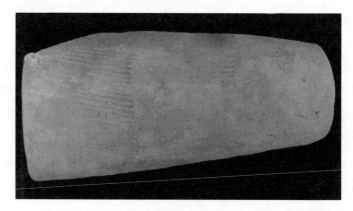

〈그림 12〉 선문 수키와 (백제)

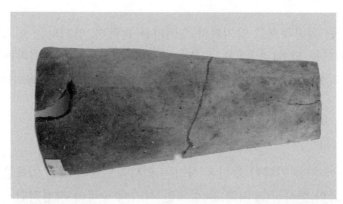

① 외면

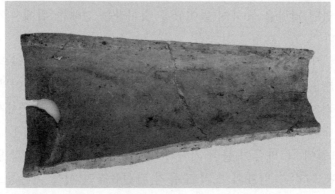

② 내면

〈그림 13〉 경주 방내리 고분출토 수키와 (신라)

사는 훨씬 거슬러 올라갈 것으로 여겨진다.

백제의 기와는 남아있는 기와의 모양·질·기술적인 제작방법 등에서 최고를 자랑할 만 하다. 이러한 내용들은 기록과 기와의 관찰 등에서 입증되고 있다. 백제는 언제부터인지는 알 수 없으나 전성기에는 기와박사[瓦博士]를 두어 기와를 제작하는데 기술적인 감독을 담당했을 것으로 여겨지고 있다. 『일본서기』에 의하면 백제는 27대 위덕왕(威德王)(588)때 와박사 마나문노(麻奈文奴)등 4인을 보내어 일본 기와제작을 위하여 기술감독했던 것으로 기록되어 있다.

백제시대의 각 유적에서 출토되는 기와를 분석 검토해 본 결과 그 기술은 신라보다 다양한 제작기법을 사용하여 제작했다는 사실을 확인할 수 있었다. 그렇지만 백제가 멸망한 이후, 신라지역에서 주로 사용되었던 기와제작 방법이 계승되었던 것으로 나타났다. 이는 백제에 비하여 보다 간단한 신라의 기와제작기술이 한반도에 퍼져 일반화되었던 것으로 이해된다.

(2) 평기와의 용도

기와는 암기와와 수키와가 지붕을 덮는데 중추적인 역할을 하게 된다. 암기와는 움푹한 골을 형성하여 빗물을 받아 지붕에서 쉽게 처마 밑으로 흘러내려 올 수 있도록 하여야 하고, 수키와는 암기와 사이의 틈을 엎어 올려 그 사이로 빗물이 스며들지 않도록 하는 것이 주기능이다.

이러한 기와의 특성을 살리기 위하여 장인(匠人)들은 기와에 여러 가지 방법을 고안하여 기와제작법에 응용하게 되었다. 우선 암기와는 제작시에 기와가 단단하도록 도구로서 기와의 외면에 방망이질을 하게 되는데 이 과정에서 생성된 굴곡 면을 물질 처리하여 면을 고르게 한다. 암기와 내면은 제작도구에 의하여 요철이 심하게 생겨날 수 있는데 이러한 면은 기와 칼을 사용하여 하나하나 베어내어 면을 고르게 하였다.

기와의 상하단과 측면 역시 필요시 기와 칼로 다듬어 정교하게 제작했던 것은, 당시 기술적인 측면과 정성이 꾸준히 쌓이지 않으면 불가능했을 것이다.

수키와는 암기와 사이의 틈을 막음 처리하는 용도였는데 효과를 높이기 위하여 토수기와와 미구기와라고 하는 두 가지의 형태로 만들어 사용하게 된다.

토수기와는 한쪽이 좁고 다른 쪽을 넓게 만들어 기와를 서로 잇는데 쉽게 맛 물리도록 하여 틈이 생겨나지 않도록 한 것이다. 미구기와는 기와 한쪽 끝을 언강이라는 단(段)을 두어 몸통부분보다 좁게 뽑아낸 모양을 갖추고 있다. 이러한 미구부분을 마련한 것은, 다른 수키와와 물려 얹을 때 정확하게 안쪽으로 포개어 물리도록 하기 위한 것이었다. 이러한 미구의 기능은 상하로 물린 기와 간의 틈새를 없애주어 밀착도를 높이고, 빗물이나 작은 동물의 스며듦이나 침입을 막을 수 있도록 배려한 것이다.

미구기와와 토수기와는 후대인 통일신라 고려시대까지 전통이 이어지나 조선시대에 이르면 토수기와의 존재는 사라지고 미구기와만이 남게 된다.

기와는 서울, 경주 및 주변 유적, 공주, 부여, 익산지방의 각 산성과 그 내부의 건물터, 사찰 등지와 각지의 유적에서 가장 흔하게 접할 수 있는데 일반적으로 색조(色調)가 밝고 흙이 고와 후대의 것과는 쉽게 구별이 되는 점이 특징이다.

특히 백제기와는 암기와의 경우 제작방법이 다양하여 기술적으로도 뛰어난 솜씨를 가지고 있었음을 알 수 있다. 백제기와의 또 다른 특징으로는 고구려나 고신라의 기와에서 볼 수 없는 문자를 새겼다는 것이다. 이러한 문자기와는 흔히 인장와(印章瓦) 또는 인각와(印刻瓦)라 불리는 것으로 나무에 도장을 새겨 기와 성형시에 두드려 기와에 도장이 찍히도록 한 것이었다.

(3) 평기와의 문양

(가) 문양의 목적

기와에 무늬를 넣는 것을 흔히 시문(施紋)한다는 용어를 사용한다. 이 말은 문양을 넣는다는 의미이다. 삼국시대 초기의 기와 제작에 있어서 무늬를 두는 목적은, 첫째 기와을 두드려 제작하면서 기와를 만드는 기본재료인 흙의 밀도를 높이기 위함이다. 무늬를 넣으면 무늬가 흙 사이를 보다 깊이 파고 들어가 다지는 기능을 한층 높일 수 있다. 이러한 기능을 높이기 위해서는 무늬를 성글게 배치하는 것보다는 좀좀하게 넣어 다지는 것이 효용성을 높이는 결과를 가져왔을 것이다.

둘째 이러한 타날도구를 이용하여 기와를 다져 만드는 일은, 기와질의 밀도를 높이고 면을 고르게 하는 등의 효과를 발휘할 수 있었을 것이다.

기와 성형시 두드리는 나무도구는, 손잡이와 기와겉면에 직접 닿는 타날(打捺)부분으로 구성되는데, 결국 이 두드리는 부분에 각종 문양을 넣어 필요로 하는 효과를 배가시킨 것이다.

백제 평기와에 사용되었던 문양으로는 선문(線紋), 격자문(格子紋), 승석문(繩蓆紋)등 세 종류가 확인되었다. 이 밖에 무문(無紋)이라 하여 문양을 두지 않은 예도 유적에 따라 출토량은 일정하지 않지만 평기와의 정도로 차지한다. 그렇지만 이 문양 없는 기와를 자세하게 관찰하면 도구로 두드린 후, 물질처리에 의하여 문양이 지워져 마치 없는 것처럼 보이는 경우가 일반적이다.

이러한 기와의 문양 종류는 고구려나 고신라에서도 서로 다를 바가 없는 것으로 나타났다. 통일신라 중기 경에 이르러서는 사문(線紋)과 격자문을 한기와에 함께 사용하는 혼용문(混用紋)이 등장하기 시작한다. 이어서 물고기 뼈와 비슷한 문양인 이른 바 어골문이 등장하게 된다. 이 문양의 등장은 통일신라 중기이후 기와문양에 일대 혁신을 가져오게 되었다. 어골문은 나무 가지와도 흡사하다고 하여 수지문(樹枝紋)이라고도 한다.

통일신라말경에 이르면 기와문양은 100종 이상으로 늘어나고 고려시대에는 300종이 넘는 문양의 전성시대를 맞이하게 되나 조선시대에 가서는 다시 줄어 약50여종이 넘는 정도가 보고되고 있다.

고려시대의 주문양은 어골문을 중심으로 순수한 어골문과 사각문(四角紋), 원문(圓紋), 동심원문(同心圓文), 변형 사각문(四角紋) 등을 서로 혼용하여 이렇게 많은 문양을 조합해 내는 것이었다.

조선시대의 문양은 수파문(水波紋)이 주류를 이루고 있지만 고려시대 이후 사용되었던 여러 문양이 혼용되는 문양이 대단히 많다.

백제시대 세 종류의 문양은 통일신라시대에 이르러 다른 문양이 등장한 이후까지도 지속되다가 통일신라말경에 가서야 명맥이 끊어지게 된다.

백제 시대의 평기와에 사용했던 세 종류의 문양은, 한 기와에서 한 문양만은 사용하여 두드려 성형하는 것을 원칙으로 하고 있다. 이러한 특징은 통일신라이후, 두 가지 또는 그 이상의 서로 다른 문양을 혼용하여 사용하는 것과 차이가 있다. 이점은 무늬를 사용한 목적에서 원인을 찾을 수 있을 것이다. 즉 삼국시대에는 기와에 무늬를 시문한 목적은, 단순한 모양을 내기 위함이 아니었다는 점이다. 이는 기와의 성형과정에서 충분한 두드림과, 그 결과로 인한 기와의 형태를 충분하게 만드는 것을 주목적으로 한 것이었다. 바꿔 말하면 무늬를 넣는 단계에서 아직 도식화 또는 장식적인 측면이 아닌 기와 성형작업을 위하여 문양을 사용했던 것이 가장 큰 목적이었다.

(나) 문양의 종류

① 격자문(格子紋) (그림 15)

격자문은 전통 한옥의 문살과 같은 네모무늬이다. 무늬의 모양이 마름모형태로 배치된 것은 사격자문, 바른 네모무늬는 격자문[8] 이라고 한다. 백제 평기와에 등장하는 시기는 한성도읍시기에서부터 이미 확인되고 있다. 이는 평기와를 처음 제작할 당시부터 적용되었을 가능성이 높다는 것을 의미한다.

한성시기 유적에서 조사되는 격자문은 무늬와 무늬의 사이가 좁아 이른바 소격자문으로 분류할 수 있는 사례가 대부분이다. 이러한 추세는 지금의 한강 주변의 초기 백제유적에서 출토되는 평기와 무늬 전반에 걸쳐 적용된다. 무늬의 사이가 좁은 것은 기와를 제작할 때, 두드리는 도구에 새기는 무늬를 좁게 배치한다는 것을 의미한다. 이렇듯 무늬를 좁게 배치하여 방망이질을 하는 것은, 당시 기와 성형작업을 할 때 두드리는 기능을 십분 발휘하기 위한 조처였던 것으로 여겨진다.

격자문의 크기는 웅진천도이후, 그 무늬를 1cm~2cm 내외의 크기로 커지는 사례가 대부분이다. 그렇지만 백제 시대의 기와출토 유적에서는 작은 크기의 무늬가 여전해 적지 않게 조사보고 되고 있다. 이러한 추세는 백제 중 후기에 이르러서도 무늬의 크기에 있어서 대·중·소 모두 적용되었음을 의미한다.

한성도읍기의 풍납토성(특정구역) 평기와 문양 중, 격자문의 사용 비율은 다른 문양에 비하여 80.90% 이상으로 나타나는 사례도 있다. 그렇지만 웅진천도 이후의 격자문 사용 비율은 비교적 낮게 나타난다.

---

8) 엄격하게 말하면, 바른 네모무늬는 정격자문(正格子紋)으로 칭하기도 하지만 통상 격자문으로 불린다.

백제의와전

〈그림 14〉 선문 암기와 (백제)

〈그림 15〉 격자문 암기와(백제)

〈그림 16〉 승문 암기와(백제)

② 승문(繩紋) (그림 16)

승문은 새끼를 꼬아 만든 끈을 나무 방망이에 감거나, 세로로 빽빽하게 배치 고정 시킨 후 두드려 모양을 낸 것이다. 다만 그 재료는 당시에 쉽게 구할 수 있는 초류(草類)나 기타 주위에서 쉽게 구할 수 있는 재료 등을 이용했을 것으로 추정된다. 승문은 중국의 서주시대 초기 기와에서 이미 등장하고 있다. 이 실기는 중국에서도 실제 기와를 제작 사용했던 초기로 볼 수 있어 가장 초창기에 등장하는 문양으로 보고되고 있다.

실이나 기타 재료를 사용하여 꼬아 만든 새끼는, 당시 건축물이나 유사한 사용처를 잇거나 고정시키는데 반드시 필요한 매개체로 이용되었을 것으로 추정된다. 따라서 이러한 끈은 가장 손쉽게 구입할 수 있고, 실제 기와 성형시 두드리는 소기의 목적을 달성할 수 있었을 것이다.

이 무늬를 사용했던 시기는 백제 전 기간에 걸쳐 사용되었지만, 특정유적에 따라 거의 발견되지 않는 곳도 있어 선호도의 차이가 비교적 뚜렷한 편이다. 승문은 통일신라에 들어와서도 사용되는 유적도 드물게 조사된 바 있는데, 부여의 부소산성이나 경기도의 이성산성 건물지 유적에서 통일신라 기와 출토사례가 이러한 경우이다.

기와에 있어서 승문의 특징은 통일신라 말경을 하한으로 소멸될 때까지 다른 무늬와 혼용하여 사용된 사례가 확인되지 않는 다는 점이다. 다른 무늬의 경우, 통일신라에 들어와서는 동일한 기와에서 단일 문양 또는 2종 이상의 문양을 혼용하기 시작한다.

③ 선문(線紋) (그림 14)

선문은 기와에 선으로 나타나는 문양을 말한다. 기와의 방향에서 보면 수직으로 문양이 나타나는 경우, 횡으로 나타나는 경우, 비켜 경사진 방향으로 두드려 나타나는 경우 등 다양하다. 또 여러 방향을 바꾸어 두드리기도 한다. 이러한 경우는 한 기와에서 문양의 방향이 서로 다르게 드러나기도 한다. 따라서 이러한 문양의 방향을 구분하여, 방향이 비껴 새긴 것을 사선문(斜線紋)이라 구분 설명하기도 한다.

문양의 선 두께에 따라 가느다란 것을 세선문(細線紋), 선이 두터운 문양은 태선문(太線紋)으로 세분하기도 한다.

선문의 쓰임은 한성 도읍기에는 사용빈도가 낮았던 것으로 드러났지만, 웅진시기 이후에는 백제가 멸망할 때까지 가장 넓은 분포와 많은 출토량을 보이고 있다. 또 통일신라 전 시기동안에도 꾸준하게 사용되었다. 이 문양의 분포도는 당시 고구려나 신라에서도 널리 사용되었다. 이는 기와 성형을 위하여 밀도 강화 등의 실기능적인 측면뿐만 아니라, 문양을 두드리는 방망이에 새기기도 쉽다는 점도 한 원인이 될 수 있을 것이다.

3) 서까래 기와 [椽木瓦] (그림 9)

서까래기와는 서까래의 끝 부분에 부착하여 비바람이나 눈으로부터 직접적인 피해를 방지하기 위한 목적과 장식용으로 제작되었다. 문양의 정밀성, 미륵사지 출토품과 같이 녹유(綠釉)를 발라 화려한 장식성을 고려하면 실제적인 기능보다는 고급스러운 장식효과를 살리기 위한 의장용으로 부착했을 가능성이 더 크다고 보아야 할 것이다.

서까래 기와의 형태는 수막새의 등기와 부분을 제외한 드림새부분만을 남긴 상태로 제작하게 된다. 다만 막새의 가장자리쪽에 돌려 놓은 둥근 모양의 주연부를 생략한 모습을 띠고 있고, 기능상 써까래 끝에 부착시키기 위하여 중앙에 구멍을 관통하여 못을 박아 고정한다.

서까래기와의 출토유적은 고급스럽고 장식적인 효과와 어울리듯 유적의 최고 건축물이 들어섰던 것으로 여겨지는 궁궐이나 사찰 등지에서 주로 확인되고 있다. 부여지방에서는 부소산성내 건물지, 가증리 사찰터, 구아리 전 천왕사터, 군수리 사찰터, 금강사터 등을 꼽을 수 있다. 익산지방에서는 彌勒寺터에서 녹색의 유약을 발랐는데, 이 유약의 존재는 화려하고 고급스러워 당시 국찰(國刹)로서의 진면 모를 보여주고 있다고 할 것이다.

이 기와는 서까래끝에 직접 부착하기 때문에 써까래 끝부분과 같이 원형이며 중앙에는 부착할 수 있도록 못구멍을 뚫어 놓았다. 이러한 서까래의 중앙의 못구멍에는 실제 못이 박힌 채 출토되는 경우도 확인되기도 한다.

4) 치미(鴟尾)

치미는 용마루 양끝에 대칭으로 올려놓는 일종의 장식용 기와류이다. 한반도에는 삼국시대부터 중국에서 영향을 받아 만들어지기 시작했던 것으로 추정된다. 치미의 형태와 기능은 새의 날개와 같은 형상과 꼬리, 배부분을 상징적으로 표현하여 웅장함을 드러내고, 좋지 못한 기운을 막는다는 벽사적인 의미 등을 부여하고 있다.

백제시대의 치미는 부여로 천도 이후부터 사용했던 것으로 생각된다. 백제는 치미부여 부소산성 백제 사찰터와 능산리 사지에서 출토한 사례가 있고, 익산 미륵사지에서 출토된 치미는 형식상 백제 후기경에 제작되었던 것으로 보인다.

백제 치미의 기원은 중국으로부터 들여온 것으로 보고 있다. 중국은 한(漢)나라 때의 묘벽화그림에서 그 실상을 엿볼 수 있다. 그 이후 육조시대(222 589년)에 다양하게 발전을 거듭하다가 당(唐)에 이르러 전성기를 맞았던 것으로 알려져 있다.

중국에서는 치미가 당(唐)에서 전성기를 맞이하였다가 송나라 이후 형태가 물고기형태를 주로 하면서 깃의 표현은 점차 사라져 간다. 이때의 머리부분은 물고기나 용과 같은 입을 무섭게 형상화하여 크게 변화하는 시기를 맞이하게 된다.

따라서 삼국시대 중 중국과 가장 접할 기회가 많았던 고구려는 가장 먼저 치미의 존재를 알게 되었을 것으로 생각되고 이를 받아 들였을 것이다. 이러한 자료로는 고구려의 무덤벽화중 건축의 용마루에 이미 치미가 나타나 있는 점으로 보아 짐작할 수 있다.

우리나라 치미의 존재는 백제이후 통일신라를 거쳐 고려 시대까지 그 명맥이 이어지다가 조선시대에 이르면 중국 明, 淸나라에서 사용되었던 형태를 받아들이게 되면서 백제시대의 치미 형태와는 아주 판이한 중국에서 여러 시대를 거치면서 변화한 형상을 본받아 제작되게 된다. 따라서 조선시대 용마루 양끝이 올라가는 것은 중국 송나라이후 치미가 변형되어 오면서 만들어진 형상을 본받는다. 이 형상을 취두(鷲頭)라는 용어로 부르고 있다.

중국에서는 북송이후 치미를 대신하여 물고기를 형상화한 형태로 변화되는 점은 목조가옥의 불에 의한 화재로 인하여 많은 손실을 막기 위한 토속적인 의식과 종교적인 신앙 등의 매체에 힘입었던 점으로 이해되는 것이다. 조선시대 궁전의 주요 건물에 사용되었던 취두와 내림마루에 꽂힌 각종 토제 잡상들을 중국의 궁전에서 사용했던 이러한 내용들과 거의 비슷한데 이는 중국으로부터의 직접적인 영향을 받았던 것이고, 이러한 지붕의 각종 장식의 부착은 당시 화재의 의한 폐해가 잇달아 궁전의 절박했던 상태를 여실히 보여주는 것이다.

신라에서도 치미는 대단히 인기가 있었던 것으로 확인되는데 경주 황룡사지에서 출토된 치미는 높이가 무려 182㎝나 되고 2단으로 조성되어 치미의 극치를 이루게 된다. 이 치미의 양 깃 사이의 빈 공간에는 인자한 할아버지의 모습을 생동감 있게 나타내고 있는데 그 웃음과 턱수염은 신라인의 모습을 보여주는 듯하다.

이러한 치미의 양 깃 날개 사이의 공간에 특이한 모습을 보여주는 점은 부소산백제 사찰터 출토 치미에서 볼륨 있는 수막새 모습을 보여주는 점과 상통하다고 할 것이다. 이러한 문양내기는 통일신라에 이르러 타원형태의 문양을 양측면에 눌러 나타내는 양상으로 바꾸어지는데 이러한 문양은 동시대에 수저와 같은 여러 금속제품에서 보여주는 흔히 어자문(魚子紋)이라고 불려지고 있다. 고려시대에 내려오면 이러한 문양내기는 거의 사라져 버리는 현상을 보이고 있어 극히 형식적인 치미의 존재만 보여주는 것이다.

치미의 형태는 머리 없는 새 모양을 그대로 적용하여 예술적으로 제작하였다. 치미의 각 부위의 명칭을 보면 용마루 안쪽을 향하는 낮고 둥그런 부분을 머리, 머리의 바로 위측으로 크게 휘어 올라가는 부분을 등, 용마루 위에 걸쳐 고정시키기 위한 아래부분을 배, 등의 반대부분인 날개모양을 하고 있는 부분을 깃, 크게 휘여 올라간 막음부분을 머리라고 부르고 있다.

치미는 건물의 크기에 따라 만드는 방법이 달라지는데 작은 건물은 치미도 작게 만들어 한 통으로 제작하게 된다. 건물이 크면 건물크기에 맞추어 치미도 커지게 마련인데 치미가 크면 제작의 어려움과 운반의 용이성을 고려하여 상하부분을 나누어 따로 제작하였다. 치미는 상하를 따로 제작할 경우에는 상태를 보아 연결부분을 따라 상하부분에 구멍을 뚫어 질긴 끈이나 철사 같은 것으로 고정시켰다.

치미의 깃 부분은 정면에서 보아 새의 양 날개 그대로 양면에 솟아나게 만들었다.

부소산 치미는 높이 90.9㎝, 배 부분의 길이 67.8㎝로 비교적 소형에 속하여 한 통으로 제작한 것이다. 이 치미는 용마루 위에 걸쳐 놓았을 때 안정감 있게 부착하도록 하기 위하여 배 부분을 반원형으로 홈을 조성하였다.

부소산 치미의 양 날개 사이의 공간중심부에는 당시의 와당문양을 그대로 본떠 건물측면에서 보았을 때 와당의 연꽃무늬가 돋보이도록 의장효과를 배가하고 있다. 치미의 양측면의 넓은 공간은 깃 부분에 치우쳐 2조의 돌대형태의 종선을 만들어 크게 세 부분으로 구분시키고 있다. 이 세 부위 중 머리부분인 맨 안쪽은 가장 넓은 부분으로서 이 부분은 횡으로 단을 두면서 장식을 하였는데 위로 올라가면서 상

백제의 와전

대적으로 등보다 더 높아지는 깃 부분의 단을 높게 처리하고 있다. 또 중간부분의 좁은 공간도 안쪽과 같은 방법으로 단으로 처리하였다. 가장 바깥부분인 깃은 큰 톱날을 연상시키는데 끝 부분이 위를 향하도록 하여 날아가는 모습을 그리고 있다. 치미의 등은 큰 곡선을 그리면서 내려와 가장 낮은 부분에서 머리가 되는데 등이 마무리되면서 단을 형성하여 마치 수키와가 언강과 미구부분으로 이어지는 것과 같다. 이 부분이 단으로 형성된 것은 용마루의 맨 윗부분과 수평을 맞추는 기와와 서로 연결하여 용마루상면과 치미의 머리부분의 이음이 원활하게 될 수 있도록 하기 위한 것이다.

5) 인장와(印章瓦)

인장와는 백제 평기와가 갖는 가장 큰 특징이라고 할 수 있다. 그 까닭은 신라의 경우 인장와[9] 확인이 되지 않고 있다. 고구려는 평양지방에서 출토된 몇몇 인장와가 보고되고 있으나 좀 더 명확한 자료가 필요한 상태이다.

인장와의 존재는 그 중요성을 인정하면서도 실제 깊고 정확한 명문 해석은 별로 추진되지 못한 상태이다. 인장와의 중요성은 700여 년이나 되는 긴 기간동안 빈약한 백제 관련문헌과 금석문을 부분적이나마 보완할 수 있는 방법이기 때문이다.

인장와의 내용은 백제 수도를 중심한 행정구역, 명칭과 기와를 구웠던 년도를 간지(干支)로 나타내는 것 등이 있다. 그밖에 관청이나 와장(瓦匠), 지역명을 나타내는 것으로 추정되는 다양한 내용이 확인되기도 한다. 또 약자나 흘림자로 간단하게 표현하여 장인이 뜻하였던 원래의 의미를 판독할 수 없는 사례도 많다.

---

9) 인장와는 흔히 인각와라는 명칭으로 부르기도 한다. 인장와는 명문은 나무(혹은 진흙을 사용했을 가능성도 있음)와 같은 재료에 글자를 새겨 기와 제작중 날인을 함으로서 도장처럼 찍히게 된다. 인장와는 명문이 도장처럼 찍힌 것을 의미하며, 인각와는 도장처럼 새겨진 의미로 사용하나 결국 동일한 뜻이다.

〈그림 17〉 '중부을와' 명 인장와

〈그림 18〉 '하부을와' 명 인장와

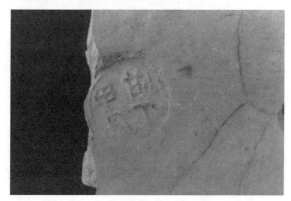

〈그림 19〉 '전부을와' 명 인장와

백제의와전

인장와는 주로 나무에 글자를 새겨 도장처럼 찍어 나타냈던 것으로 보인다. 그 모양은 원형과 장타원형이 주류를 이루고 있다. 글자를 새기는 방법은 글자가 튀어나오게 하는 양각(陽刻)기법과, 글자를 움푹 들어가게 하는 음각(陰刻)기법의 두 종류가 있다.

인장와의 글자배치는 한 원에 한 자씩 배치한 것, 상하로 두 자씩 배치한 것, 원내에 두 자를 좌우로 배치한 것, 좀 큰 원을 십자로 4등분하여 4매씩 배치한 것, 한 원내에 4자를 위에 두자 밑에 두 자를 배치한 것 등 매우 다양하다. 어떤 경우는 작은 원에 한 자씩 새겨 두개의 도장을 일정한 간격으로 상하로 눌러 찍은 것도 있다. 이러한 글자 중에는 특히 10간 12지[10] 에 포함된 자가 비교적 많이 조사되고 있다. 그렇지만 이들 글자가 간지를 완전하게 찍힌 경우는 적고, 오히려 한 자씩 나타낸 경우가 우세하게 나타났다.

인장와의 출토유적을 보면 공주 공산성, 부여 부소산과 정림사지, 쌍북리백제요지, 금성산 백제 건물지, 동남리 백제 건물지, 전 천왕사지, 익산지방의 유적으로는 미륵사지, 왕궁리유적, 익산 토성, 저토성, 제석사지 등지를 들 수 있다. 이 유적들의 분포범위는 공주에서 부여, 익산을 잇는 주변 유적에서 집중 출토되고 있음을 알 수 있다. 따라서 한성도읍시기의 기와에서는 출토 사례가 보고 되지 않았다. 이 점은 인장와의 사용 시기는 백제 중기 이후 웅진으로 천도 후에 처음으로 등장했음을 의미하는 것이다.

백제의 행정구역은 초기에 전국을 남부와 북부의 2부(部)로 나누었다. 이러한 체제는 백제의 국력의 신장에 따라 영토가 점차 넓어지게 되자 이에 부응한 조치가 있게 되었음을 알 수 있다. 즉 초기의 남부와 북부체제에서 후에 동부와 서부를 더 두어 4부 체제로 운영되었음을 알 수 있다. 삼국사기에 의하면 백제 멸망 시에는 전국을 5부로 나누어 다스렸다고 기록하고 있다. 그러나 중국 정사인 수서나 진서

---

10) 10干;甲乙丙丁戊己庚辛壬癸   12支;子丑寅卯辰巳午未申酉戌亥

(晉書)에서는 전국을 5방(중방, 동방, 남방, 서방, 북방)으로 나누어 다스리고, 도읍지내와 도읍지를 중심으로 한 경기지방에는 5부 체제 (상부, 전부, 중부, 하부, 후부)를 갖추었던 것으로 기록하여 좀 더 세밀한 내용을 담고 있는 것이다.

이러한 백제 행정단위의 체제는 당시 5방이나 5부가 지금의 어느 곳이었는지 정확한 위치를 확인하지 못하고 있는 실정이다. 이러한 측면에서 인장와의 출토위치는 기와의 수요공급체계에 의하여 이동이 어느 정도 되었다 하더라도 이러한 문제들을 푸는데 대단히 중요한 열쇠의 구실을 할 수 있을 것으로 기대된다.

행정지명으로 확인된 인장와는 아래와 같다.

종 류	출 토 유 적
전부을와(前部乙瓦)	부여 부소산성 (그림 19)
중부을와(中部乙瓦)	미륵사지, 익산 왕궁리 유적 (그림 17)
하부을와(下部乙瓦)	익산 왕궁리 유적 (그림 18)
상부을와(上部乙瓦)	부여지방
후부을와(後部乙瓦)	부여 부소산성

인장와의 분포는 몇 가지 점에서 특징을 찾아 볼 수 있다. 우선 위의 5부를 나타내는 행정구역을 뜻하는 명문기와는 부여와 익산지역에서만 출토되고 있다. 이는 백제후반기의 사비도읍기의 경기지역의 범위를 가정할 수 있는 자료로서도 중요한 명문으로 인식되고 있다. 인장와의 명문내용 중에는 부여와 익산지역 백제유적 출토기와의 자체가 동일한 예가 적지 않는데 이러한 것은 당시 생산과 수요공급체계의 한 단면을 살펴볼 수 있는 것들이다.

그밖에 중요한 인장와의 예를 들면 아래와 같다.

① 정해(丁亥) ; 간지로서 백제 말기의 정해년(627년 추정)에 생산했다는 의미로 해석된다.

② 정사(丁巳) ; 역시 간지로서 부여 정림사지와 익산 미륵사지에서 출토되는데 같은 도장으로 찍은 것으로 드러났다. 미륵사의 창건 년대가 600년 이후로 기록되어 있어 657년에 기와가 제작되었던 것으로 추정된다.

③ 갑오(甲午) ; 간지로서 미륵사지에서 출토되었다. 634년에 제작된 기와로 여겨진다.

④ 기유(己酉) ; 간지로서 부여 정림사지와 미륵사지에서 출토되었다. 같은 도장으로 찍은 것이어서 역시 미륵사 창건 이후인 649년에 제작된 기와였음을 알 수 있다.

⑤ 을축(乙丑) ; 간지로서 미륵사지에서 출토되었다. 605년에 제작되었던 것으로 조사되었다.

⑥ 갑신(甲申) ; 간지로서 미륵사지에서 출토되었다. 624년에 생산된 기와로 추정된다.

⑦ 기축(己丑) ; 간지로서 미륵사지에서 출토되었다. 629년에 제작되었던 것으로 추정된다.

그밖에도 간지의 어느 한 자만 나타난 경우가 적지 않은데 아래와 같다.

干 ; 병(丙)
支 ; 인(寅), 진(辰), 사(巳), 오(午), 미(未), 신(申) 등을 들 수 있다.

3. 백제 평기와의 제작방법

기와 제작을 위해서는 기와를 만들기 위한 틀과 기와의 기본 원료인 흙이 있어야 하는데 숙성된 흙을 바탕흙이라고 한다.

〈그림 20〉 풍납토성 출토 암기와 내부 통쪽와통 및 연결끈흔적 (내면) : 백제전기

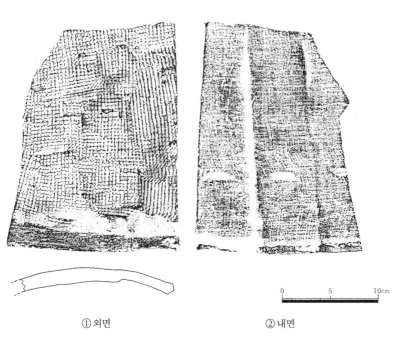

① 외면   ② 내면

〈그림 21〉 그림 20의 탁본 (격자문)

백제의와전

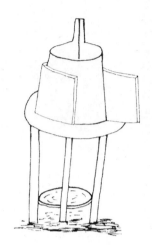

〈그림 22〉 통쪽와통에 '넓판형 소지'를 씌운 모습

① 넓판형 소지로 제작한 소지의 접착흔적
  (세로면) : 백제 (부소산성)

② 넓판형 소지로 제작한 소지의 접착흔적
  (세로면) : 신라 (황용사지)

〈그림 23〉 넓판형 소지로 제작한 암기와의 소지 부착흔적

1) 와통

기와 제작을 위한 틀은 나무로 만들게 되는데 이를 와통이라고 부른다. 백제 초기에는 와통 없이 기와를 제작하는 방법과 와통을 사용하여 제작했던 것으로 나타나고 있다. 와통 없이 만드는 것을 무와통식이라고 부른다. 와통을 사용한 방법으로는 그 모양에 따라 두 가지로 나누어진다. 하나는 통쪽와통이며, 다른 하나는 원통와통이다. 위의 내용을 정리하면 다음과 같다(그림 20, 21).

기와 제작방법
①와통 없이 제작 하는 방법(무와통식)
②와통을 사용하는 방법 ; ㉮통쪽와통 ㉯원통와통

기와를 만드는 기본 재료는 흙을 사용하는데, 제작을 쉽게 하기 위하여 여러 가지 단계를 거친다. 이러한 과정을 거치는 것은 기와 성형작업을 위하여 숙성된 흙을 필요로 하기 때문이다. 이 숙성된 흙은 탄력성을 지니게 되는데, 이 숙성된 흙은 흔히 두 가지 형태로 지녀야 기와의 성형작업을 원활하게 할 수 있다.

일단 이 숙성된 흙은 아직 기와의 모양을 갖추지 않았다는 의미에서 바탕흙[11] 이라고도 한다. 이 바탕흙은 기와 틀을 사용하지 않는 경우, 가래떡형태로 만들어 감아 올려 마치 원통형으로 성형하게 된다. 즉 틀없이 제작하는 무와통의 경우, 바탕흙의 모양을 가래떡형태로 만들어 기와를 만들게 된다.

와통을 사용하는 경우는 바탕흙의 형태를 가래떡형태 또는 널판형태 두 가지를 사용한다(그림 22, 23, 24).

---

11) 바탕흙은 아직 아무런 기본적인 형태를 갖추지 않았다는 의미에서 素地라는 명칭으로 불린다.

2) 평기와 제작방법

(1) 무와통에 의한 제작

와통 없이 기와를 제작하는 방법은 한성도읍시기에 적용되었던 것으로 나타난다. 풍납토성 내의 건물지에서 출토된 기와를 조사한 바에 따르면, 와통 없이 제작되었던 것으로 추정되는 기와가 조사되었다. 이 기와의 내면에서는 통보의 흔적을 발견할 수 없다. 일반적으로 와통을 사용한 기와는 예외 없이 틀에서 쉽게 분리될 수 있도록 통보[12]를 사용하게 되는데, 기와에는 반드시 이 통보의 흔적을 남긴다.

틀을 사용하지 않은 기와는 통보의 흔적이 확인되지 않고, 기와의 내쪽에 통보흔적 대신 두들긴 자국을 수없이 남기고 있다. 틀을 이용한 일반기와의 경우는 외측면에 두들긴 자국을 남기는 것과는 반대현상을 보이는 것이다.

(2) 와통에 의한 기와제작

와통은 기와를 만들기 위한 가장 기본적인 틀을 말한다. 우선 평기와를 크게 나누어 암기와와 수키와로 구분할 수 있다.[13] 기와의 틀인 와통 역시 위의 기와형태에 따라 만들 수 있도록 암기와 와통과 수키

---

12) 와통에 바탕흙을 씌워 두드려 기와를 제작하는 과정에서, 와통에서 기와가 쉽게 분리될 수 있도록 천이나 기타 재료를 사용하여 와통와 바탕흙 사이에 매개물 즉 통보를 씌우게 된다. 이 경우 이 통보의 흔적이 기와의 내면에 뚜렷한 흔적을 남기게 된다.

13) 평기와에 대한 개념은 좁은 의미에서 주로 암기와를 지칭한다. 그렇지만 기와의 기능은 주목적이 지붕을 덮는 것이다. 이러한 측면에서 기와의 주목적과 주기능을 생각하면, 암기와와 수키와는 한 짝의 개념으로 판단하지 않을 수 없다. 물론 기와라는 개념으로 하면, 암·수키와를 모두 지칭할 수 있지만 너무 包括的이어서 다소 혼란스럽다. 이러한 점에서 여기서 서술하는 평기와의 개념을 암기와와 수키와를 지칭하는 것으로 한정하고자 한다.

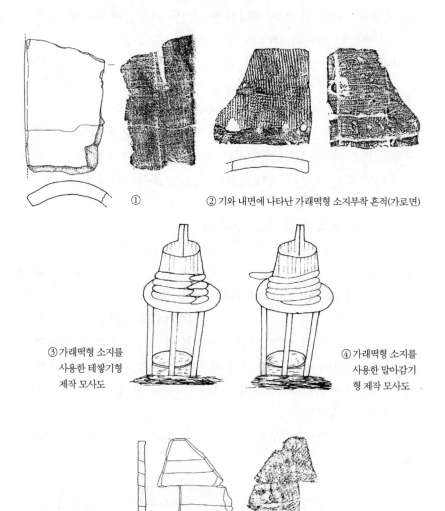

① ② 기와 내면에 나타난 가래떡형 소지부착 흔적(가로면)

③ 가래떡형 소지를 사용한 테쌓기형 제작 모사도

④ 가래떡형 소지를 사용한 말아감기형 제작 모사도

③ 풍납토성 출토기와 (백제전기)

〈그림 24〉 기와 내면 소지 부착 흔적

와 와통으로 나누어진다. 그렇지만 이러한 두 가지 종류로 구분한 것은, 현재까지 전해져 오는 재래식 한식기와 제작법에 의거한 가장 기본적인 구분일 뿐이다. 한반도에서 확인된 고대 삼국의 기와에 대한 정밀관찰에 의하면, 좀 더 세분할 수 있는 흔적들을 확인할 수 있다. 암기와 와통의 경우, 나무를 가늘고 긴 장방형으로 다듬어 구멍을 낸 다음 끈으로 묶어 만든 이른바 통쪽와통[14]과 통나무를 파내어 만든 원통와통이 있다. 수키와 와통 역시 작은 장방형으로 다듬은 나무에 구멍을 뚫은 후 끈으로 엮어 만든 것과, 기와의 크기에 맞추어 통나무를 적당히 잘라 만든 것이 있었던 것으로 조사되었다.

① **통쪽와통** (그림 25, 27, 28, 29)
통쪽와통은 각 통쪽에 구멍을 뚫어 끈을 꿰어 제작한 것이다.[15] 각 통쪽은 좁고 긴 나무조각이나 비슷한 형태의 대나무를 재료로 하여 만들게 되기 때문에 각 통쪽마다 구멍을 뚫어 끈으로 이어 만든다. 그 구멍은 뚫는 방법과, 통쪽을 잇기 위하여 사용된 끈 연결법은 10여 가지가 넘는다. 물론 이러한 통쪽와통으로 제작한 기와는 좁고 긴 나무를 연결하여 제작한 틀이기 때문에 기와의 내면에는 통쪽의 흔적이 그대로 관찰된다. 암기와는 틀을 이었던 끈의 흔적까지도 관찰되는 사례가 많다.
각 통쪽을 발처럼 잇기 위하여 뚫는 구멍의 위치나 수량에 관하여 정리하면 다음과 같다.

---

14) 崔孟植,「百濟 平기와 製作技法 研究」,『百濟研究』第25輯, 1995. 中國 明나라때 宋應星의 天工開物에서는 이러한 瓦桶을 模骨로 표현하였다. 필자는 위의 글에서 模骨을 통쪽으로 표현하였다.
15) 통쪽은 模骨을 우리말로 바꾸어 풀이한 것이다. 模骨에 관한 내용은, 中國 明의 宋應星이 지은 『天工開物』에서 기와제작에 관한 내용 중, 瓦桶을 模骨로 표현한 데에서 由來한다. 그렇지만 재래식인 한식기와 가마현장에서 사용하고 있는 女瓦桶(암기와 제작용 瓦桶)과 男瓦桶(수키와 製作用 瓦桶) 중, 男瓦桶은 통나무를 적당하게 통째로 이용하고, 女瓦桶은 좁고 길게 켜서 다듬은 나무를 많이 만들어 와통을 만든다. 이 좁고 긴 나무를 현장에서 통쪽으로 부르고 있어 명칭을 고쳐 부르게 되었다.

① 기와내면의 통쪽와통흔적

② 통쪽와통 모사도

〈그림 25〉 통쪽와통에 의한 제작 및 와통 모사도

① 원통와통에 의하여 제작된
기와내면 모습

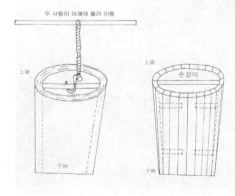

② 원통와통의 두 유형 모사도

〈그림 26〉 원통와통에 의한 제작기와 및 와통 모사도

〈그림 27〉 통쪽와통에 의하여 제작된 암기와 및 내부 통쪽 ; 연결끈흔적

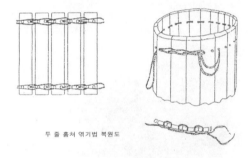

두 줄 홈쳐 엮기법 복원도

〈그림 28〉 그림 27의 기와를 제작한 와통 모사도

〈그림 29〉 그림 28의 와통을 복원한 모습

① 통쪽구멍은 위쪽과 아래쪽 두 곳에 뚫은 것,

② 위, 중앙, 아래의 세 곳에 뚫은 것이 있고, 명확하게 확인되지는 경우도 있다.

③ 통쪽의 各 段마다 구멍을 하나 뚫은 것, 두 개 뚫은 것, 네 개 뚫은 것 등 세 종류가 조사되고 있다.

④ 그밖에 위쪽과 아래쪽에 두 개씩 평행 모양으로 뚫은 것도 있다. 이들은 각 구멍 수에 따라 한 가지에서 몇 가지씩 엮는 방법을 달리 했던 것으로 나타나고 있다.

② 원통와통 (그림 26)

원통와통(圓筒瓦桶)은 입면 상태로 보면 위가 좁고 아래쪽이 넓어 통쪽와통과는 반대 모양을 가진다. 원통와통은 와통 구조에 있어서 통나무를 잘라 속을 파낸 후, 손잡이를 만들거나, 좁고 긴 직사각형의 나무쪽을 원판의 나무에 대어 고정시키는 것이다. 따라서 와통은 통쪽와통과 같이 펴거나 말아 감을 수 있는 것이 아니다. 이러한 구조는 바탕흙을 와통의 외벽에 붙여 성형 후, 와통으로부터 분리하기 위해서는 밑쪽이 좁아야 가능하기 때문이다.[16]

원형와통은 삼국시대부터 사용되었던 것으로 조사되고 있다. 고구려 및 백제계 기와는 원형와통의 비율이 통쪽와통에 비하여 현저하게 낮은 것으로 나타났다. 고신라는 통쪽와통에 비하여 원형와통의

---

16) 현재 장흥 안양면 모령리의 한형준 옹의 전통한식기와 제작에 사용되고 있는 와통은 통쪽와통이나 통나무를 파서 만든 원통와통과 다르다. 즉 瓦桶 중 좁고 긴 直四角形으로 다듬은 쪽을 圓板形 나무에 대어 못으로 고정시켜 만든 것이다. 이 와통의 구조에서 긴 쪽을 사용한 것은 통쪽와통의 한 면을 모방한것이고, 각 쪽을 못으로 고정시켜 上廣下狹 구조는 원통와통의 구조와 같은 기능을 가지고 있다. 이 瓦桶을 필자는 折衷式瓦桶으로 정리한 바 있다(崔孟植,「高句麗 기와의 特性」,『高句麗研究』12輯, 2001 및 崔孟植,「統一新羅 평기와 研究」,『湖西考古學』,湖西考古學會, 2002). 여기서 折衷式으로 부여한 것은, 와통의 기능상 명확한 명칭으로 보기 어렵다. 와통의 형태에서 두 가지의 형태에서 부분적인 모양을 본 떠 제작하였지만, 기능면에서는 원통와통으로 분류함이 적절하게 판단된다. 따라서 필자가 절충형으로 분류한 와통은 원통와의 범주로 포함시키고자 한다.

선호도가 극히 높았던 것으로 조사되었다. 신라가 선호한 원형와통에 의한 기와 제작 방법은 통일 후, 한반도 전역에 퍼지게 되었고, 이 방법은 결국 이후 1000년 이상 지금까지 전통 기와제작 방법으로 계승되고 있다. 이는 백제 및 고구려에서 크게 유행했던 통쪽와통은 신라의 통일을 기점으로 점차 사라지게 된 직접적 동기가 되었던 것으로 추정된다.

이후 원형와통의 전통은 고려 및 조선을 거쳐 오늘에 이르기까지 전통한식 기와제작의 주 도구로 자리를 잡게 된다.

(3) 눈테 (그림 30)

눈테는 와통의 외측면에 부착하는 가는 선이나 돌출된 못 등과 같은 도구를 말하며, 이 가는 선과 못은 통기와의 내면모양에 따른 움푹 패인 선, 또는 홈을 형성하게 된다. 기와의 건조를 마치면, 기와에 형성된 패인 선이나 구멍의 홈을 따라 와도를 긋게 된다. 결국 눈테의 부착 목적은 기와 분리를 위한 전 단계의 한 과정이라고 말할 수 있다.[17]

통상 암기와는 한 와통에서 4매의 기와를 생산할 수 있고, 수키와는 2매를 생산할 수 있다. 따라서 암기와 통에는 4매의 기와를 위하여 4조의 눈테를 등간격으로 부착하고, 수막새 통에는 2조의 눈테를 부착하게 된다.[18]

기와의 내면에는 눈테의 흔적이 남아 있는 경우가 많지만, 잘 드러나 있지 않는 사례 역시 적지 않다. 특히 수키와의 경우는 암기와에 비하여 눈테의 흔적이 관찰되지 않는 비율이 높다. 눈테의 존재는 등

---

17) 눈테는 傳統韓式 기와제작 현장에서는 짬테라고도 부르고 있으며, 일종의 分離線이다.
18) 宋應星의 天工開物에서는 "民房用的瓦是四合分片的先用圓桶作模型桶外劃出四條等分界線"

① 젓가락형 눈테 혼적

② 돌가형 눈테 혼적

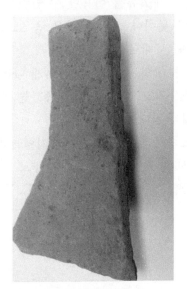

③ 돌기형 눈테 혼적

④ 끈 매듭 눈테 혼적

〈그림 30〉 기와의 내면 분리혼적 측면에 드러난 각종 눈테 혼적

근 와통(통쪽와통 또는 원통와통)을 사용하는 경우에 드러나게 되며, 낱개로 만드는 경우는 눈테의 용도가 필요하지 않게 된다.

조사에 의하면 눈테의 양식은 삼국시대에 가장 다양한 방식을 보여주고 있으며, 통일신라시대에는 몇 가지 방법으로 한정되고 있다. 또 고려와 조선에 이르면 한 두 가지의 방법만이 전습되었던 것으로 조사되고 있다. 이러한 경향은 기와의 질과 문양, 막새의 제작기술에서 보여주는 것과 비례하여, 후대에 오면서 점차 고착화해가는 실상에서 그 원인을 찾을 수 있을 것으로 보인다.

눈테의 재료나 부착방법은 와장(瓦匠)이 현지의 여러 여건에 따라 가변성이 높았을 것이다. 이는 와장(瓦匠)이 대대로 전습받은 바에 따라 그 다양성과 재료가 달라질 수 있다는 것과, 현지의 여건에 따라 대처 가능한 재료를 사용했던 것으로 추정되는 것이다. 눈테의 재료는 반듯한 가는 나무를 깎아 사용하거나, 굵기가 비슷한 얇은 대나무계, 철사와 같은 금속선, 꼬아 만든 새끼류를 이용할 수 있었을 것으로 추정된다.[19] 삼국시대에는 나무못이나 쇠못과 같은 좀 뾰쪽한 못을 상·하에 박아 눈테로 이용했던 사례도 많다.

삼국 중 백제의 평기와에 드러난 눈테의 종류가 가장 많게 나타나고 있으나, 신라에서도 다양하게 조사되고 있다. 눈테의 종류는 재료에 따라 형태도 달리 나타나는 사례가 많다.

눈테는 그 형태에 따라 못처럼 뾰족하게 튀어 나온 "돌기형눈테", 긴 끈을 와통의 상하로 길게 부착시킨 "끈 이음형 눈테", 얇고 길게 만든 나뭇가지나, 대나무 또는 철사를 부착한 "젓가락형 눈테" 등 크게 세 가지로 나눌 수 있다.

---

19) 1996년도 장흥군 안양면 모령리의 한형준 옹이 경영하는 현지에서 사용하고 있었던, 한 암기와 瓦桶에는 가는 대와 철사를 함께 부착하여 사용하고 있었다.

(4) 와도(瓦刀)

와도는 기와를 제작할 때 사용하는 칼로서 자르거나 긋는 작업, 또는 다듬는 작업 등 다용도로 사용된다. 또 적당하게 맞추어 제작한 것과, 대나무를 다듬어 만든 대칼 등 두 가지가 많이 사용되고 있다.[20] 그 밖에 현지에서는 쩔줄이라는 다른 와도 기능을 하는 도구가 있다. 쩔줄은 가는 철사를 이용하며 양쪽 끝에는 새끼줄을 묶어 손잡이로 만들어 사용한다.

이제 각 와도의 기능에 대하여 알아보기로 하겠다. 쩔줄은 기와 제작공정 중 3단계 및 4단계 시에 흙을 숙성시키는 과정에서 재료를 베어낼 때와, 4단계인 다무락 작업 중 기와두께에 맞추어 한 켜씩 횡으로 떼어낼 때 주로 사용하게 된다.[21]

금속으로 제작한 와도는 주로 기와 등분 작업과, 다듬을 때 사용하게 된다. 와통에서 갓 빼낸 통기와의 경우 암기와는 4등분, 수키와는 2등분에 의하여 낱 기와로 만든다. 이 공정 중에 통기와를 등분하기 위하여 눈테 자국을 따라 와도를 대어 긋게 되는데, 이 작업에 사용되는 와도는 현지에서 실사용에 맞게 금속으로 제작하는 것이 일반적이다. 이 금속으로 만든 와도는 나무 손잡이를 만들어 칼에 끼우게 되며, 위와 같이 통기와를 등분하는 작업이외에 낱 기와를 정밀하게 다듬거나 하는 작업에 주로 이용되고 있다.

죽도는 물을 묻혀 사용하는 경우가 많으며, 점성이 강한 숙성된 흙에 사용한다. 이 경우 흙과 쉽게 분리되어 작업에 편리한 이점이 있

---

20) 인간문화재 제91호 製瓦匠인 한형준 옹이 현지에서 사용하고 있는 방법.
21) 중국의 경우, 수막새를 제작할 때 드림새의 뒷면에 등기와(먼저 통기와를 드림새의 뒷면에 올림)를 부착하게 되는데, 원통형의 통기와 중 필요하지 않은 정도 베어다. 베어내는 작업에서 쩔줄 형태의 와도를 이용했던 것으로 조사되고 다. 이러한 경향은 중국의 周, 漢, 樂浪에 이르기까지 일반적으로 사용했다. 이 쩔줄을 사용하여 베어낸 자리는 1~3mm내외의 좁은 간격마다 물결모양의 베어낸 흔적이 뚜렷하게 남아 있게 된다.
중국 西漢시기의 평기와 중에는 수키와를 2분법으로 분할할 때 쩔줄을 사용하여 자른 사례도 관찰된다.

다. 예를 들면 기와제작 4단계인 다무락 작업에서는 소지(素地)를 한 켜씩 뜨게 되는데, 이때 기와의 너비에 맞추어 자를 대고 자를 때 사용하는 것이다.

(5) 통보[22]

통보는 와통을 사용하여 기와제작을 하는 데에 통용되는 것이다. 와통에 바탕 흙(素地)을 씌워 성형을 하게 되는데, 바탕 흙은 점성이 강하여 나무로 만든 와통에 부착할 경우 쉽게 분리되지 않거나, 분리된다 하더라도 그 과정에서 형태가 찌그러지거나 하여 나타내고자 했던 본 기와의 모습을 잃게 되기 쉽다. 이러한 제반 불편함을 제거하고자 와장(瓦匠)들은 통보와 같은 중간 매개물을 사용하기 시작했을 것으로 추정된다.

통보는 위에서 기술한 바와 같이 와통과 바탕 흙 사이의 매개물로서 사용되어 왔지만, 삼국 중 백제에서는 와장(瓦匠)의 선호도나 주변 여건 및 필요성에 따라 그 재료나 모양을 달리하여 기능을 발휘하는데 효과를 내었다. 예를 들면, ①가장 오랜 세월동안 널리 사용했던 것으로 날줄과 씨줄로 짠 베를 사용하는 방법(麻布통보), ②가는 끈으로 새끼를 엮어 이를 다시 동일한 새끼줄을 사용하여 발(簾)처럼 엮어 사용하는 사례(繩紋통보), ③갈대와 같은 가는 줄기를 끈으로 발처럼 엮어 사용하는 사례(갈대형통보), ④일본 고대 기와처럼

---

22) 통보는 필자의 경우, 그 동안 麻布(紋)로 기술하여왔다. 여기서 麻布는 瓦桶에 씌우거나 덮는 천을 蓋然性있게 사용해온 용어였다. 麻布의 주목적은 瓦桶에 씌워 粘性이 강한 통기와와 瓦桶사이의 매개체로 작용하게 하는 것이다. 이로서 얻는 효과는 통기와를 瓦桶으로부터 쉽게 분리될 수 있게 하는 것이 주 기능이다. 이를 재래식 기와를 제작하고 있는 현지에서는 통보로 불리고 있다. 여기서 통은 瓦桶으로 풀이되고, 보는 덮거나 씌우는데 사용하는 것으로서, 이두 단어가 합성되어 통보로 불리고 있는 것으로 해석되는 것이다. 따라서 필자는 본래의 기능에 따른 명칭은 통보로 기술하고, 통보를 이루고 있는 실의 한 올(씨줄과 날줄)을 표현하기 위해서는 麻布紋이나 올로 고쳐 부르기로 하겠다. 日本에서는 통보를 주로 布目으로 부르고 있으며, 이는 麻布의 의미와 비슷한 듯하다.

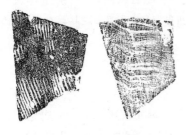

② 승문기와 내부 승문통보 흔적 (고구려)

① 선문기와 내부의 마포통보 흔적 (백제)

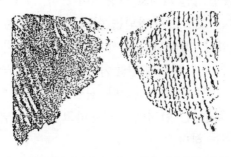

③ 선문기와 내부의 승문통보 (백제 ; 익산 왕궁리유적)

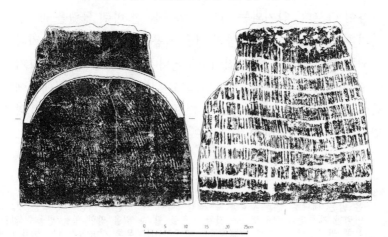

④ 선문기와 내부의 갈대형통보 (대전 월평동 백제산성)

〈그림 31〉 통보의 각종 사례

백제의 와전

가는 대나무를 발처럼 엮어 사용하는 마포(竹狀模骨[23]) 등이 그것이다.[24] 위의 재료에 따른 통보들을 차례로 설명하면 아래와 같이 정리할 수 있다.

① 마포(麻布)통보 (그림 31-①)

통보의 흔적은 기와 내면 쪽에 마포문(麻布紋)이 그대로 반영되는 것이 일반적인 사례이다. 마포(문) 통보는 "마포"라는 단어로서 통보를 포함하는 포괄적인 의미로 사용되어 왔다. 그렇지만 당시 현지의 조건 등에 따른 것으로 추정되는 여러 재료에 따른 몇 가지의 통보가 확인되고 있다. 따라서 지금까지 사용되어온 "마포"라는 단어로는 여러 재료에 따라 다르게 만들어진 통보라는 개념을 모두 수용하기에는 한계가 있는 듯이 느껴진다. 물론 이전에도 기와 제작을 중심으로 정리한 글에서는 현지에서 사용하고 있는 개념인 통보로 서술된 사례가 있기는 하다.[25]

재래식 한식 기와 제작에 사용되고 있는 통보는 암기와와 수키와의 모양이 다르다. 암기와는 암기와 와통을 한 바퀴 돌렸을 때, 수 ㎝내외의 여유가 있는 직사각형의 천을 사용하고 있다. 반면 수키와에 사용되는 통보는 와통에 뒤집어씌우거나 뺄 수 있을 정도의 크기로 하여 원추형에 가깝게 꿰매어 사용하고 있다. 그 통보의 꼭대기에는 손잡이를 고정시킨다. 이 통보의 손잡이는 소지(素地)를 통보 위에 뒤집어씌운 후, 성형하여 건조장으로 옮길 때 사용된다. 즉 통보의 손

---

23) 竹狀模骨은 日本의 古代수키와 내면에 麻布(繩目)대신 사용했던 것이다. 狀模骨은 얇은 대나무 같은 재료를 수 ㎝간격마다 새끼 끈을 사용하여 엮은 것으로서 이러한 재료만을 사용해서는 기와 성형을 할 수 있을 만한 힘을 받을수 없을 것으로 판단된다. 따라서 竹狀模骨은 순수한 瓦桶으로 사용하기에는 무리가 따를 것으로 보인다. 아마 중심부에 힘을 실을 수 있는 또 다른 瓦桶이 존재하지 않았나 여겨진다.
24) 竹狀模骨은 한반도에서는 보고사례가 없다.
25) 趙成模 앞 論文.
국립문화재연구소에서 발간한 제와장에서는 암·수키와에 한 제작공정을 명하는 정에서 통보에 대한 내용을 사진과 함께 자세하게 제시하고 있다.

잡이를 잡고 빼면 성형된 통기와가 통보에 부착된 채 빠지게 되기 때문이다. 따라서 기와의 내면을 관찰하면, 거의 대부분 마포문의 흔적을 그대로 남기게 되는 것이다.

② 승문(繩紋)통보 (그림 31-②·③)

이러한 새끼 끈을 엮어 사용한 통보는 백제 고지에서는 비교적 넓게 분포하고 있다. 고구려 유적 중에는 경기도 임진강 유역 주변에서 확인되고 있다.

기와의 안쪽에 승문(繩紋)통보를 사용한 평기와의 경우, 백제고지 중 웅진·사비도읍시기를 전후한 유적에서는 넓게 분포하고 있음을 알 수 있다. 위에서 확인된 유적은, 아직 백제유적 전체에 대한 세밀한 기와 관찰을 하지 않았기 때문에 좀 더 많은 분포가능성을 내포하고 있다고 볼 수 있을 것이다. 이 승문통보 흔적을 가진 기와의 분포는, 지금의 충청남도 및 전라 남·북도 전체를 아우르는 지역이다. 이것은 적어도 6세기 중·후반을 전후한 이후에는, 승문통보의 사용 분포가 백제 전지역에 넓게 퍼져 있음을 짐작케 하는 것이다.

고구려는 임진강유적을 중심으로 제한된 지역에서 확인되고 있을 뿐이다. 앞으로 한반도내의 고구려고지인 평양을 중심으로 한 주변지역과, 한반도 북편의 고구려고지에 대한 조사가 이루어지게 되면 보다 넓은 분포 및 사용상한 등에 대한 정확한 자료를 확보할 수 있을 것으로 기대된다. 고구려유적에서 출토된 승문통보를 보면, 승문통보 이전에 마포통보에 의하여 기와제작이 이미 이루어졌을 가능성이 크다. 이는 기와 내면에 드러난 승문 밑에는, 승문이 형성되기 이전에 이미 마포통보에 의하여 제작된 자국이 관찰되기 때문이다. 이는 기와 내면의 승문은 기와 제작 후, 분할하여 건조하기 이전에 再 성형하는 과정에서 형성되었음을 의미하기 때문이다.

고신라유적에서는 기와 내면 승문 통보의 존재가 아직 보고된 사례가 없다. 이 점은 고신라 건물지 유적출토 기와에 대한 정밀조사가

백제의와전

많이 이루어지지 않았기 때문에 아직 그 유무에 대한 단정은 할 수 있는 사항이 아니다. 다만 고신라의 대표적 유적으로 꼽을 수 있는 월성해자 및 황룡사지와 분황사지 등지에서도 확인되지 않고 있어 흐름의 경향은 짐작할 수 있겠다. 또 이러한 유형의 기와는 통일신라 시대의 유적에서도 출토사례가 보고된 사례가 아직 없다. 이는 신라가 당(唐)과 연합하여 백제와 고구려를 멸망케 한 후, 한반도를 차지하고, 신라 재래식의 포문 통보가 유행되면서 그 존재가 점차 멸시되지 않았나 판단된다.

③ 갈대형 통보 (그림 31-④)

갈대형 통보는 갈대와 같은 줄기를 새끼 끈으로 발처럼 엮어 통보로 사용한 것이다. 재료는 갈대의 줄기와 같은 것과, 잎을 함께 섞어 사용한 것, 초류(草類)지만 반드시 갈대라고 단정할 수 없는 것 등 세밀하게 관찰하면 여러 형태를 보인다. 이러한 사례는 대단히 이례적인 것으로 대전 월평동 백제산성에서 확인되었다. 동 유적에서 기와의 출토물은 적지 않지만, 타 유적에서 보고 사례가 아직 없어 비교할 수 있는 자료가 없다. 당시 기와를 제작하면서 갈대와 같은 재료를 사용할 수밖에 없는 여건인지는 확실하지 않다.[26]

4.전통기와 제작방법 (그림 32~34)

전통기와의 제작방법은 통상 7단계로 크게 나누어 설명할 수 있다. 각 단계는 ① 흙 채취 작업 ② 흙 고름작업 ③ 벼늘 작업 ④ 다무락 작업 ⑤ 성형작업 ⑥ 건조 ⑦ 구움을 차례대로 거치게 된다.

---

26) 大田 月坪洞山城 조사에 참여한 이호형의 교시에 의하면, 많은 갈대형 통보 기와 중 점에는 갈대형 흔적 내측에 麻布紋흔적이 관찰되었다고 한다. 그렇다면 마포 통보를 구하기 힘들어 이러한 재료를 사용했던 것은 아닌 듯하다. 마포 와통의 특수성이나 다른 효용성을 고려하여 이러한 특수 보를 이용했을 수도 있을 것이다.

〈그림 33〉 전통 한식 암기와 제작와통
(장흥군 안양면 모령리)

〈그림 32〉 부여 정암리 백제 기와가마터

〈그림 34〉 전통한식 기와제작 (건조모습)

1) 흙 채취작업

흙 채취는 기와의 바탕흙이 되기 때문에 이에 대한 선별은 기와의 질에 큰 영향을 주게 된다. 흙의 선별작업은 숙련된 瓦匠이 직접 선택하며 가마 역시 알맞은 흙을 쉽게 구입 운반할 수 있는 부근에 조성하게 된다.

흙의 질은 점성이 강한 진흙을 사용하는데 진흙에 적당한 량의 모래가 혼입된 것을 선호한다. 이것은 기와를 숙성시키는 과정에서 탄력성을 위한 것이다. 경험상 가을을 전후하여 작업장으로 옮긴 흙은 겨울을 밖에서 난 후 봄에 사용하는 것을 좋게 여긴다.

2) 흙 고름 작업(구와질작업이라 함)

흙 고름작업을 하기 위해서는 평지보다 30㎝ 내외 정도 낮게 사각형으로 파서 바닥에 판자를 고르게 깐다. 이곳에 채취한 흙을 적당하게 넓게 채워 넓적한 쇠판을 단 쇠스랑로 대각선 방향으로 흙을 조금씩 고르면서 큰돌이나 기타 불필요한 불순물을 제거한다. 이 과정에서 발로 밟아 나아가면서 흙의 숙성을 위한 기초작업을 진행하게 된다.

이 작업 중 중간 중간에 적당량의 물을 부어 가면서 작업을 원활하게 진행할 수 있게 하는데, 모두 세 번에 걸친 반복 작업을 하게 된다.

3) 벼늘작업[27]

벼늘 작업은 흙의 본격적인 탄성을 위한 일종의 숙성과정에 해당한

---

27) 다무락은 方를으로 담장을 의미하고 발음에 따라 다드락이라고도 한다. 여기서의 명칭은 통상 현장작업에서 사용하는 명칭을 사용하였다.

다. 벼늘작업을 하기 위하여 흙 고름 작업장에서 바로 옆 장소를 선택하며, 흙이 바닥에 달라붙지 않도록 사전에 모래를 적당량 뿌려둔다.

흙 고름 작업장에서 과정을 마친 흙을 나무로 만든 흙 가래를 사용하여 조금씩 떠서 일정량을 옮긴 후, 발로 돌아가면서 조금씩 밟아 흙의 밀도를 강하게 하고, 앞서 미처 발견하지 못한 큰 모래나 기타 불순물을 제거해 나아간다. 이 작업은 흙을 바닥에 둥그렇게 떠서 놓은 상태로 진행하며, 돌아가면서 발로 밟기를 한 차례가 끝나면 다시 흙 고름 작업장에서 흙을 떠와 그 위에 고르게 펴놓은 후 다시 밟아 다지기를 반복한다. 이렇게 하여 층층이 밟아 올려 작업을 마치게 되면, 둥그렇게 다져 쌓아진 흙은 마치 둥글게 쌓은 벼늘(낟가리)처럼 된다. 이러한 한 차례의 벼늘작업을 마치면, 다시 옆에 모래를 깔고 벼늘 작업한 흙을 얇은 쩰줄로[28] 잘라 옮겨 앞서 벼늘작업을 했던 방법과 똑같은 작업을 반복하게 되는데 이 벼늘 작업 역시 세 차례에 걸쳐 실시함으로서 벼늘 작업을 마치게 된다. 이 과정에서 기와 바탕흙은 충분한 숙성을 갖게 되어 성형을 위한 탄력성을 지니게 된다.

흙벼늘의 규모는 기와를 만들 량에 따라 너비나 높이가 달라질 수 있다.

4) 다무락 작업

다무락 작업은 숙성된 바탕흙을 기와성형을 하기 위하여 적당한 크기 및 두께로 자르게 위한 작업을 말한다. 다무락 작업은 담장의 방언으로 숙성된 흙을 다무락처럼 재어놓고 진행된다.

다무락 작업은 전단계의 벼늘 작업장에서 가까운 평지에서 하게 되며, 이 작업을 위해서는 먼저 작업장 바닥에 몇 가지 설치를 하게 된

---

28) 쩰줄은 가는 철사로 만든 것으로서, 양쪽 끝에는 새끼로 짧은 손잡이를 만들어 양손으로 잡고 베어야할 바탕흙에 대고 앞으로 잡아당기면 흙은 쉽게 베어지게 된다.

백제의 와전

다. 이 설치작업은 가는 철사를 다무락 작업하는 흙분량에 맞추어, 동일한 길이의 철사 두 개를 사용하게 된다. 두 철사는 각 한쪽 끝에 못을 매달아 만들 기와의 높이 만큼 사이를 띄우고 땅에 박아 고정시킨다. 두 줄의 철사는 평행으로 이어 다무락 작업을 할 흙의 길이에 비하여 조금 길게 정한 후, 철사를 바짝 당겨 못을 박아 철사를 감아 고정시킨다. 철사의 한 쪽 끝은 나무로 부착한 손잡이가 매달려 있으며, 다른 두 끝은 철사를 못에 감아 고정시킨다.

이 작업을 마치면 땅에 설치한 평행선을 이루는 철사 주변에 모래를 엷게 깔아 흙을 바닥에서 쉽게 뗄 수 있도록 한다. 다음으로 본격적인 다무락작업에 들어가게 된다. 벼늘작업에서 숙성작업이 완료된 흙은 쩔줄을 사용하여 얇고 넓게 떠서 설치한 평행선 철사 위에 옮기기 시작한다. 쩔줄을 사용하여 흙을 베어내면서 줄에 걸리는 돌이나 불순물은 숙련된 와장(瓦匠)에 의하여 감각으로 느껴지게 되는데, 이때마다 제거되는 작업이 되풀이된다.

쩔줄로 한 켜씩 베어낸 숙성된 흙은 철사 위를 따라 길게 한 켜씩 덮는 과정에서 와장(瓦匠)은 수시로 새끼를 감은 방망이나 발 및 손등을 사용하여 다무락처럼 올라가는 흙의 측면이나 위를 다져 한 켜씩 올라가는 흙이 중간에서 뜨거나 하는 사태가 발생하지 않도록 진력을 다하게 된다. 이 과정에서 흙은 다시 한번 마지막 숙성에 따른 밀도가 강해질 수 있는 계기가 되는 것이다.

벼늘작업에서 쌓은 흙을 모두 다무락작업으로 옮기게 되면, 다무락처럼 쌓여진 흙의 측면을 수직면이 곱게 베어내는 작업에 들어가게 된다. 다무락처럼 쌓여진 흙의 양측면을 수직으로 같은 너비로 고르게 자르기 위해서는 사전작업이 남아 있다. 즉 다무락흙의 직상에는, 바닥에 설치한 평행선의 철사에 맞추어 두 개의 장자(나무로 만든 길고 곧은 나무자를 사용)를 수직으로 고정시킨다.

다음에 앞서 설치한 손잡이가 달린 쪽의 두 철사를 풀고, 와장(瓦匠)이 계획한 길이 세로 길이에 맞춘 머리자(이 머리자는 기와의 세로 길이보다 좀 길며, 기와의 길이에 맞추어 양쪽에 철사를 끼울 수 있는 음각선을 마련해 놓은 것)의 음각홈에 끼워 말아 고정한다. 이 때 바닥에 놓여진 두 철사 선은 다무락흙 위에 설치된 양쪽의 장자의 밖 쪽으로 밀착된 상태가 된다. 이 과정을 마치면 머리자를 잡고 위로 당겨 나가면, 두 철사 선에 의하여 다무락 흙은 중심부의 바탕흙만 남기고 측면의 불필요한 흙은 베어져 떨어진다.

벼늘작업과 다무락작업시 어떤 사유로 인하여 작업이 계속되지 못하고 중단되면 지금까지 작업했던 숙성작업에 따른 흙의 탄성이 없어지기 때문에 반드시 비닐이나 잘 엮은 짚으로 덮어 수분의 발산을 막아야 한다.

5) 성형작업

지금까지 몇 단계를 거쳐 정성스럽게 숙성시키고 준비를 해왔던 것은, 굽는 작업과 함께 가장 중요한 작업인 기와성형을 위한 것이다. 이 성형작업에서는 암·수키와 및 암·수막새를 만드는 작업이 포함된다. 또한 여기서는 따로 설명하지 않았지만, 기와에 포함되는 모든 용도의 형상 예컨대, 휘두(鷲頭), 용두(龍頭), 잡상(雜象) 기타 제반 필요한 것은 이 단계에서 성형하게 되는 것이다.

기와제작은 이 틀에 위의 소지를 말아 감아 밀도를 높이고 소지의 연결부분을 충분히 부착시키기 위하여 두드리고, 이 과정에서 두드리는 도구에 문양이나 문자 넣게 되면, 시문되는 것이다.

성형작업의 시작은 다무락작업의 연장선에 있다고 볼 수 있다. 다무락작업을 마치게 되면, 기와성형을 위하여 만들 기와크기 만큼 요량하여 너비와 두께를 맞추어 흙을 한 켜씩 떼어내게 된다. 이 작업은 우선 만들기와의 두께와 일치하게 켠 나무판자를 정방형으로 만든 "고마"라 불리는 도구를 사용한다. 고마의 크기는 작업상 편의에 따라 크기가 달라질 수 있으나 통상 가로세로가 각 4cm 내외이다.

이 고마는 다무락작업을 완료한 네 측면에 수직으로 고르게 쌓아 놓고, 다무락흙의 한 측면에 장자를 하나씩 올려놓는다. 다음에 만들 기와의 너비를 요량하여 다무락흙의 상면을 쩰줄로 눌러 수직으로 분리시켜 놓는다. 이 과정을 마치면, 다무락작업흙의 측면에 하나씩 놓인 장자를 움직이지 않게 손으로 잘 잡고, 쩰줄을 사용하여 장자의 위에 대고 횡으로 당기면 요량한 크기의 소지가 한 켜씩 떼어지게 된 다.

암기와는 와통이 크기 때문에 통상 두 장의 소지(素地)를 와통에 부착하여 성형한 후, 4분되므로 한 와통에서 네 장의 기와를 만들어 내게 된다. 수키와는 소지(素地) 한 장으로 2분되므로 한 와통에서 두 장의 기와를 만들게 된다.

성형작업의 시작은 다무락작업을 마친 흙을 여러 도구를 이용하여 떼 내는 작업부터 이어지며, 와통에 부착된 채 건조장으로 옮겨진 후에도 와도(瓦刀)로 분리하거나, 다른 도구로서 다듬어 지붕에 기와를 올렸을 때 간격을 최소화하기 위한 작업이 계속된다. 따라서 건조장에서도 성형작업은 건조와 함께 공존하는 셈이다.

(1) 암기와 제작

암기와는 제작을 위하여 암기와통을 사용하게 된다. 암기와통은 통나무를 잘라 속을 파내고 손잡이를 윗부분의 중앙에 매달아 사용하였다고 하나, 너무 무겁고 비능률적이어서 지금은 둥근 판자를 상하에 대고 좁고 긴 나무쪽을 못박아 고정시켜 사용하고 있다. 암기와통에는 측면에 네 개의 기와 분리선을 등간격으로 부착·고정시켜 놓는데 이는 철사나 기타 편리한 재료를 이용한다. 이 분리선은 장차 기와 성형시 4등분을 하기 위한 것으로 아직 분리되지 않은 기와의 내면에 세로의 음각선을 형성하게 한다.

와통은 회전되는 작업대위에 올려놓은 후, 먼저 마포(현지에서는 통보라고 부름)를 말아 감는다. 마포를 감기 전, 와통에는 약간의 물기 있는 소지 덩어리를 군데군데 부착하여 마포를 말아 마포가 와통에서 쉽게 분리되지 않고 잘 부착되도록 한다.

암기와통은 특성상 위가 넓으며, 아래를 좁게 만드는데, 이는 성형된 소지를 부착된 채 와통을 건조장으로 옮겨 아직 분리하지 않은 통기와를 쉽게 빼내기 위함이다. 암기와통은 물레처럼 돌아가는 작업대 위에 올려놓고, 한 켜씩 떼 낸 소지(素地) 두 장을 이어 붙인다. 따라서 이 작업은 최소한의 기와량을 제작하더라도 소지를 켜서 와통에 옮기기 전에 물질을 하는 인원, 두 소지를 가져와 와통에 부착하는 사람 등 최소 3명 정도의 인원이 요구된다.

와통에 부착한 소지(素地)는 이음부를 두드려 표나지 않게 잇고, 현장에서 "다대"라고 하는 도구로서 두드려 밀도를 높인다. 이 다대에는 와장이 파 넣은 문양이 새겨져 있어 기와를 두드리는 과정에서 기와에 문양이 나타나게 된다. 이 작업중 소지(素地)가 패인 곳이 있으면 더 부착하여 흠이 없도록 하고, 미처 제거하지 못한 작은 돌 등이 있으면 빼낸다.

건조장으로 옮긴 후, 와장(瓦匠)은 손잡이를 잡고 경험에 따른 솜씨로 바닥에 알맞은 충격을 가하면서 놓게 되면, 이 과정에서 와통과 통기와간의 틈이 적당히 생기게 된다. 이 기회를 이용하여 와통을 위로 빼내면 무리없이 통기와만 바닥에 남게되고, 와통을 빼낸 후에도 그대로 남아 있는 통보는 겉 선단부를 잡고 돌려 벗겨 낸다.

건조장으로 옮긴 후의 작업은 편의상 건조난에서 다루기로 하겠다.

(2) 수키와 제작

수키와 역시 전용 수키와 와통에 의하여 제작된다. 수키와 와통은 크게 두 가지로 나눌 수 있다. 하나는 수키와의 성형만을 위한 제작된 깎은 통나무 와통이고, 다른 하나는 이 와통을 끼워 넣어 돌려가면서 작업을 할 수 있도록 만든 작업대이다. 이 작업대는 현지에서는 말(馬)이라고 흔히 부르고 있다. 이 작업대의 한 쪽에는 지름 1㎝ 내외의 철사를 고정하고 있다. 성형용 와통의 아래 중앙지점에 구멍을 뚫었는데, 작업대에 고정한 철사에 끼워 넣을 수 있도록 한 것이다.

와통은 평소 요량한 크기의 수키와에 맞추어 알맞게 높이와 둘레를 조절한 것으로서, 위로 올라가면서 점차 좁게 만든 것이다. 또 와통의 세로 면에는 두 개의 철사나 기타 신아대와 같은 가는 선을 대칭으로 두 개를 고정시켜 놓는다. 이는 눈테라 불리며 이른바 기와 분리를 위한 것이다.

수키와는 통상 한 켜씩 뗀 한 장의 소지(素地)를 와통에 감는데, 한 장의 소지의 너비는 처음부터 이 수키와 와통을 한 번 말아 감을 수 있도록 요량한 것이다. 수키와 역시 소지(素地)를 부착하고 한 후 다대로서 두드려 다지고, 문양을 낸다.

소지를 와통에 부착하기 전에 마포(통보)를 씌우는 일부터 착수한다. 암기와의 통보가 보처럼 되어 있어 필요시 말아 감고, 통기와를 빼낸 후, 풀어 헤쳐 빼는 것과는 달리, 수키와에 사용하는 통보는 와통에 맞춘 옷처럼 바늘로 꿰매어 항상 같은 모양을 유지한다. 이 통보의 상단에는 좀 단단한 재료를 이용하여 십자형으로 손잡이를 매달아 놓는다.

와통에 이 통보를 씌운 후, 소지를 말아 부착하여 성형작업을 마치면, 통보에 매단 손잡이를 잡아 빼낸다. 와통은 작업대에 그대로 놓여 있고 통보와 통보에 씌워진 통기와만 쑥 빠져나온다. 통보에 씌워진 통기와를 매단 채 건조장으로 옮겨 땅에 놓고, 통보만 살짝 돌려 빼내면 통기와[29] 만 땅에 남게 되는 것이다.

---

29) 통기와는 와통에서만 분리했을 뿐, 아직 기와형태(하나의 통기와는 암기와의 경우 통상 4분되어 4개의 기와가 되고, 수키와는 2분하여 두 개의 기와가 되는 것이 통례임)로 분리되지 않은 둥그런 형태의 것을 지칭한다.

6) 건조

건조작업은 공정에 있어서 순수한 건조작업으로 이루어지지 않음은 앞에서 말한 바와 같다. 건조장에 옮겨진 암기와와 수키와의 작업은 사실상 동일한 공정으로 건조과정에서 성형작업을 마치게 된다.

건조장으로 옮겨진 기와는 통보를 빼낸 후, 와도(현지에서는 긁낫으로 부르고 있으며, 나무 손잡이에 철사를 박아 끝을 약간 구부려 넓적하게 만들어 기와 분리용 칼로 이용함)로서 통기와 내에 있는 음각 분리선을 따라 긋게 된다. 이 경우 기와의 상반부 내외만 긋게 된다. 나머지 은 상단쪽이 마른 다음, 뒤집어 하단부를 다시 윗면으로 오게 하여 건조하는데, 이 과정에서 채 마르지 않은 상태에서 나머지 부분을 와도로서 그어 홈집을 내는 것이다.

처음 통기와를 건조장으로 옮긴 후, 와도로서 상단부만 그어 분리선을 형성하게 하는데, 이 작업과 동시에 기와의 하단부쪽은 짚이나 기타 재료를 사용하여 덮어 상하가 동시에 건조하지 않도록 한다. 상단부 건조는 날씨가 좋으면 2일정도 소요된다.

먼저 상단부를 말리는 작업을 1차 건조라고 할 수 있다. 이 1차 건조작업이 완료되면 기와를 뒤집어 놓고, 중간 성형작업에 들어가게 된다. 이 건조작업중에 이루어지는 성형작업은 특수한 도구를 사용하게 된다.

2차건조 작업에 앞서서 뒤집어 놓은 기와는 암수키와 모두 동일한 공정이 뒤따르게 된다. 이때 사용되는 도구는 현지에서 칭하는 이른바 "건장채"와 "남생이(막생이)"라는 것이다. 건장채는 한 자 정도의 두드릴 수 있는 좀 넓적하고 긴 막대이며, 남생이는 남생이처럼 만든 손안에 쥘 수 있는 것이다. 이 작업공정은 막생이를 손에 쥐고 기와의 밖에 대고, 대는 반대편을 다른 손으로 쥔 건장채를 돌려가면서 두드려 다듬는다. 이 과정에서 기와의 아래 면은 좀 넓적하게 성형되며, 두드리는 만큼 내면이 경사지면서 얇아지게 된다. 이러한 일

백제의 와전

련의 작업은 기와를 지붕에 올렸을 때, 기와의 위아래로 겹치는 부분이 잘 겹쳐지게 하고, 틈이 커지는 것을 방지하게 하기 위한 방편인 것이다.

이 작업공정을 마치게 되면, 자연히 2차 건조작업에 들어가게 되는 것이다. 2차건조작업 역시 통상 2일 정도 소요되며, 기와를 건조시 음양건은 크게 가리지 않는다고 한다. 다만 음건일 경우 건조기간이 다소 더 소요될 뿐이다.

2차 건조작업을 마친 통기와는 숙련된 와장(瓦匠)에 의하여 암기와는 4분법으로, 수키와는 2분법으로 나누어지게 된다. 암기와용 통기와는 두 다리 사이에 놓고 두 손으로 적당한 충격으로 툭 치면 동시에 네 개의 기와로 쉽게 분리되며, 분리된 기와는 와장(瓦匠)의 독특한 방법으로 세워 3차 건조에 들어간다. 실제 3차 건조는 마무리하는 과정이어서 2차 건조작업 도중 대부분의 기와는 건조된 상태를 보이는 것이 통례이다. 수키와는 두 손으로 충격을 주거나, 기와 안팎을 잡고 적당한 힘을 주어 잡아당기면 깨지지 않고 쉽게 분리된다.

(3) 암 · 수막새 제작

암 · 수막새의 제작은 막새에 따라 암막새는 암막새 드림새문양이 새겨진 틀을 사용하고, 수막새 역시 동일한 방법에 의하여 진행된다. 막새의 등기와는 위의 공정에서 설명한 암 · 수기와를 그대로 이용하는데, 다만 1차 건조작업을 마치고, 2차 건조에 들어가기 직전에 작업을 실시하게 된다. 이는 드림새와 접합하는 등기와의 면이 건조되지 않은 상태에서 작업이 진행되어야 하기 때문이다. 또 등기와는 암기와와 수키와를 막론하고 면이 넓은 기와의 아래면과 드림새를 접합시켜야 하기 때문이다.

암막새를 제작하기 위해서는,

① 위에서 말한 1차 건조를 마친 기와가 준비되어야 하고,

② 등기와와 드림새를 부착하는 틀을 만들어야 하는데, 통상 땅을
너비 약 50㎝ 내외, 깊이 25~30㎝ 정도 파고, 이 구덩이의 측면
은 경사지게 만든다.
③ 구덩이의 경사면에는 완성된 기와를 내면이 위로 향하게 하여
고정한다.

위의 제반 조건이 갖추어지게 되면 1차 건조된 기와를 구덩이에 고
정한 기와와 같은 방향으로 올려놓는다. 다음에 고정시킨 기와의 머
리맡에는 좀 넓은 판자를 고정해 놓는다. 그리고 이 고정된 판자위에
적당한 분량의 드림새를 만들 소지(素地) 덩어리를 놓고 드림새 틀
로 눌어 막새의 모양을 낸 후, 틀의 가장자리를 따라 칼로 그어 필요
없는 부분을 떼어 낸다. 이 작업으로 찍힌 막새의 모양이 잡혀지게
된다.

막새가 만들어지면, 구덩이에 놓은 등기와의 상단 부착면을 만들어
놓은 흠집용 도구로 긁어 부착시 서로 엉겨 붙는 밀착도를 높게 한
다. 판자에 놓인 드림새와 등기와 부착면을 갖다 대고 부착시킨다.

부착면은 밀도를 위하여 적당하게 누르거나, 면을 고르게 하는 작
업을 겸한다. 이 부착면은 아직 건조되지 않았기 때문에, 등기와 밑
에 깔았던 기와는 그대로 놓고 다른 기와를 밑에 받쳐대어 이와 함께
그대로 들어 올려 건조장소로 옮긴다.

수키와제작은 암기와와 모든 공정은 동일하다. 다만 구덩에 놓인
고정된 틀을 나무로 제작하여 놓는 점만 다르다. 즉 수키와 등기와에
맞게 둥그런 원본과 드림새를 눌러 찍는 판을 못을 박아 한 틀로 만
든다. 이 틀을 적당한 구덩이의 경사면에 맞추어 고정시킨 후, 암기
와와 같은 공정에 의한 제작을 한다.

7) 구움[30]

건조된 기와를 마지막으로 처리하는 공정이다. 지금까지 많은 공력

백제의와전

을 들여 제작한 날기와[31] 를 잘 굽지 못하면 모든 작업이 수포로 돌아가게 된다. 따라서 기와굴(현지에서는 통상 기와굴이라 부름)에 기와를 굽는 작업은 가장 숙련된 와장(瓦匠)의 철저한 감독이나, 직접적인 통제하에 작업을 진행하게 된다.

기와를 잘 굽기 위해서는 불의 시간조절과 강도 등 오랜 숙련된 와장의 경험을 바탕으로 이루어지는 것이 보통이나, 이러한 숙련된 와장의 경험도 기와굴에 어떠한 방법으로 기와를 재어 넣었는가에 따라 기와의 질은 상당한 차이를 가져온다. 기와의 재는 솜씨가 좋지 않으면 기와굴에 들어간 불의 기와에 고르게 분포되지 않게 되고, 이는 기와의 질저하로 이어지게 되는 것이다.

기와를 굽는 데는 기와의 재움과 불작업이 가장 중요하다.

불작업은 노련한 와장이 오랜 숙련 끝에 나름대로의 경험에 의하여 불의 상태와 기와의 달구어지는 정도 등을 보아가면서 신숙성있는 조절작업이 수반되어야 하기 때문에 설명으로는 한계성이 있음을 지적하지 않을 수 없다.

불작업은 크게 여섯 단계로 구분할 수 있다.[32]

(1) 피움불

피움불은 처음 피우는 불이라는 의미로서 양쪽에 나 있는 가마의 아궁이에 불을 피운다. 피움불은 아궁이 안에 불을 피우지 않는데,

---

30) 한형준 옹이 운영하고 있는 기와굴은 1회에 기와를 잴 수 있는 수량이 암기와는 1,100내외이며, 수키와를 섞어 재면 1,200~1,300장 정도 잴 수 있다고 한다. 수키와는 최고 1,400까지 잴 수 있다고 한다. 불피우는 시간은 날이 좋을 경우 14~15시간 내외, 날이 궂으면 20시간이나 그 이상까지 지피우기도 한다. 이때 소요되는 나무는 松木를 주로 사용하고 있는데, 2.5톤 트럭으로 한 차 분량 내지 한 트럭 반정도의 분량이 소요된다고 한다.
31) 아직 굽지 않은 기와를 지칭한다.
32) 이 불작업에 대한 설명은 한옹준옹이 말한 내용과 다음 자료를 참고하였다.
　　趙成模, 「韓國傳統기와 製作工程에 關한 硏究 -無形文化財 第91號 제와장 한형준옹의 제작과정을 중심으로-」, 圓光大學校産業大學院碩士學位請求論文, 1995.
　　國立文化財硏究所, 「製瓦匠」, 1996.

이는 처음부터 아궁이 안에 불을 피워도 불이 타들어가지 않고 밖으로 나오기 때문이다. 이 피움불은 약 2시간 정도 진행하면 굴내의 습기가 제거되고 아직 남아 있는 기와의 수분을 말려준다. 이후 본격적인 불을 피우게 된다. 처음부터 아궁이 내에 불을 억지로 넣으면, 불구멍이 막히거나 기와가 터지고, 나무가 충분하게 연소되지 않는 사태가 발생한다.

(2) 초불

가마 안의 아궁 이내로 불을 넣으면서 초불이 시작된다. 초불에서는 연소실내의 가장자리까지 불을 잘 넣어야 하는데, 여의치 않으면 불길이 골고루 가지 않게 된다. 불길은 센불을 따라 가는 습성이 있어 처음부터 골고루 지펴야 한다. 이 초불에서 기와는 검게 변하게되며, 이때 양 아궁이 중 한쪽으로 불기운이 가지 않으면 불길이 센 아궁이는 쉬게 되는데 이것을 쉰불 또는 느끈불이라 한다. 불을 쉴 때는 굴내로 찬 바람이 들어가지 않도록 막아 놓는다.

(3) 중불

중불이 시작될 즈음에는 가마굴 안의 고래가 붉게 변하고, 기와의 색깔은 잿빛과 붉은 색으로 바뀌게 된다. 이를 흔히 때빼긴다고 한다. 이 때도 양 아궁이의 불의 기운을 같게 하여 잘 조절해주어야 한다. 수시로 양 굴뚝에서 보이는 불의 강도에 따른 기와의 색깔이 일치하도록 불의 세기를 조절한다. 2~3시간 정도 불을 때면 두 굴뚝을 통하여 불기운이 밖으로까지 나오게 된다.

(4) 상불

상불의 시작은 양 굴뚝을 통하여 불기운이 나오고 굴뚝을 통하여 본 기와의 색깔이 붉게 변하며, 가마의 천장까지 붉은 색을 띠게 되는 데에서 알 수 있다. 이 때가 되면 와장(瓦匠)은 양 굴뚝을 반정도 막아준다.

이때는 나무를 자주 넣는데, 센 불기운을 유지하기 위하여 크고 긴 나무를 깊이까지 던져 넣는다. 상불은 4~5시간 정도 유지한다.

(5) 센불

센불은 굴의 고래와 기와 및 가마안에 모두 빨갛게 달아 오르며, 연기가 굴뚝을 통하여 휘돌아 나오게 되면 그 기준으로 삼는다. 이 때는 가마굴 안을 관찰할 수 있는 주먹만한 좀 구멍만 남기고 모두 틀어막는다.

센불에 이르면 통나무를 넣어 화력을 더욱 가하여, 좀 구멍을 통하여 보아 검은 점이 보이지 않으며, 숙련된 와장(瓦匠)이 보아 붉은 불꽃이 변화하여 은빛으로 이글거리면 막음불로 전환하게 된다. 센불은 3시간 정도 땐다.

(6) 막음불

막음불에 이르러서는 연소실내에 통나무를 가득 넣고, 양 아궁이와 굴뚝까지 모두 진흙을 개어 막는다. 구멍을 막는 것은 봉창막는다고 한다. 그러나 아직 굴뚝 쪽의 내부의 연기 관찰을 위한 좀 구멍은 한 개는 남겨 놓는다. 이 때에는 구멍을 막아 센불에 비하여 화력이 떨어진다.

봉창한 후 30분 정도 지나면, 좀 구멍을 통하여 검은 연기에서 회색연기로, 다시 흰 연기로 변하면서 연기가 어느 정도 빠진 것으로 판단되면 좀 구멍까지 막는다. 구멍을 너무 일찍 막으면 과열로 폭발가능성이 있으며, 막는 시기를 놓치면 기와의 질이 나빠지게 된다.

좀 구멍까지 봉창하게 되면, 물에 진흙을 개어 기와굴에서 가스가 새어나오는 것을 방지하여야 한다. 이 때 굴 내의 가스를 소홀하게 되면 기와굴내의 기와를 못쓰게 된다. 이러한 기와굴 단속은 기와굴 문을 틀 때까지 3일 동안 이루어진다.

마지막 좀 구멍을 봉창한 후, 만 3일이 경과하면 기와굴 문을 튼다. 기와 굴문은 새벽에 트게되는데 이는 아궁이 안의 불씨가 남아 있는 지를 잘 알아 볼 수 있는 시간을 택하기 위함이다. 만약 아궁이 안에 불씨가 남아 있어 다시 불이 붙으면 구워 놓은 기와가 흰색으로 변하여 못쓰게 된다.

따라서 굴문을 트기 전에 두 아궁이 앞에는 충분한 물과 괭이, 삽, 당글개 등을 준비하여 아궁이를 연 다음 그 안으로 물을 뿌려 불씨를 없애고, 당글개로 소성실내의 숯을 모두 끌어내어 내부의 열을 식힌다.

이 작업을 마치면 가마굴 입구를 뜯어 구워진 기와를 꺼내어 보는데, 기와가 검은 색이나 은회색을 띠면 잘 구워진 것이다. 처음 굴문을 연 후, 만 하루가 지난 다음에 굴문 전체를 뜯어 기와를 끄집어내게 된다.

백제시대의 평기와 제작방법은 근래까지도 전통적인 방법으로 기와를 제작하고 있는 기법과 당시의 기와를 관찰하면 어느 정도 복원할 수 있다. 통일신라이후에는 고신라부터 사용되었던 신라 전통적인 기법이 전국적으로 유포되었는데 제작기법, 순서 등에서 백제와의 차이점은 크게 나지 않았을 것으로 보이나 암기와틀의 형태에서는 크게 달랐던 것으로 관찰된다.

5. 전돌(塼)

1) 전돌의 쓰임새

전은 흔히 전돌이라 일컫는데 옛날에는 주로 건물 기단 내 걸어 다니는 곳에 주로 깔아 통행을 편리하게 하고, 건물지내 흙의 유실을 막는 데에도 역할을 했다고 여겨진다. 그러나 건물지 사이의 주요 통행로로 이용되는 일정한 곳에도 전돌을 놓아 빗물이나 신발이 흙에 직접 닿지 않는 효과도 살릴 수 있었을 것이다. 백제 전의 용도는 위에서 말한 밟고 다닐 수 있도록 만든 보도용, 무덤을 축조하기 위하여 따로 제작한 무덤 축조용, 건물 주위의 기단에 깔아 장식과 보도, 기단주변 보호 등을 동시에 꾀했던 다목적용 등으로 나타났다.

그밖에 남아 있는 전돌의 문양의 상태가 좋고 사실성과 장식적인 묘사의 뛰어난 감각은 벽이나 어느 일정한 곳에 고정시켜 시각적인 회화의 효과를 노렸는지도 모른다. 그렇지만 남아 있는 건물의 상태로 보아 벽에 부착하여 의장이나 장식용 등으로 확실하게 입증해줄 만한 자료는 남아 있지 않다.

백제의 기와를 제작했던 기와 가마터 중, 부여 정암리 가마터와 궁남지 발굴조사에서 출토된 연꽃무늬가 넣어져 있는 전돌은 실제 크기와 형태에서 벽돌과 거의 같은 모습을 보이고 있다. 이러한 전돌의 성격은 벽체나 기타 용도등에 사용되었을 것으로 추정되는데 이렇듯 전돌의 용도는 쓰임새에 따라 모양을 달리 만들어 널리 사용되었다.

2) 전의 형태와 문양

(1) 형태

전돌은 위에서 서술한 바와 같이 여러 가지 목적에 따라 형태를 달리 하였지만, 반드시 특정한 규정이나 형태가 정해지지는 않았던 것으로 나타난다. 바닥에 까는 전돌이라 하더라도 크기를 달리하거나 특정한 위치에 따라 정사각형, 직사각형 등으로 만들어 배치를 맞출 수 있기 때문이다. 또 전돌을 어떠한 형태로 만들더라도 서로 물려 틈 없이 배치를 하면 소기의 목적을 이룰 수 있었다.

이러한 여러 가지 형태로 제작된 전돌은 바닥에 까는 목적으로 만든 경우, 장식을 위해서는 반드시 네모진 형태를 고집할 필요는 없었다. 사례를 보면, 공주 무령왕릉의 내부 축조재료로 이용되었던 전돌은 견고성과 위치에 따라 잘 맞물릴 수 있도록 배려하고 있음을 알 수 있다. 예를 들면 같은 벽에 축조되는 전돌이라 하더라도 한 줄은 세로로 세우고, 그 윗층은 가로로 여러 겹으로 눕혀 올리기도 하였다. 이 경우 벽측의 경우는 같은 두께의 전돌을 세우거나 눕혀 축조하고, 천정쪽은 높이가 낮고 두터운 전돌을 한 층 세우고, 사이에 쌓은 눕힌 전돌은 두께가 앞의 내외 정도의 전돌을 사용하고 있다.

무녕왕릉의 입구에서 관찰하면, 입구를 아치형으로 쌓았는데 천정쪽에 올린 ws도의 형태는 한쪽이 넓고 다른 쪽은 좁은 사다리꼴 모양을 보이고 있다. 이러한 형태는 위치에 따라 모양을 달리한 것으로 위쪽에 매달린 전돌이 아래로 떨어지지 않도록 배려를 한 것이다.

(2) 문양

전돌은 흙을 빚어 사각형으로 만드는데 두께는 쉽게 깨지지 않을 정도로 하였다. 전돌의 규격은 일반적으로 얇은 것은 3.5cm에서 두터운 것은 5cm에 이른다. 백제 문양의 극치는 부여 규암면 외리사지에서 출토된 8점의 문양 전돌을 대표로 꼽을 수 있다. 이 전돌에 배치된 문양은 당시 백제인들의 회화수준이 얼마나 높은 안목을 가지고 있었는지 짐작이 간다.

① 외리사지출토 문양전

　부여 외리사지 출토 전돌은 산경문(山景紋), 귀형문(鬼形紋), 반룡문(蟠龍紋), 봉황문(鳳凰紋), 연화와운문(蓮花渦雲紋) 등을 부조형식으로 나타낸 것이다. 백제 전돌은 이렇듯 문양을 두어 미술사적인 감각을 느끼게 하는 것이 있는 반면, 문양을 전혀 두지 않고 무문(無紋)으로 처리한 경우가 더 많이 출토되어 실제적으로는 실용적인 측면에서 더 많은 제작활동이 이루어졌을 가능성이 크다. 이곳에서 출토된 8점의 무늬전은 모두 정사각형을 띠고 있고, 한 변의 너비가 28~29.5㎝ 내외로 거의 같은 크기이다.

　산경산수무늬전은 표현 그대로 산의 경치를 나타낸 것이다. 이 좁은 공간에 산과 나무를 적당한 간격과 볼륨으로 나타내고, 그 윗면에는 구름을 배치하여 한 폭의 동양화를 연상케 하고 있다. 이러한 문양을 관찰하면, 백제시대에는 기와뿐만 아니라 발했던 것으로 보여진다.

　산경봉황무늬전은 아래쪽은 산과 나무를 사이사이에 배치하고, 위쪽은 봉황문과 그 좌우에 구름문을 배치하고 있다. 문양은 정밀하고 시원스럽게 표현하여 작은 전에 여러 무늬를 배치하였으나 어색함 없이 당시 그들의 생각을 유감없이 담아 놓은 것이다.

　도깨비무늬는 아래쪽은 산과 변형 구름형태로 장식하고 위는 도깨문은 한껏 장식하고 있다. 도깨비무늬의 좌우 어깨 위는 화염문을 상징하듯 용솟음치는 기운을 느낄 수 있다. 함께 출토된 무늬 중에는 도깨비와 아래에는 연화문을 돌린 것도 있다.

　봉황무늬전은 전의 중앙에 봉황문을 배치하고, 가장자리에는 점문을 돌렸다. 반용무늬는 용이 서려있는 무늬로서 가장자리는 점문을 둥글게 돌려 봉황무늬전과 주 무늬만 다를 뿐 다른 부분은 크기와 배치상태에서 거의 차이가 없다.

　연꽃무늬전은 중앙에 연꽃을 크게 배치하고 가장자리에는 점선을 둥글게 돌려 배치한 것이다. 연꽃구름무늬는 중앙에 연꽃을 작게 배치하고, 그 둘레에는 구름문과 점문을 차례로 돌렸다.

② 무녕왕릉 전

이 곳에서 출토된 전의 형태는 직사각형과 사다리꼴형태가 있다. 문양을 보면, 벽에 쌓기 위하여 제작한 것이어서 측면에 배치하고 있다. 이는 전을 눕히거나 세웠을 때 문양이나 글자를 보이도록 배려한 것으로 보인다. 문양은 두 전을 세워 맞닿게 했을 때 한 무늬가 완성품이 되도록 한 것도 많이 확인되었다. 이는 처음부터 맞춤제작을 시도한 것이다. 무늬 중에는 마름모형태의 격자문과 작은 연화문을 함께 배치한 것도 있다. 글자는 "중방(中方)"과 같은 명문이 확인되는데, 이는 부여의 정동리 기와 가마터에서도 동일한 전이 출토되었다. 이러한 가마터에서 출토된 사례로 보다 무령왕릉의 전은 부여 정동리가마터에서 구워 옮겼을 것으로 보인다.

③ 기타지역 출토 전

전돌은 문양전의 경우 각 문양의 표현에서 문양의 내용에 따라 적절한 효과를 살렸는데 부여 군수리사지에서 출토된 상자형 전돌은 요즈음의 시멘트벽돌과 외형은 차이점이 없다. 즉 윗면에는 네모형태의 구멍이 두개가 뚫려 있어 기능에 따른 작품이 아닌가 한다. 이 전돌은 측면에 연화문수막새의 문양과 인동문을 네 곳에 배치한 수막새형태의 두 문양을 두어 장식효과까지 내고 있다.

백제이후 통일신라시대에 이르러서는 경주안압지에서 출토된 전돌에서 신라 특유의 화려하고도 짜임새 있는 보상화문과 인당초문을 표현한 전돌이 고신라의 황룡사지 출토 전돌의 맥을 잇고 있는 모습을 읽을 수 있다. 신라의 경우, 전돌의 고급스럽고 화려한 문양내기는 법광사(法光寺)에서 출토된 녹유(綠釉)전돌과 같은 작품을 생산하기에 이른다.

그러나 고려시대에 들어오면서 전돌은 예술로서의 작품생산이 막을 내리고 순수한 기능에 맞추어 문양이 사라지고, 너무 둔탁하거나 거칠어지며 예술성을 잃게 된다. 이러한 전돌의 퇴조현상은 조선시대에 그대로 전승되어 작품성보다는 기능적인 측면으로 전락하고 만다.

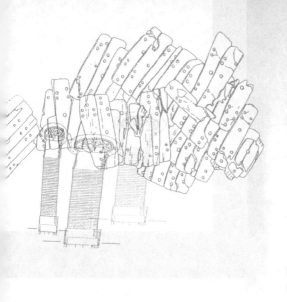

백제의 무기

■ 김 길 식

【백제의 무기】

김 길 식*

1. 머리말

고구려 · 백제 · 신라 · 가야가 각 지에서 할거하고 있던 삼국시대는
각 국간의 이해관계에 따라 끊임없이 점철된 전쟁의 시대였다고 해
도 과언이 아니다.[1] 삼국 가운데 특히 백제는 크고 작은 전쟁을 가장
많이 겪으면서 전쟁의 영향을 가장 많이 받게 되어 장기간 안정된 모
습을 찾아보기가 어려울 정도이다. 이와 같은 크고 작은 전쟁에 승리
하기 위해서 각 국들은 전쟁에 필요한 국가기구를 조직, 정비하고 군
사시설과 군비를 지속적으로 확충해 나가는 등 다각도로 군사력을
확대시켜 나갔다. 특히 그 중에서도 전쟁을 치루기 위한 직접적인 수
단이 되었던 군사조직의 확충과 첨단 무기의 개발이 무엇보다도 중
요한 과제 중의 하나였다. 따라서 당시 전쟁에서 승리하기 위해서는
최대의 전투력을 발휘할 수 있는 군사조직을 확충하고, 그때까지 개
발된 최첨단의 무기를 총동원하여 무장하지 않으면 안 되었다. 그래
서 고구려, 백제, 신라 각 국의 중앙과 지방행정조직도 이와 같은 전
쟁의 상황에 효과적으로 대처할 수 있는 군관구적 성격으로 편재되

---

* 국립중앙박물관
1) 김기흥, 「삼국간 전쟁의 사회경제적 의미」, 『삼국 및 통일신라 세제의 연구』, 역사비평사, 1991.

었으며,[2] 지방을 다스리는 지방관들은 곧 군사지휘관적 성격을 강하게 지니고 있었던 것이다. 이를테면 백제지역에서 조사된 각 지역 고분군 가운데 장신구 등과 같은 화려한 부장품을 가지고 대형 무덤에 묻힌 최고 지배자급의 무덤에서는 거의 대부분 장식환두대도가 출토된다. 이는 이 지배자들이 해당 지역집단을 다스리는 지방관이면서 동시에 군사지휘관이었음을 시사하는 것이다.

최근 신라·가야고분에 비하여 상대적으로 고고학 조사가 미비하였던 백제 고분이 전례 없이 많이 조사된 데 힘입어 그동안 파악되지 못했던 백제 무기 자료들이 하나 둘씩 추가되어, 아직 만족스럽지는 못하지만 백제 무기의 실태를 대강이나마 가늠해볼 수 있는 단계에 이르렀다.[3] 그러나 백제고분의 특징이 신라, 가야 고분에 비하여 박장지향적이어서 다른 유물은 말할 필요도 없거니와, 특히 무기가 부장된 경우는 몇몇 대형고분 이외에는 좀처럼 확인되지 않는다. 이러한 무기 박장 양상은 당시 백제 장제에 있어서의 무기 부장습속과 깊은 관련이 있는 것이겠지만, 유달리 잦은 전쟁에 시달려야 했던 백제로서는 항상적으로 무기의 총동원체제를 유지해야했을 것임을 감안한다면 이러한 현상이 어느 정도 이해될 수 있을 것이다. 즉 국가적 위기 상황 하에서 가능한 모든 국가 에너지는 군사력 강화를 위해 투입될 필요가 있었을 것이며, 특히 무기 부장은 국가적으로 강력하게

---

2) 李文基, 「泗沘時代 百濟의 軍事組織과 運用」, 『百濟研究』제28집, 1998.
3) 백제 무기에 관해서는 아래와 같은 연구가 있으나 무기의 종류별 분류와 변화과정, 그리고 지역적 특징 등에 대해서 접근한 정도에 지나지 않아 장차 사회구조 또는 군사조직 등과 관련시킨 심층적 연구가 필요한 실정이다.
　　李殷昌, 「4. 武器」, 『韓國の考古學』, 河出書房, 1972.
　　穴澤和光·馬目順一, 「龍鳳文環頭大刀試論－韓國出土例を中心として」, 『百濟研究』제7집, 1976.
　　金基雄, 「武器와 馬具」, 『韓國史論』15, 國史編纂委員會, 1985.
　　金吉植, 「三國時代 鐵鉾의 變遷－百濟系 鐵鉾의 認識－」, 『百濟研究』24, 1994.
　　金性泰, 「百濟의 武器－칼, 창, 촉의 기초적 분석－」, 『百濟研究』제26집, 1996.
　　申敬澈, 「百濟의 甲冑에 대하여」, 『백제사상의 전쟁』, 第9回 百濟研究 國際學術大會 資料集, 충남대학교백제연구소, 1998.
　　成正鏞, 「第3章. 鐵製武器의 樣相과 特質」, 『中西部 馬韓地域의 百濟領域化過程 硏究』, 서울대학교박사학위논문, 2000.

통제하지 않으면 안 되었을 것이다. 그 결과가 오늘날 발굴조사에서 무기 박장 현상으로 나타나는 것으로 이해된다. 그럼에도 불구하고 각 지역집단 고분군의 최고 지배자 무덤에서는 풍부하지는 않지만 環頭大刀, 鐵鉾, 鐵鏃 등과 같은 무기류들이 세트로 출토되거나 이들 중 1~2종류는 빠짐없이 출토된다. 이는 곧 이러한 무기를 부장한 무덤에 묻힌 인물이 그 밖의 집단 성원에 대하여 군사적 우위와 군사적 통제를 할 수 있는 지위에 있었던 인물, 즉 軍事指揮官的 성격을 지니고 있었음을 보여주는 것이라 하겠다. 또 이와 같은 무기 所持者들의 무덤들은 동시에 金工品이나 馬具 등 화려하고 身分象徵的인 유물들도 함께 부장되어 있는 것으로 보아 또 다른 성격도 겸비하고 있었음을 알 수 있다. 즉 지방을 효과적으로 지배해 나가기 위한 수단으로 무기를 비롯한 威勢品의 부장을 용인해 줌으로써 지방 지배자들의 기득권을 인정해 주었던 것으로 이해된다. 무기 副葬과 非副葬이라는 函數關係를 통하여 지방 지배자는 武力的 權威 즉 군사지휘관으로서의 지위를 보장받음과 동시에 직접 관할하던 지역 집단의 構成員들에게는 군사지휘관의 威容과 統率力을 과시할 수 있었던 것으로 보인다.

그러나 이와 같이 일부 上位 階層의 무덤에만 한정적으로 무기가 출토되는 양상을 보이다 보니 이제 겨우 당시에 사용되었던 백제 무기의 종류와 대략적인 변화 과정 정도 밖에 파악할 수 없고, 이러한 무기 연구를 통하여 궁극적으로 파악되어야 할 백제의 武器構成體系를 비롯한 軍事組織 또는 兵制에 까지 접근하는 데는 많은 어려움이 있다. 또 문헌에 있어서도 백제의 경우는 軍號하나 제대로 기록되어 있지 않은 점에서도 잘 드러나듯이 병제 관련 記事가 全無할 정도로 너무나 소략하여 몇몇 전쟁 관련 기사를 통하여 당시 백제의 무기 시스템과 兵種 構成 등의 片鱗을 살필 수 있을 뿐 군사조직에 이르기까지 접근[4] 하는 데는 근본적인 한계를 지니고 있다. 따라서 이 글에서는 지금까지 출토된 백제 무기의 전모와 그 실태를 파악하고, 이를 일부

신라, 가야 무기와 대비해 봄으로써 백제 무기의 특징을 부각시키는 정도에서 머물 수밖에 없으며, 앞으로의 과제인 백제 무기체계와 군사조직 연구를 위한 기초자료 분석과정으로 삼고자 한다.

2. 百濟 武器의 特徵과 變化

백제 지역에서 출토되는 무기는 양은 많지 않지만 종류는 삼국의 다른 지역에서 출토되는 무기류 이상으로 다양하다. 무기는 전투형태나 상황에 따라서 같은 무기라 할지라도 공격용 또는 방어용으로 다양한 기능으로 사용될 수 있기 때문에 공격용과 방어용 등으로 일률적으로 구분할 수는 없지만, 대개 그 형태적 특징 및 일반적인 기능이 순수하게 방어만을 위한 목적으로 제작된 武具들만 방어용으로 구분하고 전투형태나 상황에 따라 공격과 방어용으로 동시에 사용할 수 있는 무기는 기본적으로 살상을 위한 목적으로 기능하는 것이기 때문에 공격용 무기라 할 수 있다. 따라서 이러한 기준에 따라서 공격용 무기와 방어용 무기로 구분하여[5] 살펴보고자 한다. 이 구분 기준에 따르면 지금까지 알려진 백제 무기 가운데 鐵刀, 鐵劍, 鐵鉾, 鐵鏃, 鬪斧 등 대부분은 공격용 무기들이고 방어용 무기는 甲冑, 마름쇠 등에 지나지 않는다. 이밖에도 여러 가지 다양한 용도와 기능을 가진 무기들이 있었을 것이고, 또 鐵鎌, 鐵斧 등 戰時에는 농기구들도 무기로 전용되었을 가능성도 고려한다면 훨씬 다양한 종류의 무

---

4) 문헌에 단편적으로 산재하는 전쟁관련 기사를 검토하여 백제의 군사조직의 실태에 접근한 다음의 논고가 유일하지만, 그 중 특히 이문기의 논고는 백제 군사조직 연구의 단초를 열고, 앞으로의 연구 방향을 제시하였다는점에서 커다란 의의가 있다 하겠다.

李文基, 주2)의 전게문.

李成市, 「군사조직과 지휘체계」, 『백제사상의 전쟁』 第9回 百濟硏究 國際學術大會 資料集, 충남대학교백제연구소, 1998.

5) 무기는 그 기능에 따라 다양하게 분류될 수 있지만, 여기서는 일반적으로 공격행위를 하여여적에게 상해를 입힐 수 있는 것을 武器라 하고, 순수하게 방어만을 목적으로 만든 것을 防具라하는 분류안(條田耕一, 『武器と防具』, 中國編, 1992.)에 따랐다.

기체계로 이루어져 있었겠지만, 지금 實體로 확인할 수 있는 專容武器에 대해서만 살펴보고자 한다.

1) 攻擊用 武器

(1) 大刀와 鐵劍 (도 1)

대도와 철검은 모두 近接戰에 사용된 공격용무기이다. 그러나 劍은 현재까지 論山 茅村里 92-5호 석곽묘에서 출토된 것을 제외하면 다른 예가 알려지지 않고 있다. 따라서 당시 철검은 실전 무기로서의 기능은 거의 소멸하고 전통적으로 답습되던 군사지휘관의 權威象徵的 기능만 남게 된 것으로 생각된다. 이와 같은 劍의 기능 감퇴에 따라 이제 劍은 거의 제작되지 않게 되고, 종래의 劍이 가진 기능을 刀가 대신하게 되었던 것으로 보인다. 따라서 近距離의 主力武器의 자리를 철도가 차지하게 됨으로써 刀의 제작이 더욱 활성화됨과 동시에 도의 裝飾化가 진행되었던 것으로 보인다.

한편 大刀 가운데, 특히 裝飾大刀는 외형상으로는 베는 기능을 가진 무기이지만, 장식화의 진행과 더불어 그 성격이 일변하여 服飾品의 한 요소로써 所有者의 身分과 地位를 상징하는 威勢品으로서의 기능을 강화해 나갔다.[6] 특히 四神 思想의 天上界 또는 地上界를 다스리는 영험한 동물로 인식되고 있는 龍이나 鳳凰 또는 朱雀[7]이 도

6) 장식대도에 대해서는 다음의 글들이 있으면 본 고에서는 이 글들을 많이 참조하였다.
　　新林淳雄,「金銅裝大刀と金銅製柄頭」,『考古學雜誌』29-4, 1939.
　　町田 章,「環刀の系譜」,『奈郎文化財研究所 研究論集』Ⅲ, 1976.
　　穴澤咪光, 馬目順一,「龍鳳環頭大刀試論」,『百濟研究』7, 1976.
　　「三累環刀試論」,『藤澤一夫 先生古稀記念 古文化論叢』, 1983.
　　新谷武夫,「環狀柄頭研究序說」,『慶祝松崎壽和先生六十三歲論文集 考古論集』
　　新納泉,「單龍, 龍鳳環頭大刀의 編年」,『史林』65-4, 1982.
　　「裝飾付大刀と古墳時代後期の兵制」,『考古學研究』30-3, 1983.
　　具滋奉,「三葉環頭大刀의 一考察」, 嶺南大學校 碩士學位論文, 1987.
　　朴普鉉,「威勢品으로 본 古新羅 社會의 構造」, 경북대학교박사학위논문, 1995.
　　李漢祥,「裝飾大刀의 下賜에 反影된 5~6世紀 新羅의 地方 支配」,『軍事』제35호, 1997.

백제의무기

안된 장식대도들은 당대 최고 지배자들만이 소유할 수 있었던 신분과 권위를 상징의 結晶體였다고 할 수 있다. 따라서 이와 같은 장식대도들이 출토되는 무덤 주인공은 해당지역을 다스리던 지배자임과 동시에 군사조직을 통할하던 군사지휘관으로서의 지위를 담보하고 있었던 인물로 평가할 수 있다.

한편 環頭가 없는 대도와 裝飾大刀를 포함하여 우리나라 삼국시대 대도는 環頭部의 有無와 裝飾文樣, 전체적인 형태와 칼날 끝부분의 형태, 날과 슴베 사이에 형성된 關部의 有無 등에 따라 여러 가지로 분류[8]되지만, 여기서는 백제지역에서만 출토된 자료에 한정하여 일반적으로 분류되고 있는 환두가 없는 鐵大刀, 素環頭大刀, 三葉環頭大刀, 圓頭大刀, 象嵌環頭大刀, 龍鳳文環頭大刀 등으로 나누어 살펴 하기로 하겠다.

① 鐵刀 (도 1-1~8)

이 대도는 일반적으로 環頭가 없이 출토되는 대도를 총칭하는 것이지만, 실제로는 이 대도에 환두를 부착하여 사용하거나 나무자루를 끼워서 사용한다. 실제 환두대도를 포함한 많은 대도의 슴베 부분에 환두를 결합하기 위한 리벳 구멍이 뚫려 있거나 리벳으로 접합되어 있는 것들이 많다. 이와 같은 철대도는 여러 가지 대도 가운데 흔히 가장 이른 시기에 출현하여 백제 전 기간 동안 지속적으로 사용된 것으로 이해되는 경향이 많지만, 백제 지역에서 출토된 자료만으로 보는 한, 소환두대도와 거의 동시기에 출현한 것으로 보아도 좋다. 지금까지 출토된 자료 중 가장 이른 시기의 철대도는 서천 오석리 95-6호묘에서 출토된 小刀를 비롯하여, 천안 청당동 22호묘, 청주 송대리 46호묘·15호묘 출토품 등 대체로 3세기 후반에서 4세기 전중엽

---

7) 全虎兒, 「고구려고분벽화연구」, 서울大學校 博士學位論文, 1997.
　　具慈奉, 「環頭大刀의 龍鳳文과 龍雀文」, 『古代研究』3, 1992.
8) 町田 章, 주6)의 전게문.
　　新谷武夫, 주6)의 전게문.

에 걸친 이른 시기의 것들은 길이가 30cm 전후로 짧은 小刀인 점이 특징이다. 그 후 화성 백곡리 5호묘, 공주 분강 저석리 13호묘, 청주 신봉동 92-13호묘 · 90B-2호 · 90A-7호묘 · 92-76호묘 · 92-98호묘에서 출토된 길이 45~70cm 전후의 中形의 대도가 4세기 중후반 이후 5세기 중후반까지 유행한다. 이어서 이 중형 대도는 논산 모촌리 93-11호묘 · 93-9호묘, 공주 송산리고분, 서산 여미리고분, 순천 검단산성 출토품 등을 통하여 알 수 있는 바와 같이 5세기 중후반 · 6세기 전반에는 길이 70cm 이상의 대형 대도로 변화하여 부소산성 출토 대도와 같이 거의 변화 없이 백제 말기까지 이어지는 것으로 생각된다. 이와 같은 대도 길이의 확대 경향은 이 철대도의 기능 확대 과정을 반영하는 것이라 할 수 있다. 특히 철도의 대형화는 철도가 지닌 여러 가지 속성 중 특히 關部와 슴베 부분의 변화를 수반하여 나타나고 있음이 주목된다. 즉 刀身의 大形化와 함께 관부가 보다 뚜렷하게 형성되고 아울러 슴베가 가늘어지는 특징을 보이고 있다. 관부가 뚜렷해지고 슴베 부분이 가늘어지는 것은 환두대도를 포함하여 손잡이 부분을 감쌌던 木柄과 밀접하게 관련되어 있는 것으로, 이는 상대적으로 두툼한 목병을 착장할 수 있게 함으로써 손에 오는 충격을 완화시킴과 동시에 베는 힘을 집중시킬 수 있는 결과를 가져오게 되어 베는 무기로서의 기능을 한층 향상시키고자 했던, 대도 본래의 기능 확대 과정과 밀접하게 연관되어 있다. 철대도에 있어서 전체적인 변화 양상은 小形-中形-大形으로의 대형화 경향을 지향하고 있지만 그렇다고 중형도나 대형도의 출현과 더불어 소형도나 중형도가 완전히 사라지는 것은 아니다. 대형도가 출현한 이후에도 소형도나 중형도를 적절히 혼용하여 운용함으로서 전투력을 한층 향상시킬 수 있었던 것이다. 이는 곧 같은 종류의 무기라 할지라도 전쟁의 양상이 복잡다기해짐에 따라 사용 목적을 극대화시킬 수 있는 방향으로 다양한 형태의 무기 개발과 改良化 과정이 지속적으로 이루어지고 있었음을 의미하는 것이기도 하다.

② **素環頭大刀**[9] (도 1-9〜23)

철대도에 환두가 부착되었으나, 환두부에 아무런 장식이 없는 대도로, 백제지역은 아니지만 기원전 1세기대로 편년되는 창원 다호리 1호묘 단계에 중국 전한의 영향으로 素環頭刀子의 형태로 나타하고 있는 것으로 보아 처음에는 工具 또는 文房具인 소환두도자의 형태로 출현하여, 점차 무기로서의 기능을 갖춘 소환두대도로 변화되어 갔던 것으로 보인다. 백제 지역의 경우에 있어서도 유례도 많지 않고 또 시기적으로도 다소 늦은 3세기 중엽으로 편년되는 천안 청당동 나지구와 4세기초의 서천 오석리 95-9호묘 등에서 출토된 소환두도자 등의 예로 보아 영남지방의 양상과 거의 궤를 같이하고 있었음을 알 수 있다.

그런데 이 소환두대도는 나무자루를 착장하는 철대도와는 달리 출현기부터 길이 90cm 내외의 대도로 출발하고 있고, 또 환두와 도신이 일체로 제작되어 있다는 점에서 철대도와는 그 系統을 달리하는 것으로 생각된다. 즉 현재까지 출토된 소환두대도 가운데 가장 이른 시기인 3세기대로 편년되고 있는 천안 청당동 13호·14호·18호묘 등에서 출토된 대도들은 모두 길이 90cm 내외의 대도이다. 그리고 모두 환두와 도신이 일체로 제작되어 있다. 이처럼 대형의 칼이지만 아직 철대도에서 보이는 기능 확대 과정과 관련된 關部가 형성되지 않았거나 미미하여 도신과 슴베가 거의 구분되지 않는, 두터운 슴베를 지니고 있다는 점에서 아직 기능 확대를 위한 개량화 과정을 거치지 못한 단계에 머물고 있었음을 알 수 있다. 다만 刀身만 長身化가 완전히 이루어져 있다. 따라서 철대도의 변화 과정에서도 알 수 있었던 바와 같이 소환두대도에 있어서도 무기로서의 기능확대 과정은 먼저 길이의 장신화가 이루어지고 난 후 장신화에 걸맞는 기능을 발

---

9) 철대도 및 소환두대도의 변천과정과 무기사적 의의 등은 다음의 논문에 정리되어 있다.
　今尾文召,「素環頭鐵刀考」,『彊原考古學研究所論文集』5, 1978.
　禹在柄,「素環刀の形式學的研究」,『代兼山論叢』25, 1991.

휘할 수 있도록 關部가 뚜렷해짐과 동시에 슴베가 가늘어지는 방향으로 변화하였음을 알 수 있다.

이와 더불어 이 시기의 소환두대도는 環頭와 슴베, 刀身이 一體로 만들어져, 중국 漢代의 소환두대도 제작기법의 전통을 지니고 있는 점도 큰 특징이다. 이는 중국 한대의 소환두대도가 樂浪 등을 통하여 도입된 지 아직 얼마 지나지 않았으며, 더불어 아직 自體的인 改良化 과정을 거치지 않아 각 부분별 기능이 未分化된 상태에 있었음을 말해주는 것이라 하겠다. 이러한 특징을 지닌 소환두대도는 청원 송대리 11호·13호·27호묘 등에서 출토된 소환두대도에 보이는 바와 같은 뚜렷한 관부와 가는 슴베를 가진 소환두대도가 출현하는 3세기 후반대에 이르기까지 지속된다. 물론 이와 같이 관부가 뚜렷해지고 슴베가 가늘어지는 과정은 3세기 후반 또는 4세기초에 이르러 突發的으로 변화된 것이 아니라 점진적으로 변화되었음은 말할 것도 없지만, 그렇다 하더라도 이 시기에 가장 큰 변화가 일어났음은 분명해 보인다. 이는 이 시기에 이르러 소환두대도의 양이 전시기에 비하여 크게 증가하는 현상과도 궤를 같이하는 것이라 하겠다. 이와 더불어 이 때까지의 소환두대도는 대개 刀身이 一直線을 이루는 直刀가 대부분이지만, 이 시기에 이르면 刀身 자체가 칼날 방향으로 약간 내만 하면서 두께가 두꺼워지는 현상이 나타남과 동시에 슴베가 도신과 각을 이루면서 안으로 꺾이는 현상이 일어난다. 이러한 대도의 彎曲化와 重厚化 경향 역시 이 소환두대도의 기능확대와 밀접한 관련이 있을 것이다. 즉 대도가 날 부분 쪽으로 彎曲되고, 슴베가 안으로 꺾여 있을 경우, 힘을 밖으로 분산시키는 直道에 비하여 목표물을 벨 때 감아주는 역할을 하여 힘이 많이 걸리게 되어 대도 본래의 자르는 기능을 더욱 증대시켜 준다. 따라서 직도에 비하여 무기로서의 기능이 한층 확대된 형태의 대도라 할 수 있다. 그리고 도신의 重厚化는 대도 본래의 기능인 베는 기능 이외에 目標物을 打擊하여 衝擊을 가하는 데 효과적이다. 따라서 이러한 중후한 대도의 출현은 甲冑와 같은 防禦 武器의 발달에 효과적으로 대응하기 위하여 개발된 것이라 할 수 있다. 실제 매우 소략한 자료이기는 하지만, 이 시기를 전후하여 백제 지역에서 철제 갑주가 출현하는 현상을 보더라도 대도에 있어서의 이러한 변화 요인을 어느 정도 이해할 수 있을 것이다.

한편 4세기 중·후반에 이르면 이와 같은 대도의 기능 확대 과정이 꾸준히 지속되면서도 대·중·소형의 刀가 다양하게 제작된다. 이와 같은 양상은 천안 용원리 고분군, 청주 신봉동 고분군, 서천 봉선리 고분군 등 이 시기의 모든 유적에서 공통적으로 나타나는 현상이다. 특히 中·小形의 環頭刀도 대형의 환두대도 못지않게 성행한다. 또 환두의 형태도 이전까지는 圓形인 것이 주를 이루었으나 이 시기에 이르면 橫楕圓形이 주를 이룬다. 또 천안 화성리 B-1호묘 출토 銀象嵌環頭大刀와 같이 環頭와 刀身을 따로 만들어 붙이거나 못으로 고정시키는 기법이 성행한다. 중형·소형의 刀는 대형의 刀에 비하여 근접한 거리에서 강력한 힘의 전달이 용이하여 무기로서의 위력을 배가시킬 수 있는 무기이다. 따라서 이 시기에 이르러 대형의 소환두대도와 중·소형의 소환두대도를 적절히 안배함으로써 전투력의 향상을 가져올 수 있었던 것 같다. 이는 당시 전투에 있어서 같은 종류의 무기라 하더라도 전투 형태 등에 따라서 크기 등이 여러 가지로 분화되어 있었음을 말해 주며, 이는 곧 이러한 다양한 환두도의 대량 제작을 유도하였던 사회적 분위기가 뒷받침되어 있었기 때문일 것이다. 이와 같은 양상은 이후 5~6세기의 環頭刀에도 그대로 이어지는 현상을 보이고 있어, 뚜렷한 변화 양상이 감지되지 않는다. 따라서 이 시기에 최첨단의 실용대도의 개량화 과정이 거의 완결 단계에 접어들어 있었던 것으로 생각된다.

한편 이 시기에 이르면 이러한 다양한 소환두대도와 함께 環頭는 철제에서부터 金, 金銅, 銀등과 같은 화려한 材質로 唐草文, 龍, 龍鳳文 등과 같은 吉祥文樣으로 다양하게 장식되어 마침내 대도의 裝飾化가 급속히 진행된다. 이 소환두대도는 지금까지 백제·신라·가야제지역에서 중·대형의 무덤에서 자주 출토되고 있어 어느 정도 상위 신분의 인물들만이 착용하고 있었음은 이미 알려져 있다. 백제 소환두대도의 경우, 천안 용원리 9호 석곽묘 출토품과 같이 환두와 把部, 그리고 초구·초미금구 등 칼집 부속구들이 銀板으로 장식되거나 천안 화성리 B-1호묘나 청주 신봉동 출토품, 천안 용원리 5호석곽묘 출토품과 같이 환두부나 柄緣金具 등에 당초문 등을 은상감하여 장식한 象嵌環頭大刀도 출현한다. 이와 같은 환두장식의 재질 차이와 문양 차이는 대체적으로 소유자의 位階 차이를 반영하고 있는 것으로 파악되고 있다.[10] 환두도에 있어서 이러한 기능 확대를 위한 改良化와 裝飾化 과정은 곧 이 시기에 실전 무기로서의 첨단 무기개발을 필요로 하였던 군사적 상황과 장식대도 소유자의 지위 또는 權威를 視覺的으로 誇示할 필요가 있었던 시대적, 사회적 배경이 맞물려 있었음을 시사해 준다 하겠다.

③ 二葉·三葉文環頭大刀[11] (도 1-26~31)

삼엽환두대도는 환두 안에 세 이파리로 된 문양(三葉文)이 있는 것으로 크게 楕圓形三葉文環頭大刀와 方形系三葉文環頭大刀로 나뉘어지며 신라지역 출토 삼엽문환두대도의 경우 그 계보는 고구려 삼엽문환두대도에서 구해지고 있으며,[12] 청주 신봉동 고분군을 중심으로 간혹 출토되는 백제 삼엽문환두대도의 경우도 삼엽문의 형태는 약간 차이가 있지만 그 출현 시기가 5세기대에 한정되고 있어, 당시 고구려와의 첨예한 대립, 투쟁 속에서 역시 고구려 삼엽문환두대도의 영향을 받아 백제적으로 개량한 삼엽환두대도로 제작된 것으로 보는 것이 합리적일 것으로 생각된다. 이 대도의 경우도 환두부, 파

10) 朴普鉉, 주6)의 전게문 및 「積石木槨墳의 武器具類 副葬樣相」, 『新羅文化』第九輯, 1992.
11) 삼엽환두대도에 대한 편년, 분포, 성격, 그 의의에 대한 것은 (具慈奉 주7)의 전게문, 朴普鉉 주2)의 전게문) 에 정리되어 있다.
12) 崔鐘圭, 「中期古墳의 性格에 대한 약간의 考察」, 『釜大史學』第7輯, 1983.

백제의무기

부, 칼집 부속구의 재질에 따라 대체적인 위계 차가 인정되는 것으로 파악되고 있다.

橢圓形三葉文環頭大刀는 지금까지 거의 신라지역을 중심으로 출토되는 것으로 이해되었으나, 최근 백제지역에서 이른 시기의 자료들이 크게 증가하고 있어 신라 삼엽문환두대도의 특징을 보이는 것으로 이해되어 왔던 지금까지의 견해와는 달리 백제계의 삼엽환두대도로 정착되어 가고 있다. 지금까지 이 형식의 대도 가운데 가장 이른 시기의 것은 고구려의 평양 병기창지 출토품이 알려져 있다. 병기창지 출토 대도의 환두부는 銅地金裝으로 되어 있는데, 신라 지역의 대구 내당동 55호묘에서 출토된 동지금장 삼엽문환두대도와 더불어 삼엽문환두대도 가운데에는 가장 높은 신분이 소지한 대도라 할 수 있다. 그리고 신라, 가야지역의 경우 복천동11호분 출토품 등 5세기대 이후의 것이 고구려의 마선구1호묘, 평양 병기창 출토품과 연결되는 것이어서[13] 고구려 삼엽문환두대도의 영향으로 성립한 출현기의 삼엽문환두대도로 보이지만, 그 이전 복천동고분군의 4세기대 이전 무덤에서 출토되는 삼엽문환두대도와는 그 계보를 달리하는 것으로 생각된다.[14] 그러나 아직 백제 지역에서는 아직 금장의 삼엽문환두대도는 출토되지 않아 이 형식 대도의 存否를 알기 어렵다. 그러나 후술할 龍鳳文環頭大刀 등에 金裝의 것이 다수 확인되고 있는 것으로 보아 백제에서도 이 형식의 대도가 존재하였을 가능성이 크다 하겠다.

그 다음 환두부가 鐵地金銀裝으로 장식된 삼엽문환두대도가 있다. 백제 지역에서 출토된 이 형식의 대도는 나주 신촌리 9호분 을관 출토품이 알려져 있다. 주지하는 바와 같이 신촌리 9호분은 銀裝의 용

---

13) 朴普鉉, 주10)의 전게문
14) 이한상은 복천동고분군의 4세기대 삼엽환두대도의 계통을 낙랑대도에서 구하면서 고구려 삼엽문환두대도에서 그 계통이 구해지는 5세기 이후의 부산지역 삼엽문환두대도와는 그 계통과 성격을 달리하는 것으로 이해하였다(李漢祥,「裝飾大刀의 下賜에 反影된 5~6世紀 新羅의 地方支配」,『軍事』第35號, 1997).

봉문환두대도와 금은장의 삼엽문환두대도·小刀를 비롯하여 金銅 冠, 金銅飾履 등이 출토되어 영산강 유역 최고 신분의 지배자묘로 알려져 있다. 따라서 이 철지금은장 삼엽문환두대도는 동지금장 삼엽 문환두대도에 필적하는 위상을 지닌 장식대도였음을 알 수 이다. 다만 신촌리 9호분 을관 피장자의 최고 권위 상징물은 같은 은장이라 하더라도 용봉문환두대도가 대변해 주는 것으로 볼 수 있다. 그 외 신라지역 출토품으로는 부산 동래 복천동 11호묘 출토품이 알려져 있다.

한편 청주 신봉동고분군 중 신봉동 82-B14호·90A-12호묘 등에서 백제 지역에서는 유일하게 삼엽문환두대도 2점이 출토되었다. 그러나 이 삼엽문환두대도들은 신라지역 출토품들과는 달리 환두장식의 소재가 모두 철제만으로 되어 있는 점이 특징이다. 신라지역에서는 경주 미추왕릉 A-3호분2곽, 창녕 계성 사리1호분, 성주 성산동2호분, 부산 복천동4호·60호·69호·11호분, 생곡동 가달10호분, 두구동 임석3호분, 괴정동5호·12호·39호분, 반여동19호분, 합천 창리A-63호·70호분, 마산 현동64호분 등에서 출토된 많은 삼엽문환두대도가 알려져 있다. 이 가운데 신봉동에서 출토된 철제 삼엽문환두대도처럼 철제인 삼엽문환두대도로는 부산 괴정동 출토품이 있으나 신봉동 출토 삼엽문환두대도와의 직접적인 관련성은 찾기 어렵다. 신봉동 고분군에서 삼엽문환두대도는 주로 馬具나 武器, 金銅製 耳飾 등과 주로 공반되어 나타나지만, 금·은 장식환두대도와 공반되는 여타의 화려한 威勢品들은 보이지 않는다. 따라서 이 철제삼엽문환두대도는 장식환두대도 가운데에서는 가장 낮은 위계에 있었던 소환두대도 바로 위의 위계에 있었던 대도였음을 알 수 있다.

橢圓形二葉文環頭大刀는 환두와 도신의 형태는 앞서 살펴본 타원형삼엽문환두대도와 같으나 환두 내부를 장식하는 문양 요소가 三葉 대신 二葉으로 구성되어 있는 점이 차이점이다. 이 형식의 대도는 백제 지역의 경우 천안 용원리 129호묘 출토품과 청주 신봉동 92-54

호·87호묘 출토품 등 3점이 알려져 있다. 재질은 역시 삼엽무환두대도와 마찬가지로 모두 철제로 제작된 것뿐이다. 이 가운데 가장 이른 시기의 것은 천안 용원리 129호묘 출토품이다. 이외에도 4세기 후반으로 편년되는 부산 동래 복천동고분에서 1점의 이엽문환두대도가 알려져 있다.

이와 같은 이엽문환두대도는 중국 漢代의 大刀에서 그 유례를 구할 수 있는 것으로, 남부 지역으로의 파급은 낙랑을 통하여 백제지역으로 파급된 후, 2차적으로 가야지역으로 파급된 것으로 여겨진다.

한편 용원리 129호묘 출토 이엽문환두대도는 약 130도 정도 구부려 부장한 점이 특징이다. 이와 같은 부장 양상은 이엽문환두대도는 아니지만 용원리 105호묘의 철대도 부장양상에도 나타난다. 그 외 가야의 김해 대성동고분에서도 대도를 구부려 부장하는 습속이 흔히 보인다. 따라서 백제와 가야지역에서 4세기대에 이엽문환두대도가 함께 나타나면서 대도를 구부려서 부장하는 습속을 공유하고 있었음을 알 수 있다. 이는 곧 백제·가야간에 대도에 대한 부장 관념을 같이하고 있었음을 의미하는 것이라 하겠다.

한편 용원리 129호묘는 4세기말·5세기초로 편년되는 토광 목관묘로, 이 대도와 함께 원주 법천리, 청원 주성리고분 등에서 출토된 전형적인 백제 한성도읍기의 금동제귀걸이가 함께 출토되어 화려한 위세품들이 많이 출토된 대형 석곽묘 이전 단계의 토광묘군 가운데에서는 비교적 상위의 위계를 가진 피장자의 무덤임을 알 수 있다. 따라서 이 이엽문환두대도도 전술한 삼엽문환두대도와 거의 같은 등급의 위계를 지니고 있었던 것으로 추정된다. 그 후 이 형식의 대도는 5세기 전·중엽으로 편년되는 신봉동 출토품 이후에는 유례가 보이지 않는다. 그러나 이엽문환두대도와 대체로 같은 변천과정을 거치고 있는 삼엽문환두대도의 경우 5세기말·6세기초로 편년되는 나주 신촌리 9호분 乙棺에서 鐵地銀裝三葉文環頭大刀와 小刀가 출토된 것으로 보아 5·6세기에는 金·銀으로 더욱 화려하게 장식된 이엽문환두대도도 존재하였을 가능성도 있으나 아직까지는 확인되지 않고 있다.

方形系三葉文環頭大刀는 흔히 상원하방내삼엽문환두대도로 불려지는 것으로, 모두 신라지역에서만 출토되는 것으로 인식되어 신라 삼엽문환두대도의 전형으로 이해되어 왔다. 원형 또는 타원형삼엽문환두대도가 출현기의 삼엽문환두대도라고 한다면 이 형식의 삼엽문환두대도는 정형화된 형식의 삼엽문환두대도라 할 수 있다. 신라지역의 경우 경주 황오리 33호분 동곽, 황오리4호분, 보문리부부총남자, 황남동파괴고분2곽, 인왕동A-1호, C-1호분, 인왕동 149호분, 황남대총남분,북분, 금관총, 월성 안계리2호분, 경산 북사리 1호분, 대구 내당동 51호분 2곽, 비산동37호분1,2곽, 비산동51호2곽, 비산동 34호분, 비산동 55호분, 신지동 북7호분, 성주 성산동1호분, 부산 두구동 임석3호분, 의성 탑리2곽,3곽, 대리3호분1곽, 학미리1호분, 창녕 교동7,11,89호분, 청원 미천리 가-9호분, 강릉 초당동 가-15호분 등 많은 예가 알려져 있다. 대체로 5세기 전·중엽 이후 6세기 중엽에 이르기까지 지속적으로 출토되고 있다. 그러나 백제 지역의 경우 아직 이 형식의 환두대도가 출토되지 않고 있다.

④ **銀裝環頭大刀** (도 1-20～23)

한편 장식대도 가운데 환두부에 아무런 문양은 없지만 은판을 감아서 장식한 은장대도가 있다. 이 환두대도는 출토례는 많지 않지만 백제의 환두대도를 이해하는데 특히 주목된다.

먼저 논산 표정리고분에서 銀裝五角形環頭大刀가 1점 출토되었다. 이 환두대도는 환두의 형태가 오각형을 띠며 은판을 씌워 만든 것이다. 이와 같은 형태와 제작기법을 가진 은장오각형환두대도는 합천 옥전 M3호분, 옥전 M70호분, 합천 반계제 가-A호분, 남원 두락리 4호분, 함양 백천리 1-3호분, 함안 마갑총 등에서 출토된 것이 있다. 가야지역에서 이 대도가 출토된 고분들은 5세기 말~6세기 초로 편년되는 대가야의 지방 首長墓들이다. 또 표정리고분군을 비롯한 신흥리, 모촌리고분군 등 연산지방의 토기는 가야토기와 밀접하게 관련되어 있는 것도 표정리 고분에서 출토된 이 은장환두대도가 5세기말, 6세기초의 대가야의 은장오각형환두대도와 밀접한 관계에 있었음을 방증하고 있다.

한편 천안 용원리 9호석곽묘와 논산 모촌리 5호분에서도 銀裝環頭大刀는 환두가 橫楕圓形을 띠며 鐵地銀裝으로 제작되었다. 용원리 9호분의 경우 柄緣金具가 은판이기는 하지만 문양장식이 없는데 비하여, 표정리 5호분 출토품은 은판으로 제작되된 병연금구 표면에 파상문을 타출시켜 장식하였다. 이 두 고분을 통해 본다면 문양이 없는 것에서 문양이 있는 것으로, 즉 장식화의 과정을 거치고 있었음을 알 수 있다. 이와 꼭 같은 형태와 문양으로 장식된 은장환두대도는 최근 조사된 공주 수촌리 고분에서도 확인되는 것 같으나 자세한 것은 알 수 없다. 그리고 가야의 합천 옥전 28호분에서 이와 꼭 같은 은장환두대도가 출토되었다. 모촌리 5호분에서는 은장 안교와 원환비, 그리고 다수의 유엽형철촉과 도자형철촉이 출토되었다. 원환비와 철촉들은 5세기말, 6세기 전반에 가야지역에서 유행하였던 유물들이다. 한편 이와 꼭 형태와 문양을 가진 대도가 5세기말 6세기 전반대의 百濟 渡來人의 무덤으로 이해되고 있는 日本 熊本縣 江田船山古墳에서도 출토됨으로써 이 형식의 대도가 5세기말, 6세기전반을 중심으로 유행하였던 百濟系 裝飾環頭大刀였음을 알려주고 있다.

⑤ **銀象嵌環頭大刀** (도 1-24~25)
우리나라에서 象嵌技法이 문양으로 表出된 유물이 나타나기 시작하는 것은 삼국시대부터이다. 그런데 고구려 지역에서는 지금까지 상감유물이 출토된 것이 전혀 알려지지 않고, 신라의 경우도 최근에 알려진 호우총 출토 金裝鳳凰文環頭大刀에 장식된 金象嵌과 의성 대리고분에서 수습된 金象嵌環頭大刀, 그리고 양주 대모산성 출토 은

으로 상감된 馬具類 이외에는 유례가 없다. 그러나 이들 지역에서 출토되는 상감 자료들은 모두 5~6세기의 늦은 시기의 것들에 한정되고 있다.

그런데 중국에서는 이 시기를 전후하여 주로 南朝文化圈 지역에서 이와 같은 상감 자료들이 많이 출토되는 것으로 알려져 있다. 일본의 경우는 古墳時代 중기인 5세기에 우리나라를 거쳐 전해진 상감 기법이 나타나 고분시대 중·후기를 거치면서 유행하다가 고분시대 후기 후반인 6세기 후반대에 급격히 쇠퇴한다.

한편 최근 활발한 가야고분 발굴조사에 따라 가야지역에서 상감자료가 현저하게 증가되고 있는 점이 주목된다. 합천 옥전고분군, 고령 지산동고분군, 남원 월산리고분군, 함안 도항리고분군 등에서 환두대도, 화살통 부속구 등 많은 유물에 상감 기법으로 장식된 유물들이 알려지고 있다. 그런데 이들 고분군 가운데에서 상감대도가 출토된 고분은 용봉문환두대도와 같은 最上級 환두대도가 출토되는 고분에는 미치지 못하지만, 次上級에 해당하는 대형고분들이다. 이는 백제의 경우에도 마찬가지이다. 예를 들어 唐草文銀象嵌環頭大刀가 출토된 천안 용원리 5호묘의 경우는 이 상감환두대도 이외에 장신구와 같은 화려한 威勢品들은 출토되지 않았지만, 鐵刀子와 鐵鏃 4점이 함께 출토되었다. 신라·가야 고분에서는 양적인 차이가 있기는 하지만 일반인의 무덤에 이르기까지 보편적으로 출토되는 무기이다. 그러나 천안 용원리고분군이나 신봉동고분군을 비롯한 백제 고분의 경우에는 대부분의 경우 철촉이 이와 같은 장식대도나 금동관모·식리, 이식 등 화려한 위세품과, 마구류 등과 함께 출토되는 경우가 많으므로 철촉이 출토된 고분이 출토되지 않는 고분에 비하여 높은 위계에 있었음을 알 수 있다. 이와 더불어 용원리 5호석곽묘는 용원리 고분군에서 최상위의 위계에 있었던 1호·9호석곽묘와 거의 같은 규모의 대형 석곽묘이다. 따라서 5호석곽묘의 은상감환두대도는 1호·9호석곽묘에는 미치지 못하지만, 비교적 높은 위계를 가진 인물이 착용하였던 장식대도였음을 알 수 있다.

그런데 백제 상감자료의 경우, 유명한 일본 石上神宮 소장 금상감 칠지도를 비롯하여 전 청주신봉동 출토 당초문은상감환두대도, 천안 화성리 A-1호묘 출토 당초문은상감환두대도, 천안 용원리 5호석곽 묘 출토 당초문은상감환두대도 등이 알려져 있다. 칠지도의 연대에 대하여서는 논란이 많지만 이들 자료들은 대체로 4세기 중후반대로 편년되고 있다. 따라서 백제에서 상감환두대도는 4세기 중·후반에 출현하여 일정기간 유행한 것으로 보이지만 늦은 시기의 자료가 없 어 그 존속 기간은 잘 알 수 없다. 다만 중국 남조의 청동초두와 함께 백제에서 전해진 것으로 파악되고 있는 신라의 창녕 교동 11호묘 출 토 先人名 금상감원두대도등과 같은 자료를 통하여 웅진도읍기에 들 어서도 상감기법이 꾸준히 유행하였음을 간접적으로 추정해볼 수 있 다. 다만 이 경우는 종전의 환두 부분을 중심으로 상감 문양이 장식 되던 것에서 도신의 명문 상감으로 이용된 점이 다를 뿐이다. 여기서 주목되는 것은 상감유물 또는 그 표출기법에 있어서 백제와 가야, 그 리고 일본열도와의 관련성이다.

백제의 상감환두대도 가운데 특히 천안 화성리 B-1호묘 출토품과 천안 용원리 출토품은 絲象嵌의 表出技法, 당초문의 형태, 환두부의 형태, 그리고 전체적인 도신의 형태 등이 가야의 합천 옥전 M70호 목곽묘와 일본 동경국립박물관 소장 가야의 당초문은상감환두대도 등과 극히 유사하다. 그런데 옥전 M70호분은 반출된 토기류 등에서 5세기 후반으로 편년되고 있다. 백제의 경우는 화성리 A-1호묘나 용원리 5호석곽묘는 함께 출토된 토기류나 철촉, 철모 등의 무기류 가 거의 같은 형식이다. 이와 더불어 4세기 후반의 중국 동진대 흑갈 유계수호가 출토된 천안 용원리 9호석곽묘에서 출토된 토기류, 철촉 등의 무기류와도 같은 형식이다. 따라서 용원리와 화성리에서 출토 된 당초문은상감환두대도는 4세기 후반·5세기초에 제작된 것임을 알 수 있다. 결국 가야 지역과 일본 고분시대에 많이 출토되는 상감환두대도는 백제지역으로부터 파급되었던 것이다. 일본과의 관련은 석상신궁 칠지도가 상징적으로 말해주고 있다. 상감자료에 있어서 이와 같은 상호관계는 당시 중국-백제-가야-일본간의 우호관계 속에서 각 국간의 정치적, 문화적 교류의 산물이었음은 두말할 필요도 없다. 그 중심에 백제의 상감환두대도가 자리하고 있었던 것이다.

⑥ 龍鳳文環頭大刀 (도 1-35~36 · 39~40)

백제 지역에서 출토된 용봉문환두대도는 현재까지 한성도읍기 유적인 천안 용원리 1호 · 12호석곽묘, 웅진도읍기의 무령왕릉, 나주 신촌리9호분 을관 등에서 출토례가 알려져 있다.

이 용봉문환두대도는 최근까지만 해도 시기적으로 그 정점에 있었던 것이 무령왕릉 대도였다. 그러나 최근의 조사에서 백제 한성도읍기에 해당하는 5세기대의 용봉문환두대도가 다수 출토됨으로써 백제지역에 있어서 용봉문환두대도의 출현을 1세기 이상 올려볼 수 있게 되었다. 용원리에서 출토된 이 2점의 환두대도는 환두부 문양이 무령왕릉 환두대도와 같을 뿐만 아니라, 환두와 환두 내의 봉황이 일체로 제작되어 있는 등 무령왕릉 환두대도의 제작기법과 동일하다. 따라서 이 두 점의 환두대도는 무령왕릉 환두대도와 계통을 같이하고 있음을 알 수 있다. 다만 무령왕릉 환두대도보다 문양 표현이 약간 단순하고, 환두 형태가 약간 방형 기미를 띠는 타원형을 이루고 있다는 점에서 전성기의 환두대도는 아니었음을 알 수 있다.

그 다음 무령왕이 佩用하였던 무령왕릉 환두대도는 두말할 필요 없이 도검사상 세계적인 기준자료가 되고 있음은 주지하는 바와 같다. 이 대도 역시 이전 한성도읍기의 표지적인 용봉문환두대도인 용원리 1호, 12호석곽묘 출토품과 같이 환두와 환두 내의 봉황이 연속적으로 이어지고 있는 형태를 보이고 있어 같은 계열의 용봉문환두대도였음을 알 수 있다. 다만 무령왕릉 환두대도는 전체적인 문양 표현이 매우 섬세하고 환두 내의 봉황도 보다 볼륨감 있고 세밀하게 표현되

백제의무기

었다. 따라서 이 대도는 최전성기의 용봉문환두대도의 모습이라고 할 수 있다. 무령왕릉 대도와 같은 용봉문환두대도는 가야와 일본 (왜)에서도 간헐적으로 출토되고 있어 무령왕대를 중심으로 하여 백제 - 일본 - 왜로 이어지는 우호적인 교류관계의 일단을 잘 보여주고 있다. 가야지역 출토품으로는 고령 지산동39호분 출토품이 있는데, 제작 기법에 있어서는 약간의 차이점도 있으나 환두의 문양과 칼집 장식이 무령왕릉 환두대도처럼 장식되어 있는 등 전체적으로 무령왕릉 대도와 밀접한 관련이 있음을 알 수 있다. 그 외 가야지역 출토품으로 전하는 小倉콜렉션 3호대도도 무령왕릉 대도와 형태, 문양 표현, 제작 기법 등이 잘 대비되고 있어 역시 무령왕릉계 용봉문환두대도임을 알 수 있다. 또 일본의 경우 대판부 차성시 복정 북해총고분에서 출토된 용봉문환두대도도 환두의 크기, 형태, 문양표현 기법, 단면 6각형을 이루는 파부의 형태 등이 무령왕릉 대도와 너무도 흡사하다. 그러나 환두부의 문양 볼륨이 무령왕릉 대도에 비해 약간 퇴화된 것이어서 무령왕릉 대도보다 약간 후에 제작된 것으로 보인다.

나주 신촌리 9호분 乙棺에서 출토된 은장용봉문환두대도는 대체로 5세기 후엽경으로 편년되고 있다. 그러나 이 환두대도의 경우 환두에는 용이 표현되어 있지만 은으로 제작되었다는 점에서 다음에 살펴볼 무령왕릉 환두대도보다는 한 등급 낮지만 영산강 유역 최고지배자가 착용하였던 것임은 분명하다. 이 보다 약간 늦은 단계인 6세기 전엽의 무령왕릉에서는 금장용봉문환두대도가 출토되었다. 이 대도는 두말할 필요 없이 바로 무령왕이라는 백제왕이 착용하였던 최상위급 대도로, 왕의 신분을 그대로 상징하고 있다고 할 수 있다.

한편 이 용봉문환두대도는 식리총, 호우총, 천마총, 그리고 창녕 출토품으로 전하는 4점의 용봉문환두대도 등 신라지역에서도 다소 알려져 있는데, 신라지역의 경우 시기적으로 모두 5세기 말, 6세기 전반대에 집중되고 있는 경향을 보이고 있다. 또 고령 지산동39호분, 32NE1호분, 합천 옥전M3호분(3), M35호분, M4호분, 산청 중촌리3

호분 등 가야지역에서도 많은 출토례를 보이고 있다. 특히 이중에서도 분포의 중심이 가야지역에 있다는 점을 들어 백제·신라·가야지역에서 출토되는 이 대도의 계통을 잠정적으로 고구려에서 구하고, 이를 伽倻式環頭大刀로 규정하고 있다.[15] 그러나 최근 백제지역에서 이보다 훨씬 이른 시기의 자료들이 많이 출토되고, 또 계속해서 자료가 증가되고 있는 점이 주목된다. 당시 백제와 가야와의 관계를 감안한다면 특히 가야지역에서 많이 출토되는 이 대도들은 백제로부터의 영향을 배제하고서는 이해하기 어렵다. 또 신라지역에서 출토되는 이 대도들도 일시적이나마 당시 백제와 신라와의 우호적 관계를 감안하면 역시 백제로부터의 영향으로 보는 것이 합리적일 것이다. 이는 당시 이 대도들이 출토된 신라·가야 고분에서 백제 문물들이 많이 보이고 있는 점이나 백제계 대도인 창녕 교동11호분 출토의 금상감원두대도와 같은 예를 통하여 충분히 뒷받침되고 있다.[16]

⑦ 圓頭大刀 (도 1-32~34)

장식대도 가운데 가장 단순하게 장식된 것으로, 은판을 감싸 만든 원두에 원형 또는 심엽형의 구멍을 뚫고, 이 구멍 주변을 금 등으로 장식한 대도이다. 그 외 도신이나 대도 부속구들은 일반적인 장식대도와 같다.

이 장식대도가 지닌 속성 가운데 가장 특징적인 圓頭는 창녕 교동 11호묘 출토품과 같이 원두의 중앙부에 심엽형의 현수 구멍을 뚫고 구멍 주변에 刻目된 금테두리를 부착하여 장식한 것, 이양선 수집품과 양산 夫婦塚(男子) 출토품처럼 중앙부의 구멍 테두리에 아무런 장식을 가하지 않은 것, 부산 연산동 출토품처럼 花形 장식이 가미된 것, 그리고 양산 부부총(여자)과 양산 金鳥塚 출토품처럼 원두에 구

15) 趙榮濟, 「新羅와 伽倻의 武器·武具」, 『韓國古代史論叢』3, 1992.
16) 崔鐘圭는 창녕지역 출토된 용봉문환두대도 및 有銘圓頭大刀를 무령왕릉 대도 및 공주 송산리 고분 출토품과 대비, 검토하여 백제지역으로부터 파급된 것으로 것으로 이해하였다(崔鐘圭, 「濟羅耶의 文物交流」, 『百濟研究』23, 1992).

멍이 뚫리지 않은 것 등 여러 종류의 것이 있으나 두부의 형태는 기본적으로 원두대도의 특징을 그대로 지니고 있다. 그 중 양산 부부총과 금조총 출토품처럼 구멍이 없는 것은 裝刀로 사용된 小形刀인데, 이와 같은 특징을 지닌 장도는 무령왕릉에서 금·은제의 장도 3점이 출토되었다. 이밖에도 경주 천마총·금관총을 비롯하여 백제의 공주 송산리 1호분에서도 출토례가 알려져 있다. 이들 원두대도(소도)들이 출토된 고분은 모두 5세기 말~6세기 전반대를 중심으로 하는 고분들이다. 특히 경주 금관총, 창녕 교동11호분, 공주 송산리 1호분 출토 원두대도는 거의 같은 특징을 지니고 있어 상호 많은 관련성이 있어 보인다. 우선 이 원두대도들은 시기적으로 모두 백제 웅진도읍기인 5세기 말~6세기 초로 편년되는 고분에 집중하고 있는 데다, 특히 창녕 교동 11호묘에서 출토된 先人銘 金象嵌圓頭大刀는 공주 송산리 1호분에서 출토된 원두대도와 세부 문양까지 매우 유사할 뿐만 아니라, 백제 지역에서 많이 출토되는 중국 동진제의 용수초두도 함께 출토되어 백제에서 전해졌을 가능성을 높여주고 있다. 더욱이 신라, 가야지역 상감자료의 계보는 백제지역에서 구해지고 있는 것도 이러한 가능성을 높여준다 하겠다. 따라서 이 원두대도는 백제 웅진도읍기를 중심으로 유행하였던 대도였음을 알 수 있으며, 신라지역에서 다수 출토된 이와 같은 원두대도는 백제로부터의 영향이었음을 알 수 있다. 이 원두대도가 백제에서 신라지역으로 파급된 배경에는 당시 羅濟同盟과 같은 백제와 신라간의 화친기간 동안에 원두대도를 포함한 백제의 우수한 권위 상징적인 위세품의 교류가 있었을 것으로 생각된다. 경주 금관총 과대금구와 꼭 같은 공주 송산리 5호분 출토 은제과대는 이와 같은 정황을 말해주는 직접적인 자료라고 할 수 있다.

이와 같은 여러 형식의 (裝飾)環頭大刀의 출현 순서는 대체로 素環-二葉 또는 三葉-象嵌-龍鳳文環頭大刀의 순서로 파악되고 있으며, 각 환두대도의 位階差도 같은 시기에 여러 형식의 대도가 공존할 경우 위와 같은 서열이었던 것으로 파악되고 있다.[17] 또 대도의 환두부를 만든 재질은 용봉문환두대도의 경우 金 – 金銅 – 銀 등으로 구분되고, 삼엽환두대도의 경우는 金銅裝 – 銀裝 – 鐵製 등으로 구분된다. 이와 같은 재질 차이도 대도를 착용한 피장자의 위계 차이를 반영하고 있는 것으로 이해되고 있다. 다만 원두대도의 경우 원두부의 재질은 모두 은제 밖에 없는 점이 특징이다. 이는 이 원두대도가 특정한 위계에 소속되어 있었음을 말해주는 것이라 할 수 있다. 또 하나의 무덤에 여러 대도가 있는 경우, 대체로 피장자가 패용하고 있는 대도가 副葬한 다른 대도보다 上位의 대도이며, 이를 동시기의 백제 각 지역집단에 대입했을 때 각 지방 세력의 우열에 따라 착용한 대도의 종류도 차이가 있었음이 지금까지 각 지역별 백제 고분군의 발굴조사를 통하여 밝혀지고 있다. 특히 최근 조사례가 많이 알려진 한성도읍기의 각 지역 고분군 간에는 이러한 양상이 두드러지게 나타나고 있다. 다만 한성도읍기의 중앙이었던 서울지역에서 출토된 자료가 없어 백제 각 지역 고분군별로 출토되는 이와 같은 장식대도들이 중앙으로부터 賜與된 것인가에 대한 의문이 제기되기도 하지만, 각 지역의 유력 고분군마다 중국 도자기를 비롯하여 귀걸이 식리, 관모 등과 같은 다른 장신구류들이 한성도읍기 백제 전역에 걸쳐 齊一性을 띠면서 나타나는 것으로 보아 지방지배과정에서 中央으로부터 分與된 것으로 이해되고 있다.

(2) 鬪斧 (도 3-1)

斧는 원래 工具에서 출발하였으나 차츰 그 기능이 다양해져서 무기로서의 기능을 겸비하게 되어 무기의 기능이 보다 강조되면서 神 또

---

17) 朴普鉉, 「積石木槨墳의 武器具類 副葬樣相」, 『新羅文化』第九輯, 1992.

백제의무기

는 權威의 象徵物[18)]로 인식되어 왔다. 즉 斧가 武的 성격으로 置換됨
으로서 儀裝用 기능이 발현하게 된 것이다. 이러한 斧를 흔히 鬪斧라
부른다. 투부는 중국의 경우 중장기병에 대항한 보병의 효율적인 방
어무기로 일찍부터 발달하였던 바[19)] 고구려 투부의 성립에 영향을 미
친 것으로 보인다. 고구려에서는 실물 투부[20)]와 안악3호분, 약수리
벽화고분, 평양역전 고분 등의 벽화에 묘사된 부수들로 보아 무기로
서의 기능과 의장용으로서의 기능을 겸비하였던 것으로 생각된다.
투부는 부신의 측면에 횡으로 관통시켜 자루를 着裝하기 위한 구멍
을 만든 鍛造製의 鐵斧가 그것으로, 기원 1세기 3한시대의 경주 구정
동 출토례와 통일기의 안압지, 이성산성, 미륵사지 출토례를 제외하
면 남부지방의 경우 5~6세기(특히 5세기)에 한정된다. 또 공간적으
로는 백제, 가야지역에도 출토례가 알려져 있으나 1-2례에 불과하여
그 존재가 불투명하다. 반면에 신라지역에서는 지금까지 30여 점의
많은 예가 알려져 있으며 경주를 중심으로 분포권이 형성되어 있다.
그리고 출현한 이후 소멸하기에 이르기까지 거의 형태적 변화를 보
이지 않는다. 그리고 계층에 관계없이 보편적으로 출토되는 鏊斧와
는 달리 모두 무덤들, 그것도 上層支配者級의 무덤에서 冠飾, 帶金
具, 裝飾大刀 등과 같은 威勢品들과 함께 출토된다. 이 점이 이 투부
의 성격을 간접적으로 시사하고 있는 것으로 생각된다. 이러한 형식
의 保守性은 투부가 지닌 의장용 기능이 일관되게 작용[21)]하고 있었음
을 말해준다 하겠다. 다만 刃部와 頭部의 폭 차이가 적은 것에서 두
부쪽의 폭이 좁은 것으로, 자루를 끼우는 구멍의 외곽 突出度가 미미

---

18) 佐原眞, 「斧の文化史」 UP考古學善書 [6], 1994.
19) 篠田耕一, 「武器と防具」中國編, 1992.
20) 고구려지역에서 실물투부는 평양부근 출토품 밖에 없으나, 고구려의 방어유적인 서울 구의동
    유적에서 다수 검출된 바 있어 백제지역 투부의 전개양상을 파악하는데 좋은 자료가 된다
    崔鍾澤, 「九宜洞 遺蹟 出土 鐵器에 대하여」, 「서울大學校 博物館年報」3, 1991.
21) 일반적으로 실용적 기능보다는 의례적 기능 쪽이 상징적인 관념이 작용하여 변화가 거의 일
    어나지 않는 것으로 생각된다.(金吉植, 「5 - 6세기 新羅의 武器變化樣相과 그 意義」, 「國立博
    物館 東垣學術論文集」 第1輯, 1998).

한 것에서 돌출도가 큰 것으로의 대체적인 변화는 감지된다.

한편, 투부는 중국의 경우 이미 상대에 청동부, 월의 형태로 출현하여 중요한 무기 체계의 하나로써 송, 원대에 이르기까지 지속적으로 사용되었는데, 철제의 투부로 보편적으로 나타나는 것은 전한대이다.[22]

고구려 지역에서는 길림성 집안현 출토품이나 안악3호분 벽화에 묘사된 투부들과 풍소불묘 출토품과의 대비에서 4세기대에 北燕으로부터 영향을 받아 성립한 것으로 보이며, 약수리 벽화고분, 평양역전 고분 등의 벽화에 묘사된 투부, 서울 구의동 고구려유적 출토품으로 보아 5세기대에 성행하였던 무기였음을 알 수 있다.

백제 지역에서는 부여 능산리 3호 횡혈식석실분과 부소산성, 나주 대안리 횡혈식석실분, 순천 용당리 1호석곽묘 등 백제 사비도읍기의 유적에서 출토된 것 4례 밖에 확인되지 않았지만 특히 무덤의 경우 백제의 王(族) 또는 地方官의 무덤으로 추정되고 있는 점이 이 투부의 성격과 관련하여 유의된다. 즉 사비도읍기 중앙의 묘제인 능산리식 횡혈식석실묘에서 은화관식 등과 함께 출토되고, 또 비교적 늦은 시기까지 백제로부터 어느 정도 독립 세력으로 남아 있던 전남, 영산강 유역에서 출토되고 있는 점에서 백제의 지방지배 과정에서 중앙(부여지역)으로부터 이 지역에 파급된 것으로 보인다. 이들 백제 투부들은 안악 3호분 등 고구려 벽화고분에 묘사된 투부나 서울 구의동과 아차산성의 고구려 보루유적 출토품 등의 예로 보아 고구려에서 계보를 구할 수 있다. 고구려에서는 4세기 이래 이 투부가 중요 무기로 사용되었지만, 백제지역에서는 도입 이래 자체 개량화 과정을 거쳐 6세기대에 들어와 성행하였던 것으로 보인다.

가야지역에서는 6세기전엽의 고령 지산동 45호분에서 1점 출토된 것에 지나지 않는데, 여기에서는 신라의 대표적인 장식대도인 方形

---

22) 篠田耕一, 주3)의 전게서.

系(上圓下方) 삼엽문환두대도, 신라토기 등과 함께 출토되고 있어, 신라지역(경주)에서 파급된 것임을 알 수 있다.

신라지역에서는 8세기 통일기의 경주 안압지와 하남 이성산성 출토품을 제외하더라도 황남대총 북분 등 7유적 13점의 출토례가 알려져 있는데 이들은 모두 5세기 중, 후반에 집중되고 있다. 한편 경주지역에서 가장 이른 것은 三韓時代인 기원 1세기대로 편년되는 경주 구정동 출토품이 있는데, 이는 板狀鐵斧의 형태에 橫孔이 있는 것으로 5~6세기의 鬪斧들과는 근본적인 차이가 있다. 달리 이 시기의 자료가 없어 현재로서는 파악하기 어렵지만, 중국 漢代의 橫孔斧로부터 영향을 받은 것일 가능성이 큰 것으로 보인다. 이렇게 본다면 5~6세기를 중심으로 경주 지역에서 집중적으로 출토되는 신라지역의 투부도 백제지역의 것과 마찬가지로 고구려로부터의 영향으로 밖에 볼 수가 없다. 특히 신라의 고총고분에서는 이 투부 이외에도 많은 고구려 문물들이 빈번하게 출토되고 있어 당시 고구려와 신라의 밀접한 교류관계를 뒷받침해 주고 있다.

한편 이와 같이 성립한 신라 투부는 5세기 중, 후엽의 한정된 시기에 경주 지역에 집중적인 분포를 보이면서 일부는 경주 이외의 지역(지방)에서도 點的인 分布 양상을 보이고 있다. 이러한 분포 양상의 특징은 결국 중심지인 경주에서 지방의 주변지역으로 확산되었음을 의미하며, 이는 곧 신라 중앙과 지방과의 사이에 밀접한 네트워크가 형성되어 있었음을 시사하는 것으로 보인다.

(3) 鐵鏃[23] (도 2)

철촉은 철촉 자체만으로 기능하지는 못하고, 원래 화살의 형태로 활이나 弩에 장착하여 사용하는 長距離 武器이다. 또 철촉은 본래 화

---

23) 철촉의 분류, 변화과정, 지역적인 특성, 철촉 변화의 의의 등에 대해서는 (金吉植, 「三國時代 鐵鏃의 硏究」, 경북대학교석사학위논문, 1993 및 金性泰, 주3)의 전게문)을 참고하였다.

살을 구성하는 핵심 요소 중 하나였지만 有機質로 된 화살은 썩어 없어지고 금속으로 된 철촉만 남게 되어, 현재 발굴을 통해서는 철촉만 출토되는 것이다. 또 철촉은 한번 發射하면 回收가 불가능한 消耗品的인 무기이고, 일부 몇가지 종류의 철촉 이외에는 大刀나 鐵鉾 등에 비하여 상대적으로 威勢品的인 성격이 결여되어 있는 가장 보편적인 무기중의 하나이다. 신라·가야 무덤에서는 保有量의 차이에 따라 소유자의 위계 차이가 있기는 하지만, 철촉은 대형의 지배자급의 무덤에서 소형의 일반인의 무덤에 이르기까지 보편적으로 출토된다. 또 신라·가야의 고지인 영남지역의 경우, 대, 소형 고분에 따라 차등은 있지만 양적으로도 매우 많은 양이 출토될 뿐만 아니라 종류에 있어서도 백제 지역에서 출토되는 철촉보다 다양하다. 영남 지역의 경우 유엽형, 도자형, 릉형, 무경삼각형, 유경삼각형, 역자형, 착두형, 삼익형, 골촉형, Y자형, 나선형 등 매우 다양한 형태의 철촉들이 존재하며, 같은 형식 내에서도 계통이나 용도 등이 다른 여러 가지의 철촉들이 제작, 사용되었다. 그러나 백제의 경우는 그 이유가 어디에 있는지는 잘 알 수 없지만, 출토량과 출토 빈도가 매우 빈약할 뿐만 아니라 종류도 상대적으로 다양하지 못한 편이다.

일반적으로 철촉은 鏃身의 형태, 슴베와 頸部의 有無와 頸部의 길이 등에 따라서 여러 가지 종류로 분류된다. 우선 슴베의 有無에 따라 無莖式철촉과 有莖式鐵鏃으로 크게 두가지로 大別할 수 있으며, 일반적으로 촉신의 형태에 따라서 三角灣入鏃, 菱形鏃, 柳葉形鏃, 逆刺形鏃, 송곳형촉, 骨鏃形鏃, 鑿頭形鏃, 刀子形鏃 등으로 분류된다. 이 가운데 삼각만입촉은 슴베가 없이 촉신만 있는 것으로 三韓時代에 사용되었던 가장 보편적인 철촉이며, 골촉형촉도 짧은 슴베를 갖추고 있으나 역시 삼한시대를 중심으로 사용되었던 철촉이다. 따라서 백제의 철촉은 이 두 종류의 철촉을 제외한 나머지 종류의 철촉들이 각기 시기를 달리하거나 혼재하여 존속하였다. 아래에서는 지금까지 백제지역에서 출토된 철촉들을 각 형식별로 나누어 살펴보기로

백제의무기

한다.

① 柳葉形鐵鏃 (도 2-1~8)

유엽형철촉은 백제 · 신라 · 가야지역을 막론하고 지금까지 출토된 철촉 중 가장 보편적인 형식으로, 기본적으로 촉신이 길다란 유엽형을 띠며 촉신 斷面이 얇은 板狀 또는 랜즈형인 것과 촉신이 짧은 유엽형 또는 蛇頭形을 띠면서 斷面이 三角形인 것 등 크게 2종류가 있다. 전자는 촉신의 길이가 상대적으로 길어서 촉신과 경부의 구분이 희미하고, 후자는 촉신의 길이가 짧고 두터워서 鏃身과 頸部가 명확하게 구분되는 특징을 지니고 있다.

촉신이 얇고 세장한 유엽형철촉은 천안 청당동 14호묘, 18호묘, 22호묘, 청주 송절동 2차조사 A-5호묘, 청원 송대리 48호묘, 부여 지선리 3호묘, 하남 미사리 A-13호주거지 등에서 출토되었다. 이 형식의 철촉은 대개 3세기 전반에서 4세기 초까지 유행하였던 삼각만입형철촉, 골촉형철촉, 송곳형철촉, 착두형철촉 등과 공반되고 있어 일찍부터 출현하여 사용된 철촉이었음을 알 수 있다. 다만 삼각만입형철촉이 경기도 가평 이곡리주거지 등 중도식토기와 주거지를 標識로 하는 初期鐵器時代 이래의 전통을 잇는 것이라면 이 유엽형철촉과 송곳형철촉, 착두형철촉 등은 3세기에 들어서 출현한 새로운 형식의 철촉이라 할 수 있다. 따라서 이 시기에 들어서서 이전의 무경삼각형철촉에 비하여 새로이 짧은 목과 슴베가 부가된 다양한 유경식 철촉이 출현하는 등 철촉에 있어서 일대 혁신이었다고 할 수 있다. 즉 무경식철촉에서 유경식철촉에로의 진전은 철촉 본래의 기능인 貫通力과 殺傷力의 획기적인 증대를 가져오게 되었던 것이다.

이후 이 유엽형철촉은 頸部가 차츰 길어져서 長頸式鐵鏃으로 변화하는데, 화성 백곡리 1호묘, 청주 신봉동 3차조사 2호석실분, 14호묘, 2차조사 B-16호묘, 논산 모촌리 나지구 9호묘, 남원 초촌리 M60호묘 등에서 출토된 철촉과 같이 촉신이 길다란 유엽형인 것과 하남 미사리 B21 도랑유구, A지구 트렌치, KK139유구, KK026유구, 청주 신봉동 2차조사 A-4호묘, B-21호묘, 3차조사 66호묘 등에서 출토된 철촉들과 같이 촉신이 삼각형 또는 사두형인 철촉이 각기 그 系統을 꾸준히 이으면서 변화, 발전하였다. 그러나 신봉동 66호묘와 21호묘 에서는 이 두 가지의 유엽형철촉이 모두 출토되어 長頸化가 이루어 진 후에는 두 가지 철촉이 共存하면서 사용되었음을 알 수 있다.

그 외 함평 신덕고분에서도 약 30여 점의 長頸式柳葉形(蛇頭形)鐵 鏃이 출토되었다. 그러나 이 고분은 前方後圓墳이고, 또 함께 출토된 유물들이 6세기대의 일본 後期古墳에서 유례를 구할 수 있는 것들이 많아 이 철촉들도 일본으로부터 이입되었을 가능성도 있으나 아직 보고되지 않아 상세한 내용은 알 수 없다.

② 鑿頭形鐵鏃 (도 2-9~12 · 47~54)

착두형철촉은 鏃身의 형태가 끌처럼 생긴 것으로 고구려 · 백제 · 신라 · 가야지역에서 모두 확인되고 있으며, 크게 2가지 종류가 있 다.

하나는 촉신이 매우 넓고 길죽한 역사다리꼴 모양을 하고 있는 철 촉으로, 북방지역과 고구려에서 크게 유행하였던 철촉이다. 남부 지 방의 경우 몇 개의 예외적인 것은 있으나 신라지역을 중심으로 한정 적으로 출토되는 一群의 철촉으로 4세기 말 5세기 초를 기점으로한 고구려 문물의 신라지역에로의 대량 이입과 함께 고구려로부터 신라 로 이입된 것이다. 이와 같이 고구려로부터 이입된 착두형철촉은 이 후 자체 개량화 과정을 거쳐서 대량생산체제에 들어가 이후 신라 철 촉에 있어서 중요한 위치를 점하게 되었다. 특히 이 형식의 철촉은 마찬가지로 고구려 철촉의 영향인 삼익형철촉(명적촉)과 함께 경주 의 왕족 또는 지방의 지배자급의 대형 무덤에서 출토되고 武的인 권 위를 상징하는 威勢品으로 기능하기도 하였음을 알 수 있다. 그 후 이 철촉은 자체 개량화 과정을 거쳐 각 지방으로 급속히 확산되어 나갔다. 그러나 백제지역으로는 신라지역에서 나타나는 이와 같은 양상과는 전혀 판이한 양상으로 이 형식의 철촉이 흔적적으로 존재한다. 즉 초기철기시대 유적으로 알려진 춘천 중도 1호주거지와 2~3세기로 편년되는 하남 미사리 주거지, 그리고 5세기 중엽대의 서울 몽촌토성 88-6호 저장공에서 출토됨으로써 신라지역보다 훨씬 이른 시기, 즉 중도문화유형의 중요한 특징 중의 하나인 고구려 적석총의 파급과 함께 백제지역으로 이입된 것으로 보인다. 그러나 이 형식의 철촉이 수용된 후에는 개량화 과정이나 계승 발전과정을 거치지 못한 채, 일정 기간 단절되었다가 5세기 중엽에 이르러 간헐적으로 보이는데, 이는 전대에 이입된 철촉이 계속 제작되었음을 의미하는 것이 아니라, 이 시기에 있었던 고구려의 한강유역으로의 남진에 수반되어 초래된 것으로 보인다. 그 이후에도 역시 계승 발전되지 못하고 단절되어 버린다. 이는 고구려-신라와의 친연관계와 고구려-백제와의 적대관계에 따른 문화 수용의 일단을 잘 보여주는 현상이라 하겠다.

착두형철촉 가운데 또 한 가지는 같은 끌모양 철촉이지만, 촉신의 폭이 거의 일정한 (長)方形을 띠는 것으로, 鏃身과 頸部가 잘 구분되지 않는 철촉이다. 이 형식의 철촉도 백제·신라·가야지역을 막론하고 그 수량은 많지 않으나 자주 출토되는데, 백제 이전 삼한시대 유적인 천안 청당동 분묘군에서 4점, 오창 송대리유적에서 1점 등이 출토된 것으로 보아 삼한시대에 출현하여 백제에까지 꾸준히 계승된 在地的 傳統을 지닌 철촉이라 할 수 있다. 그 후 5세기대의 청주 신봉동 고분군에서는 15점 이상이 출토되었는데, 형식적으로 촉신이 짧아지고 頸部가 길어졌을 뿐 삼한시대의 철촉 전통을 그대로 유지하고 있다. 따라서 이 형식 철촉의 변화는 대체로 촉신의 형태가 장방형인 것 → 역사다리꼴로 경부가 없는 것에서 있는 것으로, 즉 長頸化의 방향으로 변화·발전하였음을 알 수 있다.

③ 刀子形鐵鏃 (도 2-13~16)

촉신의 平面이 刀子形, 單面이 二等邊三角形을 띠는 철촉으로, 신라·가야·왜(일본)지역에서는 촉신의 형태가 다양한 여러 가지 형식의 것이 있으나 백제지역의 경우 단순한 형태의 것이 한정된 시기에 사용된 것으로 보인다. 특히 신라·가야지역의 경우 도자 그 자체의 형태와 꼭같은 철촉도 있는데, 이와 같은 예는 청주 신봉동 9호묘에서도 출토된 바 있다. 그러나 백제에서는 출토 개체수가 매우 제한적이어서 대량으로 제작되어 사용된 것이 아니라, 도자를 철촉으로 전용한 정도가 아닌가 한다.

이러한 예를 제외하면 백제지역에서 출토된 이 형식의 철촉은 도자형 촉신에 긴 경부를 갖춘 長頸式鐵鏃으로, 촉신은 단순한 도자형인 것과 2段逆刺로 된 도자형 등 2가지뿐이다. 그 중 전자는 청주 신봉동 고분군에서 6점, 논산 모촌리 고분군에서 11점 등이 출토되었다. 모두 頸部가 긴 장경식철촉으로 철촉으로서는 그 기능이 極大化된 단계에 도달해 있다. 이 철촉들이 출토된 유구는 대개 4세기말에서 5세기 전반대로 편년되고 있어 도자가 철촉으로 전용된 경우 이외의 전형적인 長頸式刀子形鐵鏃으로서는 신라, 가야지역보다 이른 시기에 나타나고 있다. 그리고 5세기 후반대의 나주 복암리 3호분 96석실에서도 다수의 장경식도자형철촉이 출토되었는데, 이 고분에서는 일본 나라현 주성산 2호분에서 출토된 삼엽문환두소도도 함께 출토되고, 또 백제지역에서 출토되는 전형적인 도자형철촉과는 약간 상이한 형태를 띠고 있어 일본 고분시대 도자형철촉과의 관련지워 이해하는 것이 합리적일 것으로 생각된다.

한편 촉신이 2단역자식으로 만들어진 소위 2段逆刺式刀子形鐵鏃은 5세기 중후엽으로 편년되는 신봉동 92-1호묘에서 22점 출토된 것이 유일하다. 신봉동 92-1호묘에서는 이 형식의 철촉 이외에 촉신이 넓고 頸部가 없는 逆刺式三角形鐵鏃 4점도 함께 출토되었다. 이 2단역자식도자형철촉과 촉신이 넓은 역자식삼각형철촉은 합천 옥전고분군 등 가야지역에서도 간혹 출토되기도 하여 이 지역 철촉과의 관련성을 지적할 수 있겠지만, 三角板釘結板甲과 일본 須惠器 蓋杯 등 함께 출토된 倭系 유물로 보아 倭와의 교류에 의하여 도입되었을 가능성이 많은 것으로 생각된다. 특히 일본의 경우 5세기 중후반의 시기에 이 형식의 철촉이 다량으로 출토되고 있는 점도 신봉동의 2단역자식도자형철촉의 出資와 관련하여 시사하는 바가 크다 하겠다.

④ 菱形鐵鏃 (도 2-17~21)

능형철촉은 촉신이 넓적한 릉형을 띠는 것으로 연천 삼곶리 적석총과 청주 송절동 유적에서 출토된 능형철촉과 같이 이미 3세기대에 촉신의 형태가 縱으로 細長한 능형촉의 형태로 출현한다. 3세기대의 이 형식 철촉은 영남지역의 경우, 김해 봉황대유적 등 삼한시대 패총에서 이와 같은 형태의 골촉들이 자주 출토되는 것으로 보아 骨鏃의 형태를 그대로 계승, 발전시킨 것으로 보인다. 이 철촉은 4세기대의 이른 시기의 것은 촉신이 거의 능형에 가깝고, 촉신과 頸部가 뚜렷한 각을 이루며 구분되는 특징이 있으나 이후 시간이 지날수록 촉신은 上廣下狹의 형태로 변하면서, 동시에 길이가 길어져 鏃身과 頸部가 구분되지 않는 형태로 발전한다. 즉 촉신이 더욱 넓적하고 길며, 위가 넓고 아래가 좁은 大形 鐵鏃으로 변화한다. 그러나 이와 같이 길이가 길어지고 頸部가 뚜렷이 구분되지는 않지만 촉신 하부쪽이 길다란 頸部의 형태로 제작되었다는 점에서 長頸化에로의 기능확대 과정을 거친다고 할 수 있다. 최근 청주 신봉동고분군과 천안 용원리고분군 등 중부지역에서 한성도읍기의 지방 유력세력의 고분군의 조사에 힘입어 4세기중후반에서 5세기 전반에 걸친 이른 시기의 고분에서 이 능형철촉의 출토례가 한층 증가함으로써 이제 이 능형철촉은 유엽형철촉, 도자형철촉 등과 더불어 백제 철촉 중에서도 가장 보편적인 철촉으로 자리매김하게 되었다. 종래에는 가야지역의 5~6세기대 유적에서 이 철촉이 다수 알려져서 이 능형철촉을 가야의 독특한 철촉 형식으로 이해하고, 가야지역에서 백제지역으로 도입되었을 가능성이 제기되기도 하였다. 그러나 이와 같은 자료 증가에 따라 이 형식의 철촉은 백제에서 이른 시기에 출현하여 유행하였으며, 가야지역으로 영향을 미쳤음을 확인시켜 주고 있다. 지금까지 하남 미사리 B3호, B5호주거지, KC008, KC040유구, 나주 덕산리 4호묘, 천안 용원리 5호석곽묘(3점), 9호석곽묘(5점), 50호(1점), 86호(1점)토광(목관)묘와 청주 신봉동 2차조사 A-12호묘, 3차조사 A-21, 31, 54, 93호묘, 논산 모촌리 가지구 2, 14호묘, 남원 월산리 M1호묘 등 많은 예가 출토되었다. 이 가운데 특히 용원리 고분군과 청주 신봉동 고분군, 하남 미사리 출토품들은 모두 4세기 중후반에서 5세기 초로 편년되는 무덤이나 주거지에서 출토된 것으로 4세기 후반경에는 장경화가 진행되어 있었음이 확인되고 있다. 이후 길이가 약간 길어지기는 하지만 거의 형태 변화 없이 5세기 중후엽의 모촌리 고분군 출토품, 6세기 전엽의 월산리 출토품 등으로 이어진다. 따라서 5세기 중엽 이후의 자료가 그다지 많지는 않지만 이후에도 계속하여 백제 철촉의 중요한 구성요소의 하나로 기능하였던 것으로 생각된다.

⑤ 逆刺形鐵鏃 (도 2-22~25)

역자형철촉은 原三國時代의 標識的인 철촉인 無莖三角形鐵鏃에 목과 슴베가 부가된 형태로 有莖式逆刺形과 有頸式逆刺形 등 두 가지 종류의 것이 있지만, 기본적으로 무경삼각형철촉과는 系統을 달리하여 5세기대 이후에 출현하는 것으로 생각된다. 왜냐하면 청주 신봉동 92-1호묘, 9호묘, 신봉동 3차조사 2호석실, 84호토광묘 출토품 등 낱개로 간헐적으로 출토되는 有莖式逆刺形鐵鏃의 경우 원삼국시대의 무경삼각형철촉과는 시기적으로 연결되지 않을 뿐만 아니라, 이 철촉의 출토상태와 형태 등이 視覺的 효과를 나타내기 위한 威勢品的 성격을 지니고 있는 것으로 파악되고 있기 때문이다. 그 이외의 나주 신촌리 9호분 甲棺, 丙棺, 덕산리 4호 옹관묘, 해남 용일리 고분 등에서 출토된 逆刺形鐵鏃들은 모두 長頸化가 진행된 最盛期의 철촉으로, 대개 5세기 중후반 이후의 것들이기 때문이다. 현재까지 20여점 정도가 알려져 있는데, 특히 청주 신봉동고분군과 영산강유역의 大形甕棺墓에서 대부분이 출토되고 있는 점이 주목된다. 이러한 지역적 편재 현상은 이 형식의 철촉이 백제의 전 지역에서 사용된 보편적인 철촉 형식은 아니었음을 말해준다 하겠다.

⑥ 兩翼形鐵鏃 (도 2-55)
단면 二等邊三角形을 띠는 刀子形의 촉신 두 개가 V자형으로 서로 마주보고 있는 형태의 철촉으로, 경부가 없이 촉신에서 곧바로 슴베만 이어지는 형태이다. 나주 신촌리 9호분 兵棺에서 출토된 것 1점 밖에 알려져 있지 않아 백제의 보편적인 철촉 형식이 아니었음을 알 수 있다. 북방 지역을 비롯하여 고구려, 발해 철촉 그리고 일본의 중, 후기고분 출토 자료가 다수 알려져 있는데, 이 철촉은 영산강유역에서 倭系 유물들이 출토되는 양상으로 보아 일본의 고분시대 철촉과의 관련성이 상정된다.

⑦ 弩鏃 (도 3-15~17)
부여 부소산성에서는 小形의 錐形鐵鏃, 中形의 長頸式柳葉形鐵鏃, 大形의 錐形鐵鏃 등 모두 3종류의 크고 작은 철촉이 출토되었다. 이 가운데 중형의 장경식유엽형철촉은 무덤 부장품으로 출토되는 일반적인 화살촉과 같은 것으로 활의 화살로 사용된 것이며, 소형의 추형철촉은 백제 이외의 신라, 가야지역을 막론하고 무덤에서는 아직 출토례가 없다. 다만 중국의 경우 弩에 사용된 철촉과 동일한 형태와 특징을 보이는 것으로 보아 弩鏃으로 사용된 것으로 여겨진다. 大形의 추형철촉은 길이가 20cm 이상으로 클 뿐만 아니라 무게가 100g 이상이나 되는 超大形 철촉이다. 형태상으로는 활이나 노와 같은 원거리 발사용 兵器에 사용되었음을 알 수 있지만, 너무 크고 무거워

활이나 노와 같은 개인 병기에는 사용할 수 없는 구조를 지니고 있다. 따라서 이와 같이 추형의 형태를 지니고 있는, 초대형의 철촉을 사용할 수 있는 병기는 여러 가지 기계장치가 갖추어져 있는 床弩에 사용되었을 것으로 추정된다.

⑧ **盛矢具**[24] (도 3-2)

성시구는 전쟁이나 사냥을 할 때, 弓手가 말을 타거나 步行을 할 때 지니는 화살을 담는 화살통으로, 특히 전투를 할 때 병사의 무장에서 빠트릴 수 없는 武具이다. 대개 등에 메는 靫과 허리에 차는 시복과 胡祿 등이 있는 것으로 알려져 있으며, 특히 우리나라 삼국시대의 성시구는 허리에 차는 方立形 성시구가 일반적으로 사용된 것으로 이해되고 있다. 지금까지는 대개 5세기초 이후 신라, 가야지역을 중심으로 출토되고 있고, 안악3호분, 덕흥리벽화고분, 장천1호분, 무용총 등 고구려 고분벽화에 이와 같은 형태의 성시구가 표현되어 있고, 또 이 시기를 전후하여 고구려 文物이 신라, 가야지역으로 급속히 이입되는 점 등을 들어 이 지역 성시구의 계보를 고구려에서 구하고 있다. 그런데 최근 백제지역에서 신라, 가야지역에서 출토된 성시구 자료보다 이른 시기의 자료들이 다수 출토됨으로써 백제 성시구와 가야지역의 성시구와의 관련성이 제기되고 있다.

지금까지 백제지역에서 출토된 성시구 자료로는 공주 송산리 1호분, 나주 대안리 9호분 己棺, 청주 신봉동 92-66호, 83호, 93호, 94호, 109토광묘, 2호석실묘, 논산 모촌리 93-5호석실묘, 화성 백곡리 1호, 5호묘, 마하리 1호묘, 익산 입점리 1호묘, 원주 법천리 고분, 천안 용원리 1호, 9호석곽묘 등 다수가 알려져 있다 그러나 대부분의 경우 성시구 관련 附屬具 전체가 출토되는 것이 아니라 부속구 중 한

---

24) 盛矢具 관련 자료와 그 구조적 특징에 대해서는 (이현숙, 「百濟 盛矢具에 대한 檢討-天安 龍院里 遺蹟 出土品을 중심으로-」, 『百濟文化』第二十八輯, 1999)와 崔鐘圭, 「盛矢具考」, 『釜山市立博物館 年報』第9輯)의 연구성과를 참고하였다.

두가지 部品만이 출토되는 양상을 보이고 있어서 그 형태와 구조를 복원하는데 한계가 있었다. 그러나 최근 천안 용원리 1호, 9호석곽묘에서 화살이 격납된 상태의 성시구 부속구 전체가 원래의 형태를 어느 정도 유지한 채 출토되고, 또 논산 모촌리 93-5호석실묘에서 이와는 약간 다른 구조를 지닌 성시구 자료가 출토되어 백제 성시구 형태 및 구조에 대한 실마리를 얻게 되었다. 모촌리 석실묘에서는 鐵地銀裝의 鉸具附圭形金具 1점과 臺輪狀金具 1점 등 성시구 부속구가 철촉 36점과 함께 출토되었는데, 부속구의 구성 형태로 보아 화살 固定具만 있는 시복 형태의 성시구였던 것으로 추정되고 있다. 반면에 용원리 9호석실묘 출토 성시구는 金銅製品으로서, 부속구의 출토상태 및 조합 관계로 보면 橫方向의 화살 고정구가 있고, 山字形 장식금구와 ㄷ字形 金具를 부착한 木製의 方立에 교구부규형금구나 心葉形金具를 부착하여 장식한 어깨멜빵을 가진 화살통임을 알 수 있다. 따라서 백제의 화살통은 위의 두가지가 확인된 셈이다.

한편 이와 같은 성시구 자료들이 출토된 백제의 諸 遺蹟들은 대개 4세기에서 6세기 중엽에 이르는 시기에 해당한다. 그 중 화성 마하리 1호묘는 4세기중엽, 천안 용원리 1호, 9호석곽묘는 함께 출토된 중국제 흑갈유천계호 등의 자료에서 4세기 중후반으로 편년된다. 따라서 백제지역에서는 이미 4세기에 접어들어 方立形 성시구가 사용되었음을 알 수 있다. 백제 성시구도 기본적으로 앞에서 말한 고구려 고분벽화에 묘사된 성시구들과 같은 형태와 구조를 지니고 있다는 점에서 고구려 성시구의 影向下에 있었음을 알 수 있다. 다만 남부지역 성시구의 경우, 백제에서 시기적으로 이른 시기부터 사용된 점과 더불어 백제 성시구의 형태나 부속구들이 합천 옥전M3호묘, 함양 백천리1-3호묘, 합천 반계재 가-A호묘 등 5~6세기 유적을 중심으로 출토되는 가야 성시구와 기본적으로 같은 특징을 지니고 있으므로 가야 성시구의 조형이 되었을 가능성이 크다. 다만 동래 복천동 22호분을 비롯한 신라지역에서 출토되는 성시구들은 당시 고구려, 백제, 가야와의 상호 관계나 문물의 흐름 등을 종합해 볼 때, 역시 고구려 문물의 대거 이입과 궤를 같이하여 고구려 성시구로부터의 영향으로 보는 것이 합리적일 것으로 생각된다.

(4) 鐵鉾

① 直基形鐵鉾와 燕尾形鐵鉾 (도 2-26~47)

철모는 우선 그 계통에 따라 투겁이 直基形인 것과 燕尾形인 것 등 크게 2가지로 분류할 수 있다. 직기형철모는 戰國時代 燕 → 樂浪 → 백제, 신라, 가야지역으로, 燕尾形鐵鉾는 漢 → 고구려 → 백제, 신라, 가야지역으로 전파되었다.[25] 이는 직기형철모가 영남지역의 경우 기원전 1세기 후반의 창원 다호리 1호묘 단계에서부터 낙랑계 문물들과 공반되기도 하면서 그 이후 계속적으로 계통이 이어지고 있고, 연미형철모는 이보다 한참 이후인 3세기 후반 이후에 출현하여 독자적인 계통을 형성하여 지속하고 있는 점에서도 뒷받침된다 하겠다. 특히 연미형철모는 남부지역에 있어서 출현시기가 고대국가로 돌입하는 단계이고 도입되자마자 자체 제작되어 직기형보다 많이 사용되었던 점에서 기능이 뛰어난 혁신적인 철모의 위치를 차지하였던 것 같다.

그 다음 철모를 구성하고 있는 요소 가운데 또 하나의 계통적인 특징을 지니고 있는 것은 투겁의 斷面 형태이다. 투겁의 단면 형태는 일반적으로 圓形인 것이 주류를 이루지만, 단면이 6각, 8각을 이루는 多角形의 철모가 있다.

마지막으로 身部의 평면과 단면 형태에 따라 몇 개의 형식으로 나눌 수 있다. 이 속성은 철모의 변천과정에 있어서 時間性을 반영하는 것으로 實用武器로서의 기능 확대 과정과 불가분의 관계에 있다. 신

---

25) 高久建二, 「韓國 出土 鐵鉾의 傳播 過程에 대한 硏究」, 『考古人類學誌』第8輯, 1992.
   金吉植, 주3)의 전게문.

백제의무기

부의 평면 형태는 크게 넓은 것과 좁은 것으로 구분되고, 신부의 단면 형태는 랜즈형, 얇은 菱形, 正菱形, 刀身形 등으로 구분된다. 그리고 신부에서 투겁으로 연결되는 關部가 뚜렷하게 형성된 것과 없는 것이 있다. 신부가 넓고, 단면이 랜즈형 또는 얇은 릉형인 것은 관부가 뚜렷이 형성되어 있고, 신부가 좁고 단면이 릉형 또는 정릉형인 철모는 관부가 없다. 일반적으로 신부가 넓은 廣鋒 철모와 신부가 좁은 狹鋒 철모가 서로 共存하지만, 광봉 철모는 대부분 직기형 기부를 가지고, 협봉 철모는 대부분 연미형 기부를 가지고 있는 것을 보면 이 두 가지의 철모가 서로 系統을 달리하고 있음을 알 수 있다. 즉 광봉 철모의 계통은 原三國時代 이래 지속되어 온 在地 철모의 전통을 잇는 철모라 할 수 있고, 협봉 철모는 연미형철모의 도입 이래 발전한 철모 형식이었다고 할 수 있다. 그러면서도 각 형식의 철모 내에서 身部의 尖鋒化와 關部의 無關化의 방향으로 변화, 발전하고 있는 것이다. 이와 같은 철모 형태의 변화는 곧 실용무기로서의 기능 확대 과정을 그대로 보여주고 있다고 할 수 있다.

백제지역에서 출토된 철모는 이상과 같은 특징에 따라 刀身形 철모를 포함하여[26] 5가지 정도로 나눌 수 있으며 각 형식은 실용무기로서의 기능 확대의 변천과정을 거친다. 신부 단면이 릉형이면서 관부가 퇴화된 협봉철모로의 변화는 최근 조사된 천안 용원리유적이나 청주 신봉동유적 등에서 이미 4세기 후반 단계의 자료들이 다수 보이고 있는 점으로 보아 이 시기에 철모의 혁신이 이루어졌던 것으로 보인다. 신부가 넓은 철모는 찌르는 기능 이외에 베는 기능도 겸비한 多技能 철모라 할 수 있다. 이와는 달리 첨봉철모는 철모 본래의 기능인 찌르는 기능만으로 전문화된 철모라고 할 수 있다. 또 첨봉철모는 대부분 연미형철모에 한정되어 있어 兩者가 서로 밀접한 관계에 있음을 알 수 있다. 한편 첨봉철모의 개발은 甲冑 등 防禦具의 발전과

---

26) 金吉植, 「扶岸 竹幕洞 出土 金屬遺物의 檢討」, 『扶安 竹幕洞 祭祀遺蹟 硏究』, 1998.

밀접하게 연동되어 있다. 즉 철제 갑주가 개발, 보급됨에 따라 기존에 주류를 이루고 있던 광봉철모의 효용성을 크게 저하시키게 됨으로써 이를 대체할 새로운 철모의 개발이 필요하였다. 이제 더 이상 갑옷 관통력이 떨어지는 광봉철모는 무기로서의 기능을 발휘하는데 한계가 있었다. 그 대안으로 관통력을 크게 향상시켜 개발한 철모가 바로 찌르는 무기 전용인 협봉철모이다. 철모는 찔렀을 때 대응 방어구인 철제 갑옷의 반발력으로 인하여 자루 투겁 부분이 부러지기 쉽다. 특히 직기형 철모는 연미형 철모에 비해 투겁 끝부분이 나무자루에 접지하는 선이 짧고 일직선으로 되어 있기 때문에 더 잘 부러진다. 반대로 연미형 기부는 나무자루와의 접지선이 길고 엇갈리게 접지하여 충격 시에 힘을 분산시킴으로써 자루가 쉽게 부러지지 않는다. 따라서 연미형 기부는 자루 부분이 지닌 이러한 약점을 보완한 철모라 할 수 있다. 따라서 철모에 있어서 관통력 증대로의 기능 획일화는 철모 기능의 퇴화를 아니라, 무기로서 가장 효용성이 증대된 첨단 철모의 개발을 의미한다고 할 수 있다.

한편 이와 같은 기능확대 과정과는 달리 실용무기 이외의 특수 성격을 지니는 지역성이 강한 철모도 있는데, 盤付鐵鉾와 袋部斷面多角形鐵鉾가 그것이다.

② 盤付鐵鉾[27] (도 2-47)

이 형태의 철모는 기본적으로 鉾身이 길고 넓으며, 鉴部에 鐵盤이 갖추어진 것이 가장 큰 특징이다. 공부 하부에 있는 철반은 圓形, U字灣入形, 周緣部에 鋸齒文이 있는 것 등이 있다. 주로 경주를 중심으로 한 낙동강 이동지역의 지배자급 무덤에서 많이 출토되고 있어 신라의 특징적인 철모로 평가되고 있다. 그 중에는 황남대총 남분 출

---

27) "盤"또는 "鐔"은 "칼날과 자루 사이에 끼우는 테"로 『漢書』에는 「鑄作刀劍鐔」으로, 『宋書』에는 「刀下數寸施鐵盤」으로, 『武藝圖報通誌』에는 「鐊盤」으로 기록되어 있다.(金.吉植, 주3) 의 전게문). 여기서는 "盤"으로 사용하기로 한다.

토품과 같이 三刃形인 것과 모신 하부에 2개의 갈고리가 있는 것도 있다. 대체로 반은 원형에서 U자만입형 또는 거치문으로의 裝飾化 과정을 거친다. 이와 같은 반부의 장식화와 더불어 모신은 더욱 크고 넓어져 가시화되고, 큰 모신에 비하여 상대적으로 퇴화됨으로써 비실용화 과정을 거치고 있음이 간취된다. 따라서 이 철모는 威勢品的인 성격을 지니고 있었음을 알 수 있다. 그리고 이 철모는 연미형 기부와 신부가 넓은 철모에만 한정되어 있는 것으로 보아 고구려 철모의 영향으로 성립한 철모 형식이었던 것으로 보인다. 신라 경주에서는 4세기 후반으로 편년되는 월성로 가13호분 단계의 이른 시기에 확인되고 6세기 전반의 消滅期에 이르기까지 지속적으로 확인된다. 반면에 경주를 벗어난 지방의 경우 5세기 중엽 이후부터 나타나고 있을 뿐만 아니라, 경주지역에 집중적으로 분포하고 있는 점으로 보아 경주에서 주변지역으로 확산되었음을 알 수 있다. 즉 신라의 지방 지배 과정과 궤를 같이하고 있음을 알 수 있다. 현재까지 경주의 월성로 가13호묘, 가10-2호묘, 황남동109호 1곽, 황오리고분 북곽, 천마총, 황남대총 남분, 북분 등과 지방의 창녕 교동3호, 89호묘, 의성 탑리고분 봉토, 칠곡 인동 1호묘 등에서 출토례가 알려져 있다.

한편 최근 조사된 천안 용원리 9호석곽묘에서 1점의 盤付鐵鉾가 출토되어 특히 주목된다. 鉾身은 넓고, 基部는 연미형이며, 공부 끝부분에는 나무자루를 착장하기 위한 못이 박혀 있다. 盤의 주연부에는 鋸齒文으로 장식되어 있지만, 공부의 上部 斷面이 직사각형으로 이른 시기 철모의 특징을 지니고 있다. 함께 출토된 중국 도자기에 근거한다면 4세기 후반에 위치지울 수 있다. 백제 지역 출토품으로는 유일한 것일 뿐만 아니라, 신라지역에 주로 분포하고 있는 점으로 보아 백제에서 제작된 철모로 보기는 어렵다. 그런데 신라지역에서 출토되는 반부철모의 계통이 고구려 철모에서 구해지고 있음으로 이 용원리 출토 철모도 고구려 철모가 이입된 것으로 보는 것이 합리적일 것이다.[28] 청주 신봉동고분군 등에서 간혹 출토되는 고구려 철촉

계통인 鑿頭形 鐵鏃과 같은 맥락에서 이해할 수 있을 것이다.

③ 銎部斷面多角形鐵鉾 (도 2-34~37)

銎部의 단면 형태가 多角形(주로 8각형)을 띠는 특이한 형태의 철모로, 실용철모로서의 기능 확대 과정을 거치면서도 각 지역의 首長墓로 파악되는 大形墓에서 주로 출토되고 있어 피장자의 지위와 권위를 상징하던 威勢品的 성격도 겸비하고 있었음을 알 수 있다. 특히 백제의 공주 무령왕릉이나 가야의 고령 지산동 45 - 1석실, 합천 옥전 M3호묘 출토품 등과 같이 기부에 銀板 테두리를 감아 장식한 것도 있어 매우 지위가 높은 자가 지녔던 위세품의 성격을 지니고 있었음을 잘 보여주고 있다. 공부단면다각형철모에는 基部가 直基인 것과 燕尾形인 것 모두가 공존하고 있기 때문에 현재로서는 정확한 출자를 알 수 없다. 다만 현재까지 이른 예는 몽촌토성 88 - 6호 貯藏穴 등 백제지역에서 다수 보이고 있어 5세기 중엽 고구려의 남진에 따라 백제지역으로 이입되었을 가능성이 큰 것으로 생각된다.[29] 이는 몽촌토성 88 - 6호 저장공에서 이 철모 이외에 고구려계의 구의동유형토기, 고구려계 鑿頭形鐵鏃 등과 공반되고 있는 점에서도 뒷받침되고 있다. 현재 고령 지산동32호묘, 지산동32NE - 1호묘, 44 - 1호묘, 지산동45 - 1호묘, 고성 율대리1호묘, 남원 월산리 M3호묘, 합천 옥전M3호묘, 합천 반계재 가A호묘, 가B호묘, 가16호묘, 다A호묘, 다B호묘, 함양 백천리1 - 3호묘 등 가야 지역에서 출토례가 많이 늘어나고 있는 추세이기는 하지만 이른 시기의 자료가 백제지역에 있으므로, 남부지역에 있어서 이 형식의 철모를 백제계 철모[30] 로 파악해

---

28) 한편 일본열도에서도 5 - 6세기대에 이와 같은 반부철모가 10례 정도 출토되었는데, 이 반부 철모가 출토된 고분에서는 주로 낙동강 이동지역에서 출토되는 유물들과의 공반례가 높아 낙동강 동안지역과의 교류에 의해 파급된 것으로 이해되고 있다.(高田貫大,「5, 6世紀 洛東江以東地域과 日本列島의 交涉에 관한 豫察」,『韓國考古學報』55, 2003).

29) 공부단면다각형 철모는 평양에서 출토된 직기형철모가 1점과, 매장문화재로 신고된 경기 이천에서 출토된 것 1점이 국립중앙박물관에 보관되어 있는 것으로 보아 이 형식의 철모의 계통이 고구려 철모에 있음을 알 수 있다.(金吉植,「南部地域出土 樂浪系 文物」,『낙랑』, 2000).

두고자 한다. 이와 같이 성립한 백제계 철모는 백제 각 지방과 가야, 倭지역으로 점차 그 분포가 확산된다. 특히 5세기 후반, 6세기 초에 백제의 지방은 물론 대가야 지역과 일본열도로의 분포확산이 현저하게 이루어지는데, 이는 백제 웅진도읍기에 있어서 백제 지배층과 대가야, 왜의 首長層과의 긴밀한 교섭이 이루어지고 있었음을 보여주는 것이라 하겠다.[31] 특히 일본의 경우 熊本縣 江田船山古墳, 埼玉縣 埼玉稻荷山古墳, 和歌山縣 大谷古墳, 京都府 宇治二子山古墳, 福岡縣 玉塚古墳, 群馬縣 觀音山古墳 등 주로 백제 文物이 출토되는 고분에서 이 형식의 철모가 자주 출토되고 있는 점도 백제로부터의 영향을 뒷받침해 주고 있다.

한편 해남 월송리 조산고분, 함평 신덕고분 등 일본에서 유행한 前方後圓墳과 倭系 橫穴式石室을 埋葬主體部로 한 영산강유역의 大形고분에서 다양한 倭系 유물들과 함께 공부단면다각형철모의 出土例가 증가하고 있는데, 이는 백제로부터 일본으로 전해진 공부단면다각형철모가 일본 내에서 자체 改良化 과정을 거쳐서 영산강유역으로 역류된 것으로 보인다.

한편 부안 죽막동 祭祀遺蹟에서는 지금까지 출토된 삼국시대 철모에서는 전혀 유례를 찾을 수 없는 독특한 형태의 철모가 3점 출토되었다. 공부의 단면이 8각형이고 모신의 한쪽에만 날이 형성되어 있는 소위 刀身形鐵鉾가 그것이다. 이 형식의 철모는 國內에서는 아직 죽막동 제사유적 출토품 밖에 없어 그 정확한 출자를 잘 알 수 없지만, 일본 大阪府 柏原市 高井田山古墳, 大阪府 松林山古墳, 群馬縣 玄卷古墳, 千葉縣 我孫子市 金塚古墳 등 5세기 후반과 6세기 전반에

---

30) 高田貫太, 「古墳副葬鐵鉾の性格」, 『考古學研究』, 1998, 6.
　　한편 일본에서도 이 형식의 철모가 기내와 구주지역을 중심으로 다출되며 특히 江田盤山古墳 등 백제계 유물들이 출토되는 고분에서 많이 출토되어 백제계 철모였음을 알려주고 있으며, 이는 畿內政權의 큐슈지역 수장층을 매개로 한 한반도와의 교섭의 산물이었던 것으로 이해되고 있다.
31) 高田貫太, 주30)의 전게문에 의하면 일본으로의 파급도 이 시기에 나타나는 것으로 파악되고 있다.

걸친 시기의 고분에서 꼭 같은 형태의 철모가 출토되고 있어 상호 밀접한 대비가 가능하다. 특히 죽막동 유적에서는 石製模造品 등 일본 古墳時代의 전형적인 제사유물들이 대량으로 함께 출토되기도 하여 일본에서 출토되는 도신형 철모와의 관련성을 간접적으로 시사해 주고 있다.

2) 防禦用武器

방어용무기는 가죽 등과 같은 有機質로 만들어진 경우가 많기 때문에 오늘날 남아 있는 것은 거의 없고 일부 금속으로 제작된 갑주와 마름쇠 등만이 남아 있다. 특히 백제 지역에서는 고분 부장품 가운데 갑주 등 방어용무기가 부장되는 경우는 더욱 드물어 백제 방어용무기와 방어체계에 대한 이해를 어렵게 하고 있다.

(1) 甲冑 (도 3-3~5)

앞서 언급한 바와 같이 백제 지역에서는 신라, 가야 지역에 비하여 무기를 비롯한 제 유물들의 출토 빈도가 현저히 떨어진다. 특히 그 중에서도 갑주는 몇몇 斷片的인 자료 이외에는 出土例가 거의 없는 실정이다. 청주 신봉동 B－1호묘에서 출토된 三角板釘結短甲이나 장성 만무리고분과 최근 망이산성에서 출토된 橫長板釘結短甲 같은 경우는 매우 異例的인 것으로 5세기 후반, 6세기 전반대에 일본(倭)으로부터 이입되었을 가능성이 높은 것으로 파악되고 있는 점을 참고로 한다면 백제의 갑주 자료는 거의 全無하다고 할 수 있다. 그러나 최근의 조사에서 단편적인 자료이기는 하지만 백제 갑주의 존재를 알려 주는 몇몇 자료가 출토되어 백제 갑주의 실태를 파악할 수 있는 실마리를 제공하고 있다.

서울 몽촌토성에서 출토된 骨製小札은 그 형태가 細長方形을 띠며 구멍을 뚫어 가죽끈 등으로 엮어서 만든 札甲이었던 것으로 생각된다. 몽촌토성에서는 출토상황은 잘 알 수 없지만 이 찰갑의 형태와 구멍을 뚫은 형태 등이 北方의 찰갑과 비교되고, 이와 함께 토기, 철기 등 5세기 중후반대의 高句麗 文物들도 다수 출토되어서 北方系統의 찰갑이 고구려를 통해서 백제지역으로 이입되었을 가능성도 타진되고 있지만, 중국의 갑주 자료 중에서 이와 같은 형태의 찰갑들이 있을 뿐만 아니라, 당시 백제와 중국과의 활발한 교섭기사 및 이를 방증해주는 도자기를 비롯한 각종 중국 문물들이 백제지역에서 대거 출토되고 있는 점 등을 감안하면 중국 갑주를 모델로 하여 백제에서 제작하였을 가능성이 높다 하겠다.

그 다음 청주 신봉동 B – 1호묘에서 출토된 삼각판정결단갑은 앞서 말한 바와 같이 지금까지 백제지역에서는 달리 유례가 없는 유일한 것으로 신라, 가야, 왜 지역에서 주로 출토되는 短甲 形式이다. 특히 이 무덤에서는 이 단갑과 함께 5세기대의 일본 須惠器 蓋杯가 다수 출토됨으로써 백제에서 제작된 것이 아니라 일본으로부터 반입되었음을 시사해 주고 있다. 또 최근 충주 망이산성에서 출토된 횡장판정결단갑의 경우는 정확한 출토 맥락과 반출유물을 알 수 없어 단언하기는 어려우나, 이 단갑 역시 백제지역에서 달리 유례를 구할 수 없을 뿐만 아니라, 6세기 이후의 늦은 시기에 일본에서 주로 출토되는 短甲 形式이고, 같은 형식의 횡장판단갑이 출토된 장성 만무리 고분에서도 6세기대의 일본 須惠器 系統의 토기가 함께 출토된 점 등을 고려하면 역시 백제 갑주라기보다는 일본(왜) 등 外部로부터 搬入品으로 보는 것이 합리적일 것 같다.

한편 청주 신봉동 96 – 1호 橫穴式石室墓에서는 札甲과 함께 소위 蒙古鉢形胄가 출토되었으며, 아직 정식으로 보고되지는 않았지만 함평 신덕고분에서서도 찰갑과 몽고발형주가 출토되었다. 이외에도 경기도 화성 사창리고분, 화성 백곡리고분, 청주 봉명동고분, 부여 송국리유적, 부여 부소산성 등에서 斷片的인 갑주 자료가 출토되었는데, 이들은 모두 札甲을 구성하였던 小札들이다.

한편 투구는 앞서 언급한 함평 신덕고분과 청주 신봉동 96-2호 횡혈식석실묘에서 출토된 몽고발형주 이외에 알려진 자료는 없지만, 위에서 언급한 찰갑 자료 중에는 갑옷 이외에 투구에 사용되었던 찰갑도 있었을 것으로 생각된다. 이렇게 보면 백제의 투구는 갑옷과 함께 기본적으로 소찰로 구성된 투구와 몽고발형주 등 2가지 종류가 확인되고 있는 셈이다. 특히 소찰로 구성된 투구의 경우는 부여지역 출토품으로 전하는 한남대박물관 소장 金銅製冑가 주목된다. 이 투구는 방형판을 가죽끈으로 연결하여 만들고 금으로 도금한 것으로, 가야의 합천 반계재 가-A호분에서 출토된 冠帽覆鉢形冑와 같은 것이다. 문헌에 전하는 明光鎧를 연상케 한다. 합천 반계재 가-A호분 출토 투구의 金銅冠帽는 익산 입점리 1호분, 일본 熊本縣 江田 船山 古墳, 그리고 최근 조사된 공주 수촌리고분 등에서 출토된 전형적인 백제 관모 그대로여서 백제 투구도 반계재고분의 것과 같은 형식이었음을 직접적으로 뒷받침해 주고 있다. 따라서 투구의 경우도 갑옷과 마찬가지로 소찰로 구성된 투구(小札革綴冑)가 백제 투구의 주류를 이루고 있었던 것으로 추정된다. 따라서 백제의 갑옷과 투구는 모두 기본적으로 小札로 구성된 札甲冑가 주류를 점하고 있었음을 알수 있게 되었다. 지금까지 알려진 이들 찰갑 자료들은 대개 5~6세기를 중심으로 하는 자료들이어서 그 이전 갑주의 실체는 알 수가 없으며, 또 자료 부족으로 갑주 자체의 구체적인 변천과정도 알 길이 없다. 다만 현재 알려진 이른 시기의 갑주 자료들이 중국 札甲冑의 영향으로 성립한 것이었을 가능성이 많고, 도자기를 비롯한 4세기대의 중국 문물들이 많이 출토되고 있는 점을 감안하면 적어도 4세기에는 이와 같은 札甲冑 형태의 백제갑주가 제작, 사용되었을 가능성이 높다 하겠다. 공격용 무기와 방어용 무기의 변천이 상관관계에 있는 점을 감안 하면 방어용 무기인 갑주의 변천도 아마 대도, 철촉, 철모 등과 같은 공격용 무기의 변화와 궤를 같이하여 몇 개의 단계에 걸쳐 기능을 확대시키는 방향으로 변화하였을 것이다.

그런데 앞서 언급한 바와 같이 백제의 이른 시기의 찰갑 자료들이 중국 찰갑주로부터의 영향으로 성립되었을 가능성이 크고, 현재까지 출토된 가야 서부지역의 찰갑주가 백제 찰갑주와 밀접한 관계에 있는 점, 그리고 일본에서 계보를 구할 수 있는 갑주들이 백제지역에서 종종 출토되고 있고, 반대로 일본 고분시대 중기, 후기에 백제 갑주의 영향으로 보이는 찰갑주들이 출토되고 있는 점 등 여러 가지 情況을 종합하면 중국 - 백제 - 가야 - 倭로 이어지는 갑주문화의 흐름을 살필 수 있다. 이는 당시 이들 국가간들이 서로 親緣關係에 있었던 역사적 정황과도 부합될 뿐만 아니라 다른 문물의 흐름에도 나타나는 일반적인 양상과도 일치한다.

(2) 마름쇠 (도 3-6)

마름쇠는 4~5cm 정도 길이의 예리한 突起 4개를 立體的으로 만든 것으로, 通路에 뿌려서 안정되게 지면에 안착시켜 놓음으로써, 진격해오는 騎兵이 탄 말이나 步兵이 밟아 부상을 입게 히여, 접근을 막고 전투력을 상실케 하기 위해 설치하는 방어용 장애물의 하나이다. 지금까지 삼국시대 이전의 마름쇠 자료는 부여 부소산성에서 출토된 백제 사비도읍기의 鐵製 마름쇠가 유일한 자료이다. 마름쇠에는 4개의 돌기가 교차되는 곳에 작은 구멍이 하나 뚫려 있다. 이 구멍은 여러 개의 마름쇠를 끈에 꿰어 연결하여 동시에 여러 개를 뿌릴 수 있도록 고안된 것이다. 또 보통 돌기에는 독액을 발라 밟았을 때 殺傷效果를 높였을 것으로 생각된다. 『墨子』에는 이 마름쇠가 城을 방어하는 무기로 기록되어 있는데[32] 백제의 경우도 부소산성에서 출토된 점에서 城을 방어하는데 사용되었음을 짐작케 한다.

---

32) 條田耕一, 주19)의 전게서.

3. 百濟 武器 變遷의 劃期와 그 意義

앞에서 살펴본 무기 가운데 비교적 出土例가 많고, 출현 이후 지속적으로 이어지는 大刀, 鐵鉾, 鐵鏃 등의 변천 과정을 종합하면 백제무기의 변천 과정에 다음과 같은 3개의 커다란 획기가 인정된다.

1) 第 1劃期

제 1획기는 3세기 중후반에 나타나는 일련의 무기변화 양상을 특징으로 한다. 먼저 대도에 있어서는 이전 시기에 비하여 소형, 중형, 대형 등 크기가 다양한 대도들이 갖추어지는 점이 특징이다. 이와 같은 刀의 多樣化 현상은 같은 기능을 가진 무기라 하더라도 실제 전투 상황 또는 步兵, 騎兵 등 兵種 構成에 따라 길고 짧은 것 등 다양한 형태의 것이 요구된 데 따른 것으로, 戰鬪力을 더욱 향상시킬 수 있었을 것으로 여겨진다. 이는 곧 당시의 전투 형태가 이전에 비하여 더욱 다양한 戰鬪形態 또는 戰法이 구사되었음을 말해주는 것이라 할수 있다.

철모는 아직까지 직기형 기부를 가진 철모 一色이지만, 이전 시기철모의 특징인, 공부에 비하여 신부가 넓고 크며 공부의 상부 단면이(直)四角形을 띠고 있는, 실용적 기능이 발달되지 못한 광형철모에서 길이가 짧아지고 신부가 짧아져서 신부와 공부의 길이가 거의 같아져서, 좀더 실용적 기능이 향상된 철모로 변화한다.

철촉은 이전 시기의 標識的인 철촉인 무경삼각형철촉도 사용되었지만 서서히 자취를 감추게 되고, 유엽형철촉, 착두형철촉 등 이전시기에 개발되었던 유경식 철촉들은 경부의 발달을 가져와 중경화된철촉으로 바뀐다. 또 새로이 릉형철촉이 이 시기에 출현하여 철촉 종류가 한층 다양화된다. 무경삼각형철촉과 같은 구래의 철촉은 더 이상 변화된 전투 상황에서는 효력을 발휘할 수 없게 되어 도태되고,

룽형철촉을 비롯한 한층 기능을 강화시킨 유경식철촉을 개발하여 이를 대체하였던 것이다. 이는 곧 노후화된 구래의 무기를 폐기하고, 첨단 기능을 가진 新武器의 開發을 의미하는 것으로, 이 시기에 武器 革新과 改良化가 진행되었음을 말해주고 있다. 더불어 이러한 무기 혁신을 유도하였던 당시의 사회 분위기가 그대로 반영되어 나타나는 것으로 이해된다.

제 1획기에 나타나는 이와 같은 무기체계와 그 변화 양상은 이전의 馬韓 諸集團들이 百濟 國家로 통합되어 가는 과정을 거치면서 각 지역 집단들이 경쟁적으로 무기 개발과 혁신을 도모했던 결과로 이해할 수 있을 것으로 생각된다.

2) 第 2劃期

제 2획기는 4세기 전반에 보이는 무기변화 양상이다. 刀는 이전 시기의 소환두대도와 大形, 小形 鐵刀들이 그대로 지속되기는 하지만, 鐵刀의 경우는 뚜렷한 관부가 형성되고, 가늘고 긴 경부를 갖추어 실용도로서의 기능을 한층 강화시킨 철도들이 제작되기 시작한다. 철촉은 이 시기에 새로 개발된 철촉 형식은 없이 이전 시기의 철촉 형식들을 유지하면서, 점진적으로 長頸化 과정을 거치고 있다. 따라서 이 시기에 있어서 새로운 첨단 무기를 개발하는 것과 같은 破格的인 무기혁신 과정은 없었다 하더라도 앞서 살펴본 바와 같이 刀 에 있어서 일련의 改良化 과정을 거치고 있다는 점에서 변화가 하나의 段階를 설정할 수 있다.

철모는 이전의 직기형 철모에 비하여 관부가 많이 퇴화되고 신부가 짧고, 단면형이 룽형에 가까운 燕尾形鐵鉾가 출현한다. 이 연미형 철모는 출현기부터 공부보다 신부가 짧고, 관부가 퇴화되어 어느 정도 尖鋒化가 이루어진 형태로 출현하는 것으로 보아 자체 개발된 것이 아니라 새로 고구려로부터 이입된 철모에 기초하여 개발된 尖端

鐵鉾였다고 할 수 있다. 이와·같이 어느 정도 첨봉화된 연미형 철모는 찌르는 기능 전용으로 전문화되고, 갑주 등에 찔렀을 때의 반발 충격력을 분산시켜 자루가 쉽게 부러지지 않는 장점을 지니고 있다. 따라서 이 철모는 대응하는 방어구인 갑주나 방패 등의 발달과 밀접한 관계가 있는 것으로 생각된다. 실제 화성 백곡리 유적이나, 청주 봉명동 유적 등에서 이 시기부터 갑주의 小札들이 확인되고 있는 점은 이러한 상황을 뒷받침하고 있다. 제 2획기에 나타나는 이와 같은 무기변화는 백제가 다음 단계의 본격적인 勢力 擴張을 위한 착실한 준비기간으로 內的인 武器 改良化 과정을 거치고 있었던 시기라고 할 수 있겠다.

3) 第 3劃期

제 3획기는 4세기 후반 무렵에 보이는 일련의 무기변화 양상이다. 환두대도에 있어서는 이전까지 유지되어 왔던 소환두대도 일색에서 탈피하여 이엽, 삼엽, 상감, 용봉문환두대도 등 여러 가지 장식대도가 출현하여 백제 장식대도의 근간을 형성하였다. 더욱이 환두는 금, 금동, 은으로 화려한 장식이 보편적으로 가해지고, 각 지의 유력자들에게 광범위하게 확산된다. 이와 같은 다양한 장식대도의 출현과 지방에로의 파급은 장식대도 소유자의 지위와 권위를 시각적, 상징적으로 표현할 수 있도록 유도하였던 정치적, 군사적 상황에 있었음을 의미한다. 이는 곧 백제의 중앙집권화 과정에 연동하여 지방에 대한 통제, 지배를 위한 매체 즉 威勢品으로서의 기능을 강화시켜 나가는 과정으로 이해할 수 있다. 이러한 위세품적 성격을 지닌 장식대도의 급속한 지방 파급은 중앙과 지방과의 정치, 군사적인 역학관계의 변화를 초래하게 되어, 마침내 장식대도를 소유한 지방 유력자는 백제 중앙과 밀접하게 연결되어 그 지역의 정치적 지배자임과 동시에 그 지역을 군사적으로 장악하였던 軍事指揮官이 될 수 있었던 것으로

백제의무기

여겨진다. 장식대도가 지닌 이와 같은 상징성을 고려할 때 장식대도의 종류에 따른 군관 및 지휘체계가 갖추어진 군사조직, 즉 각 지역별로 지방군이 존재하고 있었음을 상정할 수 있다. 이와 함께 환두가 없는 철도의 경우 小形刀는 흔적적으로 남고, 대신 中, 大形刀 중심으로 바뀐다. 關部가 발달하고, 슴베가 가늘어져서 두툼한 木柄을 착장할 수 있는 구조로 바뀌고, 도신도 일직선인 것에서 날 부분으로 휜 형태로, 보다 重厚한 철대도로 발전한다. 이는 실용 대도에 있어서의 무기혁신이라 할 수 있을 정도로 커다란 변화였다.

한편 철모에 있어서도 도의 이러한 변화와 궤를 같이하여 큰 변화가 일어난다. 실용철모에 있어서 첨봉철모로의 획일화 과정과 燕尾形鐵鉾가 주류를 점하게 되는 현상이 일어나 이후 5~6세기를 거치는 동안 거의 변화 없이 지속된다. 이러한 尖鋒鐵鉾의 개발은 철모로서는 기능이 최고조로 극대화된 마지막 단계의 양상으로 여러 단계의 철모의 변화 가운데에서도 가장 혁신적인 변화였다. 이와 함께 백제 철모의 중요한 특징을 이루고 있는 공부단면다각형 철모가 백제 각지와 대가야, 일본 지역에 급속히 확산된다. 이는 백제의 지방지배가 가속적으로 추진되고, 우호적 관계에 있던 가야와 왜에 대한 백제의 활발한 교섭과정을 보여주는 증물이라 할 수 있다.

철촉은 이 시기에 이르면 이전부터 개발되어 사용되던 유엽형, 릉형, 착두형, 송곳형 철촉 이외에 새로 도자형과 역자식도자형, 역자형철촉 등이 새로 개발되므로 백제에 있어서 알려진 모든 종류의 다양한 철촉들이 성행한다. 이 시기에 이와 같이 다양한 철촉이 개발된 것은 적의 피사체에 따라 거기에 가장 효력을 발휘할 수 있는 철촉이 選別的으로 사용되었음을 의미한다. 따라서 전투에 있어서는 살상력을 더욱 높일 수 있었을 것이다. 특히 새로 개발된 역자형, 역자식도자형 철촉은 발사된 촉이 박혔을 때 쉽게 뺄 수 없기 때문에 전투력을 상실케 하는 첨단 무기이다. 또 이 시기 철촉의 특징 중 가장 괄목할 만한 변화는 이전 4세기대에 들어서부터 진행되어 온 철촉의 長

頸化가 완성되는 시기였다. 주지하는 바와 같이 長頸式鐵鏃은 貫通力을 최고로 증대시켜 완성된 기능을 발휘할 수 있는 最尖端의 무기로서, 이후에도 거의 변화 없이 그대로 지속되었다. 이와 같이 이 시기에는 刀, 鐵鉾, 鐵鏃 등 모든 종류의 무기들이 공존하며 백제 무기체계의 근간이 형성된 시기라 할 수 있다.

4) 第 4 劃期

제 4획기는 6세기 후반 이후에 나타나는 현상으로 무기가 고분에 더 이상 부장되지 않는 단계이다. 이 시기 이후의 무기는 영산강유역의 前方後圓墳 등 倭系의 유적에서 倭系遺物과 공반되는 일부의 무기 이외에는 거의 보이지 않는다. 다만 부소산성에서 출토된 대형의 철모, 철촉, 鐵鎌, 갈구리 등이 있으나 이는 그 이전부터 이어져 온 무기들과는 전혀 이질적인 것이어서 동일한 변화과정으로 이해할 수는 없다.

이 시기에는 실용 무기이든 장식대도와 같은 威勢品的 성격을 지닌 무기든 모든 무기류가 분묘 부장에서 激減하거나 완전히 消滅되는 현상이 일어난다.[33] 철모의 경우 이전 시기의 尖鋒鐵鉾만이 흔적적으로 존재하고, 철촉도 實用鏃으로서의 기능이 완비되어 있던 이전 시기의 長頸式鐵鏃만이 痕迹的으로 존재하는 정도이다. 도의 경우는 아예 흔적조차 찾기 어렵다. 그러나 비록 철모와 철촉이 거의 자취를 감추고 흔적적으로 존재하지만 모든 철촉, 철모들이 尖端의 기능을 가진 것들로 劃一化되는 점이 주목된다. 이 점은 상대적으로 정치, 군사적으로 중요한 기능을 하고 있었던 武器形威勢品의 소멸 현상과도 연계되는 것이라고 할 수 있다. 이는 마침내 무기형 위세품으로서의 기능을 불식시키는 정치, 군사적인 분위기에 휩싸여 있었음을 시

---

33) 이러한 현상은 신라, 가야의 경우도 마찬가지로 나타난다.(金吉植, 「5 - 6세기 新羅의 武器變化樣相과 그 意義」, 「國立博物館 東垣學術論文集」 第1輯, 1998).

사하는 것으로, 모든 무기류에 대하여 생산에서부터 편재에 이르기까지 일원적인 힘, 즉 강력한 統制力이 작용하고 있었음을 의미하는 것으로 이해된다. 따라서 이 단계의 무기의 격감, 소멸현상은 무기 자체의 생산의 격감이 아니라, 오히려 一元的인 힘에 의한 강력한 規制가 작용하여 무기류를 비롯한 모든 군사적 에너지가 일원적으로 수렴되어 실전에 동원하였던 것으로 생각된다. 따라서 오히려 무기가 분묘에 많이 부장되던 전 시기보다 실용 무기들의 생산이 더욱 활성화되었음을 말해준다 하겠다. 부소산성 등 實戰場이었던 山城의 조사에서 많은 무기들이 출토되고 있는 점은 이러한 사실을 뒷받침한다고 할 수 있다. 무기류에 대한 이러한 일원적인 통제는 당연히 軍事組織에도 그대로 반영되었을 것이며, 이를 통해 보다 강화된 군사조직과 戰鬪體系가 運用되었을 것임은 말할 나위도 없다.

4. 맺음말

이상, 현재까지 출토된 무기 자료들을 중심으로 백제의 무기체계와 무기 종류별 변화과정, 그리고 그 이면에 내재된 의미에 대하여 살펴보았다. 지금까지 논의된 내용을 요약하면서 맺음말에 대신하고자 한다.

신라, 가야의 무덤에서는 많은 양의 무기들이 출토된다. 그러나 백제의 경우는 유달리 잦은 전쟁에 시달리면서 모든 국가 에너지가 국가적 위기 상황인 전쟁 등에 집중된 결과, 일반인의 무기 부장은 극도로 통제되었던 것으로 보인다. 그래서 무기가 부장된 무덤들이 많지 않은 것으로 여겨지지만, 간혹 무기가 부장된 경우 대개 그 지역 지배자의 무덤인 대형고분에서 장신구 등 화려한 金工品들과 함께 출토되는 경우가 대부분이다. 특히 장식환두대도들이 출토되는 무덤은 대개 철모나 철촉 등 다른 무기류들을 공반할 뿐만 아니라, 함께 출토되는 장신구도 質量面에서 탁월한 위치를 점하고 있어, 이러한 고분의 피장자는 각 지역을 통치함과 동시에 군사지휘권을 행사하였던 인물, 즉 그 지역의 군사권을 장악한 군사지휘관의 모습이 상정된다. 따라서 이들이 관할하던 각 지역들은 당시 지방통치와 연동하여 각기 하나의 軍官區로 기능하였을 가능성이 크며, 이를 단위로 한 地方軍의 존재가 자연히 부상된다.

한편 장식대도를 비롯한 무기부장 양상에서 간취되는 軍事組織的인 측면과 더불어 實戰武器로서 크게 4단계의 획기를 거치면서 機能擴大의 방향으로 변화를 겪고 있었다.

제1획기는 3세기 중후반대에 나타나는 일련의 변화로서, 각 지역별로 대, 중, 소형의 다양한 鐵刀가 개발되고, 몸체가 좁은 實用鐵鉾의 개발 그리고 철촉의 中頸化 등을 특징으로 한다. 이와 같은 무기변화는 곧 전투형태의 다양화와 전투력의 증대를 가져올 수 있었다. 이는 바로 이전의 馬韓 諸集團들이 百濟 國家로 통합되어 가는 과정을 거치면서 각 지역 집단들이 경쟁적으로 무기 개발과 혁신을 도모했던 결과로 이해된다.

제2획기는 4세기 전반에 나타나는 일련의 무기변화 양상으로 刀의 경우 이전 시기의 소환두대도와 大形, 小形 鐵刀들이 그대로 지속되기는 하지만, 實用刀로서의 기능을 한층 강화시킨 鐵刀들이 제작되기 시작하고, 찌르는 기능 전용으로 전문화된 尖鋒에 가까운 燕尾形鐵鉾와 그 대응 무기인 甲冑가 출현하는 것을 큰 특징으로 한다. 제2획기에 나타나는 이와 같은 무기변화는 백제가 다음 단계의 본격적인 勢力 擴張을 위하여 內的인 武器 革新과 改良化 과정을 거치는 과정을 보여주는 것이라 하겠다.

제 3획기는 4세기 후반에서 5세기 초 무렵에 보이는 일련의 무기변화 양상으로 가장 큰 변화를 보이고 있다. 장식환두대도의 출현과 지방확산, 방어구인 갑주에 대응한 重厚한 實用 철대도의 개발과 尖鋒鐵鉾에로의 劃一化와 연미형철모의 성용, 모든 형태의 다양한 철촉

백제의무기

의 사용과 長頸式철촉으로의 劃一化 등을 특징으로 하며, 백제 무기 체계의 근간이 형성되었던 시기라 할 수 있다. 이와 더불어 장식대 도, 多角形鐵鉾 등과 같은 백제 특유의 무기들이 伽倻, 倭지역으로 급속히 파급되어간 시기였다. 이는 곧 이 시기에 군사조직과 지휘체 계의 확충과 정비가 이루어지고, 지방으로의 세력 확장이 가속적으 로 추진되었음을 의미하는 것이었다. 제 4획기는 6세기 중후반 이후, 모든 무기류가 분묘 부장에서 격감하거나 완전히 소멸되면서 오히려 城과 같은 實戰場에서는 尖端武器의 出土量이 더욱 늘어나는 현상을 보인다. 이 점은 이전 단계에 비하여 實戰을 더욱 중시하는 정치, 군 사적 분위기에 있었음을 시사하는 것으로, 모든 무기류에 대하여 生 産에서부터 편재에 이르기까지 일원적인 힘, 즉 강력한 統制力이 작 용하고 있었음을 의미하는 것으로 이해된다. 따라서 이 단계의 무기 의 격감, 소멸현상은 무기 자체의 생산 격감이 아니라, 오히려 일원 적인 힘에 의해 강력하게 규제되어, 모든 군사적 에너지가 實戰에 동 원되었기 때문으로 생각된다. 결국 이전 시기보다 오히려 실용 무기 의 생산이 더욱 활성화되었음을 말해준다 하겠다. 무기류에 대한 일 원적인 통제는 비단 무기류뿐만 아니라 전투체계 등에도 그대로 작 용됨으로써 이전보다 한층 강화된 군사조직이 운위되었을 것임은 어 렵지 않게 짐작할 수 있다.

〈도 1〉 도 · 검의 분류 · 편년도

단계	刀						劍
	鐵刀	장식(환두)대도					
		소환두대도	상감환두대도	이엽·삼엽환두대도	원두대도	용봉문환두대도	

1. 오석리92-6호, 2. 송대리15호묘, 3. 신봉동92-13호묘, 4. 백곡리5호묘, 5. 신봉동92-76호묘, 6. 용원리58호묘, 7. 모촌리93-11호묘, 8. 모촌리92-5호묘, 9. 청당동수습, 10. 청당동14호묘, 11. 분강저석리1호묘, 12. 청당동18호묘, 13. 청당동 14호묘, 14. 송대리27호묘, 15. 하봉리12호묘, 16. 송대리11호묘, 17. 송대리20호묘, 18. 신봉동90A-13호묘, 19. 신봉동90A-11호묘, 20. 용원리9호묘, 22. 신봉동92-66호묘, 23. 모촌리93-5호묘, 24. 화성리A-1호묘, 25. 용원리5호묘, 26. 용원리 129호묘, 27. 신봉동92-54호묘, 28. 신봉동 82-B14호묘, 29. 신봉동 90A-12호묘, 30 · 31 · 32 · 33 · 40. 신촌리9호분 을관, 34. 송산리1호묘, 35. 용원리 12호묘, 36. 용원리1호묘, 39. 무령왕릉, 37 · 38. 법천리1호묘, 41. 모촌리 92-5호묘

백제의무기

377

<도 2> 철촉 · 철모의 분류 · 편년도

단계	철 촉									철 모			
	유엽형	착두형		도자형		릉형	양익형	역자형		노촉	직기형 철모		연미형 철모	
		I	II	I	II			I	II		일반형	공부단면다각형	일반형	반부철모

1.청당동18호묘, 2.삼곶리적석총,
3.미사리B21호, 4.미사리kc019,
5·6.신봉동3차66호묘,
7.신봉동90-A호묘, 8.모촌리 93-5
호묘, 9.중도1호주거지,
10.법천리1호묘,

11.신봉동 92-76호묘,
12.몽촌토성,
13.미사리B2호주거지,
14.신봉동1차1호묘,
15.신촌리9호경관,
16.신봉동92B-1호묘,
17.미사리kc008,
18.송절동 93-B4호묘,
19.용원리5호묘,
20.신봉동3차93호묘,
21.덕산리4호묘,
22.신봉동92-2호묘,
23.신촌리9호갑관,
24.신봉동3차108호묘,
25.신봉동2차B-2호묘,

26.청당동22호묘, 27.청당동18호묘,
28.송대리25호묘, 29.송대리46호묘,
30.용원리12호묘, 31.용원리13호묘,
32.신봉동82-10호묘, 33.관북리,
34.몽촌토성, 35.죽막동, 36. 무령왕릉,
37.조산고분, 38.송대리11호묘,
39.분강저석리2호묘, 40.석촌동대형토광묘,
41·42·47.용원리13호·23호·9호묘,
43.법천리1호묘, 44·46.신봉동92-14호·
82호묘, 46.용산동3호묘

3〉 백제지역 출토 무기류

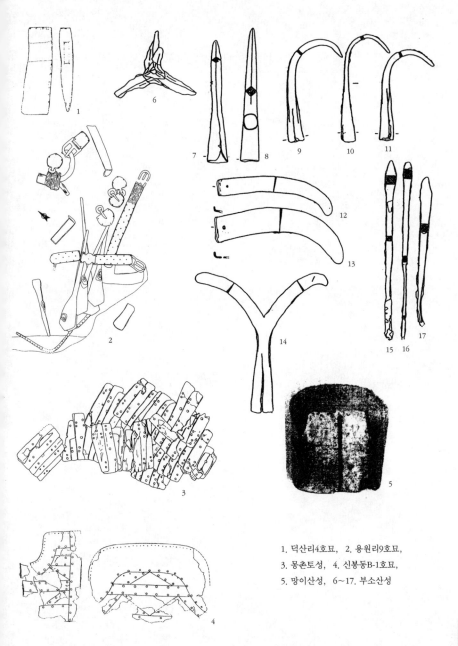

1. 덕산리4호묘, 2. 용원리9호묘,
3. 몽촌토성, 4. 신봉동B-1호묘,
5. 망이산성, 6~17. 부소산성

백제의무기

백제 금속공예 고찰

■ 이귀영

【백제 금속공예 고찰】

이 귀 영*

1. 머리말

百濟는 高句麗, 新羅와 더불어 三國時代의 주역으로 성장하였다. 이러한 百濟文化의 모습은 史料에 전하는 기록을 통하여 일부나마 확인할 수 있다. 또한 유적과 유물들은 당시 百濟文化에 보다 구체적으로 접근케 한다.

이들 유물 중 특히 金屬工藝品들은 百濟의 文化的 특성과 기술의 수준을 확인케 하는 결정적인 단서를 제공하고 있다. 그러므로 百濟 金屬工藝를 이해하는 것은 百濟文化의 핵심에 접근하는 열쇠가 될 수 있다.

金屬工藝品이 남겨진 장소로 대표적인 곳은 古墳들이며, 百濟 역시 마찬가지이다. 그러나 百濟 古墳에서 출토된 金屬工藝品은 그리 많지 않다. 그 이유로는 무덤의 구조상 도굴이 쉬웠기 때문이며, 보다 근본적으로는 新羅 · 가야에 비해 副葬品을 적게 넣었기 때문이다.

근래에 들어 활발한 발굴 조사에 힘입어 많은 유적들이 발굴 조사됨으로써 보다 많은 자료들이 축적되었지만 1971년 百濟 武寧王陵의

---

* 국립중앙박물관

발굴 전까지 百濟의 문화는 新羅, 가야 등의 문화에 비해 그 실체를 파악하기 힘들었다. 武寧王陵의 발굴품과 1990년대 扶餘 陵山里 寺址에서 출토된 百濟金銅大香爐등의 금속공예품은 백제의 금속공예와 문화양상을 이해하는 데 결정적 단서를 제공하였다.

이 글에서는 百濟의 金屬工藝品의 양상과 전개과정을 裝身具, 裝飾具, 儀具, 日常生活用具 등으로 나누어 살펴보고, 시기별 제작기법의 변화와 금속공예품에 나타난 정신세계에 대하여 언급하고자 한다.

2. 百濟 金屬工藝品의 種類와 特徵

1) 裝身具 · 裝飾金具

(1) 冠, 冠帽, 머리裝飾

冠은 착용자의 신분과 권위를 나타낸다. 특정형태와 차등화 된 재질, 장식은 곧 착용자의 사회적 신분을 반영한다. 관의 형태는 일반적으로 별개의 冠과 冠帽이면서 경우에 따라 內 · 外冠으로 조합되어 사용하기도 한다. 삼국시대의 冠은 대체로 金으로 제작된 것이 많으나 金銅冠, 銀製冠, 白樺樹皮製冠帽類 등도 상당수 발견된다.[1]

百濟의 冠 관련 유물로 金製로는 武寧王陵 출토 金製冠飾, 金銅製로는 羅州 新村里 · 益山 笠店里 출토 金銅冠 · 冠帽, 公州 水村里 출토 金銅冠帽, 銀製로는 扶餘 陵山里 · 論山 六谷里 출토 銀製冠飾 등이 있다. 金製는 王, 金銅製는 왕에 버금가는 지방의 유력자, 銀製는 泗沘期 귀족의 것으로서 사용자의 신분적인 차이를 보인다.

---

1) 국립문화재연구소, 『고고학사전』, 2001.

(가) 金銅冠・冠帽

〈도 1〉 금동관, 관모

冠 중에서 이른 시기의 것으로는 羅州 新村里 古墳群 9號墳 乙棺 출토 金銅冠과 冠帽(도 1)[2]이다. 冠帽는 點線彫 技法으로 연당초문을 시문하였고, 冠은 투조 기법으로 蓮花唐草文, 點線彫技法으로 周緣을 打出하였다. 이러한 點線彫 技法에 의한 打出 방법은 新羅의 金冠에서도 공통적으로 쓰인 技法의 하나로서 文樣 효과 및 周緣 보강의 수단으로 쓰인 것으로 생각된다.

또한 이 金銅冠의 전면에는 瓔珞이 달려 있다. 이것은 石村洞古墳群 지역에서 출토된 원판형 영락보다 발전된 것이다. 오목한 형태로 보아 押出 제작되었는데 이후 백제영락은 대체로 이 형태를 따르고 있다. 冠의 꼭대기마다 嵌玉된 卵집을 리벳으로 고정시킨 것도 이 금동관에서 발견되는 百濟의 창안으로써 주목된다.

益山 笠店里 1號墳 출토 金銅製 冠帽(도 2)[3]는 전술한 新村里 冠帽와 형태상으로는 같다. 하단에 點線彫技法으로 한 줄의 打出點列文

* 이 글에 실린 도판은 국립중앙박물관 특별전 도록 『백제』(1999년, 통천문화사 발행), 각 유적 발굴조사보고서 등에서 전제하였음을 밝혀둔다.
2) 국립광주박물관, 『羅州潘南面古墳群綜合調査報告書』, 1988.
   新村里 9호 독널무덤 출토 관모는 주변의 다른 독널무덤과 그 출토유물의 비교에서 다소의 이견이 있으나 4세기 이후로 판단된다(위 보고서).
3) 문화재연구소, 『益山 笠店里 古墳 發掘報告書』, 1989.

백제금속공예고찰

〈도 2〉 금동관모

〈도 3〉 금동관모

을 찍었다. 그 위 쪽 全面에 魚鱗
文을 打出한 점, 관모의 뒤쪽에
半球形 장식을 붙인 점 등에서
차이를 보인다.

　新村里, 笠店里 금동관모와 같
은 형태로서 비교되는 것이 日本
江田船山古墳 출토 金銅冠帽(도
3)이다. 함께 출토된 유물과 무덤
의 구조 등으로 비교하여 6세기
경에 제작된 것으로 추정되고 있
다. 금동판을 투조하여 초화문을
표현한 것과 또 주연부에 덧대어
만든 輪臺에 영락을 달기 위한 銅

〈도 4〉 금동제 이식, 구슬, 금동수식

線이 꼬여 있는 점 등으로 보아 江田船山古墳 출토품이 좀더 발전된 양식으로 보인다.[4]

笠店里 고분 출토 金銅製 垂飾(도 4)[5] 1쌍은 金銅冠 출토지점에서 발견된 것으로 金銅線을 꼬아 瓔珞을 달고, 垂下飾은 金銅板을 원뿔형으로 말아 땜한 것이다. 이러한 형태는 慶州 月城路 가-13號墳 出土 金製太環垂飾[6]과도 유사한데, 新羅地域의 垂飾에서도 흔히 발견되는 것으로써 상호간의 관련이 깊은 유물로 생각된다.

한편 公州 水村里 遺蹟의 제1호 土壙墓와 4호 石室墳에서는 金銅飾履, 金製耳飾, 環頭大刀, 中國製 陶磁器와 함께 金銅冠帽가 출토되었다. 이 유적은 百濟의 웅진천도 이전에 조영된 것으로, 피장자의 신분은 당시 公州지역의 유력자였을 것으로 추정할 수 있으며, 이는

4) 국립문화재연구소, 『고고학사전』, 2001.
5) 문화재연구소, 『益山 笠店里 古墳 發掘 報告書』, 1989.
6) 국립경주박물관, 『慶州市月城路古墳群』(圖版篇), 1990, 78쪽 도판 70-1, 2.

한성기의 중앙과 지방과의 상호관련성을 보여주는 것이다.[7]

(나) 金製冠飾, 金版裝飾

〈도 5〉 금제관식

冠 관련 유물로서 백제지역에서 출토된 것으로써 武寧王陵에서는 출토된 왕과 왕비의 冠飾이 주목된다. 기록에 의하면 百濟 古爾王 28년 정월 初에 王이 紫帶袖袍와 靑錦袴 · 金花飾烏羅冠 · 素皮帶 · 烏韋履를 신고 南堂에 앉아 政事를 보았다.[8] 라는 기록이 있다. 武寧王陵에서 발견된 金製冠飾은 이 기록에서 보듯 烏羅冠에 꽂았던 장식으로 확인된다.

武寧王의 冠飾은 金板에 여러 가지[枝]로 分枝된 忍冬唐草文의 줄기와 花文을 透彫하여 형태를 만들고 瓔珞을 달아 장식성을 높였다.

王妃의 金製冠飾(도 5, 높이 22.6cm)은 延板된 金板을 透彫하여 중앙에 7瓣의 覆蓮 蓮瓣文 대좌와 그 위에 활짝 핀 蓮花가 꽂힌 꽃병, 그리고 그 주위로 火焰形의 忍冬唐草文을 투조하였다. 투조 방법은 무늬를 남기고 바탕을 透彫하는 地透방법을 썼다.

이들 冠飾의 문양은 불교의 대표적인 꽃인 연화문을 주문양으로 한 것으로 당시 百濟의 불교신앙에 대한 관심과 융성을 반영하고 있다.

한편 王妃의 頭枕 부근에서 瓔珞附 金製四角形裝飾 1점이 발견되

---

7) 忠南歷史文化硏究所, 『公州 의당농공단지 조성부지내 公州 水村里 遺蹟 指導委員會 資料』, 2003.
8) 『三國史記』, 卷二十四 百濟本紀 第二 古爾王條.

었다.[9] 이 장식은 사각 金板 중앙에 반구형의 圓座가 돌출되고 圓座의 꼭대기와 사각모서리에 각 각 원형의 瓔珞이 달린 것이다. 이러한 종류의 裝飾은 北燕의 선비족 귀족인 馮素弗墓, 日本의 新澤 126號墳에서도 출토된 바 있다. 日本 新澤 126號墳에서 출토된 方形의 金板 裝飾[10]은 당초문이 透彫되고 그 周緣 8곳에는 작은 크기의 圓座가 배치되고 여기에 瓔珞이 달린 형태이다. 중국지역에서 백제로, 그리고 백제에서 日本으로 문화가 전파된 교류상을 보여주는 예이다.

(다) 銀製冠飾

『三國史記』 기록을 보면 古爾王 28年 2월에 令을 내려 6品이상은 紫色을 입고, 銀花로써 冠을 장식하며, 11품 이상은 緋色을 입고, 16품 이상은 靑色을 입게 하였다고 한다.[11] 이 기록에 보이는 관을 장식한 銀花(銀製冠飾)가 발견되었는데, 扶餘 陵山里 36號墳(2점)[12]을 비롯하여 扶餘 下黃里[13], 論山 六谷里 7號墳[14], 南原 尺文里[15], 羅州 興德里[16], 羅州 伏巖里 3號墳(2점)[17] 등 당시의 귀족 묘로 보이는 곳이다.

冠飾의 형태는 중앙의 줄기를 중심으로 각 2쌍의 화형장식이 대칭을 이루며, 정상부에도 위쪽으로 花形이 솟아 있는 형태이다. 이들은 부부합장묘인 陵山里 36호분의 예로 보아 남성용 冠飾으로 보인다. 이 고분에서는 남성용 冠飾 이외에 여성용 冠飾도 발견되었는데, 이

9) 文化財管理局, 『武寧王陵 發掘調査報告書』, 1973, 31쪽.
10) 奈良縣立橿原考古學硏究所附屬博物館, 『新澤天塚の遺寶とその源流』, 1992, 15쪽.
11) 『三國史記』, 卷二十四 百濟本紀 第二 古爾王條.
12) 扶餘 陵山里 36號墳은 횡혈식 석실분으로 부부합장묘이다. 여기에서 서로 형태가 다른 2점의 銀花冠飾이 출토되었다.
13) 국립부여박물관, 『국립부여박물관』, 1993, 44쪽.
14) 안승주·이남석, 『論山六谷里百濟古墳發掘報告書』, 1988.
15) 百濟文化開發硏究院, 『百濟彫刻·工藝圖錄』, 1992, 135쪽 도판 98.
16) 국립광주박물관, 『羅州潘南古墳群』, 1988, 153쪽, 344쪽 도판 159-①.
17) 국립문화재연구소, 『羅州 伏岩里 3號墳』, 2001.

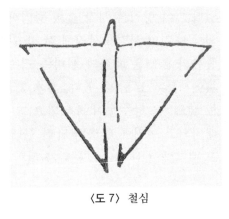

〈도 7〉 철심

〈도 6〉 은제관식

冠飾은 줄기와 정상부의 화형장식만 있는 형태이다. 冠飾의 제작은 반으로 접어 그린 밑그림을 양쪽으로 펼쳐 그림에 따라 투조하여 제작한 것으로 보인다.

扶餘 陵山里 36號墳 출토 銀製冠飾(도 6, 길이 15.5cm)은 함께 발견된 삼각형 형태의 철심(도 7, 길이 20.5cm)으로 미루어 철심 위에 천이 씌워지고 여기에 이 冠飾이 꽂혀 장식되었을 것으로 여겨진다. 이러한 철심들이 羅州 伏巖里 古墳에서도 발견되고 있어, 百濟 冠의 형태를 짐작할 수 있는 단서를 제공해주고 있다.

(라) 簪(비녀)·頭飾(머리장식)

武寧王陵 출토 金製뒤꽂이(도 8, 길이 18.4 cm, 上端幅 6.8cm)는 王의 머리 부위에 있던 獸帶鏡 위에서 출토되어 왕의 머리장식으로 확인된다. 전체적인 형상은 새가 날아가는 듯한 모습으로 상단부의

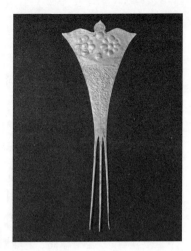

<도 8> 금제 뒤꽂이

형태와 무늬로 보아 단순히 머리를 정돈하는 용도이기 보다 장식 의도가 강한 것으로 본다.

金素材를 延板하여 꽂이쪽에서 상단 쪽으로 갈수록 얇게 만들었다. 上端部의 머리부분에는 3줄, 어깨 부위에는 2줄의 密集縱線文이 打出되어 있다. 그 아래쪽의 肩部에는 양 쪽으로 각 각 八花文, 그 사이의 위와 아래쪽에 1개씩의 圓文이 打出되었다. 중간부위에는 대칭된 忍冬唐草文이 打出되어 있다. 꽂이는 3갈레이다.

이들 인동당초문과 화문들은 百濟의 와당무늬나, 扶餘 陵山里 출토 금동광배의 인동당초문등에서도 그 모티브를 볼 수 있어 불교적인 색채가 강한 것으로 본다. 전체적인 형태와 문양의 요소, 실용성에 이르기까지 百濟 金屬工藝의 세련된 감각과 사상을 여실히 보여주는 작품으로 이해된다.

扶餘 窺巖 咸陽里 出土 金頭銀身簪[18]은 한 쪽 끝에 5엽의 꽃이 활짝 핀 형상이다. 여기에 단 장식은 없어졌다. 이 5葉花 표면은 細線과 金粒으로 鏤金細工하여 백제의 섬세한 감각과 금공기술을 여실히 보

18) 국립부여박물관, 『국립부여박물관』, 1993, 58쪽 ; 百濟文化開發硏究院, 『百濟彫刻 · 工藝圖錄』, 1992, 141쪽 도판 106.

백제금속공예고찰

이고 있다.

(2) 耳飾(귀걸이, 귀고리)

耳飾(귀고리, 귀걸이)은 선사시대에서 사용되어 온 장신구이다. 金屬文化의 도입과 함께 天河石, 水晶, 琥珀 등에서 金, 金銅, 銀으로 소재가 전환되어 다양한 형태의 금속제 귀고리가 유행하였다.

삼국시대의 귀고리는 1개의 고리로만 된 耳飾, 主環, 中間飾, 垂下飾 등으로 구성된 垂飾附耳飾이 있다. 고리는 太環, 細環으로 나뉘고, 중간식은 透作球體, 半球體, 立方體, 球體 등이 있으며, 드리개는 心葉形, 錘形, 山梔子形, 球體 등이 있다.[19]

百濟 耳飾은 모두 細環고리이며, 형태상으로 보면 단순히 세환만으로 된 것과, 세환에 보다 화려하게 中間飾, 수하식이 연결된 것 두 종류가 있다.

재질로는 金製과 金銅製가 있으며, 각지의 古墳에서 발견된다. 그 특징은 중간에 구형의 중간식과 원판형 혹은 길죽한 심엽형 수하식이 드리워지는 것이 그 특징이다.

百濟 耳飾의 초기 형태는 당시의 수도였던 서울 石村洞 3號墳 동쪽 古墳群에서 출토된 유물(도 9)들이 주목된다. 2호 土壙墓 出土 귀고리(지름 1.6~1.7mm)[20], 火葬遺溝 出土 귀고리(지름 3.2mm)[21], 葺石封土墳 出土 귀고리(지름 2.6mm)[22] 등이다. 이 것들의 형태는 圓形心에 金製파이프를 씌운 細環耳飾으로 보고되고 있다.[23]

細環耳飾은 재질로 볼 때 金製, 銀製, 그리고 金銅製가 쓰였는데 백

---

19) 국립문화재연구소,『고고학사전』, 2001.
20) 서울大學校博物館,『石村洞3號墳東쪽古墳群整理調査報告』, 1986, 15쪽 및 · 도판 8-③, 도판 8-③右.
21) 서울大學校博物館,『石村洞3號墳東쪽古墳群整理調査報告』, 1986, 31쪽 및 · 도면 24-⑧, 도판 8-③中.
22) 서울대박물관, 앞의 책 36쪽 도면 27-⑩, 도판 8-③右.
23) 서울대박물관,『석촌동 1 · 2호분』, 1973, 45쪽.

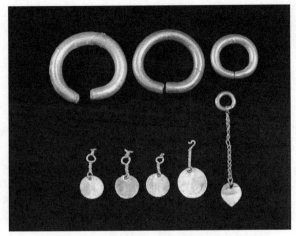

〈도 9〉 석촌동 3호분 동쪽 고분군 출토유물

제지역을 포함하여 삼국시대에 널리 사용되었다. 백제지역에서의 몇 예를 들면 原州 法泉里 24호묘 출토 銀製耳飾과 淸州 신봉동 古墳群[24], 南原 草村里 古墳群[25], 公州 玉龍洞 · 巢鶴洞(보통골)古墳[26], 羅州 伏巖里 古墳[27], 扶餘 陵山里 古墳[28] 등에서 출토된 金 또는 金銅製 이식 등으로써, 지역과 시기를 막론하고 두루 사용되었다.

또한 石村洞 3호분 주변에서 출토된 金製垂飾(도9 하단 오른쪽, 지름 3.7cm)은 작은 고리에 사슬형 중간연결식, 심엽형 드리개가 달린 형태이다. 원래는 主環, 中間飾, 垂下飾(드리개)으로 구성되었으나 主環細環이 없어진 것으로 보인다. 여기에서 보이는 사슬형 연결법은 삼국시대에 장식 연결방법으로 두루 쓰였다.

이 시기 주목되는 耳飾의 하나는 天安 龍院里 金製耳飾(도 10), 益山 笠店里 金製耳飾 등이다. 天安 龍院里 古墳에서는 여러 金製耳飾이 출토되었는데, 그 중 44호분 출토 金製耳飾(도 10 중간, 길이 : 2.7

---

24) 百濟文化開發硏究院, 『百濟彫刻 · 工藝圖錄』, 1992, 도판 121.
25) 百濟文化開發硏究院, 『百濟彫刻 · 工藝圖錄』, 1992, 도판 122.
26) 百濟文化開發硏究院, 『百濟彫刻 · 工藝圖錄』, 1992, 도판 123 · 124.
27) 국립문화재연구소, 『羅州 伏岩里 3號墳』, 2001.
28) 국립중앙박물관, 『百濟』, 1999, 170쪽 도판 313.

백제금속공예고찰

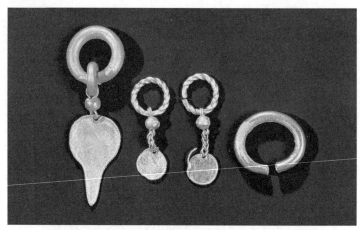

〈도 10〉 금제이식

cm, 지름 : 1cm)[29]은 主環, 中間飾과 수식으로 되어 있다, 主環은 금
봉(지름 0.2cm)을 꼬아서 만든 독특한 형태이다. 中間飾은 반구형장
식을 접합하여 中空의 구슬로 만든 것으로 여기에 금사에 꿰어 主環
에 연결하고, 이 금사에 4단의 사슬을 걸어 垂下飾을 달았다. 垂下飾
은 원형금판으로 각목문 테두리를 붙였다. 이러한 중간식과 각목문
테두리의 접합방법은 상당히 발달된 제작기법으로서 당시의 기술수
준을 가늠하는 중요한 자료가 되고 있다.

이 古墳群에서 출토된 또 다른 金製耳飾[30]은 細環의 主環, 中間飾과
中間飾을 둥근 고리로 연결하고, 垂下飾을 달았다. 中間飾은 원통형
이고, 垂下飾은 심엽형이다. 37호분 출토 金製耳飾(도 10 왼쪽)은 이
耳飾과 구조상으로는 같으나 中間飾이 앞의 44호분 출토품과 같은
속이 빈 구형 금구슬이다. 垂下飾은 심엽형으로 아래쪽이 길죽한 형
태이며, 각목문 테두리를 돌렸다.

이 같은 형태의 耳飾으로 청원 주성리 출토품(길이 5.4cm)[31]이 있

---

29) 국립중앙박물관, 『百濟』, 1999, 42쪽 도판 71.
30) 국립공주박물관, 『百濟 斯麻王』, 2001, 36쪽 도판 54.
31) 국립공주박물관, 『百濟 斯麻王』, 2001, 37쪽 도판 51.

<도 11> 무령왕 이식

는데, 용원리 44호분 출토 耳飾과 테두리 장식을 뺀 것을 제외하면 대동소이하다.

益山 笠店里 1號墳 출토 金製耳飾(도 4 왼쪽 상단)[32]은 金銅製 細環에 中間飾을 金線을 걸어 자체 몸에 감은 것으로 百濟의 독특한 금봉·금선 연결방법의 하나인데 그 반대쪽은 고리를 지어 사슬형 고리를 연결하였다. 垂下飾은 타원형판 3개를 3방향으로 接合시킨 3翼形이다. 이러한 사슬형 고리 연결방법은 石村洞 古墳群에서도 출토[33] 된 적이 있어 그 전통의 연장선상에 있다고 본다.

百濟의 耳飾 중에서 특히 주목되는 것은 武寧王陵의 출토품이다. 그 중 왕의 耳飾(도 11, 전체길이 8.3cm)[34]은 細環의 主環에 2줄의 垂下飾을 매달았다. 中間飾 連結具 표면에 鏤金細工으로 금선과 금립으로 문양을 낸 것이 돋보인다.

한편 垂下飾은 母葉과 子葉을 長方形으로 透孔하고 여기에 板狀의 中間飾 고리를 꿰어 연결하였는데, 子葉 중에는 고리가 걸리는 부분이 떨어져 나갔음인지 다시 작은 구멍을 뚫고 金線을 꿰어 수리하기도 하였다. 또한 무령왕릉출토 冠飾은 거친 면이 많이 보이나 이 耳

---

32) 문화재연구소, 『益山 笠店里 古墳 發掘 報告書』, 1989.
33) 국립중앙박물관, 『百濟』, 1999, 33쪽 도판 52.
34) 公州大 百濟文化研究所, 『百濟武寧王陵』, 1991, 215쪽.

백제금속공예고찰

飾은 정교하게 製作되었다는 점 등에서 武寧王陵 출토의 다른 耳飾
들과 마찬가지로 직접 사용된 것이 확실해 보인다.

이 耳飾은 鏤金細工과 같은 화려한 금공기술이 발휘된 점 이외에도
금빛과 어울리게 옥빛 曲玉을 달아 장식성을 높인 점도 백제의 미적
감각을 보여주는 면에서 주목할 만하다.

왕비의 耳飾[35]은 細環(主環)에 2줄의 垂下飾이 달린 것이다. 그 중
하나는 草實形 裝飾이고 또 하나는 탄환형 裝飾이다. 尾飾인 草實形
裝飾은 두개의 펜촉형 裝飾을 직교시킨 四翼形으로 가장자리에 金粒
과 金線, 刻目文의 띠를 금땜하여 裝飾 효과를 높였다. 이 垂下飾과
中間飾의 연결부위에는 굵은 金粒들을 연결하여 環形으로 돌렸다.
굵은 金粒을 서로 連接하여 붙여나가는 방법은 鏤金細工技法의 진일
보한 면을 보여주는 것으로 이후 사비기의 구슬이나 6세기대 이후의
신라·가야의 耳飾에서도 발견된다.[36]

王妃의 耳飾에는 삼국시대 耳飾 製作技法의 대부분이 발견된다.[37]
그 중 하나는 사슬형태로 이어가는 방법으로 청주 신봉동 古墳群 출
토의 金製細環耳飾[38]이나 長水 鳳棲里 古墳 出土 金製細環耳飾(1
쌍)[39]에서도 보이는 수법의 하나이다.

또 하나는 金線을 고리 지어 그 나머지 부분을 자체 몸에 감아 마무
리하는 방법으로서 앞의 益山 笠店里 古墳[40]을 비롯하여 武寧王陵의
小形耳飾, 頸飾 등에서도 보이며 百濟地域에서 생겨난 독특한 방법[41]
으로 추정된다.

이같은 예가 옥전 M11호분의 耳飾[42]에서도 보인다. M11호분 耳飾

35) 文化財管理局,「武寧王陵 發掘調査報告書」, 1973, 도판 98.
36) 경주 보문동출토 금제태환이식, 호암미술관 소장 傳 高靈 出土 金製細環 귀걸이
    등에서 볼 수 있다.
37) 公州大 百濟文化硏究所,「百濟武寧王陵」, 1991, 221쪽.
38) 百濟文化開發硏究院,「百濟彫刻·工藝圖錄」, 1992, 148쪽 도판 115.
39) 百濟文化開發硏究院,「百濟彫刻·工藝圖錄」, 1992, 146쪽 도판 111.
40) 문화재연구소,「益山 笠店里 古墳 發掘 報告書」, 1989, 48쪽.
41) 公州大 百濟文化硏究所,「百濟武寧王陵」, 1991, 222쪽.
42) 경상대학교박물관,「陜川玉田古墳群V-M10 ·M11· M18號墳」, 1995.

〈도 12〉 이식

은 耳環部는 細環의 金棒이며, 여기에 金線을 연결한 中間飾과 심엽형 수하식으로 구성되어 있다. 中間飾의 금선 연결 방법은 자체 몸에 감아 고정한 것으로 武寧王陵 耳飾과 같은 방법이다. 金製 鏤金小珠, 각목문 띠를 두른 엽형 영락장식 등 武寧王陵 출토 왕비 耳飾과 상통하는 점이 많아 百濟의 製作내지 영향으로 생각된다.

泗沘期 耳飾으로 대표적인 것은 왕과 귀족의 무덤으로 추정되는 扶餘 陵山里 일대의 古墳에서 출토된 귀걸이들과 扶餘 염창리 옹관묘, 扶餘 官北里등에서 출토된 것들이 있다.

傳 扶餘 陵山里 古墳 출토 金製 귀걸이(길이 4.3cm, 이화여대 소장)는 細環의 主環에 心葉形의 垂下飾이 달려 있다. 중간식은 主環과 垂下飾을 금사로 연결하였다. 중간연결 금구는 가는 금사를 자체의 몸에 감아 마무리하였다. 또한 이 금사에 꿰인 중간식은 녹색의 구슬위에 鏤金細工 기법으로 제작한 透作半球體를 덧씌웠다. 垂下飾은 心葉形이다. 이 이식의 제작방법 등은 武寧王陵 耳飾 제작방법과 같아 웅진기의 귀걸이 제작 방법이 이어지고 있음을 확인할 수 있다.

국립부여박물관에는 陵山里 古墳群에서 출토된 耳飾이 다수 소장되어 있다. 그 중 하나인 金製耳飾(도 12 왼쪽, 길이 5.8cm)은 가는 고리의 主環과 金製小珠를 넣은 中間飾 그리고 心葉形의 垂下飾이 달려 있다. 이와 같은 형태의 것이 扶餘 관북리에서 金銅製으로 출토되었는데 心葉形 垂下飾의 母葉과 子葉 모두 陵山里 것에 비해 보다 끝부분이 솟아나듯이 뾰족하게 처리되어 변화된 형태를 보이고 있다.

이들 이식에서 주목되는 것은 中間飾과 상하연결금구를 함께 주조한 것으로써 泗沘期에 새롭게 나타난 제작방법이다. 이는 또한 고구려 귀고리의 가장 큰 특징인 고리 아래의 유환과 공구체의 중간식, 그리고 원추형 드리개의 연결을 땜질 한 것과 같은 기법이어서 고구려의 영향을 받았을 가능성이 높다.

한편 扶餘 陵山里 古墳群・扶餘 東南里・扶餘 염창리 출토 귀걸이는 수하식이 길게 늘어나 폭이 좁고 아래쪽이 뾰족한 형태를 지니고 있다. 모두 국립부여박물관 소장품이다. 그 중 扶餘 東南里 출토 金製耳飾[43]은 主環과 中間飾, 수하식으로 이루어졌다. 主環은 細環이며, 中間飾은 鏤金細工기법으로 정교하게 제작되었는데 폭이 좁은 금판 연결금구로 되어 있다. 주목되는 것은 수하식의 변화로써 母葉은 폭이 좁아들고 길게 늘어나면서 끝이 뾰족한 형태이다. 心葉形 몸체에서 이어져 펜촉모양으로 길게 늘어난 것으로써 심엽형 수하식이 새로운 형태로 변화한 것으로 보인다. 그러면서도 細環과 中間飾은 웅진기 양식이 그대로 이어지고 있다.

(3) 頸飾(목걸이)

경식(목걸이)은 삼국시대 대형 古墳에서 발견된 예를 보더라도 주로 옥제, 유리제구슬이 사용되었다. 武寧王陵에서도 많은 구슬들이 발견되어 경식의 일부를 형성하던 것들로 추정되고 있다.

이들 이외에 武寧王陵에서는 왕비가 착용하였던 9절, 7절의 金製頸飾이 출토되었다. 九節 金製頸飾(도 13, 지름 약 16cm)[44]은 金素材를

---

43) 百濟文化開發研究院,『百濟彫刻・工藝圖錄』, 1992, 도판 110.
44) 公州大百濟文化研究所,『百濟武寧王陵』, 1991, 221쪽.

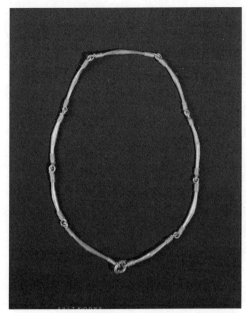

<도 13> 금제 구절경식

鍛造한 단면 6각의 金棒으로 양 끝쪽은 引拔로 製作하여 가늘고 둥글다. 각 마디의 연결 방법은 고리를 지어 다른 편에 걸고 자체 몸에 감았다.

七節 金製頸飾(지름 약 14cm)은 9절 頸飾 밑에 겹쳐 나왔는데, 9절 경식과 유사하다. 이 들 頸飾은 다른 지역에서는 유례를 찾을 수 없는 百濟의 독특한 창안으로 金棒의 製作방법, 고리 연결 방법 모두 독특하며 또한 百濟 耳飾의 연결방법과도 상통한다.

이러한 제작방법은 銀製・金銀製 四節釧(지름 약 5.2cm)에서도 쓰이고 있어 금공품 제작에 있어 연결방법으로 널리 통용된 것임을 알 수 있다.

(4) 釧(팔찌)

韓國 팔찌의 기원은 신석기시대 조개팔찌에서 비롯되었다. 삼국시대의 팔찌는 주로 금속제로서, 그 선구가 되는 예는 삼한시대의 영천 어은동과 경주 사라리 130호분 출토 청동팔찌로 8개씩 포개어 출토되었는데 착용법이 신석기시대의 조개팔찌와 같은 것으로 보인다.

삼국시대의 팔찌 재료로는 금, 은, 금동, 청동이 있으며, 착용풍습은 百濟와 新羅에서 주로 성행하였다. 형태는 둥근 고리의 표면에 아무 장식을 하지 않은 것과 톱니모양의 각목을 새긴 것이 일반적이다. 착용법은 2개가 1쌍인 것이 대부분이며 간혹 1개씩 출토되는 예도 있다.[45]

百濟의 팔찌 종류로는 단순히 봉을 구부려 만든 팔찌, 鋸齒形 팔찌, 여러 개의 봉을 연결하여 제작한 팔찌 등이 있다. 3세기 초-중엽 무렵으로 추정되는 제천 도화리 출토 동제천[46]은 무늬 없이 봉만을 구부려 만든 단순형태이다. 이 같은 형태의 팔찌로는 羅州 반남면 대안리 제 9호분 庚棺 출토 소문팔찌(지름 7.0cm)[47], 公州 소학동 보통골 古墳 출토 팔찌[48] 등이 있다.

보다 발달된 팔찌는 鋸齒形 팔찌이다. 羅州 大安里 第 9號墳 庚棺에서 素文팔찌와 함께 출토된 거치형 팔찌(지름 6.8cm)[49]가 빠른 예에 속한다.

武寧王陵 출토 鋸齒形 金製釧(바깥지름 7×6.7cm)은 王妃의 오른쪽 팔목에 착용했던 한 쌍의 팔찌이다.[50] 金棒을 鍛造하고 끌을 이용하여 거치형을 만든 후 이것을 구부려 環으로 製作했다. 武寧王陵 출토품에는 鋸齒文 小形 銀製釧 1쌍이 더 있다.

거치형의 팔찌는 百濟지역 출토품이외에 양산 북정리 출토 金製팔찌(지름 7.6cm), 경주 천마총 출토품 金製팔찌(지름 8.0~8.3cm 내외), 창녕 교동 출토 金製팔찌(지름 6.8~7.3cm), 창녕 계성 출토 은제팔찌(지름 6.9cm), 고성 내산리 출토 동제팔찌(지름 7.7cm), 진주 중안동 출토 은제팔찌(지름 6.9~7.2cm) 등[51] 삼국시대 각지에서 일반적으로 많이 사용되던 유형이다. 新羅, 가야, 百濟가 공통적인 공

---

45) 문화재연구소, 『고고학사전』, 2001.
46) 국립중앙박물관, 『百濟』, 1999, 12쪽 도판 10.
47) 百濟文化開發硏究院, 『百濟彫刻·工藝圖錄』, 1992, 도판 134.
48) 安承周·李南奭, 『公州 보통골 百濟古墳群 發掘調査 報告書-1990年度 發掘調査』, 百濟文化開發硏究院·公州大學校博物館, 1992 ; 百濟文化開發硏究院, 『百濟彫刻·工藝圖錄』, 1992, 도판 132.
49) 百濟文化開發硏究院, 『百濟彫刻·工藝圖錄』, 1992, 도판 133.
50) 文化財管理局, 『武寧王陵 發掘調査報告書』, 1973, 30쪽.
51) 국립공주박물관, 『百濟 斯麻王』, 2001, 68·69쪽 도판 108~114.

〈도 14〉 다리작 은제천

예문화를 지니고 있었음을 짐작케 한다.

또한 中國 南京 仙鶴縣 東晉墓[52] 출토 팔찌와 지환에도 거치문이 확인된다. 한국의 삼국시대 거치형 팔찌·지환 등과 문양요소가 같아 고구려, 百濟 거치문의 기원을 짐작할 수 있게 한다. 팔찌나 지환에 쓰인 거치문은 漢式鏡에 많이 보이는 三角緣文에서 그 기원을 찾을 수 있다고 본다.

거치형 팔찌는 陵山里 寺址에서도 출토되었다. 2차·4차 조사시 출토된 유물 중에도 은제 거치형 팔찌의 완형과 잔편들이 확인되고 있다.[53] 이들 팔찌의 거치문은 단면 삼각형에서 위를 갈아낸 듯 사다리꼴로 변모해 있다.

거치형 팔찌 이외에도 武寧王陵에서 출토된 銀製·金銀製 四節釧 각 1쌍은 武寧王妃쪽에서 나온 것으로 王妃의 9·7節 頸飾을 축소시킨 형태이다.

팔찌 중에서 단연 주목되는 것은 武寧王陵 출토 多利作 銀製釧(도 14, 지름 8cm)이다. 이 팔찌는 王妃의 왼쪽 팔에 끼고 있었던 것으로 오른 손에 끼고 있던 金製팔찌와 짝을 이룬다.[54] 팔찌의 형태는 한 쌍

---

52) 王志高 등, 「南京仙鶴縣東晉墓」, 「文物」 2001, 3·17쪽.
53) 국립부여박물관, 「陵寺」(도면·도판) 2000, 도판 132-20, 206-5,6.
54) 文化財管理局, 「武寧王陵 發掘調査報告書」, 1973, 29쪽.

백제금속공예고찰

龍의 역동적인 용트림을 볼륨 있게 부조시킨 것이다. 失蠟法으로 環形과 형태를 鑄造한 후 그 세부 彫刻은 毛彫用의 끌을 이용하여 다듬은 것으로 보인다. 또한 두 점이 서로 달라 똑같은 도안에 의한 것이라기보다는 製作者의 임의성이 많이 반영된 것이 아닌가 생각된다. 용의 비늘은 반원형태의 끌로 찍어 印刻技法으로 새겼으며, 발톱은 세 갈래인데 毛彫 끌로 일부 다듬었다.

이 팔찌에서 주목되는 것은 銘文이다. '庚子年二月多利作大夫人分二百卅主耳'로서 그 내용은 520년에 多利가 大夫人(王妃)를 위해 만들었는데 그 무게는 230主耳라는 내용이다.

(5) 指環(가락지)

삼국시대에 指環(가락지)을 보면 高句麗의 것으로 藥水里 壁畵古墳 出土 金製指環, 평양역전 2실분 출토 은제지환, 平南 順川 龍峰里 第2號墳 出土 銀製指環(지름 2.0cm)[55], 안악궁지 제2호분출토 청동제지환 등이 있는데, 그 예는 그리 많지 않다. 또한 전반적으로 볼 때 두께와 넓이가 일정치 못하며, 그 가장자리 처리도 정교하지 못하여 장송용이나 의례용으로 급조한 듯한 부장품의 느낌이 강하게 나타난다.[56]

이에 비해 新羅의 것들은 출토지 미상의 金製지환(지름 2.1cm)[57], 황남대총 남분 출토 金製指環(지름 2.4cm)[58] 등에서 보듯 누금세공을 이용한 화려한 지환으로부터 황남대총 남분 출토 은제지환, 경주 금관총 출토 金製指環, 천마총 출토 金製指環 등 정을 이용하여 무늬와 형태를 잡은 다양하고 세련된 지환들이 많이 제작되었다.

그러나 百濟의 경우에는 高句麗와 마찬가지로 지환이 매우 드물다.

---

55) 이호관, 『韓國의 金屬工藝』, 1998, 184쪽 사진 59.
56) 윤세영, 「古墳出土 副葬品 硏究」, 고려대학교 민족문화연구소, 1988, 149쪽.
57) 국립경주박물관, 『新羅黃金』, 2001, 159쪽 도판 207.
58) 국립경주박물관, 『新羅黃金』, 2001, 164쪽 도판 216.

〈도 15〉 지환

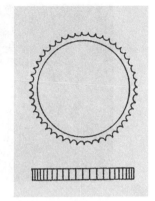

〈도 16〉 남조묘 출토 지환

百濟의 지환으로는 6세기 전반으로 추정되는 公州 金鶴洞 第 14·16·18號墳 出土 指環을 비롯하여, 公州 牛禁里 古墳 出土 銀製指環 (8개), 潭陽 霽月里 古墳出土 金銅製指環[59], 군산 여방리 출토 거치형 지환(지름 2.1~2.2cm)[60] 등이 있다. 金鶴洞 出土 指環(도 15)은 반지의 지름은 각 2.05㎝와 1.9㎝인 원형이고, 외측에 거치문으로 처리되었다. 전체적인 형태는 武寧王妃의 鋸齒形 金製팔찌를 그대로 축소한 것과 같은 형태여서[61] 거치형의 팔찌의 영향으로 제작되었다고 판단된다. 이러한 형태의 指環이 中國 貴州 平壩馬場 南朝墓에서 출토 (도 16)[62] 되었다. 백제 거치형지환의 계통을 거슬러 올라가면 거치형 팔찌와 마찬가지로 중국 남조의 영향에서 비롯된 것으로 생각된다.

59) 이호관, 『韓國의 金屬工藝』, 문예출판사, 1997, 189쪽.
60) 국립공주박물관, 『百濟 斯麻王』, 2001, 69쪽 도판 116.
61) 忠淸埋葬文化財硏究院, 『公州 金鶴洞古墳群 略報告書』, 2000.
　　국립공주박물관, 『百濟 斯麻王』, 2001, 69쪽 도판 117.
　　국립문화재연구소, 『고고학 사전』, 2001.
62) 栗城延江 譯, 高春明 等 著, 『中國 五千年 女性裝飾史』, 1993, 182쪽 삽도 7-3.

백제금속공예고찰

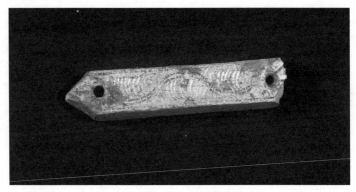

〈도 17〉 금동제 과대장식

(6) 銙帶, 腰佩

백제지역에서 발견된 가장 이른 시기의 과대장식은 1985년 夢村土城 조사시에 발견된 金銅銙帶(도 17)[63]이다. 이 과대는 표면에 點線彫技法으로 시문한 S자형의 초문이 시문되어 있다. 조사 당시에는 異形金具, 有文金具로 불리었으나 湖北省 漢陽縣 熊家嶺의 東晉墓에서 유사한 형태의 金具[64]가 발견되어 銙帶장식으로 확인되었다. 高句麗 安岳 3號墳의 冬壽의 帳下督이 패용한 金具와도 유사성을 띠고 있다.[65]

武寧王陵에서는 銀製銙帶, 銀製銙鉤, 銙形裝飾(全長 3.8cm) 등이 출토되었다. 銀製銙帶(전체길이 70.4cm, 銙具길이 9cm)는 耳杯形의 큰 銙板 19매와 작은 銙板 18매를 서로 교차연결하고 그 끝에 7花形의 金具와 環 형태의 鉸鉤를 달았다. 王의 허리부위에서 출토되었다.[66]

63) 김원용, 「夢村土城의 有文金具」, 『東國大學校 開校 80周年紀念 論文集』, 1986.
64) 中國社會科學院考古研究所, 「湖北漢陽出土的晉代鎏金銅帶鉤」, 『考古』 1994年 第10期, 1994, 954~956쪽.
65) 박순발, 「漢城百濟의 中央과 地方」, 『百濟의 中央과 地方』, 제8회 百濟연구 국제학술대회, 忠南大學校 百濟研究所, 1996.10.
66) 文化財管理局, 『武寧王陵 發掘調査報告書』, 1973, 도판 99.

〈도 18〉 은제교구

이 銙帶의 형태는 新羅나 가야지역에서 특히 황남대총, 천마총 출토 銙帶에서 볼 수 있듯 三葉透彫文 銙帶 패식의 하나로 쓰인 것은 있으나 武寧王陵에서는 銙帶로 製作되고 있어 銙帶형태로서는 독특한 것이다. 銀製鉸鉤(도 18, 현재 길이 6.9cm)는 左圓右方形으로 평면형태가 C=형태이다.[67]

주목되는 하나는 金銀製腰佩(전체길이 58cm)이다.[68] 銙帶와 같은 수법으로 耳杯形의 대소 과판을 서로 연결하고 상단에는 두꺼비무늬를 透彫한 金具를 다른 한 쪽에는 鬼面을 透彫한 方形板과 獸禽文의 장방형판을 달았다.

長方形板 周緣에는 線彫技法으로 波狀文을 새기고 그 사이 사이에 刺點文을 찍고 그 안쪽으로는 點線彫技法으로 다시 주연을 한 바퀴 돌렸다. 內區에는 사신 중 청룡과 백호로 생각되는 두 마리의 동물과 忍冬文을 線刻하였다.

일반적으로 銙帶는 띠를 고정하는 鉸鉤와 鉸針 그리고 帶와 鉸鉤를 연결하는 飾金具로 구성된다. 鉸鉤의 형태는 웅진기부터 계속된 左圓右方形의 형태에서 원의 형태가 느슨해지면서 길죽한 형태를 띤다. 이러한 것으로서 扶餘 陵山里 36호분 출토품(도 19), 장성 학성리 출토품[69] 등에서 그 예를 찾을 수 있다.

帶에 부착하는 장식품인 과판은 위쪽의 방형판에 장방형의 투공이 있는것, 이와 같으나 장방형의 위쪽이 弧形인 것, 심엽형 과판에 고리가 달린 것 등이 百濟의 과판 장식으로 일반적인 것이다. 심엽형

---

67) 이한상, 「武寧王陵 出土品 追報(1)-帶金具-」, 『考古學誌』, 한국고고미술연구소, 1993, 174쪽.
68) 文化財管理局, 『武寧王陵 發掘調査報告書』, 1973, 22쪽.
69) 국립공주박물관, 『百濟 斯麻王』, 2001, 55쪽 도판 85.

백제금속공예고찰

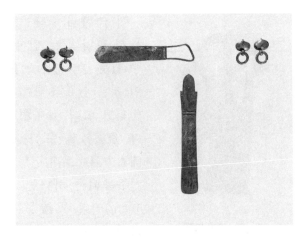

〈도 19〉 은제과대

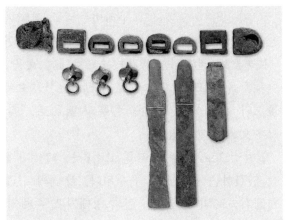

〈도 20〉 금동제 과대장식

과판은 武寧王陵과, 扶餘 陵山里 36호분 출토품, 장성 학성리 출토품에서 보이며, 방형과판과 호형이 들어간 과판은 부여 부소산성 서쪽 기슭의 절터에서 목탑의 진단구로 넣어진 허리띠의 장식에서 찾아볼 수 있다. 또한 가곡리 출토품(도 20)[70]은 방형판 등 세 가지가 모두 출토되었다. 한편 규암 외리 출토 귀형문전을 보면 鬼가 한가닥의 요패가 드리워진 과대를 차고 있는데, 이 과대에는 투공된 방형 과판

---

70) 국립중앙박물관, 『百濟』, 1999, 170쪽 도판 316.

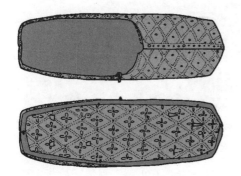

〈도 21〉 금동제 식리

에 고리가 달린 형태이다.

新羅의 과판은 방형판에 심엽형 垂下飾으로 이루어진 것이 많다. 일반적이다. 이 경우 내부에 용문, 인동문 등을 투조하여 화려하게 장식한다. 유사한 은제 과판(길이 6.0cm)이 백제지역인 공주 송산리 4호분에서도 출토되어 新羅와 百濟간의 문화교류를 짐작케 한다.

　

(7) 飾履

羅州 新村里古墳群 9號墳 乙棺 출토 金銅飾履(도 21)[71]는 飾履 全面에 點線彫技法으로 2중의 능형문을 打出하여 菱形區를 만들고 그 結節點과 內區 중앙에 하나의 점을 打出하였고 바닥의 菱形區에는 點線彫技法으로 四葉花文을 打出하였다. 바닥에는 四角錘形의 스파이크가 10개 박혀있다. 이 飾履에 보이는 施文技法은 武寧王陵 飾履와 상통하며 특히 左·右·底 3板의 구성 및 결구방법, 스파이크의 형태와 배치 등에 있어서는 거의 동일하다.

---

71) 국립광주박물관,『羅州潘南面古墳群綜合調査報告書』, 1988.

백제금속공예고찰

〈도 22〉 금동제 식리

益山 笠店里 1號墳 출토 金銅製飾履[72]는 新村里 飾履와 형태, 결구 방법 등에서 동일하다. 무늬는 거의 같으나 그 施文 방법에서 약간의 차이가 있다. 그것은 斜格子文의 打出에 있어서 新村里 것은 두 줄로 打出한 데 비해 笠店里 것은 한 줄로 打出하였고 좌우측판의 내구 문양에 있어 新村里 것은 중앙에 1점의 刺突點만을 찍었으나 笠店里 것은 이 刺突點을 子房으로 삼아 그 둘레에 3葉文을 點線彫한 것이다. 이러한 施文技法은 新村里飾履의 底板에 이미 그 모티브가 있는 것으로 新村里 飾履 底板의 四葉이 笠店里 飾履에서는 三葉으로 바뀐 것 뿐이다. 또한 스파이크의 수에 있어서도 형태와 수량이 新村里 것과 같다. 이러한 技法으로 볼 때 笠店里 飾履는 新村里飾履와 동일 技法에 의해 製作되었음을 알 수 있고 또 이러한 技法과 문양들은 羅州 伏巖里 3號墳 出土 金銅製 飾履[73], 武寧王陵 飾履에도 그대로 이어지고 있다.

羅州 伏岩里 3號墳[74]에서 출토된 金銅製 飾履(도 22)는 文樣과 技法에 있어 笠店里 출토 飾履와 武寧王陵 출토 飾履의 과도기적 양상을

72) 문화재연구소, 『益山 笠店里 古墳 發掘 報告書』, 1989.
73) 劉在恩, 魏光徹, 柳仁淑, 申宜京, 「나주 복암리 고분 출토 금동신발 보존처리」, 『보존과학연구』제19집, 국립문화재연구소, 1998 ; 국립문화재연구소, 『羅州 伏岩里 3號墳』, 2001.
74) 국립문화재연구소, 『羅州 伏岩里 3號墳』, 2001.

띤다. 文樣에 있어 笠店里 飾履가 능형문인데 비해 伏巖里의 飾履는 武寧王陵 飾履와 마찬가지로 龜甲文을 主文樣으로 한다. 龜甲文 施文技法을 보면 먼저 刺突點으로 돌출시키고 그 양 옆에 點線彫技法으로 다시 돌려 龜甲文을 施文하였으며 龜甲文의 結節點에 원형, 물고기 모양의 瓔珞을 달아 장식하였다. 그리고 龜甲文 안에 點線彫技法으로 5葉의 花文을 施文하였는데 이러한 技法은 笠店里 飾履의 技法을 그대로 답습하였으면서도 武寧王陵 출토 王의 飾履 뒤축 쪽에 보이는 施文 方法과 일치한다.

한반도의 金銅製 신발은 고구려를 중심으로 분포하는 바닥판만이 金銅製인 신발과, 신라를 중심으로 분포하는 발등쪽과 발뒤꿈치쪽을 다른 판으로 만들고 이들을 발측면에서 고정시켜 만든 신발, 그리고 百濟를 중심으로 분포하는 두장의 측판을 발등쪽과 발뒤꿈치쪽에서 고정시켜서 만든 신발로 나눌 수 있다. 일본에서 나온 金銅製 신발은 하나의 예를 제외하고는 모두 측판이 발등쪽과 발뒤꿈치쪽에서 고정시켜 만든 신발이므로, 이들은 百濟계 신발로 보아도 무난하다.[75] 또한 魚形瓔珞은 우리나라에서는 처음 보이는 것으로 일본의 山口 塔ノ尾古墳, 滋賀 鴨稲荷山古墳, 奈良 藤ノ木古墳에서 출토되었다. 伏巖里 출토품의 魚形裝飾은 그 부착시점, 계통에 대한 재론과 분석이 요구되지만 일본의 어형장식구 부착 飾履와 밀접한 관계가 있으며 이는 양 지역간의 긴밀한 접촉을 의미하는 것으로 확대 해석할 수 있다.[76]

한편 '凸'자형이 투각된 金銅飾履가 원주 법천리 1호분에서 출토되었다.[77] 또한 이화여대 소장 중에도 金銅飾履(도 23, 길이 27.3cm)[78]가 있는데, 公州地域 출토로 전한다. 이러한 飾履는 2003년 조사된

---

75) 吉井秀夫,「일본 속의 百濟」,『百濟』, 국립중앙박물관, 1999, 248쪽.
76) 국립문화재연구소,「羅州 伏岩里 3號墳(본문)」, 2001, 427~428쪽.
77) 국립중앙박물관,『法泉里 1』, 2000.
78) 국립중앙박물관,『百濟』, 1999, 134쪽 도판 245, 이화여대 유물번호 2335번.

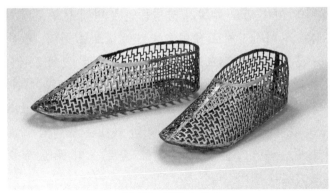

〈도 23〉 금동제 식리

公州 水村里 유적에서도 여러 무늬 종류의 식리, 金銅冠帽와 함께 출
토되었다. 식리의 결구 방법에서는 다른 百濟 식리와 같지만 문양 구
성에서 차이가 있어 계통에 있어 차이가 있는지 보다 검토를 요한다.
이들 飾履는 百濟의 각 지방 유력자들이 소유하였던 것으로 짐작된
다.

한편 제작방법은 다르지만 凸자형 투각문양 飾履는 신라의 고분에
서도 발견되었는데, 황남대총 남분, 금관총, 천마총, 의성 탑리 2곽
출토품 등이 그것이다. 이들은 百濟, 신라 간에 교류의 산물로 보이
며, 百濟지역의 것이 이른 것으로 보아 문양에 있어서는 신라에 영향
을 준것으로 본다.

武寧王陵에서는 왕과 왕비의 飾履 각 1쌍이 발견되었다. 먼저 왕의
飾履(복원 길이 약 35cm)[79]를 보면 내측판과 외측판, 저판 등 3板을
서로 붙여 製作하였다. 각 판은 龜甲文으로 구획되고 그 內區에 鳳凰
文 忍冬唐草文 등이 施文되었다. 바닥판은 앞쪽이 들린 상태로서 10
개의 스파이크가 박혀 있다. 飾履 내부에는 3重布心이 붙어있고 얇
은 목피가 떨어진 채 발견되었는데 이 木皮는 바닥에 깔았던 것으로
보인다. 각 판은 외판에 덧대어 내판을 붙였는데 내판은 은판이며,

---

79) 文化財管理局, 『武寧王陵 發掘調查報告書』, 1973, 13~15쪽 도판 99.

〈도 24〉 금동제 식리

바깥판은 金銅板[80]이다. 左右足의 크기나 형태 문양의 구성에 있어서 유사하나 세부적으로는 차이가 있다.

왕비의 金銅飾履(도 24, 전체길이 약 35cm)는 출토 당시 飾履의 머리를 북쪽에 두고 나란히 놓여 있었다.[81] 飾履의 형태, 製作方法 등에 있어서 王의 飾履와 동일하다. 全面에 龜甲文, 봉황문, 忍冬唐草文을 透彫하였다. 內板과 外板을 結着시켜 곳곳에 瓔珞을 달았다. 문양의 製作에 있어 龜甲文, 그 내구의 봉황문, 忍冬唐草文은 모두 문양을 남기고 바탕을 잘라낸 地透로 이루어졌다. 잘라낸 緣邊部를 보면 表面에서 裏面쪽으로 直角 切斷된 곳도 있고 斜角인 곳도 있다.

飾履 문양과 제작기법의 변화를 보면 앞 시기 百濟의 飾履들이, 文樣施文에 있어, 點線彫技法을 위주로 한 것에 비하여 이를 과감히 파내는 방법 즉 透彫(地透) 기법이 동원되고 있다.

王과 王妃의 飾履를 앞 시기 羅州 伏巖里 出土 飾履와 비교하면 王의 飾履는 伏巖里 것와 마찬가지로 龜甲文을 위주로 하고 龜甲文의 結節點에 瓔珞을 달거나 문양을 넣으며, 또한 龜甲文 內區에 花文을

---

80) 文化財管理局, 『武寧王陵 發掘調査報告書』에는 은제로 되어 있으나 보존처리 결과 현재는 표면에 도금이 많이 보이고 있어 금동판임을 알 수 있다.
81) 文化財管理局, 『武寧王陵 發掘調査報告書』, 1973, 31쪽.

백제금속공예고찰

시문한 점 등에서는 伏巖里 飾履와 동일선상에 있음을 확인할 수 있다.

그러나 文樣 施文 技法에 있어서는 큰 차이가 있어 武寧王陵 出土 王의 飾履는 文樣의 대부분을 透彫로 장식하고 있다. 그럼에도 불구하고 王의 飾履 內側板 뒷쪽, 즉 양 발이 서로 부딪히는 부분은 透彫하지 않고 點線彫技法으로 龜甲文과 花文을 施文하고 있어 伏巖里 飾履와 아주 밀접한 관계를 보이고 있다.

한편 이보다 몇 년 뒤에 제작된 것으로 판단되는 王妃의 飾履에서는[82] 완전히 透彫技法이 위주가 되고 點線彫技法은 테두리 장식 등 보조 施文方法으로 일부 사용되었다. 龜甲文에도 변화가 일어나 六角形의 형태나 結節點 또한 전형을 벗어났다.

(8) 各種 裝飾金具

(가) 金製구슬과 金帽

武寧王陵 출토품 중에는 구슬과 금모들이 많은 수량 출토되었는데, 金製구슬로는 鏤金 金製小珠 174점(지름 6~8mm), 球形 金製小珠 271점(지름 6mm 내외), 六菱形 金製小珠 10개(지름 0.5cm 내외), 八菱形 金製小珠 63개(지름 0.65cm 내외) 등이 있다. 이들 구슬들은 머리, 가슴, 허리부분 등에서 집중 발견되어 관장식이나, 경식 등으로 사용되었을 가능성을 보여주고 있다.

鏤金 金製小珠들은 武寧王陵이나, 新羅古墳[83]에서 출토된 유물로서 귀걸이의 中間飾이나 頸飾 등에 많이 사용되는 것들과 유사하다.

金帽[84]는 곡옥 등을 끼워 각종의 부속 장식으로 사용했던 것으로,

---

82) 武寧王은 523년에 죽어 525년에 현재의 武寧王陵에 묻혔고, 王妃는 526년에 죽어 529년에 合葬되었다.
83) 황남대총(남분·북분) 출토 金製太環耳飾, 경주 노서동 출토 金製頸飾 등이 대표적인 예이다.
84) 文化財管理局, 『武寧王陵 發掘調査報告書』, 1973, 32쪽.

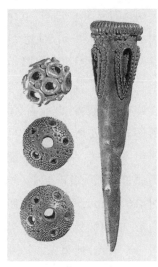

〈도 25〉 누금장식

鏤金細工이 정교한 것이 주목된다. 그 형태는 크게 帽子形(1.0~1.3cm), 彈丸形(길이 1.4~1.7cm), 管形(0.9~1.1cm) 등이다. 金板을 切曲시켜 땜하여 형태를 만들고 鏤金細工技法으로 표면을 장식하였다.

扶餘 陵山里 寺址 발굴품 중에 鏤金裝飾(도 25)[85]이 있다. 鏤金구슬(도 25 왼쪽상단, 扶餘 4598)은 둥글게 만 금환 여러 개를 접합하여 가운데가 빈 中空의 구슬로 제작하였다. 금환 사이사이에는 금립을 땜의 용매역할과 함께 장식성을 높였다. 武寧王陵 출토품에서도 유사한 것이 있다.

이보다 더 발전된 양상을 보인 것이 있는데 球形裝飾(도 25 왼쪽 중간하단)이다. 中空의 球體 표면에 미세한 金粒을 꽉 차게 채워 넣어 鏤金시킨 것으로 鏤金細工術의 최고의 수준을 보이는 예라 할 수 있으며 新羅의 황남대총 북분 출토품에도 유사한 것이 보이고 있다.[86]

사비 시기의 누금장식을 보면 金粒의 크기가 더욱 작아졌고, 武寧王陵의 鏤金細工品이 金線에 잇대어 金粒을 接合시킨 데 비해 미세한 金粒만으로 정교하게 표면에 接合시키기도 하여 앞 시기에 비해 더욱 발달된 기술상의 발전을 이룩한 것으로 확인된다.

(나) 瓔珞·葉形裝飾

瓔珞은 步搖라고도 하는데, 흔들림에 의해 보다 화려한 형상을 만

85) 국립부여박물관, 『금동용봉봉래산향로』, 1994, 27쪽 도판 26.
86) 문화재연구소, 『皇南大塚(북분)』, 도판 51-8.

<〈도 26〉 금제 우두녹각형 머리장식>

들어 내는 용도로서 고대의 장신구에 많이 되고 있다. 그 예로서, 스키타이 사르마트의 金冠의 瓔珞 裝飾과 內蒙古 自治區 達爾罕茂明安聯合旗 출토 선비족 귀족 부녀의 金製 馬頭鹿角形 머리裝飾(높이 16.2cm), 金製牛頭鹿角形 머리裝飾(도 26, 높이 15.5cm)에서도 그 예를 찾을 수 있다.[87] 이들에는 樹枝形의 가지 끝에 葉形의 瓔珞이 달려 있다.

瓔珞은 三國時代 韓國에서는 특히 冠과 耳飾에 많이 사용되었다. 百濟지역에서 처음 나타난 瓔珞은 石村洞 3號墳주변 出土 金製瓔珞(도 9, 지름 0.8cm)[88]이다. 薄板의 圓形 平板에 金線을 꿰어 꼬은 것으로 고정부분이 원형으로 남아 있는 것으로 보아 가는 봉에 꼬아 고정시켰던 것으로 보인다. 이러한 평판 영락 형태는 5세기대인 羅州 新村里 古墳의 조성시기에는 그 출토 금동관 瓔珞에서 보듯 오목형태로 押出 製作되고 있으며, 평판 형태는 그 이후 거의 보이지 않는다. 또한 고정 방법에 있어서도 선의 끝을 꼬아서 고정시킨 점 역시 이 시기 이후에는 거의 찾아볼 수 없다.[89]

武寧王陵 출토품에도 瓔珞 장식이 많은데, 그 형태는 대부분 圓形

---

87) 羅宗眞 등, 『魏晉南北朝文化』, 學林出版社, 2000, 293쪽 도 1017 · 1018.
88) 서울大學校博物館, 『石村洞 積石塚 發掘調査報告』, 1975, 7쪽 및 도판 6-3.
    서울大學校博物館, 『石村洞3號墳東쪽古墳群整理調査報告』, 1986, 14쪽 및 도면 3-②, 도판 8-③.
89) 대부분 百濟瓔珞은 周緣이 꺾인 오목한 형태이며, 瓔珞 固定方法은 금속선을 ㄴ자형, u자형으로 꺾어 고정시키는 방법이 많이 쓰였다.

으로 그 周緣이 꺾여 오목한 형태이다. 이러한 형태의 瓔珞은 나무나 가죽 등의 쿠션이 있는 재질 위에 金板을 놓고 管形態의 끌을 위에서 직각으로 대고 가격함에 따라 그 주연이 아래로 꺾이면서 잘려 오목한 형태로 된 것으로 생각된다.

처음 영락의 고정방법은 2줄의 선만이 이용되었으나 무령왕릉출토 사엽형, 화형장식 등에서 보듯 3선을 꼬아 꼿꼿하게 설 수 있도록 발전하며, 이 같은 유형이 신라의 영락에서도 나타난다.

泗沘期에는 원판모양, 心葉形 영락이 웅진시기와 마찬가지로 그대로 쓰이고 있다. 公州 금학동 고분 출토품[90], 이화여대 소장 陵山里古墳 출토품, 군산 여방리 출토품[91] 중에는 아래가 좁고 위쪽이 넓은 엽형 장식은 구멍과 크기로 보아 영락의 한 형태로 보인다. 장식둘레를 점선타출하거나, 刻目文 테두리를 땜으로 부착시키고 있어 금공기술과 디자인의 발전모습을 여기에서도 확인케 하고 있다.

(다) 花形 · 圓形裝飾

장식미술에서 가장 많이 쓰이는 것의 하나는 꽃이라 할 수 있다. 중국이나 韓國의 고대 金屬工藝品의 장식에서도 화문은 주요 문양요소로 등장한다.

특히, 武寧王陵에서는 많은 수량의 화형장식들이 발견되었다. 재료는 金製가 많고 은제도 있다. 제작방법은 판을 압출하여 형태를 만들고 세부는 정으로 다듬었다. 金製品으로는 金製四葉形裝飾(도 27, 지름 14.6cm, 16.8cm)을 비롯하여 많은 화형, 원형 장식들이 출토되었다. 이것들에는 영락이 달려 보다 장식적인 요소를 강화 시킨 것들도 많다. 재료도 다양하여 金製, 銀製, 金銅製 등 사용될 수 있는 많은 재료들이 동원되었다.

90) 국립공주박물관, 『百濟 斯麻王』, 2001, 92쪽 도판 174.
91) 국립공주박물관, 『百濟 斯麻王』, 2001, 92쪽 도판 175.

〈도 27〉 금제 사엽형장식

〈도 28〉 금제 원형장식

泗沘期의 古墳이나 건물지 등에서도 金製, 銀製 또는 金銅製의 원형·화형장식들이 출토되었다. 그 중 扶餘 陵山里古墳群 出土 圓形裝飾[92], 陵山里 古墳(제 2호분 등)에서 출토된 金製圓形裝飾(도 28)[93] 등은 押出技法에 의해 제작된 것으로 직물류에 장식했던 것으로 생각된다.

또한 이화여대 소장품에도 扶餘 陵山里 古墳群 출토로 전하는 원

---

92) 국립부여박물관, 『국립부여박물관』, 1993, 43쪽 ; 1915년 조선총독부 고적조사위원 黑板勝美, 關野貞에 의하여 조사·보고되었다.
93) 국립중앙박물관 유물번호 본 5970번 純金小金具이다. 유물 대장에 1918. 4. 22 谷井濟一에 의해 발굴되었다고 기록되어 있다.

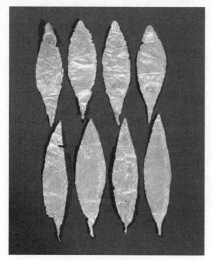

〈도 29〉 금제 엽형장식

형·화형장식(지름 1.4~1.7cm)
과 각종의 金製裝飾들이 있다.
이들 장식의 대부분은 장식의 중
앙 또는 주연부의 구멍들로 보아
어디엔가 부착했던 것들로 보인
다. 영락부 원형장식, 화형장식
들은 武寧王陵 출토품과 형태와
제작 기법에서 유사하여 웅진기
의 金屬工藝의 전통이 지속되고
있음을 확인 할 수 있다.
　이화여대 소장품 중에서 앞 시
기와 비교되는 것의 하나는 금제
반구형장식이다. 테두리를 각목
문으로 돌리고 표면에 금알갱이를 鏤金細工하여 웅진기에 비해 장식
요소가 가미된 다양해진 형태를 보인다.
　한편 공주 옥룡동출토 金製葉形裝飾(도 29, 길이 5~6cm)은 길쭉한
버드나무잎모양으로 葉脈을 넣어 나뭇잎을 보다 사실적으로 표현하
였다. 끝부분은 좁고 길게 뽑아 한두 번 비틀어 부착시 견고성을 유
지 할 수 있도록 하였다. 이 같은 엽형장식으로는 武寧王陵 王妃 裝
身具 一括品[94], 公州 玉龍洞古墳[95], 公州 金鶴洞 第 2號墳[96], 公州 금
성동[97], 이화여대 소장 傳 扶餘 陵山里 出土品, 군산 여방리 82호 고
분 출토품 등이 있다. 시기적으로는 웅진, 泗沘 期에 걸쳐 있고, 출토
지역은 도읍과 그 주변지역이다.

94) 文化財管理局,『武寧王陵 發掘調査報告書』, 1973, 32쪽.
95) 百濟文化開發研究院,『百濟彫刻·工藝圖錄』, 1992, 204쪽 도판 226.
96) 忠淸埋葬文化財研究院,『公州 金鶴洞古墳群 略報告書』, 2000.
97) 국립공주박물관,『百濟斯麻王』, 2001, 93쪽 도판 177.

백제금속공예고찰

(라) 板裝飾

장식으로 많이 쓰인 하나는 판장식들로써 금판이나 은판을 이용하여 사각 · 오각형으로 제작되었고, 때로는 투조하여 장식성을 높혔다.

무령왕릉에서는 冠 장식 일부로 보이는 瓔珞附 金製四角形裝飾 1개(7.6cm×8.4cm) 이외에 五角形 金板裝飾(複板. 單板) 21매(4.2~7.5cm), 五角形 草花文 銀板裝飾 2개(길이 6.7cm 내외), 五角形銀板裝飾 4개(폭 5.0cm 내외) 등이 출토되었다.

五角形 草花文 銀板裝飾 2개(길이 6.7cm 내외)는 王妃의 허리띠부근에서 출토되었다.[98] 은판을 두 매 맞붙여 오각형으로 잘라내었는데, 표면에는 송곳 등과 같이 뾰족한 침구를 이용하여 點線彫技法(刺點文)으로 팔메트형의 忍冬唐草文을 施文하였고 그 문양이 裏面에까지 뚜렷이 보이고 있다. 또한 표면에는 가는 음각선이 보이는데 무늬를 찍기 전에 뾰족한 침구로 그린 밑그림임이 틀림없어 문양 시문과정을 알 수 있는 자료로서 흥미롭다.

扶餘 陵山里 中下塚 出土 金銅透彫金具[99]는 좌우대칭으로 도안된 구름무늬가 투조된 圭形의 금구이다. 윗부분은 百濟金銅大香爐, 扶餘 외리 출토 산경문전 등의 山 윤곽과 같이 밀집선문대로 표현되었다. 가장자리를 따라 2개 1조씩의 구멍이 있어 실로 꿰어 부착하였을 것으로 생각되고 있다.

(9) 기타

한편 주목되는 또 하나는 扶餘 陵山里 古墳에서 출토된 金絲이다. 이 金絲(도 28 왼쪽)[100]는 얇은 金箔을 꼬아 製作하였다.

---

98) 文化財管理局,『武寧王陵 發掘調査報告書』, 1973, 32~33쪽.
99) 百濟文化開發研究院,『百濟彫刻 · 工藝圖錄』, 1992, 215쪽 도판 252.

〈도 30〉 은제 병부 유리구

이 밖에도 扶餘 陵山里 建物址 出土 透彫裝飾 등을 비롯한 다양한 형태의 裝飾類[101] 扶餘 陵山里 第5號墳 出土 純金製花形飾金具[102], 同 古墳 출토 金鈴[103] 등 많은 金工品들은 百濟 金屬工藝品의 다양성과 유려한 아름다움을 여실히 보여주고 있다 하겠다.

銅鏡과 함께 출토된 扶餘 下黃里 출토 銀製柄附 琉璃球(도 30)는 방울이 달린 긴 자루가 유리구체를 연결한 고리에 꿰어 있는 형태이다. 그 용도는 알 수 없으나 유리 표면을 덮어씌운 고리의 받침과 유리구체를 금속으로 연결한 솜씨가 돋보인다.

2) 儀禮用具, 日常用具

(1) 裝飾大刀

金屬工藝品으로 주목되는 하나는 裝飾大刀이다. 장식대도는 고리만 둥글게 된 것, 고리 안에 3엽 인동초잎이 넣어진 三葉環頭大刀(세

100) 국립부여박물관, 『국립부여박물관』, 1997, 47쪽.
101) 국립부여박물관, 『금동용봉봉래산향로』, 1994, 16~21쪽.
102) 百濟文化開發硏究院, 『百濟彫刻·工藝圖錄』, 1992, 도판 229.
103) 百濟文化開發硏究院, 『百濟彫刻·工藝圖錄』, 1992, 도판 231.

백제금속공예고찰

〈도 31〉 철지은입사당초문 환두대도

잎큰칼), 3개의 둥근고리를 연접시켜 만든 三累大刀(세고리 큰칼), 둥근 고리 안에 龍・鳳文을 넣은 龍鳳文環頭大刀 등이 있다. 環頭大刀에는 장식적인 요소가 많으며 살생을 위한 무기라기보다는 소유자의 신분을 상징하는 위세품이다.

環頭大刀 장식요소에서 주목되는 하나는 銀入絲 技法의 사용이다. 은입사란 철제의 표면을 파내고 여기에 은실을 박아 넣어 문양을 내는 고급 기법에 속한다. 銀入絲技法은 이 시기에 이미 鐵을 파낼 수 있는 鋼鐵 끌의 존재, 즉 제련기술의 발달을 보이는 동시에 이를 이용한 공예의 발전을 의미한다. 또한 끌을 이용하는 線彫(點線彫, 毛彫)・透彫技法 등 다양한 金工技法이 구사될 수 있는 능력이 마련되어 있었다는 점에서 주목된다.

대표적인 百濟의 銀入絲 工藝品으로는 傳 淸州 新鳳洞出土 圓形環頭大刀[104], 日本 石上神宮 所藏의 七支刀(369년)[105], 天安 花城里古墳 出土 鐵地銀入絲唐草文 環頭大刀(도 31)[106], 天安 龍院里 出土 銀入絲環頭大刀 등이다. 현존자료로 볼 때 이들 環頭大刀는 삼국 중 가장 먼저 등장한 銀入絲技法의 例로서 주목된다. 百濟 古墳에서 시기적

104) 구자봉, 「傳 新鳳洞 出土 素環頭大刀 紹介」, 『淸州大學校 博物館報』 3, 1989.
박순발. 「漢城百濟의 中央과 地方」, 『百濟의 中央과 地方』, 제8회 百濟연구 국제학술대회, 충남대학교 百濟研究所, 1996. 10.11, 84쪽.
105) 百濟文化開發研究院, 『百濟彫刻・工藝圖錄』, 1992, 도판 275.
106) 國立公州博物館, 『天安 花城里 百濟墓』, 1991.

〈도 32〉 은장삼엽문 환두대도

으로 빠른 예들이 있으나, 그 이후에 는 오히려 高靈 池山洞 32NE-1號墳 出土 銀象嵌唐草文環頭大刀[107), 陜川 玉田70號墳 出土 銀入絲 大刀[108), 南 原 月山里 M1-A竪穴式 石槨墳 출토 銀入絲環頭大刀[109) 등과 같은 대략 5 세기~6세기 경에 해당하는 가야系 統의 墳墓에서 집중적으로 발견되고 있어 百濟의 入絲技法이 가야지역으 로 파급된 것으로 보인다.

環頭大刀의 하나로 環頭 안에 3엽 형 인동문이 들어있는 百濟의 유물 은 羅州 新村里 9號墳 乙棺, 羅州 伏 巖里 출토품 등이 있다. 신라 지역에 서는 부산 복천동 10·11호분(길이 80.4cm), 대구 내당동 55호분(길이 68.6cm), 경주 황남대총 북분(길 이 81.2cm), 경산 임당(92.6cm), 의성 학미리(길이 88.0cm), 성주 성 산 1호분(82.0cm), 蔚山 旱日里(잔존 길이 10.0cm) 등 5세기 후반에 서 6세기 초의 고분에서 발견된다.[110)

羅州 新村里 9號墳 乙棺 출토 銀裝三葉文環頭大刀(도 32)[111)는 鐵製 環頭의 겉면에 금을 입힌 것으로 柄部에 魚鱗文을 打出한 점이 주목 된다.[112) 이러한 魚鱗文은 羅州 大安里 4號墳 出土 銀粧刀柄에서도 보인다.[113) 이와 유사한 형태로서 羅州 伏巖里 3호분 96호석실 출토

107) 계명대학교박물관, 『高靈池山洞古墳群』, 1981, 도판 16.
108) 경상대학교박물관, 『陜川玉田古墳群 I 』, 1988.
109) 전영래, 『南原月山里古墳群發掘調査報告』, 圓光大馬韓·百濟硏究所, 1983.
110) 국립경주박물관, 『新羅黃金』, 2001, 218~222쪽.
111) 국립광주박물관, 『羅州潘南面古墳群綜合調査報告書』, 1988.
112) 국립광주박물관, 『羅州潘南面古墳群綜合調査報告書』, 1988, 102쪽.
113) 국립광주박물관, 『羅州潘南面古墳群綜合調査報告書』, 1988, 124~126쪽.

백제금속공예고찰

된 金銀裝三葉環頭刀[114]가 있다. 魚骨文 打出 은띠는 특징적인 것으로 東萊 連山里에서 출토된 것으로 전해지는 圓頭大刀의 그것과 동일하다. 柄部를 두른 금판띠는 중앙에 타출점열문과 상하의 주연에 刻目文을 돌렸는데, 이는 武寧王 王妃의 치마 하단부에서 출토된 장도(길이 25.5cm)와 같은 형태여서 伏巖里 금공품의 제작방법이 武寧王代에도 그대로 이어지고 있음을 확인할 수 있다. 또한 金銀裝三葉環頭刀는 6세기 이후로 편년되는 일본 奈良縣 珠城山 1號墳, 福井縣 丸山塚古墳 출토품과 유사하여 양지역간에 어떤 형태로든 교류가 있었음을 보여준다.[115]

한편 용봉문 環頭大刀는 환두내부, 환두(고리), 柄部 등에 용봉문이 제작되며, 百濟지역에서는 天安 龍院里 1호석곽, 羅州 新村里 9호분 을관, 武寧王陵 등에서 확인된다.

羅州 新村里 9號墳 乙棺 출토 鳳凰文環頭大刀[116]는 金銅冠, 冠帽, 金銅製 귀걸이, 金銅고리, 동제팔찌, 金銅飾履 등과 공반 출토되었다.[117] 이 環頭大刀는 鐵製環頭에 銀이 감싸이고 고리 안쪽에는 刻目文, 環頭 안에 冠毛와 귀가 달린 鳳凰 머리로 裝飾되었다. 鳳의 머리는 鍍金으로 成形修飾하고 冠毛는 金銅이다. 칼자루는 銀板으로 노끈 감듯 돌렸고, 그 양 끝은 은판을 감싸 마무리하였다.[118]

天安 龍院里 1號槨 출토 龍鳳文環頭大刀는 금동으로 환과 용봉을 주조 제작하였고, 柄頭金具 초구금구는 은판으로 감쌌다.

武寧王陵 출토 金銅龍文環頭大刀(도 33, 길이 82cm, 環 지름 7cm)는 王의 좌측에 놓여 있던 것으로서 칼자루 부분은 비교적 잘 남아

---

114) 국립문화재연구소, 『羅州 伏岩里 3號墳』, 2001. 伏巖里 3호분에서는 96호분석실묘에서 금은장 3엽환두도, 제 5호 석실에서 규도대도 제 7호 석실에서 규도대도와 금은장 귀면문 3환두대도가 출토되었다. 그 중 금은장 3엽환두도가 출토된 96호 석실은 5세기 후엽~6세기 초, 5호석실은 6세기 전엽, 7호석실은 6세기 후엽~7세기 초로 비정하고 있다.
115) 국립문화재연구소, 『羅州 伏岩里 3號墳(본문)』, 2001, 438~439쪽.
116) 국립광주박물관, 『羅州潘南面古墳群綜合調査報告書』, 1988.
117) 국립광주박물관, 『羅州潘南面古墳群綜合調査報告書』, 1988.
118) 국립광주박물관, 『羅州潘南面古墳群綜合調査報告書』, 1988, 101쪽.

있으나 칼집은 썩어 거의 남아 있지 않고 金·銀裝飾만 남아 있다.

環頭는 鑄造하고 표면에 아말감 鍍金하였는데 印刻技法으로 비늘무늬를 시문하였다. 손잡이의 양단에는 4개의 龜甲文과 그 內區에 鳳凰이 透彫된 銀製筒形金具를 씌웠다. 그 표면을 보면 볼륨이 있어 板狀에서 透彫한 것으로 보기는 어렵고 鑄造 후 뒷면을 따냈을 가능성이 있다. 실제로 扶蘇山 출토 靑銅製 香爐 뚜껑[119]의 경우에도 透彫된 뒷면에 鑄造痕이 남아 있다. 봉황의 눈은

〈도 33〉 금동용문 환두대도

管形의 도구로 찍어 多利作 은제팔찌와 같은 기법이 사용되고 있음을 볼 수 있다.

이러한 용봉문 環頭大刀는 문양에 있어서는 봉(황)문-용봉문-용문으로 변해가며, 금구장식은 素文-쌍룡문-龜甲鳳文으로, 장식기법은 은상감-금동으로 발전한다. 한국에서 출토된 용(봉)문 環頭大刀는 20여 점 중 百濟지역 4점 그 외에 낙동강 동안지역의 창녕 1점, 경주 3점, 그리고 낙동강 서안 지역에서 12점이 출토되었다.[120]

龍의 변화는 武寧王陵, 창녕 교동 10호분, 호우총 출토품은 單龍, 창녕 교동·옥천은 龍鳳, 飾履총과 옥전 M3호분의 것은 무령왕릉 대도와 마찬가지로 환두 내부와 고리부분에 용문양이 장식되어 있다.[121]

이들 환두대도는 모두 5~6세기에 집중되는데 5세기 중·후반부터는 고령, 합천, 창녕, 羅州 등 가야지역과 영산강유역까지 확산되어

119) 국립부여박물관, 「국립부여박물관」, 1993.
120) 국립대구박물관, 「한국의 문양-龍」, 2003, 38쪽.
121) 국립대구박물관, 「한국의 문양-龍」, 2003, 38쪽.

백제금속공예고찰

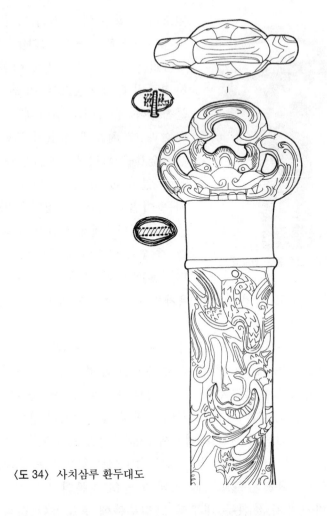

〈도 34〉 사치삼루 환두대도

지배자의 것으로 추정되는 무덤에서 주로 발견된다. 이러한 확산은
이 대도의 소장자가 남성[122]이라는 점과, 지배자급의 무덤에서 출토
된다는 점, 지방의 주요 거점지역에서 출토된다는 점, 신라지역의 경
우 百濟-신라를 잇는 산청-합천-창녕지방에 집중되어 있다는 점 등에
서 중앙에서 지방으로 하사된 위세품적 성격이 강하다고 본다.

122) 국립경주박물관, 『新羅黃金』, 2001, 214쪽.

이 밖에 羅州 伏巖里 출토 獅齒三累環頭大刀 (도 34, 길이 84cm)[123]는 세 개의 고리로 연결된 環頭 안에 이를 드러낸 사자와 같은 怪獸의 얼굴을 양면에 표현하고 있다. 이 괴수는 뿔, 눈, 앞니와 송곳니 등이 표현되어 있다. 전형적인 귀면의 얼굴과는 다르지만 귀면과 같은 벽사의 기능을 지닌 것으로 생각된다. 일본에서는 이 문양을 獅嚙文이라 하고, 이 大刀를 獅嚙環式 環頭大刀라고 하는데 東日本에 편중되어 30점이 출토되었다. 6세기 후반에서 7세기의 짧은 시간에 유행하였다. 이 대도의 제작지 또는 계통은 百濟로 보는 것이 타당하다.[124]

또 다른 장식대도로 주목되는 것이 圭刀大刀 (도 35)이다. 羅州 伏巖里 제 5 · 7호 석실에서 각 1점씩 2점 출토되었다. 圭刀大刀는 일본 고분시대 장식대도의 한 형식으로서 일본지역에서 90여 점이 출토되었다.

<도 35> 규도대도

이 대도는 원래 圓頭大刀의 제작과정에서 파생된 것으로 6세기 말에서 7세기 전반까지 제한된 시기에 성행하였다. 柄頭의 제작 방법에 따라 I : 覆輪式, II : 1매의 얇은 판을 一周시켜 합쳐 만든 것, III : 주조하여 만든 것으로 크게 분류된다.

5호석실 출토 대도는 I식으로 일본에서는 주로 九州지방에서 출토된다. 유사한 예로는 횡혈식 석실분인 日本 大阪府 三日市 10호분 출토품이 있다.

7호석실 출토 대도는 II식에 속하며 비교되는 예로는 전방후원분

---

123) 국립문화재연구소, 『羅州 伏岩里 3號墳』, 2001 ; 국립공주박물관, 『百濟 斯馬王』, 2001, 44 · 45쪽 도판 66.
124) 국립문화재연구소, 『羅州 伏岩里 3號墳』, 2001.

백제금속공예고찰

인 埼玉縣 小見眞觀寺古墳 출토품이 있다. 이 규도대도는 영산강 유역에 자리잡은 대표적 신흥세력인 伏巖里 집단에게 공헌되었을 가능성이 매우 높다.[125]

裝飾刀子로서 武寧王陵 출토품 4점은 다양한 금공기술과 뛰어난 장식성이 구사되어 있는 대표적인 장식도자이다. 이 밖에 百濟지역 출토품으로는 羅州 伏巖里 3호분 6·7·14호 석실 출토 金銀裝刀子, 羅州 新村里 9號 乙棺 출토 銀裝刀子 등이 있다. 이들은 金銅飾履, 冠飾 등과 함께 출토되었으며, 威勢品 성격이 강하다. 신라에서는 황남대총 남분, 대구 달서 37호분, 창녕 계성고분 출토품 등이 있다.[126]

(2) 銅鏡

韓國의 銅鏡은 청동기시대부터 제작되기 시작하였다. 그 계통은 粗文鏡, 細文鏡 두 계통이 있는데, 조문경계통은 扶餘 蓮花里, 大田 槐亭洞, 牙山 南城里, 그리고 평양, 성천 등에서 나온 것이 있고, 細文鏡 계통은 靈岩, 和順 등지에서 출토되었다. 조문경이 먼저 나타나고 그 뒤를 이어 세문경이 나온 것으로 보인다. 철기시대 이후 한나라 계통의 거울이 출토되며, 한경을 본떠 만든 방제경도 함께 나온다.[127] 百濟의 銅鏡은 이른 시기의 것으로서는 천안 화성리 출토 방제경(지름 4.3cm)[128], 하남 미사동 한 1호묘 출토 방제경(도 36, 지름 7.1cm)[129] 등 漢式鏡 계통으로서 중국 문화의 영향이 감지된다.

중국 동경의 본격적인 수입 내지 영향하에 제작된 것으로는 熊津期 武寧王陵에서 출토된 3면의 동경, 공산성 출토 동경 등이 있다.

---

125) 국립문화재연구소, 『羅州 伏岩里 3號墳(본문)』, 2001, 439~441쪽.
126) 국립공주박물관, 『百濟 斯麻王』, 2001, 49쪽 ; 국립경주박물관, 『新羅黃金』 2001, 226·227쪽 도판 291~296.
127) 국립문화재연구소, 『고고학사전』, 2001.
128) 국립중앙박물관, 『百濟』, 1999, 34쪽 도 54.
129) 국립중앙박물관, 『百濟』, 1999, 3쪽 도판 9.

〈도 36〉 방제경

　武寧王陵에서는 方格規矩神獸文鏡, 宜子孫獸帶鏡, 獸帶鏡 등이 출토되었다. 그 중 方格規矩神獸文鏡(지름 23.2.cm)은 더욱 귀중품으로 취급되었는지 나무상자에 넣어 부장되었다.[130] 失蠟法으로 鑄造되었다. 內區의 문양은 TLV(半字間)形이 있는 後漢代에 유행한 方格規矩鏡을 본떴는데, 漢式鏡의 倣製를 넘어 새로운 별개의 문양을 첨가하여 두 갈래진 槍을 든 인물, 질주하는 네 마리의 동물문양 등이 浮彫된 점이 독특하다. 여기에 부조된 神人은 槍을 겨누어 사냥하는 모습인데 下體에만 역삼각형의 단순한 하의만을 걸친 半裸身이며, 맨발에 머리는 상투를 틀었다. 이 신인의 풍모에서는 남방적인 색채를 농후하게 느낄 수 있다.[131] 製作地는 중국일 가능성도 있으나 문양의 채용에 있어서의 새로운 요소, 당시 百濟의 기술 수준 등을 고려할 때 속단하기 힘들다.

　武寧王陵 출토품에서 보이는 方格規矩鏡은 한국에서 5~6세기 초에 나타나는데, 경주 황남대총 출토품은 鳥文이 든 方格規矩鳥文鏡이며, 金海 大成洞 23호분 출토품은 四神이 들어 있는 方格規矩四神

130) 文化財管理局, 『武寧王陵 發掘調査報告書』, 1973, 36쪽.
131) 文化財管理局, 『武寧王陵 發掘調査報告書』, 1973, 37쪽.

백제금속공예고찰

〈도 37〉 의자손수대경

〈도 38〉 의자손수대경

鏡이다.

宜子孫獸帶鏡(도 37, 지름 23.2cm)은 武寧王陵 출토 3面의 거울 중 가장 큰 것으로 王의 머리부분에서 背文部를 위로 하여 출토되었 다.[132] 이 銅鏡은 중국의 漢魏時代에 製作된 同式의 거울과 內區의 文 樣帶 구성 등에서 유사한 수법이 관찰되고 있다. 그러나 外區의 文樣 에 보이는 旋轉하는 唐草鳥形文 등의 문양은 오히려 中國 六朝時代 의 특징을 잘 나타내며 六朝末에서 시작하여 隋唐時代에 성행된 葡 萄鏡의 外帶와 비슷한 점이 있어 復古鏡으로 판단되고 있다. 이와 같 은 同范鏡으로서 日本 觀音塚古墳 出土 銅鏡(도 38)과 滋賀縣 三上 山下古墳에서 출토된 동경은 百濟에서 전해졌을 가능성이 매우 높아 韓日間의 문화교류 측면에서 주목된다.[133]

獸帶鏡(지름 18.1cm)은 王妃의 冠飾 아래에 일부 걸쳐 背文部를 위 로 향해 놓여 있었다.[134] 문양이 얕고, 잘 보이지 않는 면이 있어 다시 되부어 낸 再鑄鏡으로 생각된다. 원래 獸帶鏡의 製作은 중국의 漢代 에서부터 시작된 것으로 알려지고 있다. 이 獸帶鏡은 古式인 漢式鏡 에서 볼 수 있는 細線式의 계통에 속하는 것이다. 그러나 문양이 정 교하지 못하고 描線이 굵어졌으며, 神獸의 형태가 조잡한 형태로 변 해있는 점 등에서 시대적인 차이를 보이고 있다.[135]

扶餘 下黃里 출토 圓圈規炬鏡은 중앙의 원뉴를 중심으로 내구 사방 에 T자형 장식과 소형 원뉴를 두고 그 사이 사이에 渦文을 배치하였 다. 그 둘레에는 세선문대와 三角緣文을 배치한 한식경으로서 주조 상태가 매우 양호하다. 이 같은 원권규거와문경은 後漢 前期로 비정 되는 洛陽燒溝漢墓 25號墳과 廣州 5028號 塼室墓鏡 등 중국지역에 서 출토된 것과 낙랑지역인 평양 (2점), 일본지역 (1점)에서 출토된

132) 文化財管理局, 『武寧王陵 發掘調查報告書』, 1973, 36쪽.
133) 桶口隆康, 「武寧王陵出土鏡と七子鏡」, 『史林』 55-4, 1972, 13쪽.
    국립공주박물관, 『百濟 斯麻王』, 2001, 107쪽.
134) 文化財管理局, 『武寧王陵 發掘調查報告書』, 1973, 35쪽.
135) 文化財管理局, 『武寧王陵 發掘調查報告書』, 1973, 35쪽.

것이 있다. 이들 銅鏡들과 비교하여 하황리 鏡은 燒溝漢墓와 비슷하거나 약간 늦은 시기인 後漢 中期무렵으로 보는 것이 적절하다고 본다.[136]

(3) 佛敎工藝品

백제에 불교가 전래된 것은 沈流王 원년(384)이다. 이에 따라 신앙생활에 필요한 신앙대상물인 불상과 공양구 등도 금속으로 제작되었을 것이다. 그러나 뚝섬 출토 금동여래좌상과 같이 초기양식을 보이는 불상 등 극히 일부를 제외하고는 웅진기까지도 현존하는 유물은 극히 드문 형편이다.

泗沘期에는 불교문화가 융성하여 많은 사찰들이 창건되었다. 지금도 크고 작은 사찰지가 전하고 있는데 그 대표적인 것으로는 정림사지, 미륵사지, 왕홍사지, 금강사지, 부소산 사지, 군수리 폐사지, 그리고 최근 百濟金銅大香爐가 발굴된 陵山里 寺址(일명 陵寺) 등이 있다. 이들 사찰이 운영되기 위해서는 신앙생활에 필요한 불상과 불구들이 제작되었으리라는 것을 쉽게 추정할 수 있다.

대표적인 것으로는 국보 83호 반가사유상[137], 陵山里 寺址 출토 百濟金銅大香爐, 鏤金製品, 金銅光背片, 風磬板 등[138]과 규암출토 금동관음보살입상[139], 군수리 사지 출토 금동여래입상[140], 부소산 사지 출토 청동제 향로뚜껑[141], 扶蘇山城 동문지 출토 金銅光背, 금성산 건물지와 그 주변에서 출토된 청동제 탑신, 금동불입상[142], 부여 신리유적

---

135) 文化財管理局,「武寧王陵 發掘調査報告書」, 1973, 35쪽.
136) 성정용, 남궁승,「益山 蓮洞里 盤龍鏡과 馬韓의 對外交涉」,「考古學誌」第 12輯, 한국고고미술연구소, 2001.
137) 강우방,「金銅三山冠思惟像」,「圓融과 調和」, 1990, 101~123쪽. 국립부여박물관,「국립부여박물관」, 1993, 73쪽.
138) 국립부여박물관,「陵寺」, 2000.
139) 국립부여박물관,「국립부여박물관」, 1997, 69쪽.
140) 국립부여박물관,「국립부여박물관」, 1997, 80쪽.
141) 국립부여박물관,「국립부여박물관」, 1997, 90쪽.

츨토 금동불상[143], 부소
산 출토 鄭智遠銘 金銅
三尊佛立像[144], 예산 교
촌리 출토 금동보살입
상[145], 서산 용현리 출토
금동불입상[146], 益山 彌
勒寺址 出土 金銅製風
鐸[147] 등이 많은 금속품
이 있다.

百濟佛像들은 그 표
정이 온화하고 부드러
우며 세련된 조형성[148]
을 그 특징으로 한다.
이들에서 보듯 표정 하
나 하나와 옷주름 표현

〈도 39〉 금동 광배편

까지 세련되게 주물한 점에서 뛰어난 미적 감각과 함께 百濟 金屬工
藝品의 기술 수준을 짐작할 수 있다.

표정이 표현된 불상뿐만 아니라 다른 주조물에서도 당시의 金屬工
藝의 양상을 살필 수 있는데, 그 중 하나가 陵山里 寺址에 출토된 金
銅光背片(도 39, 현재 높이 39.4cm)이다. 이 광배 彫刻은 일부만 남
아 있지만 본래의 규모는 반경 60cm에 이르는 초대형의 작품이었을
것으로 짐작되며[149] 세부적인 문양이 생동감 있고 자연스럽다.

142) 국립부여박물관, 『국립부여박물관』, 1997, 91쪽.
143) 국립부여박물관, 『국립부여박물관』, 1997, 93~94쪽.
144) 국립부여박물관, 『국립부여박물관』, 1997, 95쪽.
145) 국립부여박물관, 『국립부여박물관』, 1997, 96쪽.
146) 국립부여박물관, 『국립부여박물관』, 1997, 102쪽.
147) 원광대학교, 『圓光大學校博物館圖錄』, 1984, 14쪽.
148) 국립부여박물관, 『국립부여박물관』, 1997, 181쪽.
149) 국립중앙박물관, 『金銅龍鳳蓬萊山香爐』, 1994, 16쪽 ; 국립부여박물관, 『백제금
동대향로와 창왕명사리감』, 1994, 34쪽.

백제금속공예고찰

〈도 40〉 금동풍탁

  益山 彌勒寺址 出土 金銅風鐸(도 40)의 외형은 범종과 흡사하다. 정상부에 원형의 고리가 있고, 상대와 하대, 유곽, 당좌가 표현되어 있다. 당좌의 표현은 원형 내구 주위로 8엽 단판의 연화문을 간략히 배치한 구조로써 풍탁의 용도상 아무 필요가 없는 당좌를 장식하고 있는 점을 볼 수 있다. 이는 제작시기에 대한 연구 검토가 필요하지만 범종의 형태를 그대로 모방한 것으로서 삼국시대 범종이 남아 있지 않은 현 시점에서 당시 범종의 양식적 특징을 규명해 볼 수 있는 귀중한 자료로 평가된다.[150] 이 시기에 있어 주목되는 금공품의 하나는 扶蘇山城 동문지 출토 金銅光背(도 41)[151]이다. 이 光背는 두 장의

---

150) 최응천, 「百濟金屬工藝의 樣相과 特性」, 『百濟의 彫刻과 美術』, 1991, 272~273쪽.
151) 김용민, 「扶蘇山城 東門址 出土 金銅光背」, 『美術資料』 제 57집, 국립중앙박물관, 1996.6, 200~209쪽.
  또한 이 광배는 평양 대성구역출토 금동투조장식(직경 4.1m 일부 결실)의 문양기법에서 유사성을 보이고 있는데 부소산 출토 광배가 보다 크고 정교하다.

〈도 41〉 금동광배

원형판을 리벳형식으로 결합시킨 것으로 지름 12.7cm, 원판 두께 각 0.9mm이다. 앞 판에만 문양이 있어 뒷면은 문양이 없는 또 다른 金銅板을 덧대 리벳팅 시켰다. 이 광배에서도 볼 수 있듯 透彫技法, 點線彫技法, 毛彫技法, 魚子文技法, 打出技法 등이 웅진기보다도 더욱 원숙한 솜씨로 발휘되어 있다. 또한 側面에서 보면 線刻으로 透彫된 蓮瓣을 살짝 들어올려 묘미를 더했다.

한편, 陵山里 절터에서는 여러 점의 母子 방울(도 42)[152]이 발견되었다. 파손품 중에는 접합부위가 드러난 것들이 있는데, 두개를 서로 물려 접합했던 것으로 보인다.

(4) 百濟金銅大香爐[153]

百濟金銅大香爐(도 43, 전체 높이 64cm, 최대지름 19cm)는 1993년

---

152) 국립부여박물관, 『陵寺』, 2000, 도판 132-4~17.
153) 국립중앙박물관, 『金銅龍鳳蓬萊山香爐』, 1994 ; 국립부여박물관, 『국립부여박물관』, 1997, 72~73쪽 ; 국립부여박물관, 『陵寺』, 2000.

백제금속공예고찰

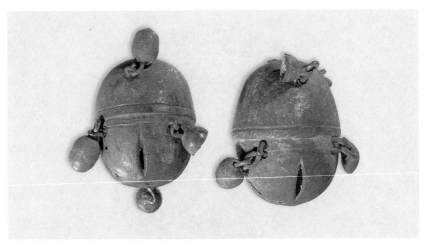

〈도 42〉 모자 방울

〈도 43〉 백제금동대향로

扶餘 陵山里 절터 제3건물터에서 출토되었다. 제작방법은 鑄造 후 아말감 鍍金하였다.

향로는 크게 받침과 몸체 그리고 뚜껑(뚜껑, 꼭지)으로 구성되어 있다. 받침과 몸체를 그리고 뚜껑과 꼭지를 끼워 결합시키었다.

받침은 승천할 듯 용트림하는 용(높이 22cm)이 연꽃으로 둘러싸인 향로를 받들어 힘차게 치켜 올리고 있다. 용은 들어 올린 한 다리와 발톱들, 곧추세운 목으로 인해 더욱 긴장을 더한다. 여기에서 받들어진 연화향로는 용의 입에서 뿜어져 나오는 氣로 인해 화생하는 연꽃과도 같다.

몸통은 용이 있는 세상과는 차원이 바뀐 또 다른 세상을 암시한다. 연꽃이 불교적 세계를 나타낸다면 이곳은 바로 불교의 이상향이다.

날개가 달린 물고기, 사슴 등 26마리의 상서로운 짐승들과 인물은 상서로운 곳으로서 이미지를 더한다.

이 향로에서 가장 핵심이 되는 곳은 뚜껑이다. 이곳은 산으로 표현된 이상향의 세계와 봉황으로 표현된 天界로 크게 나뉜다.

寶珠를 밟고 곧추선 두발과, 한껏 내민 가슴, 활짝 편 날개, 여의주를 목에 끼고 아래로 내려 보는 얼굴, 치켜 올린 눈 꼬리가 끝으로 살짝 내려온 봉황의 눈에서 세상의 굽어보는 聖者의 위엄과 인자함이 느껴진다.

봉황으로 상징되는 천계의 아래는 봉황을 응시하는 5마리의 작은 봉황과 5인의 악사가 천계와 이상향의 세계를 구분하는데, 여기에서 5마리의 봉황은 천계를 지향하고 받들며[154], 5인의 樂士는 천상의 음악을 아래로 내린다.

뚜껑에 표현된 이상향의 세계는 바로 천계의 연속이다. 한 마리의 봉황, 5마리의 작은 봉황, 5인의 악사에서 연결되는 산의 숫자에서도 이곳이 천계와 이상세계를 연결하는 통로임을 보여준다. 5의 5배수인 25개의 山[155]은 이 곳 이상향의 세계가 천상계로부터 확대되어 나간 것임을 암시한다.

그 아래로 펼쳐진 산중에는 11인의 신선과 상상의 짐승들과 호랑이, 사슴, 코끼리, 원숭이 등 세상에 실재하는 동물 등 39마리의 동물이 함께 살고 있다.

한편, 향로의 기능은 향을 피워 올리는데 있다. 향은 뚜껑에 있는 산의 뒤쪽으로 뚫려 있는 구멍과 봉황의 가슴에 난 2개의 구멍을 통해 빠져 나갈 수 있도록 되어 있다. 산 뒤쪽의 구멍은 2단으로서 한

---

154) 그 자세들이 마치 어버이를 바라보는 자식들처럼 위로 향하고 있다. 천계의 봉황 바로 앞쪽 것만이 조는 듯 고개를 숙인 자세이다. 이 봉황은 큰 봉황의 앞부분을 가리지 않고 않기 위한 조형상의 배려로 보인다.

155) 지금까지 산의 수를 봉우리 수에 의거 74개로 파악하여 왔으나 필자는 산을 봉우리 수에 따라 파악하기보다. 봉우리들이 합쳐져 한 덩어리로 이루어진 것을 하나의 산으로 보는 것이 정확하다고 본다.

줄에 5개씩 뚫려 있다. 똑같은 크기의 복제품으로 향을 피워 보니 봉황의 가슴과 상단 5개의 구멍을 통해 향의 연기가 빠져 나가고 있어, 아랫단은 공기가 유입되는 역할을 하는 것으로 추측할 수 있었다.

향로의 구성원리는 용과 봉황으로 상징되는 음양의 세계이다. 그리고 5의 숫자와 연관된 5명의 악사, 5마리의 새, 5의 배수인 5개의 산으로 펼쳐진 이상향의 세계이다. 그런 면에서 이 향로의 구성원리에는 음양과 오행의 원리가 들어있다고 본다.[156]

이 향로는 百濟 武寧王陵 出土 銅托銀盞의 문양 요소와도 통하는데[157] 은잔 뚜껑에 표현된 산과 동물과 봉황, 잔에 표현된 용과 인동당초문 등은 향로의 문양 요소들과 같은 맥락으로 파악된다. 이러한 점에서 중국에서 도입된 불교와 신성사상 등이 이 향로에서 百濟적인 융합 형태로 표출된 것으로 생각된다.

(5) 기타 裝飾金具

한편 국립부여박물관 소장 靑銅製 鬼面(22.0×20.4cm, 扶餘 1782)[158]은 1966년 8월 扶餘 舊敎里에서 출토된 것이다. 큰 눈과 치켜 올라간 눈썹, 옆으로 퍼진 큼직한 코, 볼록한 볼과 앞니 사이의 헛바닥 등에서 귀면이면서도 무서움이란 찾기 힘들다. 외연부가 안으로 접힌 점과 표면의 구멍 등으로 보아 지붕의 隅棟끝에 대어 장식한 것으로 보여 당시 건축의 장식성과 金屬工藝品의 다양한 쓰임새를 확인할 수 있다.

한편 청동제 귀면의 해학성은 扶餘 恩山 金剛寺址 출토 靑銅製 獸脚(높이 8.5cm, 폭 3.4cm)에서도 볼 수 있는데 불거진 눈망울과 뭉

---

156) 받침의 용과 연화로 둘러싸인 향로는 불교적 세계관인 蓮華化生의 표현으로 본다. (국립중앙박물관, 『金銅龍鳳蓬萊山香爐』, 特別展示圖錄, 1994 ; 조용중, 『中國 博山香爐에 관한 考察』上·下, 1994).
157) 국립중앙박물관, 『金銅龍鳳蓬萊山香爐』, 1994.
158) 국립부여박물관, 『국립부여박물관』, 1997, 186쪽.

특한 코, 굳게 다물어 이빨까지 묘사한 얼굴은 돼지의 모습처럼 보이지만 팽팽한 근육과 긴 꼬리 등으로 미루어 사자를 해학적으로 표현한 것으로 믿어진다.[159] 이러한 감각적인 표현은 불상의 온화한 표정과 마찬가지로 미적인 감각과 백제인들 속에 흐르는 정서의 일면이라고 여겨진다.

(6) 各種 容器

(가) 靑銅製 鐎斗 · 熨斗

① 靑銅製 鐎斗

風納洞 出土 靑銅製鐎斗(도 44)[160]는 일제시대에 서울 강동구 풍납토성에서 발견 신고된 유물이다. 鐎斗란 "청동으로 3개의 다리와 손잡이를 만들어 붙인 북두칠성 모양의 용기로서 용량은 1斗이고 취사나 음식을 데우는데 사용된다."라고 『太平御覽』에 쓰여 있다. 초두의 형태는 三獸脚龍首柄으로서 몸체는 둥글고 납작하며 구연부가 넓게 전을 형성하며 밖으로 바라졌다. 몸체에 등간격으로 3개의 다리가 붙어 있다. 다리는 밖으로 벌어지고 끝부분이 말발굽 모양이어서 더욱 안정감을 더한다. 손잡이는 용의 머리를 형상화 하였는데 S자형으로 유연하며, 간결하면서고 미려하다. 용머리의 彫刻이나, 몸체의 비례 등에서 추상적이면서도 역동적이다.

중국에서 이 같은 초두는 西漢末 이후 東晉에 걸쳐 집중적으로 발견되고 있다.[161] 이 초두와 같은 형태의 것이 羊形靑磁와 함께 4세기 초로 추정되는 中國 南京 象山墓 7號墳에서 출토된 적이 있어 이들

---

159) 최응천, 「百濟金屬工藝의 樣相과 特性」, 『百濟의 彫刻과 美術』, 1991, 271쪽.
160) 국립부여박물관, 『扶餘博物館陳列品圖鑑』, 1977, 도판 119.
161) 박순발, 「漢城百濟의 中央과 地方」, 『百濟의 中央과 地方』, 제8회 百濟연구 국제학술대회, 충남대학교百濟연구소, 1996.10.11.

<도 44> 청동제 초두

유물과 출토유적의 연대 역시 이 시기에서 크게 차이나지 않을 것으로 본다.

百濟지역에서는 이같이 용머리 형상 표현의 손잡이를 지닌 초두가 원주 법천리 古墳 1호분 등에서도 출토되었다. 이러한 초두는 4~5세기대에 중국에서 수입되어 중국 청자 등과 함께 지방의 유력가에게 위세품으로 주어진 것으로 보인다.

이러한 유물을 통하여 볼 때 4세기경부터 百濟와 중국 東晋과의 활발한 교류가 이루어졌으며, 아울러 발달된 중국 南朝文化의 본격적인 수용과 동시에 金屬工藝 기술도 함께 전래되었을 가능성을 시사해 준다.[162]

② 靑銅製 熨斗(다리미)

청동제 다리미는 武寧王陵 출토품(길이 49cm)이 있다. 王妃의 飾履 밑에 깔린 木棺 側板의 밑에서 發見되었다.[163] 세수 대야와 같은 넓은 전이 경사지게 身部에 달려있으며 또한 이 넓은 전에 연이어 긴 손잡이를 別鑄하여 接合하였다. 경사진 넓은 전에는 6條의 陰刻線이 周回되어 있다.

손잡이 上面은 平面이나 下面은 半圓形이며 이와 연결된 몸체 외면

---

162) 최응천, 「百濟金屬工藝의 樣相과 特性」, 『百濟의 彫刻과 藝術』, 公州大學敎 博物館, 1991, 256쪽.
163) 文化財管理局, 『武寧王陵 發掘調査報告書』, 1973, 40쪽.

은 1단의 턱이 져서 반 이상을 약간 두껍게 만들어 열을 받고 지속시키는데 효과적으로 조치한 듯하다. 鑄物 제작되었고, 이와 유사한 형태가 南朝의 南京 梅家山 六朝墓, 河北 平山 齊崔昂墓에서도 발견된 예가 있다.[164]

(나) 武寧王陵 出土 그릇과 匙箸

武寧王陵에서는 다른 百濟 古墳에서는 찾아보기 힘들 만큼 많은 금속제 그릇이 출토되었다. 銅托銀盞, 靑銅鉢(口徑 17.0cm), 靑銅盞 5점, 靑銅盌 3점(6.2~7.3cm), 靑銅製 접시형 容器 3개(지름 13.0~14.7cm), 靑銅製 수저 3개, 청동제 젓가락 2쌍, 靑銅製 다리미 등이 그것이다.

① 銅托銀盞(도 45, 높이 15.0cm)

이 銅托銀盞은 臺와 盞 그리고 뚜껑 세부분으로 이루어져 있다. 재질은 뚜껑과 잔은 銀이며 盞臺는 黃銅이다. 출토 당시에 왕비의 머리부 남쪽 목침 가까이에 놓여 있었다.[165]

盞 뚜껑은 주조 후 표면을 가질하여 다듬었다. 여기에 葉脈을 표현한 單瓣蓮花 8葉을 돌렸으며 그 사이 사이에는 間瓣을 배치하고 앙련의 연봉형 꼭지를 박았다. 연봉과 8판 연화의 사이에는 금판을 투각한 8판의 연판을 끼워 금빛과 은빛의 조화를 꾀했다. 잔 뚜껑의 하단 부에는 三山, 水禽 등을 모조기법으로 선각하였다. 이 山은 중앙에서 음각선대가 높이 솟아 三山形을 이루고 있고 산 밑에는 나무와,

---

164) 屠思華외, 「南京梅家山六朝墓淸理記略」, 『文物參考資料』, 1956年-第4期, 文物出版社, 17쪽 圖15.
河北省博物館文物管理處, 「河北平山齊崔昂墓調查報告」, 『文物』 第11期, 1973, 36쪽 圖14.
165) 文化財管理局, 『武寧王陵 發掘調査報告書』, 1973, 38쪽.

〈도 45〉 동탁은잔

山上에는 蓮蕾가 음각 되어 있다. 산과 산 사이의 계곡에는 水波위에 봉황이 각 1마리씩이 날고 있다. 이와 같은 형태나 풍경화적 묘사는 泗沘都邑期의 山景文塼이나 百濟金銅大香爐에서도 보이는 것이다. 또한 盞과 盞 뚜껑에 표현한 蓮花의 양식은 高句麗의 三室塚, 通溝 12號墳, 長川 1號墳, 내리 1號墳 등 벽화古墳에서 나타나는 연화양식과도 유사성이 있다.

盞은 높은 굽이 달린 형태로 굽이 잔대 받침 속으로 들어가 있다. 표면의 문양은 口緣에서 3.3cm폭의 陰刻 細線橫帶를 돌린 아래에 子房을 갖춘 8葉의 單瓣蓮花와 各 花瓣마다 5~6줄의 고사리 문양과 같은 꽃술을 毛彫技法으로 새겼다. 굽은 원통형태로서 따로 잔에 은땜으로 접합시켰다. 잔의 내면에 보면 接合面의 평면성 확보를 위해 망치로 두드린 자국이 보이고 있다.

盞臺는 황동재질의 鑄造品이다. 낮고 넓은 굽을 갖춘 접시형으로서 중앙에 잔을 받치는 높은 턱이 있다. 이 굽을 중심으로 16葉의 單瓣蓮花를 그리고 각 蓮瓣 내에는 잔에서 표현한 것과 같은 고사리 문양과 같은 2條씩의 꽃술을 毛彫技法으로 線刻하였다. 무늬의 구성상 盞臺나 굽은 子房에 해당되며 盞臺의 外周緣線과 연판 외곽의 細線帶 間地에는 陰刻細線으로 사슴, 용, 새, 연화 등의 瑞鳥와 瑞獸를 선

〈도 46〉 녹유탁잔

각하였다. 그 중 용의 비늘은 배부분에 點線彫技法으로 점각하여 나타내었다.

이 탁잔은 중국의 六朝風의 양식과도 관련이 있으며, 皇龍寺 木塔址 舍利孔에서 발견된 은판의 水禽 표현법과 盞 뚜껑에 표현한 水禽 표현과도 유사하다. 녹유로도 제작된 것(도 46)이 나주 복암리 1호분에서 출토 되었으며, 보물 제453호로 지정된 국립중앙박물관 소장 綠釉托盞과도 동일한 형식이다. 盞에 비해 넓은 잔대를 갖추고 있는 형식은 중국 한대에서부터 계속하여 전해 내려오며 유행하였던 博山爐의 承盤과도 통하는 형식이다.[166]

　② 靑銅盞(높이 4.7cm)

武寧王陵에서 靑銅盞은 5개가 출토되었는데, 盞의 形態와 크기도 거의 같다.[167] 모두 주조품이다. 그 중 1점은 주조 후 표면에 문양을 새겼다. 그 문양은 외면에 蓮文을 배치하였고, 내면 바닥에 腹部를 마주 대고 있는 雙魚文과 蓮文이 毛彫技法으로 線刻되었다. 중국 고

---

166) 公州大 百濟文化硏究所, 『百濟武寧王陵』, 1991, 285~288쪽.
167) 文化財管理局, 『武寧王陵 發掘調査報告書』, 1973, 39쪽.

백제금속공예 고찰

대의 동경이나 器面에 雙魚文이 있는 예들이 있어 이들로부터 영향을 받은 것으로 생각된다.[168]

③ 靑銅製 匙箸 (도 47, 수저 길이 18. 2~20.4cm)

〈도 47〉 청동제 시저

무령왕릉 羨道入口 가까이에 있는 靑銅製盌 옆 바닥에서 3개가 발견되었다. 匙形態는 손잡이 끝단이 넓게 벌어진 형태이고 匙面은 大形의 杏仁形이다. 형태는 손잡이 끝단으로 갈수록 넓어지며 表面에 縱으로 3條의 隆起線을 부챗살형으로 돌렸고 匙面에는 그 周緣에 음각세선을 돌렸다. 2個의 靑銅匙도 같은 형태이나 隆起線이 약하다. 돌기선 등으로 보아 이 수저들은 대부분의 수저들이 鍛造 製作되는 것에 비해 鑄造되었다.

三國時代 匙의 발견 例는 청주 신봉동 출토 청동제 수저(길이 18.4cm, 鍛造品)[169], 금관총 出土 金銅製匙 1個와 銀匙 3個가 있으나 이것들은 匙面이 圓形이고 손잡이가 긴 것이 특징이다.[170]

168) 公州大 百濟文化研究所, 『百濟武寧王陵』, 1991, 283쪽.
169) 百濟文化開發研究院, 『百濟彫刻·工藝圖錄』, 1992, 270쪽 도판 342.
170) 公州大 百濟文化研究所, 『百濟武寧王陵』, 1991, 280쪽.

青銅製 젓가락은 2쌍(길이 19.5, 21.2cm)이 발견되었는데 형태는 둥글고 길다. 이 중 1쌍은 상부에 고리로 연결되었는데 고리는 땜으로 연결하였다.

한편 扶餘 官北里 百濟 王宮址에서 출토된 청동제 숟가락(도 48, 길이 23.6cm)은 타원형의 시면에 단면 원형의 긴 자루가 달린 형태이다. 자루의 끝에 막 피어날 듯한 꽃봉오리가 장식되어 百濟의 세련된 조형감각을 보여준다.

이들 수저와 젓가락은 삼국시대에 百濟왕실에서 수저와 젓가락을 사용하는 식생활이 일반화되어 있었다는 것을 보여주는 것으로, 식생활의 수준과 문화양상을 여실히 보여준다.

〈도 48〉 청동제 숟가락

3. 百濟 金屬工藝의 展開 樣相

이 장에서는 百濟 금속공예품이 어떻게 시작되고 발전되어 갔는지 확인하여 보고자 한다. 먼저, 청동기시대의 전통 위에서 새로운 재료로서 금과 은이 사용된 세공기술이 어떻게 변화되어 갔는지 고찰하고자 한다. 이어 금속이 다방면에 걸친 공예품 제작에 사용되는 양상을 현재 확인할 수 있는, 주로 고분에서 출토된 유물을 통하여 확인하여 보고자 한다.

1) 金屬工藝의 傳統繼承과 細工의 始作

百濟의 金屬工藝品은 靑銅器時代 金屬工藝 技術을 바탕으로 하여

발전하였다. 특히 百濟가 자리 잡은 지역은 扶餘 松菊里, 大田 槐亭洞, 禮山 東西里, 牙山 南城里, 和順 大谷里 등에서 보듯 우수한 청동기가 많이 출토된 지역으로서 풍부한 경험과 기술을 소유하고 있던 지역이었다. 따라서 百濟의 金屬工藝는 제작기술과 조형감각에서 탄탄한 배경을 지니고 있었다 하겠다.

뿐만 아니라 百濟는 주변국과의 부단한 교류를 통하여 선진 문화를 수용하고, 전해주기도 하는 등 국제적인 문화교류도 활발히 전개하였다. 따라서 금속공예에 있어서도 그 교류상이 잘 드러나 있다.

(1) 傳統의 繼承과 發展

百濟 初期 金屬工藝의 모습을 살필 수 있는 것들로서 天安 淸堂洞 출토 馬形帶鉤[171] · 청원 송대리 출토 銅鐸[172] · 청주 봉명동 출토 銅鐸[173] 등을 들 수 있다.

天安 청당동 출토 마형대구는 말의 엉덩이가 들리고, 꼬리가 치켜져 있어 약동하는 말의 형상이 잘 표현되어 있다. 갈기는 密集單斜線, 목덜미는 突起點, 障泥부분은 斜格字文으로 처리되었다. 이러한 무늬들은 한국의 청동기에서 어렵지 않게 발견되고 있어 그 전통이 이어졌다고 본다.

청주 봉명동 출토 동탁(높이 6.8cm)은 고리와 몸체가 하나로 주조되었는데, 그 표면에 '大吉'이란 명문이 있고 그 양 옆으로 각 1쌍(2개) 5줄의 원형 돌기, 방형 테두리가 돌려 있다. 청원 송대리 출토 동탁(도 49, 높이 6.3cm)[174]의 사격자문은 청당동 대구의 세부표현과도 통하고 있다.

---

171) 국립중앙박물관, 『百濟』, 1999, 도판 22.
172) 국립중앙박물관, 『百濟』, 1999, 도판 19.
173) 국립중앙박물관, 『百濟』, 1999, 도판 22.
174) 국립중앙박물관, 『百濟』, 1999, 17쪽 도판 23.

〈도 49〉 동탁

이외에 중국 영향을 받은 漢式鏡 계통의 방제경이 제작되었는데, 천안 화성리 출토 방제경, 하남 미사동 한 1호묘 출토 방제경(도 36) 등이 그 것이다.

여기에서 보듯 백제 초기의 금속공예품은 고유한 청동기의 전통 위에서 중국에서 들어 온 새로운 공예문화의 영향을 받으면서 점차 발전하여 나갔다고 생각된다.

(2) 金・銀製品 細工의 새로운 시작

金屬細工의 본격적인 시작은 金과 銀이 재료로서 사용되는 데에서 찾을 수 있다. 百濟의 도읍이었던 서울 石村洞 出土 金工品에서 처음 확인되는데, 그 시기는 3～4세기경으로 보인다.

石村洞 1호분에서 출토된 소형 은제품(도 50, 길이 4.1cm)[175]은 요즘의 귀이개 같이 생긴 것으로서 다른 기술 없이 銀을 鍛造하여 제작하였다. 百濟 초기 금속 세공의 시원을 알리는 유물이다.

그 뒤를 이어 서울 石村洞 3號墳 출토 金製瓔珞(3점), 그 주변에서 나온 金製垂下飾・金銅製 細環耳飾[176]들은 금세공의 처음 모습을 보

---

175) 서울대박물관, 『석촌동 1・2호분』, 1989, 사진 12・13.

백제금속공예고찰

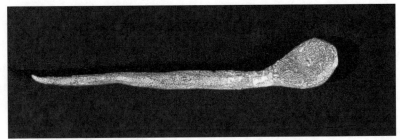

〈도 50〉 소형 은제품

이는 것들이다.(도 9) 金製瓔珞(영락 지름 0.8cm)[177]은 薄板의 圓形 平板에 金線을 꿴 단순한 형태로서 高句麗壁畵古墳의 하나인 平壤驛 前 二室墳 出土 유물 중에도 유사한 例가 있어[178] 高句麗문화와의 교류를 보여준다. 石村洞 3·4號墳은 中國 吉林省 墓子村, 平北 慈城郡 慈城江 下流域, 時中郡 禿魯江 流域의 고구려 基壇式積石塚과 같은 구조와 형식이 같고, 金製영락도 유사하여 百濟 초기의 금속공예의 시원은 고구려에서도 영향을 받았을 것으로 추정된다.

이러한 재료상의 변화에 따라 기존의 동제품 제작에 알맞는 鑄造術 이외에 새로운 제작기법이 필요하게 되었다. 이에 따라 세공기법에서는 鍛造技法, 引拔技法, 點線彫技法, 그리고 리벳기법 등 단순하고 초보적인 技法과 금속의 표면을 장식하기 위한 鍍金技法이 나타났다.

그러나 金屬工藝品 재료의 主가 되는 금·은과 같은 귀금속이 널리 사용되지 못하여 아직까지 초보적인 단계에서 벗어나지 못하였다. 高句麗, 중국과의 교류를 통하여 보다 선진화된 金屬工藝의 기술과 새로운 경향을 도입함으로써 발전의 토대를 마련하였다.

---

176) 국립중앙박물관, 『百濟』, 1999, 33쪽 도판 52.
177) 서울大學校博物館, 『石村洞 積石塚 發掘調査報告』, 1975, 7쪽 및 도판 6-3 ; 서울大學校博物館, 『石村洞3號墳東쪽古墳群整理調査報告』, 1986, 14쪽 및 도면 3-②, 도판 8-③.
178) 서울大學校博物館, 『石村洞 積石塚 發掘調査報告』, 1975, 87쪽.

2) 百濟 金屬工藝의 發展

3~4세기의 발달선상에서 4~5세기 대에는 彫金術이 보다 활발하게 발휘되었다. 天安 화성리, 原州 法泉里, 羅州 潘南面 大安里·新村里, 益山 笠店里, 羅州 伏巖里, 淸州 신봉동, 天安 龍院里, 公州 水村里 등 전국 각지에서 발견되는 금속공예품은 공예문화의 확산양상을 잘 보여주고 있다.

이들 지방의 古墳에서 출토된 金銅冠, 環頭大刀, 飾履 등에서도 확인되듯 中央文化와 밀접한 관련을 가지고 있었던 점도 주목된다.[179]

日本 石上神宮 소장 七支刀, 天安 화성리 고분 출토 環頭大刀 등에 보이는 은입사기법은 이 시기 공예기술이 상당한 수준에 올랐음을 입증한다.

羅州 新村里古墳群 출토 유물들은 5세기 초엽에는 點線彫技法이 능란하게 사용되었고 透彫技法이 더욱 발전하였음을 보여준다. 環頭大刀 자루의 魚鱗文 표현에 쓰인 印刻技法, 瓔珞 제작에 쓰인 押出技法과 新村里 金銅冠의 嵌玉技法, 리벳을 이용한 接合法 등은 이 시기에 새로 등장된 기법이다. 羅州 新村里 9號 乙棺 出土 金屬工藝品은 5세기 초엽 무렵 끌을 이용한 彫金術이 金屬工藝品 제작의 주된 기법으로 크게 확산되고·있는 양상을 보여준다.

또한 益山 笠店里, 羅州 伏巖里 출토 金工品들의 기법을 살펴볼 때 이들 유물에서는 新村里 유물에 보이던 技法들이 보다 능숙하게 발휘되고 있음을 확인할 수 있다. 點線彫技法, 魚鱗文의 印刻技法 등 끌을 이용한 彫金術의 대부분과 초보적인 땜기법이 사용되었다.

이러한 5세기대의 彫金術을 바탕으로 하여 熊津都邑期에 이르러서는 보다 발전된 毛彫技法이나 鏤金細工技法, 땜技法 등이 주류를 이루면서 武寧王陵 出土品과 같은 우수한 金工品이 製作될 수 있었다.

---

179) 이남석, 『百濟 石室墳 硏究』, 學硏文化社, 1995, 492~493쪽

또한 각지에서 발견되는 청동제 초두, 양형청자 등의 중국제품으로 볼 때 百濟는 이미 중국과 활발하게 교류하였다는 사실을 확인할 수 있다. 이러한 교류의 과정에서 보다 발달된 중국 南朝文化가 본격적으로 수용되고 金屬工藝의 기술도 영향을 받았을 것으로 여겨진다.

3) 百濟 金屬工藝의 隆盛

百濟 문화를 가장 잘 보여주는 것은 武寧王陵 출토 유물들이다. 武寧王陵은 1971년 公州 송산리 고분군내에서 완전한 형태로 발견되었다. 여기에서 출토된 100여 종 3000여 점의 유물은 百濟 문화의 수준을 여실히 보여주었다.

武寧王陵 출토 유물 중에서도 특히 금속공예품이 차지하는 비중이 가장 높으며, 이를 통하여 百濟 금속공예를 파악하는데 결정적인 단서를 제공하고 있다.

武寧王陵 出土品에서 보면 특히 鏤金細工技法[180]이 주목된다. 이 기법은 지금까지 金工技法의 주종을 이룬 끌을 이용한 細工技術이 한 차원 높게 발전하여 강한 불을 이용하는 단계로 접어들었음을 보여주고 있는 것이다. 王·王妃의 金製耳飾[181] 3쌍을 비롯하여 鏤金 金製小珠[182], 각종 金帽[183], 龍鳳文環頭大刀[184], 裝刀[185] 등 10여 종 200여 점이 넘는 유물에서 이 기법을 확인할 수 있다.

鏤金細工技法에서 보듯 강한 火力을 낼 수 있는 방법은 接合術에 있어서도 변화를 가져왔다. 武寧王陵 出土 金製耳飾(王, 王妃)[186]의

---

180) 鏤金細工技法은 金屬의 작은 알갱이나 細線을 金屬 표면에 붙여 독특한 패턴과 질감을 만드는 技法으로 線을 이용하는 細線細工과, 알갱이를 이용하는 粒金細工으로 나뉘는데 前者는 필리그리(Filigree), 後者를 그래뉼레이션(Granulation)으로 부른다.
181) 文化財管理局,『武寧王陵 發掘調査 報告書』, 1973, 21쪽, 28~29쪽.
182) 文化財管理局,『武寧王陵 發掘調査 報告書』, 1973, 32쪽.
183) 文化財管理局,『武寧王陵 發掘調査 報告書』, 1973, 32쪽.
184) 文化財管理局,『武寧王陵 發掘調査 報告書』, 1973, 23쪽.
185) 文化財管理局,『武寧王陵 發掘調査 報告書』, 1973, 30~31쪽.

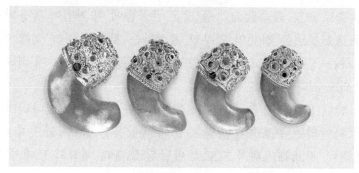

〈도 51〉 금모곡옥

耳環部, 각종 金帽(도 51)[187], 環頭大刀[188], 裝刀[189], 銅托銀盞[190]의 굽 등을 살펴보면 금땜이나 은땜을 이용한 접합술이 원숙하게 활용되고 있는 것을 볼 수 있다.

또한 銀製腰佩[191], 銅托銀盞, 銀製팔찌('多利'作)[192], 金製뒤꽂이[193] 등에 보이는 毛彫技法도 주목된다. 그 중 銅托銀盞의 문양은 그림을 그리듯 생동감 있고 유려하게 표현되었다. 이러한 毛彫技法은 금속 을 파내는데 필요한 鋼鐵 끌의 발달이 뒷받침 되어야 한다. 熊津都邑 期에 제작된 鐵製品을 조사 분석한 결과에 따르면 炒鋼法을 이용한 鐵의 대량생산, 鍛造技術을 이용한 高炭素鋼材의 제작, 그리고 불에 달궈 단조한 후 水燒入하는 등 다양한 방법 등이 보이고 있어 당시의 기술수준이 상당히 높았음을 알 수 있다.[194]

모조기법에 쓰이는 도구와 기법은 透彫技法의 발달과 맥을 같이 한 다. 武寧王陵에서 出土된 金製冠飾[195], 飾履[196], 腰佩[197], 公州 宋山里 1

186) 文化財管理局, 『武寧王陵 發掘調査 報告書』, 1973, 21쪽, 28~29쪽.
187) 文化財管理局, 『武寧王陵 發掘調査 報告書』, 1973, 32쪽.
188) 文化財管理局, 『武寧王陵 發掘調査 報告書』, 1973, 23쪽.
189) 文化財管理局, 『武寧王陵 發掘調査 報告書』, 1973, 30~31쪽.
190) 文化財管理局, 『武寧王陵 發掘調査 報告書』, 1973, 36~38쪽.
191) 文化財管理局, 『武寧王陵 發掘調査 報告書』, 1973, 22~23쪽.
192) 文化財管理局, 『武寧王陵 發掘調査 報告書』, 1973, 29~30쪽.
193) 文化財管理局, 『武寧王陵 發掘調査 報告書』, 1973, 20~21쪽.
194) 고려대 생산기술연구소, 『百濟의 鐵製工程과 技術發展』, 1985.
195) 文化財管理局, 『武寧王陵 發掘調査 報告書』, 1973, 18~20쪽, 27~28쪽.

백제금속공예고찰

號墳 출토 銀製 銙帶裝飾[198] 등 많은 금공품에 이 기법이 활용되었다. 이들 透彫技法은 전체의 일부만 透彫하는 것이 아니라 文樣 전체를 透彫하는 경향을 띠고 있어 문양구성에서 볼 때 앞 시기에 비해 크게 부각되고 있다.

이 밖에 環頭大刀[199], 銅製容器類[200], 銅托銀盞, 靑銅製다리미[201] 등에서 확인되듯 주조술이 상당 수준에 올랐음을 알 수 있으며 이러한 鑄造術이 泗沘都邑期의 고도로 발달된 鑄造品 제작의 토대가 된 것으로 본다.

武寧王陵 金屬工藝品에서 보듯 끌을 이용한 彫金術이 완성되고, 더 나아가 불의 이용한 세공기술이 극대화되고 주조술이 발달하여 보다 세련되고 정교하며 다양한 문양과 형태를 지닌 공예품과 제작이 가능하였다.

이러한 기술적인 발전은 내부적인 百濟 금공문화의 전통위에서 中國 南朝에서 직접 수입된 武寧王陵 出土 陶磁器[202], 五銖錢[203] 등에서 보듯 中國 南朝와의 교류를 통한 자극이 중요 요인으로 작용하였다고 생각된다.

4) 百濟 金屬工藝의 絶頂

武寧王陵 金屬工藝에서 확인되는 웅진기에 축적된 金工技術은 泗沘都邑期(539~660)에 이르러 더욱 다양하고 발달된 형태로 나타나 크게 융성한다. 그 대표적인 것은 陵山里 建物址와 扶餘 陵山里

---

196) 文化財管理局,「武寧王陵 發掘調査 報告書」, 1973, 23쪽, 31쪽.
197) 文化財管理局,「武寧王陵 發掘調査 報告書」, 1973, 21쪽.
198) 朝鮮總督府,「昭和二年度古蹟調査報告」제12冊.
199) 文化財管理局,「武寧王陵 發掘調査 報告書」, 1973, 23쪽.
200) 文化財管理局,「武寧王陵 發掘調査 報告書」, 1973, 37~39쪽.
201) 文化財管理局,「武寧王陵 發掘調査 報告書」, 1973, 40~41쪽.
202) 文化財管理局,「武寧王陵 發掘調査 報告書」, 1973, 43~44쪽.
203) 文化財管理局,「武寧王陵 發掘調査 報告書」, 1973, 41쪽.

古墳, 扶蘇山城 등에서 출토된 금공품이다.

鑄造品으로는 능산리 건물지 출토 百濟金銅大香爐, 金銅光背片을 비롯하여 扶餘 陵山里 中下塚 出土 棺裝金具[204], 益山 雙陵 出土 金銅透彫金具[205], 연산 표정리출토 靑銅말방울(사진 62)[206] 扶蘇山城 出土 金銅日傘투겁[207] 彌勒寺址 출토 金銅風鐸(원광대 소장)[208], 國立光州博物館 소장 영암출토 鬼面裝飾[209] 등 다양하다.

또한 누금세공에 있어서도 보다 정밀해졌다. 扶餘 陵山里 寺址 출토 鏤金裝飾, 球形裝飾, 扶餘 咸陽里 出土 金頭銀身簪[210] 등에서 보듯 金粒의 크기가 더욱 작아졌고, 웅진기 누금세공품에서 일부 바탕금속이 녹았던 미숙함에서 벗어나 완숙한 경지를 보이는 등 웅진기의 누금세공 기술에서 한걸음 더 나아갔다.

정을 이용한 세공기술도 좀 더 다양해져 扶蘇山城 東門址 出土 金銅光背(도 39)에서도 확인되듯 熊津期 武寧王陵 出土 金工品 등에 사용되던 각종 金工技法이 자유자재로 발휘되고 있다.

사비도읍기는 百濟金銅大香爐, 金銅彌勒菩薩半跏像(국보 83호) 등 한국 역사상 백미로 꼽히는 걸작들이 제작된 시기였다. 대형 주조물이 어렵지 않게 제작되었고, 비단 크기만 커졌을 뿐만 아니라 세부적으로 세련되게 정교해졌다. 또한 장신구와 용품들이 다양해지고, 탁월한 조형감각이 발휘되었다. 요컨대, 이 시기 삼국시대 금속공예사상 최고의 경지를 구가한 절정기라 할 수 있다.

204) 국립부여박물관, 『국립부여박물관』, 1993, 43쪽.
205) 百濟文化開發研究院, 『百濟彫刻 · 工藝圖錄』, 1992, 218쪽 도판 256.
206) 국립부여박물관, 『국립부여박물관』, 1993, 46쪽.
207) 국립부여박물관, 『국립부여박물관』, 1993, 52쪽.
208) 百濟文化開發研究院, 『百濟彫刻 · 工藝圖錄』, 1992, 119쪽.
209) 국립광주박물관, 『국립광주박물관』, 1990, 도판 98.
210) 국립부여박물관, 『국립부여박물관』, 1993, 58쪽 ; 百濟文化開發研究院, 『百濟彫刻 · 工藝圖錄』, 1992, 141쪽 도판 106.

4. 百濟 金屬工藝品에 나타난 情神世界

1) 呪術과 僻邪

金屬工藝品의 문양으로는 마형대구, 거울 등에서 보듯 전통적으로 내려오는 단순형태의 幾何文이 많다. 이러한 문양형태는 청동기시대 이래로 계속 사용된 문양으로서 치장과 동시에 주술적인 의미를 내포하고 있다고 본다.

한편 武寧王의 요패장식 문양으로 쓰인 鬼面文(도 52)은 원래 중국에서 들어 온 문양이다. 그 기원은 은나라 이후 중국의 청동기에 유행한 도철문과 서역에서 들어 온 사자문이 합해져 이루어진 것으로 중국 한대에 그 전형이 완성되었다. 韓國에서는 특히 벽사의 의미와 관련하여 기와에 많이 사용되었는데, 통구지방에서 高句麗의 귀면문 와당에서 빠른 예를 찾을 수 있으며, 統一新羅시대에는 귀면문 기와로서 크게 유행하였다.

百濟지역에서는 얼굴만 있는 귀면, 전신이 표현된 귀형의 형태로 나타나는데, 귀면형태는 伏巖里 출토 三累環頭大刀에 獅嚙形(도 34)으로 등장하며, 전형적인 형태로는 武寧王 銀製腰佩를 비롯 扶餘 舊敎里 출토 청동귀면, 부여 가탑리 출토 방형 서까래기와 등에서 찾을 수 있다. 鬼形은 百濟金銅大香爐의 뚜껑, 규암 외리 출토 문양전(8종) 중 2종의 鬼形文塼 등에서 그 예를 볼 수 있다.

이것으로 보아 百濟地域에 귀면문이 유입된 시기는 웅진기로 보인다. 또한 그 의미는 벽사의 상징으로 사용되었음을 알 수 있다.

2) 權威와 神聖

百濟의 정신세계를 가늠해 볼 수 있는 것으로, 전통적인 문양의 하나는 용봉문이다. 왕과 지방유력자의 위세품 들인 羅州 新村里, 天安

<도 52> 귀면문

龍院里, 武寧王陵 출토 環頭大刀, 부소산 출토 용두형 장식 등과 益山 笠店里 출토 金銅製 관모의 봉황문 등은 용과 봉황의 상징성을 빌어 소유자의 권위와 신성함을 나타내고자 했던 것으로 해석된다.

한편 주목되는 하나는 龜甲文[211]이다. 이 문양이 채용된 百濟의 유물은 伏巖里 飾履·武寧王陵 飾履·環頭大刀·발받침 등이다.

문양의 시원은 이집트의 피라미드에서 처음 보이며, 육각형의 각 結節點과 內區에 문양이 들어가는 특징이 있다. 서아시아지방-실크로드(비단길)-중국을 통해 5세기경에 고대 韓國으로 유입되어 대형 古墳의 권위 상징 물품에 많이 채용되었다.[212]

高句麗의 경우 5세기대의 天王地神塚이나 이보다 좀 늦은 시기인 龜甲塚의 古墳벽화에 측시형의 연화와 함께 귀갑문이 등장한다.

新羅지역의 귀갑문 유물로는 5세기대의 유적인 皇南大塚 北墳에서 출토된 銀杯, 5세기 후반으로 추정되는 飾履塚의 금동飾履 등이 있

---

211) 귀갑문은 2종류로 분류하는데 하나는 거북 등껍질 무늬고 또 하나는 육각형의 연결무늬로서 서로 계통을 달리한다.(국립문화재연구소, 『고고학사전』, 2001). 韓國에서 이 문양들이 서로 융합되는 것은 통일신라시대 이후로써 귀부의 등껍질 무늬에서 확인되듯 귀갑문안에 화문이 들어가는 양상을 띤다.
212) 문화재연구소, 『고고학사전』, 2001.

백제금속공예고찰

다. 飾履총의 것은 귀갑문과 禽獸文을 주요 모티브로 하여 정교하게 제작한 것으로 귀갑문의 대표적인 예로 손꼽히고 있다. 또한 天馬塚에서는 말안장에 귀갑문이 시문되어 있다. 이보다 늦은 시기인 보문리 부부총 출토 태환이식은 정교한 누금세공으로 귀갑문 내부에 작은 화문을 배치하고 있다.

가야의 귀갑문으로는 武寧王陵 環頭大刀와 같은 계열인 池山洞 39호분 출토의 대도와, 大邱 內唐洞 55호분 출토의 말안장에도 나타나고 있다.[213]

百濟에서는 伏巖里 3호분 96호석실 출토 飾履, 武寧王陵 출토 環頭大刀, 飾履, 베게(왕, 왕비) 등에서 발견된다.

伏巖里 3號墳 96號石室[214] 출토 飾履에서 보면 笠店里·新村里 출토 飾履의 능형문 내구의 화문에는 변화가 없지만 菱形文은 龜甲文으로 바뀌고 있다. 이는 귀갑문의 도입에 따라 능형문이 귀갑문으로 대체하여 사용되었다고 생각된다. 이러한 면에서 볼 때 百濟의 龜甲文 도입 시기는 5세기 후엽으로 볼 수 있다.

귀갑문이 채용된 것으로는 伏巖里 3호분 96석실 출토 飾履에서부터 武寧王陵의 環頭大刀, 왕과 왕비의 飾履, 왕과 왕비의 두침(도 53)과 왕의 발받침 등에 다양하게 쓰이고 있다. 武寧王陵 출토 유물의 귀갑문은 그 결절점과 내구에 화문이 채용되고 있어 伏巖里 飾履의 연장선상에 있다고 본다. 飾履의 내구에는 花文 이외에 봉황문도 들어 있는데, 이는 중국을 통해 들어 온 사산조페르시아 예술의 영향으로 보인다.

요컨데, 百濟에서의 귀갑문은 伏巖里 飾履의 시기인 5세기 후반에

---

213) 문화재연구소, 『고고학사전』, 2001.
214) 伏巖里 3호분 96석실은 5세기 후엽에 축조된 것으로 판단되므로 百濟의 남진시기와 연결될 수 있겠지만 구조적인 면에서 百濟 중앙석실묘와 구분되므로 약간 앞선 시기의 益山 笠店里, 羅州 新村里 9호분 등의 피장자와 마찬가지로 지방에서 배타적인 지위와 성격을 유지할 수 있었던 마지막 단계의 재지세력가의 무덤으로 축조되었다고 할 수 있을 것이다.(국립문화재연구소, 『羅州 伏岩里 3號墳(본문)』, 2001, 445쪽).

〈도 53〉 두침

처음 도입되어 웅진기의 6세기 초반 武寧王 시기에 크게 쓰이다가 왕비의 飾履와 베게가 제작되는 무렵에 結節點 장식이 없어지는 등 전형에서 벗어나 토착화의 길을 걸었다고 생각된다. 웅진기 이후 百濟의 귀갑문은 좀처럼 보이지 않으나 新羅ㆍ가야지역에서는 많은 예가 보인다.

3) 佛教思想

한편, 羅州 新村里 고분출토 금동관모, 법천리 4호분 출토 청동뚜껑 (도 54) 등에서 보듯 불교의 상징적인 무늬인 연화문을 찾을 수 있다. 그러나 이 시기 金屬工藝品에서는 아직까지 불교적인 색채는 그리 강하지 않다.

웅진기에 이르러 武寧王陵代에는 사상적으로 불교문화가 그 중심에 있었다고 믿어진다. 금속공예품에서 보면 왕권의 상징이라 할 수 있는 冠飾의 도안이 불상의 광배 등에서 장식으로 쓰이는 화염문과 연화문 위주라는 사실과 특히 왕비의 冠飾이 연화좌에 안치된 연꽃 꽂힌 병이라는 점 등을 주목케 된다.

〈도 54〉 청동 뚜껑

또한 각종의 화형장식·金製 뒤꽂이·飾履의 연화문들은 武寧王陵 전체를 장엄하던 연화문 벽돌이나, 百濟 瓦當의 연화문와도 상통하는 百濟다운 연화문이다. 단순히 웅진기 武寧王과 왕비의 金屬工藝品만 보더라도 불교는 머리에서 발끝까지 그리고 생전에서 사후까지를 포괄하고 있었다는 것을 알 수 있다.

이러한 바탕 위에서 사비도읍기에는 불교사상이 사회 전체를 지배하는 최고의 이데올로기로서 작용하였다고 생각된다. 백제 금동대향로, 금동광배(능산리 부소산출토), 국보 83호 반가사유상 등 최고의 기술과 세련된 미감이 발휘된 뛰어난 금속공예품에는 백제 불교문화의 이러한 모습이 그대로 녹아있다고 보여진다.

4) 神仙思想과 道敎思想

금속공예품에서 보더라도 백제의 정신세계가 불교 일색인 것은 아니다. 무령왕릉 출토 동탁은잔에는 산과 그 위를 뛰노는 사슴과 봉황으로 보이는 서조 등이 음각되어 있다. 이러한 무늬들은 신선사상의 배경하에서 나온 것으로 武寧王陵 지석에 보이는 도교적인 요소와 긴밀한 연관을 맺고 있다. 또한 산악의 숭배는 하늘과 산천에 제사하는 것이 백제의 고유 전통이었다는 점에서 신선사상과도 서로 통하고 있다고 볼 수 있다.

이렇게 탁잔에서 보듯 신선사상과 불교 신앙이 함께 자연스럽게 융화되어 있다고 볼 수 있다. 이와 같은 양상은 陵山里 寺址에서 출토된 百濟金銅大香爐에서 더욱 확연히 드러난다. 향로를 살펴보면, 그 구성원리는 용과 봉황으로 상징되는 음양의 세계이다. 여기에 용과 연꽃으로 표현된 연화화생의 사상과 5의 숫자와 연관된 5명의 악사, 5마리의 새, 5의 5배수인 25개의 산으로 펼쳐진 이상향의 세계를 모티브로 하고 있다. 이 향로가 한 눈에 보여주듯 百濟 금속공예품에는 불교문화와 신선사상, 도교문화 등 다양한 사상과 문화가 자연스럽게 융합되어 있다고 본다.

5) 金屬工藝品에 나타난 精神世界의 變化

百濟의 초기 금속공예품에는 幾何文에서 보듯 전통적인 자연관이 그대로 투영되어 있다고 판단된다. 益山 笠店里 金銅冠帽의 연화문에서 보듯 불교사상이 서서히 반영되고 있으나 금동관은 草花文이라는 점에서 아직까지 불교적인 색채는 그리 강하지 않았다고 보여진다. 그러나 고유의 전통이 강하게 내재된 바탕 위에서 笠店里 飾履와 伏巖里 飾履의 변화과정, 즉 능형문에서 귀갑문으로 대체된 것에서 확인되듯 전통적인 고유의 사상이 점차 외래 요소를 수용하여 나간 것으로 확인된다.

武寧王陵이 축조된 웅진도읍기에는 왕권의 상징이라 할 수 있는 冠飾의 도안이 불상의 광배 등에서 장식으로 쓰이는 화염문과 연화문 위주라는 사실과 특히 왕비의 冠飾이 연화좌에 안치된 연꽃 꽂힌 병이라는 점에서 불교문화가 그 중심에 있었다고 믿어진다. 이와 함께 武寧王陵 출토 동탁은잔에서 불교와 신선사상, 도교사상 등이 융합된 양상이 나타나고 있다고 본다. 한편으로 하늘과 산천에 제사하는 것이 오래부터 내려온 고유 전통이었다는 점에서 신선사상은 서로 통하고 있다고 볼 수 있다.

사비도읍기는 웅진도읍기의 연장선상에 있으며, 이러한 복합적인 양상이 보다 명확히 드러나고 있다. 불교문화가 중심인 가운데 백제 금동대향로에서 보듯 신선사상과 도교문화, 산악숭배사상 등이 서로 융합된 양상을 띠는 것이 금속공예품에서 확인되는 백제인의 정신세계라고 결론을 내릴 수 있다.

5. 맺음말

이상에서 百濟 金屬工藝 전반을 살펴보았다. 百濟의 金屬工藝品은 다양한 용도로 사용되어 관, 관장식, 耳飾, 경식, 팔찌와 지환, 과대, 飾履 등 몸의 전신을 장식하는 가장 중요한 장신구로 이용되었다. 그 밖에도 신앙대상물인 불상을 비롯하여, 각종의 장엄구와 일상 용기에 이르기까지 생활 전반에 걸쳐 두루 이용되었다.

한성기의 공예품 중 마형대구, 거울 등에서 보듯 전통적으로 내려오는 단순형태의 기하문이 많으며 치장과 동시에 주술적인 의미로 생각되고 있다.

외래계의 문화 유입을 잘 보여주는 것이 용봉문, 귀갑문과 귀면문이다. 용봉문은 다른 문양보다 일찍이 수용된 것으로서 왕실과 지방 유력자의 위세품에 채용되어 있다. 新村里, 龍院里 출토 環頭大刀, 武寧王陵의 環頭大刀 飾履 등에 보이며, 笠店里 출토 金銅製 관모에는 봉황문이 새겨져 있다. 권위를 상징하는 것으로 여겨진다.

귀갑문의 경우 羅州 伏巖里 飾履 · 武寧王陵 飾履 · 環頭大刀 · 발받침 등에서 확인된다. 이 문양은 중국 남조를 통해 百濟에 수용된 것으로 보인다. 飾履에 나타난 문양변화로 볼 때 笠店里 飾履의 菱形文에서 伏巖里 飾履의 龜甲文으로 대체된 시기인 5세기 후반에 도입된 것으로 생각된다. 나아가 육각형의 결절점과 그 내구에 문양에 있는 龜甲文의 전형이 파괴된 武寧王妃의 飾履의 제작시기인 520년대 후반이 토착화 시기로 판단된다.

또 하나의 무늬로 鬼面文은 벽사의 의미를 지닌 것으로 武寧王陵의 요패에서 보이며, 泗沘期의 귀면문와당, 청동귀면장식, 百濟金銅大香爐 등과 규암 외리 출토 鬼形文에서 확인된다. 웅진기에 중국 남조를 통해 들어와 泗沘期 이후 많이 쓰인 문양으로 판단된다.

불교적인 문양으로서 대표적인 연화문은 新村里 금동관모, 법천리 4호분 출토 청동뚜껑 등에서 한성기의 양상을 일부나마 확인 할 수 있다. 그러나 본격적인 연화문의 사용은 웅진기와 泗沘期이다. 武寧王陵을 보면 金製冠飾을 비롯하여 화형장식에 이르기까지 연화문이 도안의 주된 모티브로 자리 잡고 있다.

연화문의 광범위한 사용은 당시의 사회의 불교문화를 대변하는 것으로 웅진기 이후 百濟는 불교가 크게 융성하였다는 사실을 여실히 보여주고 있다.

한편 武寧王陵 출토 銅托銀盞, 百濟金銅大香爐에서 보듯 蓮花와 神山들과 상상의 동물들이 복합되어 나타난다. 이것은 불교문화와 전통신앙과, 신선사상, 도교문화 등이 百濟의 정신세계 속에 다양하고 풍부하게 형성되어 있었음을 상징적으로 보여주는 것이라 하겠다.

百濟의 金屬工藝品 제작기법을 살펴보면 다음과 같다. 재료로는 청동기시대부터 내려온 구리를 비롯하여, 금과 은이 사용되었다. 특히 金은 최고의 金屬工藝 재료로서 冠飾, 귀걸이, 목걸이, 팔찌 등 장신구로 이용되었고, 동이나 은에 금을 입힌 것들도 같이 제작되어 금의 효과를 내기 위한 노력이 있었다. 이러한 재질의 변화는 공예기술에도 차이가 발생하였다. 구리와 같이 재료가 보다 풍부한 것은 대형 공예품 제작에 많이 이용되었고, 제작방법 또한 주물이 많이 이용되었다. 금이나 은의 경우에는 주로 끌과 함께 강력한 불을 이용한 세공기술이 사용되었다.

百濟의 금속공예 제작기법 변천을 보면 먼저, 3~4세기 대에는 청동 외에 금과 은이 새롭게 공예재료로 사용되었다. 이에 따라 주물 위주의 제작기법이 작은 크기의 공예품 제작 특성에 맞추어 정을 이용한 細工術이 나타났다.

이 시기에는 풍납토성 출토 청동초두, 석촌동 3호분출토 金製瓔珞 등에서 보듯 中國 東晉과 高句麗의 영향이 있었던 것으로 보이고 있다.

5세기 대에는 百濟의 중앙과 연계된 지방 세력의 부장품 즉 原州 法泉里, 天安 龍院里, 羅州 新村里, 益山 笠店里, 羅州 伏巖里, 公州 水村里 古墳 등의 출토품에서 보듯 點線彫技法, 印刻技法, 透彫技法 등 彫金術이 본격적으로 발전되기 시작하였다. 또한 嵌玉하거나, 銀箔을 제작하거나 하는 단순히 손기술을 이용한 수공이 자리 잡았다. 장신구, 環頭大刀 등 위세품이 金屬工藝品의 중요부분을 차지하였다.

6세기 초의 武寧王陵 金屬工藝品에서는 앞 시기에 싹튼 수공기술이 원숙한 경지에 이르러 그 결과 毛彫技法과 透刻技法이 능란하게 발휘되었다. 그러나 웅진기에 있어 보다 주목되는 것은 鏤金細工技法이었다.

이 기법은 높고 강력한 불을 이용한 기법으로서, 조금술과는 차원이 다른 기술로서 金製品의 세공에 이용되었다.

이 기법의 사용으로 百濟의 金屬工藝技術이 완성되었다고 해도 과언이 아니다. 같은 맥락에서 웅진기에는 리벳을 이용한 접합술에서 더 나아가 땜 技法이 接合術의 주요기술로 자리 잡았다.

그러나 이 시기 누금세공의 세부를 보면 온도조절이 미숙하여 표면과 금립이 녹은 것이 있는 등 아직 완벽한 경지에 이르지는 못하였다.

泗沘都邑期는 金屬工藝의 최고의 경지에 도달한 시기였다. 百濟金銅大香爐, 半跏思惟像(83호) 등과 같은 鑄造品과 扶蘇山城 東門址 出土 金銅光背, 능산리고분 출토 각종 장식 등 세련되고 높은 품격을 지닌 공예품들이 어렵지 않게 제작되었다. 또한 陵山里 建物址 出土 鏤金裝飾品 등에서 확인되듯 鏤金細工技術이 완벽하게 구사되는 단계에 도달하였다.

　泗沘 期는 韓國 三國時代 金屬工藝史에 있어 최고의 수준을 구사한
절정기였다고 하겠다.

백제금속공예고찰

백제의 고분

■ 이남석

【백제의 고분】

1. 머리말

우리는 주검을 위한 시설을 무덤이라고 부르며, 한자로 "분묘(墳
墓)"라 적을 수 있는데 우리말로 무덤은 한자어에 의해 분묘 혹은 묘
지·고분 등의 여러 가지 이름으로 불리기도 한다. 다만 우리말은 무
덤 외에 별다른 용어를 갖지 못하고, 이외의 용어는 한자어에 다름없
다. 즉 한자로 무덤이란 용어는 다양한 형태로 표현됨을 알 수 있는
데 동일한 무덤이라도 시기와 지역 그리고 묻힌 자에 따라 다르게 사
용하였다는 것을 암시하는 것이기도 하다. 특히 우리는 무덤 중에서
오래된 것을 "고분(古墳)"이라 부르는데, 이는 오히려 우리말로 옛
무덤을 말하는 것이지만, 한문에도 없는 새롭게 만든 단어이기도 하
다. 다만 여기에서 옛날이란 개념이 다소 모호하지만 고분이란 용어
는 오래 전이란 시간을 기점으로 역사성이 부여된 무덤을 말하는 것
이기도 하다. 사실, 고분이란 용어는 학술적 의미가 강하다. 옛날의
무덤 중에서 학술적 가치가 있는 것을 고분으로 부르자는 의견도 있
었고, 이로 보면 고분 자체의 의미는 학술적 측면에서 시작된 것이

백제의 고분

고, 여기에 역사성이 부여되어 고분시대 혹은 고분문화란 용어가 널리 사용되기도 한다.

고분을 비롯한 무덤은 사람이 죽은 다음에 만드는 것으로 시신을 처리하는 시설에 다름 아니다. 그러나 무덤은 여기에 묻힌 자가 누구냐, 즉 신분 혹은 지위에 따라 형태나 내용을 달리하고 있다. 그리고 어떤 시기에 만든 것인가에 따라 존재 형태에도 차이가 있다. 나아가 일반적으로 무덤이라 부르지만 무덤 자체도 어떻게 생겼는가, 무엇으로 만들었는가에 따라 그 내용이 다양하게 구분된다. 즉 무덤이라 하면 땅을 파고 시신을 묻는 것을 말하지만 인류 문화의 다양성에 짝하여 무덤의 형태도 매우 다양하게 존재한다. 나아가 무덤을 만드는 방법은 문화권에 따라 혹은 시대와 지역에 따라 커다란 차이가 있다. 이는 무덤을 만든 사람들의 문화배경·민족성·생활환경 나아가 자연환경의 차이에 따라 각기 다른 형태의 무덤을 만든다. 따라서 무덤의 중요성은 규모의 크고 작음이나, 화려함의 정도에 있는 것이 아니다. 무덤은 각각에 형성된 관습과 환경에 따라 서로 다른 형태의 무덤을 만들기에 규모나 내용에 관계없이 그 중요성이 적지 않다.

본 글은 백제문화 탐색의 중요 자료로 활용되는 백제고분에 대한 개괄적 검토를 위해 마련한 것이다. 백제는 기원전후한 시기 한강유역에 터전을 마련한 다음, 사비에서 나당연합군에 멸망하기까지 한국고대사를 장식한 삼국 중의 하나이다. 그러나 기록의 부족으로 역사의 구체적 서술에 많은 한계를 드러낸다. 때문에 고고학적 방법에 의한 백제사 검토의 비중은 상대적으로 높아가고 있으며, 그 성과 또한 적지 않다. 특히 고분과 같은 복합적 자료는 당대의 정치, 사회, 문화상을 포괄적으로 검토할 수 있는 것이기도 하다. 따라서 이들 고분 현황에 대한 기초적 이해는 백제사의 심층적 분석과 이해를 위해 필수적이라 여겨진다.

따라서 본 글은 백제고분에 대한 종합적 이해를 시도한다는 측면에서 백제고분의 성격을 검토코자 한다. 방법은 백제고분의 정의를 시간 및 공간성에 맞추어 정리하고, 더불어 묘제적 특성을 살펴보겠다. 그런 다음에 각 유형의 묘제를 형식별로 나누어 그 현황을 살피면서 이들을 시간순으로 전개현황을 살핌으로써 다양한 묘제가 어떤 형태로 변화되는가를 살펴보겠다. 다만 여기에 정리되는 내용은 필자가 기왕에 발표한 백제고분 관련 저서 및 논문의 내용을 재정리한 것임을 밝혀 둔다.[1]

2. 백제고분의 특성과 묘제

백제고분은 백제란 고대국가의 등장과 더불어 백제를 구성한 주체였던 백제 사람들에 의해 만들어진 무덤을 일컫는다. 즉 백제 고분으로 취급될 수 있는 자료는 고대국가 백제와 관련된 것이어야 한다. 그러나 우리나라 고대사를 장식하였던 삼국이 고대국가로 성립된 시기를 정확하게 설정하기에는 아직도 적지 않은 혼란이 있다. 특히 한반도 남부지역에서 전개된 고대사회의 실상을 일목요연하게 설명하기는 역부족일 뿐만 아니라 각 정치체가 차지하였던 강역을 분명하게 획정하기도 매우 어렵다. 『삼국사기』 등의 문헌만이 아니라 고고학 자료를 통해서 이 문제를 검토함에 적지 않은 이견이 제시되고 있음도 널리 알려진 사실이다.

이를 위해서는 무엇보다도 먼저 백제라는 정치체의 존속시기와 그 강역에 대한 범위가 명확하게 설정되고, 그에 포함된 무덤을 검토 대상으로 선정하여야 할 것이다. 즉 백제 무덤의 검토를 위해서는 백제라는 고대국가의 시·공간적 위치가 분명하게 설정되어야 할 것이다. 그런데 고대국가 백제의 초기현황에 대해서는 삼한시기 마한의

---

[1] 본고를 작성함에 있어 필자가 기왕에 발표한 (『백제석실분연구』, 학연문화사, 1995 ; 『백제묘제의 연구』, 서경문화사, 2002 ; 『백제의 고분문화』, 서경, 2002) 에 수록된 내용을 토대로 정리한 것임을 밝혀둔다.

소국으로 백제(伯濟)가 존재하였고, 이것이 고대국가 백제(百濟)로 발전하였다던가, 무덤이나 성곽을 토대로 3세기 후반의 어느 시기에 백제라는 국가가 등장하였다는 등의 이해는 마련되어 있다. 그러나 고대국가 백제가 본격적으로 활동하기 이전의 시기를 백제라는 고대국가보다는 오히려 소국단계로 취급하여야 한다던가, 고고학에서는 원삼국기 혹은 철기시대로 구분되고 있음은 초기백제의 범주 설정 및 성격규정에 적지 않은 어려움이 있다는 것을 보여주는 것이다.

공간적 범위도 사정은 마찬가지이다. 잘 알려져 있듯이 백제가 한강유역에 정착한 직후인 초기 백제의 강역은 한강 하류지역 일부를 차지하고 있었던데 불과하다. 오히려 국가성장과 더불어 북쪽 혹은 남쪽으로 영역의 확대가 이루어지는데, 이로 보면 영산강 유역까지의 남부지역을 완전하게 장악하는 것은 상당한 시간이 경과된 후에나 가능했다고 보는 것이 당연할 것이다.

이와 같은 초기 백제에 대한 연구현황을 근거하여 묘제를 검토할 경우 지역이나 시기 설정에 적지 않은 어려움이 있다. 즉 검토대상인 무덤은 물적 자료로 부동적인데 반해서, 백제라는 정치체는 다분히 유동성을 띠고 있어 묘제의 공간이나 시간 범위 설정에 상당한 어려움이 있다는 것이다. 물론 단순하게 보면 백제묘제는 고대국가 백제의 건국과 더불어 백제 사람들이 사용한 묘제에 국한하면 그만이다. 다시 말하면 백제묘제는 건국주체들이 사용한 묘제에 국한되고, 나아가 국가성장과 더불어 백제 지배 하에 완전하게 편입된 지역에, 편입된 시점부터 조영된 묘제를 백제 묘제로 보면 될 것이다. 그러나 묘제라는 물질적 자료를 취급함에 이처럼 협의적 범주에서 개념을 정리하는 것이 과연 타당한가도 의문이 있다.

백제를 건국한 세력이 누구인가 등의 성격을 단언하기는 어렵다. 다만 북쪽에서 이주해 온 주민이 중심이 되어 한강유역에 오랫동안 정주해 온 토착인과 더불어 생활하면서 점진적으로 백제를 발전시켰다고 보는 것이 일반적이다. 때문에 백제라는 고대국가의 초기 환경은 구성세력 자체가 다양하였다고 볼 수 있고, 그에 따른 물질문화도 복합성을 지닌 채 출발하였다고 볼 수 있다.

반면에, 백제가 한강유역에 자리하는 초기에 한강유역 이외의 지역, 즉 지방에는 백제의 도읍지역인 중앙과 무관한 채 나름의 독자적 문화를 영위하는 집단들이 자리하고 있었다고 보아야 한다. 물론 이들도 백제가 보다 발전된 정치체로 성장하면서 그와의 유기적 관련을 맺으면서 존속되었을 것이란 추정도 가능하다. 나아가 백제의 발전이 주변지역 특히 남쪽인 마한지역을 잠식하는 과정으로 본다면, 아직 백제에 완전히 예속되지 않은 집단들이더라도 어떤 형태로든 백제의 영향 하에 있었다고 볼 수 있을 것이다. 물론 백제에 완전히 예속되지 않은 지방사회의 여러 집단사회들은 백제에 편입되기 전까지 독자성을 유지하였을 것이고, 따라서 그들이 사용한 묘제를 백제묘제로 일괄 설명하기는 어려울 것이다. 나아가 본격적으로 백제 세력 하에 편제되었다 하더라도 기왕의 관습적 문화유산도 어느 정도 보유하였을 것이란 추정이 가능하다.

결국, 이러한 현황은 협의적 관점에서 백제묘제를 준별하고, 개념을 정의하기가 매우 어렵다는 것을 알게 한다. 기왕에 알려지거나 검토된 백제묘제에 대한 내용을 종합하여 살펴볼 경우 이러한 문제점이 그대로 드러난다. 즉 초기백제의 묘제와 원삼국의 묘제를 엄격하게 구분하기 어렵다든지, 혹은 영산강 유역의 옹관묘를 마한 묘제로 볼 것인가, 아니면 백제묘제로 다룰 것인가의 문제가 그것이다. 물론 이러한 문제의 배경은 고대국가인 백제의 성장이 점진적으로 이루어졌고, 영역의 확대 또한 점진적으로 진행되면서 확대된 영역을 자기 세력화하는 방식도 다양하였을 것임에도 이에 대한 분명한 설명이 어려운 현실에서 기인한다고 볼 수 있다.

따라서 백제무덤 혹은 묘제의 정의는 보다 광의적 범주에서 이루어질 수밖에 없다. 백제가 건국되어 멸망하기까지의 기간에, 백제가 차지하였던 영역에 존재한 무덤을 일단 백제묘제의 범주에서 다루는

백제의고분

것이 어떨까 한다. 그리고 정치적 역관계를 토대로, 건국주체세력과 관련하여 창출되었을 것으로 볼 수 있는 무덤을 중앙묘제, 반면에 그 와는 무관하게 이전부터 존재하던 무덤을 지방묘제 혹은 토착묘제로 구분하여 본다면 일단 유형에 따른 구분이 가능하지 않을까 생각한다.

한편 무덤과 같은 물질자료의 검토는 기준을 어떻게 마련하는가에 따라 다양한 결과를 가져온다. 여기에 무덤은 전통성이 강하기에 대 대로 전해 내려오는 속성이 그대로 반영됨으로써 시간의 중복과 더 불어 구조자체에 상당한 복합성을 드러낼 수밖에 없다. 때문에 어떤 단일기준을 적용하여 형식화한다거나 해석을 가할 경우 적지 않은 무리가 따르기도 한다. 그러나 무덤도 물질자료인 이상, 일목요연한 이해를 위해 유형화는 필요하며, 이를 위해서는 가장 합리적 분류기 준을 마련할 필요가 있다.

백제묘제의 기본은 토장을 원칙으로 한다. 다만 장제적으로 시신을 직접 묻는가, 이차장적 방식인 골장(骨葬)을 실시하는가, 아니면 화 장 후 유골을 수습하여 묻는 등의 차이가 있을 뿐이다. 유골을 안치 한 시설, 즉 묘제는 시기와 지역에 따라 천차만별한데, 이는 유골을 안치하는 방식과 더불어 이들 유골의 매납 시설이 매우 다양하게 존 재하였던 것에 기인한다. 예컨대 유골의 안치방법에는 지하로 토광 을 파고 직접 묻는 방식 외에 목재로 관 혹은 곽을 시설하거나, 항아 리, 옹 등을 사용하는 경우가 있다. 그리고 매장시설로 석재나 벽돌 등을 사용하여 빈 공간의 묘실을 조성한 다음 여기에 시신을 안치하 는 방식도 있다. 특히 시신을 매납하는 시설인 매장부를 지하에 마련 하는가 아니면 지상에 마련하는가, 보호시설로 흙을 사용하든가, 돌 을 사용하는가와 더불어 주구묘처럼 매장부 외곽에 구를 조성하는 방식도 있어 대단히 복잡한 양상이다.

이러한 구조속성은 묘제 자체를 분류함에 있어 사용재료, 매장부의 구성 요소가 기준으로 삼기에 적절하다는 것을 알게 하지만, 다른 한편으로 이들만으로 무덤의 외형적 형상이 완전하게 반영되지 않는 한계를 드러내기에 분류기준으로 외형적 형상을 반영할 수 있는 요소의 추가도 필요하다. 다만 무덤의 외형적 속성은 무덤자체가 지상 혹은 지하에 조성되었다 하더라도 오랫동안 방치되어 있었기 때문에 처음에 만든 표식시설이라던가 보호시설이 심하게 파괴된 경우가 많고, 따라서 본래의 속성을 파악하기가 어렵다. 이러한 환경은 묘제의 분류에서 잔존유구의 외형만을 토대로 분류기준을 마련할 경우 상당한 문제를 범할 수 있음을 암시하기도 한다.

다만 묘실의 위치가 지상에 있는가, 아니면 지하에 있는가라는 점과 함께 시신을 안치하는 주시설인 매장부를 지상에 조성할 경우 분구를 만든 다음에 분구상에 이를 시설한 분구묘인가, 아니면 지표면에 매장부를 구축한 다음에 흙을 덮는 봉토 혹은 돌을 덮는 봉석(封石)한 봉토분의 형식인가의 구분은 가능하다. 그러나 후자의 경우 매장부를 지하에 조성하고 봉토한 경우와 지상에 조성한 후 봉토한 경우, 묘제 차이보다는 오히려 지역적 차이에 기인한 것이 많고, 지상과 반 지하, 지하의 구분도 모호하기에 일단 대상에서 제외할 수밖에 없다. 반면에 분구묘의 형태는 현재의 자료로 보면 기왕에 유형화된 묘제와는 차별화될 수 있는 요소가 많기에 일단 분류기준으로 삼을 수 있지 않은가 생각된다.

필자는 기왕에 축조재료와 매장부의 특성을 기준삼아 백제묘제를 12가지로 분류하였었는데,[2] 여기에 분구의 존재여부를 분류기준에 추가하여 재분류를 실시한 결과 백제의 묘제를 모두 16가지로 나눈 바가 있다.[3] 그에 따르면 백제묘제는 돌을 재료로 사용한 석축묘로 적석총, 횡혈식 석실분, 수혈식 석곽묘, 횡구식 석실분과 석곽묘로 세분할 수 있고, 흙을 파서 만든 토광묘는 순수토광묘, 목관 토광묘, 목곽 토광묘, 주구묘, 분구묘로 구분하였다. 그리고 항아리를 매장

2) 이남석, 『백제 석실분연구』, 학연문화사, 1995.
3) 이남석, 『백제의 고분문화』, 서경문화사, 2002.

백제의고분

주체부로 사용한 옹관묘는 석실 옹관, 토광 옹관, 분구 옹관, 횡혈 옹관으로 나누었고, 여기에 특수형식인 화장묘와 전축분 외에 와관묘도 또 다른 유형으로 추가하였다. 이러한 구분은 백제묘제의 경우 크게 석축묘 계열과 토광묘 계열, 그리고 옹관묘 계열 및 전축분 및 화장묘 등의 특수계열로 구분할 수 있음을 알 수 있는 것이기도 하다.

토광묘는 조성방식과 구조내용에 따라 유형을 구분할 수 있다. 관혹은 곽을 구성하기 위하여 목재를 사용하였는가의 여부에 따라 유형이 구분될 수 있는데 이미 고찰된 순수 토광묘, 목관 토광묘, 목곽 토광묘의 구분방식은[4] 여전히 타당성이 있다고 본다. 그런데 토광묘의 경우 축조방식을 고려하면 기왕에 검토대상에서 예외로 다루어 왔던 토축묘와 즙석 봉토분, 혹은 분구묘로 분류되었던 것들에 대한 검토는 필요하다. 이들은 지상에 흙을 쌓아 올려 분구를 조성하고 여기에 매장시설을 갖춘 점에서 일단 분구묘로 통일할 수 있겠다. 사례로는 서울의 가락동 2호분[5]이나 천안 두정동 분구묘[6]를 들 수 있다. 이들은 지상에 흙을 쌓아 올려 분구를 조성한 다음, 여기에 다장의 형태로 여러 개의 매장시설을 갖추지만, 매장시설로 토광과 옹관을 함께 있어 토광묘의 범주에서 이해하기보다는 별도의 분구묘라는 특수유형으로 분류되어야 할 것이다.

그런데 최근에 많이 발견되는 주구묘 혹은 주구 토광묘도 묘제의 큰 범위에서 보면 토광묘 계열로 구분하여야 할 것이다.[7] 다만 광의적 분류로 토광묘 계열에 넣지만 앞서 본 순수 토광묘라던가 혹은 목관토광묘 등과는 조성방식에서 큰 차이가 있어 묘제상 서로 구분되는 것은 당연하다. 방형 주구묘의 경우 매장부를 지상에 시설하다가 점차 지하로 내려가는 특성이 있지만 매장부 주변에 큰 구를 돌린다

4) 권오영, 「중서부지방 백제토광묘에 대한 시론적 검토」, 『백제연구』 22, 백제연구소, 1991.
5) 윤세영, 「가락동백제고분 1,2호조사개략보고」, 『고고학』 3, 1974.
6) 이남석 · 서정석, 『두정동 유적』, 공주대학교박물관, 2000.
7) 최완규, 「주구묘의 특징과 제문제」, 『고문화』 49, 한국대학박물관협회, 1997.

는 특징이 있다. 반면에 주구 토광묘는 무덤의 한쪽에 눈썹 형태의 구를 돌릴 뿐인데, 이로 보면 방형 주구묘와 주구 토광묘의 구분에 애매한 점이 없지 않지만 분포권이나 시기 등에서 보면 일단 서로 차별화되어야 할 것이다.

토광묘 계열로 분류되는 이상의 묘제들은 그 특성에 따라 다시 순수 토광묘, 목관 토광묘, 목곽 토광묘는 토광묘 유형으로 보면서 나머지도 분구묘 유형, 주구묘 유형의 세분도 가능할 것이다.

옹관묘는 일단 옹을 재료로 사용하여 관으로 활용하였다는 공통성을 기초로 일단 하나의 유형으로 보면서 다시 관을 안치하는 시설의 차이에 따라 석실 옹관과 토광 옹관으로의 구분되어야 할 것이다. 더불어 분구 상에 옹관을 안치한 소위 분구 옹관도 차별화시키고 여기에 공주 산의리 옹관[8]과 같은 횡혈 토광을 추가하여 석실 옹관, 토광 옹관, 분구 옹관, 횡혈 옹관으로 구분하였다.

돌을 재료로 사용한 석축묘는 재료의 사용범위와 매장부의 형태에 따라 적석총과 석실분, 석곽묘로 구분된다. 그리고 다시 매장부의 구조속성에 따라 석실분과 석곽묘는 횡혈식과 수혈식, 횡구식으로 구분할 수 있다. 그러나 적석총은 석축의 유구를 지상에 조성한다는 특징은 파악되지만, 매장시설이 확인된 것이 거의 없어 더 이상 구체적 구분은 어렵다. 다만 석실분이나 석곽묘가 토광을 파고 지하 혹은 반 지하로 매장부를 조성하고 표면을 봉토하는 것에 반해서 적석총은 지상에 돌을 쌓아 무덤의 형태를 만들고 그 속에 매장부를 조성한다는 점에서 석실분이나 석곽묘와는 뚜렷한 차이가 지적될 수 있다.

반면에 횡구식은 횡혈식과 수혈식의 중간단계의 것이다. 즉 수혈식 석곽묘가 횡혈식의 영향으로 만들어진 것이 있는가 하면, 횡혈식 석실분의 퇴화단계에서 나타나는 것도 있다. 이 경우 전자는 횡구식 석곽묘로 구분하고, 후자는 횡구식 석실분으로 구분한다. 이외에 수혈

8) 이남석, 『산의리 유적』, 공주대학교박물관, 1999.

식 석곽묘 내에 옹관을 안치한 경우가 있는가 하면, 묘제는 정확하게 횡혈식 석실분의 내용을 가지고 있는데 묘실내의 시신 안치는 항아리 즉 옹관을 사용한 경우도 있다. 이러한 유형의 것들은 석실분 혹은 석곽묘로 볼 것인가 아니면 옹관묘로 볼 것인가의 문제가 남기는 한다. 필자는 공주 봉정리 고분[9] 처럼 석곽 혹은 석실내에 옹관만 안치되어 매장부의 주체가 옹관이 중심이 된 것은 옹관묘로, 공주 보통골 17호분[10] 처럼 석실 혹은 석곽내에 목관이 있는 외에 옹관이 부수적으로 있는 경우를 석실분으로 분류하였다. 나아가 이를 종합할 경우 석축묘 계열은 묘제적 특성에 따라 석실분 유형, 석곽묘 유형, 그리고 적석총 유형으로 구분될 수 있다.

마지막으로 특수 계열로 본 화장묘나 전축분은 여전히 특수형으로 분류되어야 할 것 같다. 화장묘는 재료와 매장방식만을 근거하면 토광 옹관과 유사한 점이 많지만 옹관묘와 달리 작은 용기를 사용하면서 장법도 화장과 관계된다는 절대적 차이가 있다. 그리고 전축분은 구조속성의 제 양상이 횡혈식 석실분과 동일한 것이나 재료가 석재가 아닌 벽돌이란 점, 중국의 전축분과 관련되면서 백제묘제의 전개에 새로운 기법 혹은 형식출현의 배경이 된다는 점에서 여전히 중요한 유형의 하나이다. 한편 와관묘는 서산 여미리 고분군[11]에서 처음으로 확인되었는데 토광을 파고 기와로 관 혹은 곽 형상의 시설을 마련한 것이다. 묘제적으로 수혈식 석곽묘이나 옹관묘와 상통하는 것이나 재료적 특성에 따라 일단 기타 특수 유형으로 보고자 한다.

요컨대 이상의 내용을 고려하면, 백제 묘제는 일단 백제의 존속시기 그 강역에 잔존된 무덤에 나타난 무덤 구축방식을 의미한다는 보다 광의적 개념규정을 토대로 묘제의 분류는 축조재료, 매장부의 구조 형상, 축조방식에 따라 모두 16가지 유형으로 나눌 수 있음을 알

9) 안승주, 「백제고분의 연구」, 『백제문화』 7 · 8합, 백제문화연구소, 1975.
10) 안승주 · 이남석, 『공주 보통골 백제고분발굴조사보고서』, 백제문화개발연구원, 1991.
11) 충청매장문화재연구원, 『여미리 유적』.

수 있다.

3. 백제고분의 유형검토

백제고분은 구조속성에 따라 16가지로 구분할 수 있는데 맨땅을 파고 목관 등을 안치하는 토광묘 유형과 돌을 재료로 사용하는 석축묘로서 지상에 돌을 쌓아 만드는 적석총 유형, 지하에 묘실을 만드는데 입구가 없는 석곽묘 유형, 입구가 있는 석실분 유형, 그리고 항아리를 사용하는 옹관묘 유형, 지상에 흙을 쌓고 그 안에 매장부를 조성하는 분구묘 유형, 그리고 토광묘 혹은 옹관묘의 속성을 지닌 매장부 주변에 주구가 돌려진 주구묘 유형, 마지막으로 기타의 특수 유형으로 구분할 수 있다.

1) 토광묘 유형

토광묘는 지반상에 구덩이를 파고, 그 안에 시신을 안치하는 묘제이다. 따라서 외형으로는 지상에 흙을 쌓고 그 위에 매장부를 만드는 분구묘와 달리 지하에 설치한 매장 시설을 보호하기 위해 봉토가 덧씌워졌다고 판단되는 소위 봉토분에 속하는 것이다. 그러나 지금까지 상부시설 즉 봉분의 형상을 정확하게 남긴 것이 없다. 다만 여기에 포함되는 토광묘는 모두 지반을 파서 지하로 매장시설을 갖추었다는 공통점이 있는 것이다. 이는 토광내의 시설에 따라 순수 토광묘·목관 토광묘·목곽토광묘로 구분할 수 있다.

순수 토광묘는 지반상에 토광을 지하로 파고, 여기에 다른 시설 즉 목곽이나 목관을 설치하지 않고 그대로 시신을 매납하는 묘제이다. 이러한 매장부는 일단 표면의 보호 시설로 봉토가 갖추어진 것으로 볼 수 있다. 입지는 일반 토광묘의 입지 즉 구릉 상에 위치하는 점에는 큰 차이가 없다. 대표적 사례는 서울 석촌동 고분군의 토광묘,[12] 공주 남산리 토광묘,[13] 부여 소사리 토광묘,[14] 그리고 서산 명지부락 토광묘[15]를 들 수 있다.

목관 토광묘는 순수 토광묘처럼 지반상에 토광을 파지만 안에 목재로 관(棺)을 결구한 것이다. 이 묘제는 대체로 한강유역에서 금강유역까지의 범위에서 많이 확인된다. 물론 그 분포권은 유동적일 수 있지만, 보다 남쪽 지역에 분구 옹관묘가 널리 사용되었음을 고려하면 백제의 목관토광묘 분포권은 큰 변화가 없을 것으로 여겨진다. 목관토광묘는 대체로 4세기대와 5세기대로 편년되는 것이 대부분이다. 상한은 보다 소급될 수 있을 것인데 특히 4~5세기 대에 백제묘제로 목관토광묘가 널리 사용된 것은 이 시기 백제의 중심묘제가 보편화되지 않은 것과도 밀접한 관련이 있다.

목관토광묘의 입지환경은 구릉입지라는 전형적 형상을 간직하고 있다. 지하로 굴광한 토광은 형태가 다양하지만 대체로 장방형의 평면을 지녔고, 벽체는 거의 수직으로 굴착하고자 의도한 것으로 보인다. 토광의 규모는 목관을 안치할 수 있는 공간의 확보와 그 안에 유물을 매납할 수 있는 공간을 고려하여 적당한 규모를 유지하고 있다. 다만 지금까지 확인된 토광묘를 통해서 볼 때 특정한 도량형을 사용한 통일된 수치는 확인되지 않는다. 오히려 규모나 형태는 지반의 굴착시에 나타나는 지질적 환경이 보다 많은 영향을 끼친 것으로 보인다. 토광내의 목관 설치는 다양한 방법으로 이루어졌음을 알 수 있다. 지금까지 목관의 흔적을 정확하게 남긴 것은 천안 화성리 백제묘[16] 등의 일부에 국한된다. 그러나 토광바닥에 목관의 흔적이 비교적 선

12) 김원룡·배기동, 『석촌동 3호분동쪽고분군 발굴조사보고』, 서울대학교박물관, 1983.
13) 안승주·이남석, 『공주 송학리 남산리 백제고분 발굴조사보고서』, 백제문화개발연구원, 1990.
14) 안승주·박병국, 「백제고분문화의 연구」, 『백제문화』 5, 백제문화연구소, 1971.
15) 김영배·한병삼, 「대산면 백제 토광묘발굴보고」, 『고고학』 2, 1969.
16) 김길식 외, 『천안 화성리 백제묘』, 국립공주박물관, 1991.

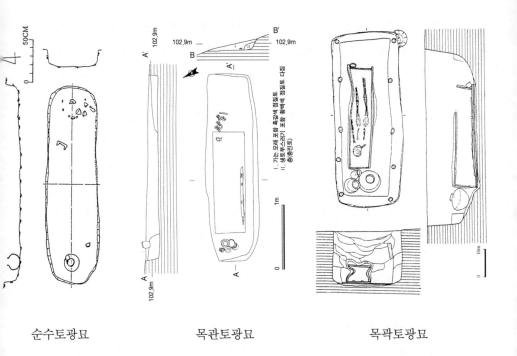

순수토광묘   목관토광묘   목곽토광묘

명하게 남겨진 것이 많아 대체적으로 내용의 검토에는 문제가 없다.
지금까지 확인된 내용을 종합하면 우선 사용된 목재가 판재라는 점
은 일반적 인식이다. 이들을 토광내에서 결구하는 방식은 짜 맞추기
로 추정하지만 결구에 필요한 꺾쇠나 관못이 사용되지 않는 것으로
미루어 별도의 방식도 추정할 수 있다.

 목곽 토광묘는 토광을 파고, 그 안에 목곽을 시설한 다음에 목곽내
에 다시 목관을 안치한, 다시 말하면 이중으로 관과 곽 시설이 갖추
어진 묘제이다. 이 목곽 토광묘는 신라나 가야지역에서는 토광묘의
최종 발전단계에 이르면 보편적으로 사용된 것으로 인정되나 백제에
는 그러한 자료가 많지 않다. 오히려 백제의 목곽 토광묘는 특수한
형태로 존재하는 것이 대부분이다. 목관 토광묘와 기본적인 구조는
같으나 토광 안에 목관 외에 이의 보호시설인 목곽을 설치한 차이가
있는 것이다. 현재까지 백제의 토광묘에서 목곽이 설치된 것이 발견

되는 경우는 드물다. 나아가 이들만 군집된 형태로 남은 것도 없으며, 앞서 살핀 것처럼 목관 토광묘와 더불어 간헐적으로 조사될 따름이다. 따라서 백제묘제로 목곽 토광묘가 보편적으로 사용되었는가는 일단 의문이 있다.

목곽의 설치는 기둥을 세우고 여기에 판재를 결구한 것으로 보이는데 정형적 형상이 어떤 것인지 확인은 어렵다. 공주 취리산 1호 토광묘[17]는 목곽 및 목관의 결구에 쇠못을 사용하였고, 천안 화성리 토광묘도 목관의 결구는 꺽쇠를 사용하여 일반 토광묘의 목관 결구와는 큰 차이가 있다. 이러한 차이가 묘제적 차이를 말하는 것인지 아니면 특수환경을 나타내는 것인지는 알 수 없다.

2) 옹관묘 유형

옹관묘는 매장시설로 항아리를 사용한 묘제이다. 이 묘제는 청동기시대에서부터 비롯되고 있는데, 원삼국시대 나아가 삼국시대에 이르면 폭넓게 사용된 것이기도 하다. 옹관묘는 사용재료가 항아리라는 점을 토대로 유형화된 것이나 옹(甕)을 관(棺)으로 활용하였다는 공통점을 기초로, 다시 관을 안치하는 시설의 차이에 따라 토광 옹관, 석실 옹관, 횡혈 옹관으로 구분할 수 있다. 다만 관으로 전용하기 위하여 항아리를 제작하여 조성한 옹관묘의 경우도 크게 보면 옹관묘이다. 그러나 이는 전용옹관의 제작 외에 매납시설로 분구를 조성하고 여기에 옹을 안치하는 특징이 있다. 따라서 이 유형의 옹관묘는 일단 분구 옹관으로 차별화하여 분구묘의 범주에서 다루고자 한다.

토광 옹관묘는 지반에 토광을 파고 그 안에 관으로 옹을 사용한 것이며, 토광은 지하로 굴착함이 원칙이다. 이들 토광 옹관묘는 그들만이 군집된 형태로 있기보다는 다른 묘제, 즉 토광묘나 석실분 혹은

---

17) 이남석 · 이훈, 『취리산』, 공주대학교박물관, 1999.

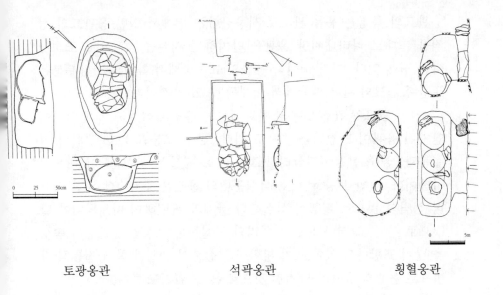

토광옹관   석곽옹관   횡혈옹관

석곽묘와 뒤섞여 있는 경우가 대부분이다. 토광 옹관묘 자료는 백제의 중·후반기의 고분군에서 자주 발견되며, 특히 석실분 혹은 석곽묘와 함께 발견되는 것이 많다. 대체로 금강유역 즉 백제의 후기 도읍지인 웅진과 사비지역, 그리고 그 주변에 상당수가 분포한다. 사용된 옹은 하나 혹은 두 개, 혹은 그 이상으로 단옹식과 합구식의 구분이 가능하다. 더불어 사용된 옹은 일상용기가 시기별로 망라되었다고 볼 수 있다.

 석곽 옹관묘는 시신을 안치하는데 관으로 옹(甕)을 사용하지만, 이 옹을 묻기 위하여 별도의 석곽시설을 마련한 묘제이다. 자료는 백제의 후기 도읍지역인 웅진과 사비지역에서 발견되나 많지는 않다. 공주의 봉정리와 웅진동 고분군,[18] 보통골 고분군내에 석곽 옹관묘가 있고, 논산의 모촌리,[19] 부여의 저석리에도 석곽 옹관묘가 있다. 석곽

18) 안승주, 「공주 웅진동 고분군 발굴조사보고서」, 『백제문화』14, 백제문화연구소, 1980.
19) 안승주·이남석, 『논산 모촌리 백제 고분발굴 조사보고2』, 백제문화개발연구원, 1993.

백제의 고분

옹관묘의 특징은 옹을 관으로 사용한다는 점에서 일반 옹관묘의 성격을 그대로 나타내지만 옹관을 안치하는 시설을 석곽으로 조성한다는 점에 있다. 따라서 석곽 옹관의 묘·장제적 특징의 상당부분은 토광 옹관묘와 같은 맥락에서 이해될 수 있는 것이다.

석곽 옹관묘와 관련 일부의 자료에서는 횡혈식 석실분 속에 인골이 안치된 옹관이 발견되는 경우도 있다. 공주 보통골 17호 횡혈식 석실분과, 공주 분강·저석리 16호·17호 횡혈식 석실분[20]이 대표적 사례이다. 다만 보통골 17호 석실분내의 옹관은 추가장에 의한 배장적 성격의 것으로 횡혈식 석실분의 장제와 관련하여 이해되어야 할 것으로 본다. 그러나 분강 저석리의 석실분은 오히려 옹관장의 속성을 많이 포함하고 있어 초기 횡혈식 석실분의 유입과 함께 전통적 장법으로 옹관의 유제가 남겨진 것으로 볼 수 있기도 하다.

횡혈 옹관묘는 특수한 유형으로 경사면에 옆으로 굴을 파듯이 무덤구덩이를 조성하고 거기에 옹을 안치한 것이다. 현재까지 2 예가 확인되어 있을 뿐인데, 일단 존재형상에서 특수성과 이질성이 인정되는 것이다. 공주 웅진동 1호 옹관묘와 공주 산의리 4호 옹관묘가 그것이다. 입지의 경우 백제고분의 입지환경 즉 구릉성 산지의 경사면에 조성된 것이란 점, 옹을 관으로 사용하였다는 점, 그리고 지하식의 형상이란 점은 공통적이다. 묘제의 특징은 옹을 안치하는 무덤 구덩이시설에 있다. 모두 경사면에 잇대어서 굴을 파듯이 무덤구덩이를 조성하고 그 안에 옹을 안치한 것이다. 따라서 입구는 옆으로 마련되기에 옹을 안치한 다음에 입구를 옆에서 막는 형상이다.

3) 적석총 유형

적석총은 지상에 돌을 쌓아 분롱을 조성한 것을 말한다. 이처럼 돌

---

20) 이남석, 『분강·저석리 고분군』, 공주대학교박물관, 1997.

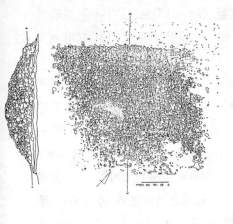

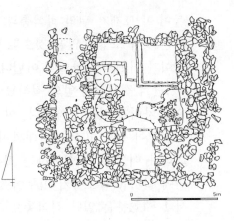

적석묘   기단식적석총

을 쌓아 외형을 만드는 백제 적석총은 두 종류로 구분하고자 한다. 하나는 강돌 등의 석재를 불규칙하게 쌓아 만든 소위 적석묘 유형의 것이고, 다른 하나는 석재를 정교하게 다듬어 단을 두어 쌓는 소위 기단식 적석총이다. 백제묘제로 이들 적석총은 시기나 지역이 한정된 범위에만 존재하기에 특정의 집단에 의해 사용된 것으로 보는 묘제이다.

적석묘는 돌무지무덤으로 불리듯이 지상에 돌을 쌓아서 매장부를 보호하는 시설을 만든 것이다. 이 유형의 무덤은 대체로 한강의 중상류 지역에서 발견되고, 이외에 경기도 북부지역에서 그 흔적이 확인된다. 한강 북쪽에 주로 위치한 문호리 · 중도 · 제원 도화리 · 연천 삼곳리[21] 등의 자료가 그것이다. 적석묘는 모두 한강의 상류지역에 자리한다는 지역적 공통성이 있고, 대체로 하천변에 위치하면서 평야지에 자리한다는 점에서도 공통적이다. 다만 자료가 극히 일부에 불과하기에 백제묘제로 보편성을 가진 것인가는 확인이 어렵다. 더

---

21) 국립문화재연구소, 「연천 삼곳리 백제적석총 발굴조사보고서」, 1994.

백제의고분

481

불어 이 묘제가 뒤의 적석총과 비교할 경우 외형으로 기단을 만들었다는 것과 그렇지 않은 것으로 구분될 뿐, 매장부에 근거한 묘장제의 차이가 어떤지도 확인이 어렵다.

기단식 적석총은 앞의 적석묘와 비교할 때 사용주체는 물론 형태적으로 차이가 있는 묘제이다. 이 묘제는 서울의 강남 석촌동에 대부분 밀집되어 있으며, 1910년대까지도 약 66기가 있었던 것으로 전한다. 그러나 이들 중에 현존하는 것은 6기에 불과하며 1974년부터 1983년에 걸쳐 발굴조사가 이루어졌다.[22] 그러나 조사된 6기의 고분중에서 1~4호분은 일단 적석총으로 볼 수 있지만 5호분과 파괴분은 봉토 위에 즙석된 것으로 적석총보다는 오히려 분구묘로 보는 것이 타당할 듯하다.

적석총의 묘제는 분구를 석축으로 조성하고 그 속에 매장부를 꾸민 것으로 추정하지만 백제 적석총에서 매장부가 정확하게 조사된 것이 없다. 따라서 이 묘제는 외부의 형상만 언급될 뿐 실제 매장시설과 관련된 것을 검토하기는 어렵다.

4) 석곽묘 유형

석곽묘는 석축하여 묘실을 축조하지만, 이 묘실이 지하로 무덤구덩이를 파고 그 안에 구축한 묘제이다. 특히 이 묘제는 연도 및 입구가 마련된 석실분과 대비되는 묘제로 연도 및 입구가 마련되지 않는 특징을 가지고 있다. 그러나 이 석곽묘 자체도 횡혈식 묘제의 영향으로 입구가 마련되어 횡구식이 창출되기도 한다. 따라서 석곽묘는 입구가 전혀 마련되지 않는 것은 수혈식으로, 한쪽 벽체를 개구하여 입구로 사용하는 것은 횡구식으로 구분한다. 백제사회에 석곽묘의 등장은 4세기 초·중반에 이루어지고, 특히 한강유역과 금강유역에 밀집

---

22) 서울대학교박물관, 『석촌동 적석총 발굴보고』, 서울대학교박물관 고고인류총간 6, 1975 ; 석촌동 유적발굴조사단, 『석촌동3호분(적석총)복원을 위한 발굴보고서』, 1983.

된 형태로 잔존한다.

수혈식 석곽묘의 입지환경은 대체로 구릉의 경사면에 자리한다. 무덤구덩이도 지반을 파서 묘실이 완전히 지하에 안치되도록 하였다. 물론 무덤구덩이는 유적에 따라 차이와 특징이 있다. 한편 묘실의 장축은 경사와 직교된 즉 등고선 방향으로 두는 것이 원칙이다. 입구가 없는 세장된 장방형 묘실의 배치는 경사방향보다는 오히려 등고선 방향으로 장축을 취하는 것이 효과적인 것과 관련 있다. 묘실 평면은 기본적으로 장방형이다. 그것도 세장된 것이 일반적인데 세장의 정도는 지역 혹은 시기에 따라 차이가 있다. 초기의 것은 평면이 정형을 이루지 않는 특징이 있다. 말각의 장방형을 띤 것도 있고, 어떤 것은 장방형이면서 세장된 것도 있다. 그러나 석곽묘만 군집되어 있는 유적은 세장된 형태로 어느 정도 정형성을 보이고 있다. 반면에 다른 것들과 섞여 있는 것, 즉 횡혈식이나 횡구식과 섞여 있는 것들은 기본적으로 장방형을 유지하지만, 묘실의 규모에 차이가 있고, 세장된 정도에도 큰 차이가 있다. 대표적 사례로 공주 산의리 유적의 수혈식 석곽묘를 보면 묘실자체가 세장 정도가 매우 떨어진 장방형의 형상을 지닌 것이 많다. 내부시설은 바닥처리와 시상대 혹은 관대의 유무와 그 형태, 그리고 부곽의 설치문제가 검토될 수 있다. 바닥은 생토면을 그대로 이용한 것, 부석한 것, 그리고 시상대 혹은 관대가 있는 것으로 구분된다. 생토면을 그대로 사용하는 예가 수혈식 석곽묘의 바닥시설로는 가장 보편적인 것이다. 그러나 바닥을 부석한 예도 적지 않다. 부석 방식은 판석재를 깔거나 잡석을 까는 것이 일반적이며, 범위나 형태는 차이가 있다.

횡구식 석곽묘는 수혈식 석곽묘가 사용되다가 횡혈식의 구조, 즉 횡으로 입구와 연도가 부착된 묘제의 유입에 따라 수혈식이 변화되어 나타난 것이다. 따라서 이 횡구식 석곽묘는 수혈식 석곽묘와 횡혈식 석실분과 더불어 잔존된 것이 일반적이다. 화성의 마하리 고분군·논산의 표정리 당골[23]과 도구머리 고분군[24]·공주의 산의리 고

백제의고분

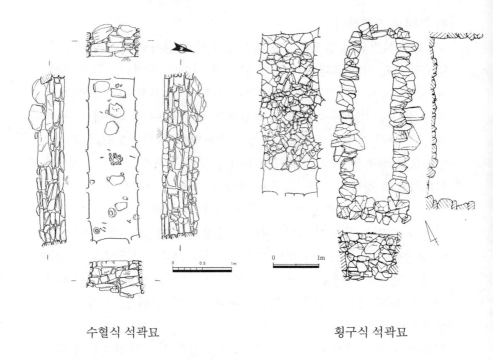

수혈식 석곽묘   횡구식 석곽묘

분군 등지에서 확인된다.

　입지는 대체로 산지이나 연원이 되는 묘제의 입지와 상통하는 것으로 볼 수 있다. 그런데 횡구식 석곽묘는 장축의 설정이 등고선 방향으로 이루어진 것과 경사방향으로 이루어진 것으로 구분된다. 이러한 차이는 각각 수혈식 석곽묘의 전통이 유지되는가 아니면 횡혈식 석실분의 전통을 새롭게 채용하는 과정에서 나타날 수 있는 것으로 판단된다. 묘실의 평면은 대체로 세장된 장방형을 띤 것이 많지만 부분적으로 장방형에 가까운 것도 많다는 것이 주목된다. 벽체의 구성이나 천장의 가구형상은 횡혈식 석실분보다 오히려 수혈식 석곽묘적 요소가 강하다. 벽체의 경우 횡혈식 석실분은 뉘어 쌓기로 구성하

---

23) 서성훈·신광섭, 「표정리 백제 폐고분조사」, 『중도』5, 국립중앙박물관, 1984.
24) 윤무병, 「연산지방 백제토기의 연구」, 『백제연구』10, 백제연구소, 1979.

는 반면에 수혈식 석곽묘는 하단에 큰 석재를 세워쌓기 하는 경우가 많다. 이는 횡구식 석곽묘에서 자주 발견되는 현상이며, 천장의 가구 방식도 마찬가지이다. 입구의 개설은 한쪽 벽체를 전혀 구축하지 않고, 단지 3벽만 우선 구축하면서 나머지 한쪽의 벽면을 그대로 입구로 사용한다. 바닥시설은 차이가 많다. 이는 횡구식 석곽묘가 수혈식에서 변질된 것이기에 묘실의 바닥도 그와 관련하여 이해되어야 할 것이나 규칙성은 보이지 않는다.

5) 석실분 유형

석실분은 매장부를 축석하여 공동으로 꾸미고 나아가 입구 및 연도가 설치된 묘제이다.

이 묘제는 매장부를 돌을 쌓아 조성하지만 매장부 자체를 지하에 안치하면서 상부는 성토하여 봉분을 조성한다. 따라서 엄밀한 명칭은 봉토 석실분으로 보아야 할 것이다. 백제사회에 석실분이 등장한 이후 다양한 형식변화가 나타나고, 말기에는 묘제 자체의 변화 즉 횡구식 유형이 발생되기도 한다. 따라서 석실분은 일단 유형을 횡혈식 석실분과 횡구식 석실분으로 구분하여 살핀다.

횡혈식 석실분은 지하로 매장부를 조성하고 묘실에 입구와 연도를 설치한 것이다. 백제묘제로 이 횡혈식 석실분은 4세기 후반에 등장하여 백제가 멸망할 때까지 보편적 묘제로 사용된 것이다. 이 횡혈식 석실분은 백제의 주묘제로 자리하면서 다양한 변화를 보이면서 발전하는데, 부분적으로 항상성·보편성의 결여와 함께 지역적 성향도 강하게 나타난다. 산지 입지나 남향의 경사면을 선호하는 선지관념, 그리고 매장부를 지하에 조성한다는 특징, 장축방향 설정이 방위관념보다는 오히려 축조환경과 선지사상과 관련되어 축조의 편의에 좌우되는 특징, 매장부가 단실묘로써 공동의 묘실에 입구가 설치된다는 기본적 구조형식에도 변함이 없다.

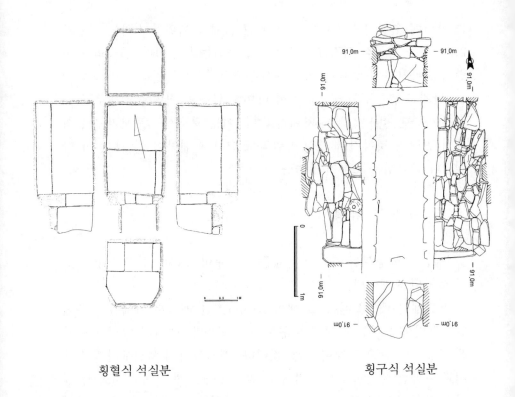

횡혈식 석실분　　　　　　　　　　횡구식 석실분

그러나 묘실의 평면구조와 천정구조·입구의 형태·연도가 시설된 위치 및 규모·축조재료는 상호간 유기적 관계 속에 변화되면서 개별요소가 규칙적으로 결합되는 특징이 있다.

즉 묘실의 평면이 방형에 가까우면 천장의 형태는 원형이고, 입구는 아무런 시설이 없이 단순하게 관통된 형태의 개구식에 우편재 연도를 갖춘다. 그리고 축조재료는 할석을 사용하는 것이 일반적이다. 반면에 묘실의 평면이 장방형일 경우 천정은 평천정이고, 입구에는 기둥이나 문미석 및 문지방석이 설치되는 문틀식이 지배적이며, 연도는 길이보다 너비가 큰 단연도를 중앙식으로 설치한다. 나아가 재료는 판석 혹은 괴석을 사용한다. 다만 이러한 규칙은 천정이 맞조임식일 경우는 적용할 수 없는데, 이들은 기본형에서 변형된 아류형이라던가 초기형의 속성을 지니고 있기 때문이다.

이에 따라 백제 횡혈식 석실분은 묘실의 평면·천정의 가구형태·입구의 시설방식, 그리고 연도의 규모나 형상 등에서 차별적 속성을 발견할 수 있다. 그리고 제요소의 결합상이 가장 집약된 형태로 나타나면서 다양성을 갖춘 천정양식에 따라 네벽 조임식·궁륭식·터널식·아치식·고임식(지송식)·수평식·맞배식(합장식)·양벽 조임식의 8가지 형식으로 구분할 수 있으며, 이러한 구분은 묘제의 변화 발전하는 모습도 반영되어 있다.

횡구식 석실분은 횡혈식 석실분이 변화되어 발생된 묘제이다. 이 묘제는 입구를 만들지만 형식화되었고, 묘실 평면이 세장방형으로 변화되는데 특히 이전의 횡혈식 석실분이 다장 혹은 합장이었다면 단장으로 변화된 결과이기도 하다. 이 묘제는 후기형의 횡혈식 석실분이 존속된 지역에 대체로 남아 있으며 특히 백제의 마지막 도읍지인 사비지역에 많다. 그 대표적 사례로 송학리 고분군·염창리 고분군[25]을 꼽는다.

횡구식 석실분의 구조특성은 입구나 연도가 형식화된 외에 횡혈식 석실분의 구조와 큰 차이가 없다. 표지시설이랄 수 있는 봉분 등의 현황은 여전히 확인이 어렵지만, 입지에서 남향의 경사면을 선호하면서 구릉의 선상부 혹은 산지의 정상부를 피한다. 횡혈식 석실분처럼 군집된 형태로 일정한 간격을 두고 조영되는데 군집 정도는 이전의 횡혈식 석실분보다 조밀한 것이 특징이다.

6) 분구묘 유형

분구묘는 매장 주체부의 형상과 관계없이 분묘의 외형에 따라 분류된 것이다. 즉 분묘를 조성함에 있어 시신을 안치하는 매장주체시설

25) 이남석 외, 『염창리 고분군』, 공주대학교 박물관, 2002.

백제의 고분

을 지반을 판 것이 아니라 지반상에 흙을 모아서 분롱을 만들고 이 분롱내에 매장부를 안치하는 것이다. 따라서 이 묘제는 매장부의 형상에 따른 유형구분은 토광묘와 옹관묘의 범주에서 다루어야 할 것들이다. 특히 분구묘는 토광 및 옹관이 함께 조성된 것이 적지 않으며 지역적으로 영산강 유역에서는 대형 옹관묘로 알려진 분구묘가 독특한 형태로 오랫동안 지속되기도 한다. 여기에서는 일단 영산강 유역의 옹관묘, 즉 분구에 전용옹관을 사용한 묘제와 이외 지역에 있는 분구묘와 구분하여 전자를 분구 옹관묘, 그리고 후자를 분구 토광묘로 구분코자 한다.

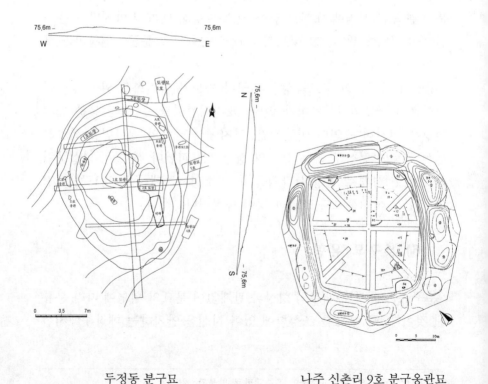

두정동 분구묘   나주 신촌리 9호 분구옹관묘

분구 토광묘는 가락동 유적을 비롯한 서울의 강남지역에 있는 분묘 자료와 천안 두정동의 유적을 그 대상으로 볼 수 있다. 강남지역의 자료중 1969년도에 조사된 가락동 2호분은 전형적 분구묘로 분류할 수 있는 것이고, 1호분도 상황은 정확하지 않지만 분구묘로 볼 수 있다. 그리고 석촌동에서 적석총으로 알려진 것 중에 적석이 아닌 분구로 남겨진 것도 일단 분구묘로 보아야 할 것이다.

분구묘의 형상은 지상에 흙을 쌓아 분구를 만들고, 여기에 매장부를 조성한 형태의 무덤을 말한다. 따라서 분구묘는 지하에 토광을 파서 매장부를 만드는 분묘와는 축조환경에서 상당한 이질성이 있기도 하다. 백제 묘제로 분구묘의 자료는 많은 것이 아니다. 앞서 설명된 가락동이나 두정동의 자료 외에 서울의 석촌동 일원에 적석총과 더불어 있는 즙석묘들이 대체로 이 유형에 포함될 수 있는 정도이고, 이외에 묘제적으로 영산강 유역의 옹관묘도 축조방식으로 보면 분구묘의 범주에서 이해될 수 있는 것이기도 하다. 따라서 분구묘의 묘제 검토는 자료적 한계로 말미암아 일반성의 탐색은 한계가 많다.

분구 옹관묘는 기본 형상은 토광 옹관묘와 같으나 조성방식에서 지상에 흙을 모아 분구를 만든 다음에 분구내에 무덤구덩이를 굴착하고 옹을 안치한 것이다. 다만 분구 옹관묘라 할 경우도 매장시설로 옹관 외에 토광이 함께 있는 경우가 적지 않다. 전남의 나주와 영암 일대에 잔존된 대규모의 옹관묘가 이 유형의 것으로 볼 수 있는데 대안리 6호분과 신촌리 9호분을 사례로 들 수 있다. 즉 분구 옹관묘는 영산강 유역이란 특정지역에, 4세기에서 6세기 초반까지 존재하였던 특수한 묘제이다. 시신을 안치하기 위하여 항아리를 사용하지만, 특수 제작한 것이고, 이들 항아리를 안치하기 위한 매납시설을 마련하면서 대형의 분구를 남기는 특징이 있다. 특히 묘제적으로 하나의 분구내에 여러 개의 옹관을 안치하는 일분구다옹(一墳丘多甕)의 특성도 지닌 것이다. 분구의 조성은 평지상에 흙을 쌓아 올린 형상이다. 평면은 방형 혹은 불규칙한 장방형·타원형으로 나타나고, 외변에 주구를 돌린 것이 많다.

7) 주구묘 유형

주구토광묘는 매장시설이 목관 토광묘 혹은 목곽 토광묘와 동일하지만, 매장부의 외곽에 주구를 돌린 것을 특징으로 하는 묘제이다. 특히 주구 토광묘는 주구자체가 매장부의 한쪽에 눈썹 형태로 돌려진 것으로 이 주구의 기능이 정확하게 무엇인지 아직 확인되지 않고 있다. 주구토광묘 자료는 최근에 이르러 집중적으로 증가되었다. 관련 자료로 대표적인 것은 천안 청당동 유적[26]과, 오창 주성리 유적[27], 그리고 공주 하봉리 고분군[28], 오석리 고분군[29] 등이 있다.

주구토광묘는 구조형상이 기본적으로 목관 토광묘와 거의 대동소이한데, 다만 주구만이 설치되었다는 차이가 있을 뿐이다. 주구가 돌려진 토광묘 유적은 앞의 청당동이나 하봉리 외에 오창 산업단지[30] · 청주 봉명동 · 장원리 · 오석리 등도 있어 분포범위나 숫자가 결코 적지 않음을 알 수 있다. 입지도 토광묘의 그것과 크게 다르지 않다. 구릉의 경사면에 입지하는 것이 그것으로 큰 산지보다는 전면에 평야지가 있는 구릉성 야산에 대체로 입지한다. 경사면에 조성하지만, 방위는 큰 제약이 없지만 대체로 경사면에 직교한 형태 즉 등고선 방향으로 묘실의 장축이 위치하는 것이 대부분이다. 구조는 경사면의 상단에 눈썹형상의 주구를 돌리고, 그 아래에 매장부로 토광을 설치하는 것이 기본이다. 주구의 크기는 상대적 차이가 있는데 적어도 매장부의 한쪽 즉 경사의 위쪽을 완전히 감싸는 규모로 시설된다. 주구의 너비나 깊이는 차이가 있다. 매장부는 목관 토광묘의 구조를 갖추

---

26) 서오선 · 권오영, 「천안청당동유적발굴보고」, 『휴암리』, 국립중앙박물관, 1990.
27) 한국문화재보호재단, 『청원주성리유적』, 2000.
28) 충청문화재연구원, 『장원리 유적』, 2002.
29) 이남석, 『오석리 유적』, 공주대학교박물관, 1996.
30) 한국문화재보호재단, 『청원오창유적』, 1999.

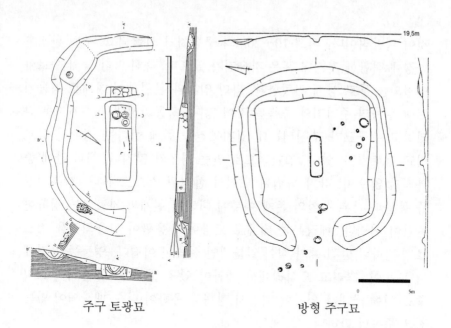

주구 토광묘   방형 주구묘

고 있는데 부장품을 위한 곽을 별도로 두는가의 차이가 있지만 이도
목관토광묘의 형상과 같은 내용이다. 예컨대 하봉리의 목관은 시신
을 안치하는 부분과 격벽을 두어 분리한 경우도 있다.

　방형 주구묘로 분류된 분묘는 주구의 형상이 앞의 주구 토광묘와
달리 방형으로 매장부 전체를 감싸는 형상으로 만들어진 것이다. 특
히 이 주구묘는 매장부의 형상을 분명하게 남긴 것이 많지 않다. 이
는 매장부가 주구내의 어떤 지점에 설치되면서 보다 위쪽, 즉 지상에
시설된 것과 관련 있는 것으로 추정된다. 방형 주구묘는 최근 서해안
일대에서 자료가 비약적으로 증가하고 있다. 대표적 유적으로 서천
의 당정리[31], 오석리, 보령의 관창리,[32] 익산의 영등동, 고창의 율촌리
유적[33]을 들 수 있다.

　방형 주구묘는 낮은 구릉상의 대지 중앙부와 그 경사면에 조성되는

31) 국립부여문화재연구소, 『당정리 주거지 및 주구묘발굴조사보고서』, 1998.
32) 이홍종 외, 『관창리 주구묘』, 고려대학교 매장문화재연구소, 1997.
33) 최완규, 「호남지역 분묘유형과 전개」, 『호남고고학보』 11, 호남고고학회, 2000.

백제의고분

것이 일반적이다. 비고 10~20m의 구릉지가 선택되고, 주변 환경은 농경에 적합한 저지대 혹은 저습지가 있으며, 특히 바다 등의 수로와 연결되는 통로 상에 위치한다. 다만 입지와 관련하여 대체로 청동기시대 후기의 주거지와 중복된 것이 많다. 청동기시대의 주거지를 파괴하고 주구묘가 조성되는데 입지조건을 함께 한다는 점에서 상호 비교 검토될 수 있다. 집단적으로 있는 경우가 많지만, 개별 간에 중복되지 않으며, 각기 독립된 묘역이 설정된 것으로 본다. 상부시설 즉 봉분과 같은 시설의 존재 여부에 대해서 현재의 자료로는 정확한 판단이 어렵다. 매장부는 대체로 토광이나 옹관이 사용되었을 것으로 추정하나 발견 예가 적어 일률적인 설명이 어렵다. 영등동 유적에서 토광이, 그리고 오석리에서 옹관이 있을 뿐이다. 다만 주구묘의 주묘 외에 구내나 외곽에 배장의 형태로 옹관이 다수 매장되어 있는 점은 주목할 만하다.

8) 특수묘 유형

백제분묘로 흔적은 있지만 보편성을 입증하기가 어려운 것을 일단 특수묘제 구분한다. 여기에 포함되는 것은 전축분과 화장묘, 그리고 와관묘이다.

전축분은 묘제적으로 횡혈식의 구조를 지니고 있지만, 축조재료가 단지 벽돌이란 차이가 있을 뿐이다. 전체적 분묘 구조는 횡혈식 석실분과 크게 다르지 않은 것이다. 그러나 이 묘제는 백제 고유의 묘제가 아니고, 중국에서 유입된 것이다. 때문에 백제의 전축분은 이 묘제가 도입되던 시기인 웅진시대란 특정시기에 국한되어 사용되었을 뿐이고, 백제 전축분 자료는 공주 송산리 고분군내의 6호 전축분과 무령왕릉이 있을 뿐이다. 물론 이외에 교동의 고분으로 알려진 자료가 있는데 축조가 중지된 것으로 보는 것이고, 이외는 벽돌이 부분적으로 사용된 것이 전부이다. 송산리 6호분과 무령왕릉이 그대표적

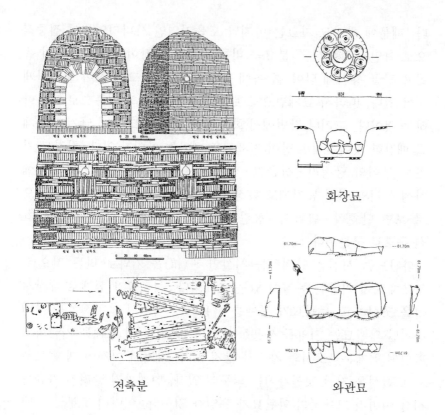

화장묘

전축분

와관묘

자료이다.[34]

전축분의 구조에서 주목할 수 있는 것은 등감이 있다는 것과 유자창이 있다는 것, 그리고 벽돌에 각각 연화문과 오수전이 양각된 점, 6호 전축분은 벽면 전체가 채색되어 있으면서 프레스코 기법에 의한 사신도의 벽화가 마련되어 있다는 점 등이다. 이러한 구조양상은 중국 남조시기 특히 양 나라의 전축분과 상통하는 부분이 많다. 전축분은 구조상 횡혈식으로 입구가 있어 추가장을 전제한 묘제이다.

화장묘는 백제 말기에 불교와 관련하여 발생된 묘제로 보는 것이

---

34) 공주대학교 백제문화연구소, 『백제 무령왕릉』, 1992.

다. 때문에 화장묘 자료는 마지막 도읍지역인 사비지역에서 집중적으로 확인되고 있다.[35] 분묘는 비록 장법은 화장이지만 화장후의 유골을 장골 용기에 담아 흙 속에 묻었기 때문에 그 형적이 분명하게 남아 있다. 따라서 묘제만으로 보면 오히려 토장의 일종으로 보아야 하는 것이다. 그러나 장법에서 화장이 전제되고 그 후에 남겨진 유체를 매장한 것이기에 토장이 전제된 묘제와는 차이가 있다. 화장묘 자료는 부여의 당정리·상금리·쌍북리 등지의 자료가 있고, 이외에 화성 삼리와 서천 등지에도 화장묘로 알려진 자료가 있다. 구조적으로 보면 단호식·단완식·중완식·심호다완식·도옹식·외호내호식 등으로 구분된다.

와관묘는 시신을 안치하는 시설인 관(棺)을 기와로 만든 것으로, 축조재료에 커다란 특징이 있는 묘제이다. 석석묘가 석재로 매장시설을 조성하고, 토광묘가 목재를 사용하여 시신의 안치시설을 마련하지만 와관묘는 기와를 사용한 것이다. 그러나 이 묘제는 지금까지 확인된 백제분묘로서의 자료가 많지 않다. 따라서 이것이 백제 묘제로 보편성을 지닌 것인가에는 의문이 있다. 현재까지 알려진 자료는 서산 여미리 고분군의 와관묘가 유일한 것이다. 여미리 고분군은 백제시대의 횡혈식 석실분과 더불어 횡구식 석곽묘가 주류를 이루고 있으며, 여기에 토광묘가 일부 포함된 속에 와관묘가 있다.

4. 백제고분의 전개현황

백제묘제 유형으로 16가지를 정리하고 그에 대한 내용을 개관하여 보았다. 그런데 이들 다양한 백제의 묘제들은 백제가 존속하던 시기에 그 강역내에서 잔존되었던 것이고, 나아가 지역과 시기에 따라 서로 양상을 달리하여 존재한다. 즉 지역에 따라 사용된 묘제가 다른가

---

35) 강인구, 『고분연구』, 학연문화사, 2000.

하면, 특정의 묘제가 잔존하는 지역에 새로운 묘제가 유입되면 기존의 것이 소멸·변화를 거치는 일련의 전개과정이 진행되는 것이다. 물론 이러한 변화는 백제사회 특히 백제의 정치력 성장과 밀접한 관련 하에 진행된다는 특징이 있다. 이를 살피기 위해 우선 묘제별 존속시기와 분포위치에 대한 대략적 현황을 살펴보겠다.

적석총이 백제사회에 등장하게 된 것은 건국집단의 출현과 관련된 것으로 이해되지만 아직 분명하게 설명할 수 있는 근거는 많지 않다. 다만 백제 적석총은 지금까지 조사된 자료에 한정할 경우 시기적으로 3세기 말 혹은 4세기 초반의 것들이 가장 이른 시기에 속하는 것으로 밝혀졌다. 그리고 적석총이 마지막으로 사용된 시기는 대체로 5세기 중반대를 벗어나지는 않는 것으로 본다. 나아가 이 적석총의 분포범위는 대체로 백제의 초기 도읍지였던 한강유역에 국한된 특징이 있으며, 일부는 한강 상류에 산포된 양상도 확인되지만, 이들은 초기적 성격의 것으로 평가된다.

백제 묘제로서 가장 널리 유행하였던 횡혈식 석실분이 백제사회에 출현한 것은 경기도 화성의 마하리나 강원도 법천리,[36] 그리고 서울의 가락동, 방이동 석실분으로 미루어 4세기 후반대 즈음으로 볼 수 있다. 등장 배경은 4세기 중반 이후 백제가 서북지역에 진출한 것과 관련 있을 것으로 추정된다. 아무튼 이 횡혈식 석실분은 4세기 중반대에 등장하였고, 이후 백제의 전사회로 확대되면서 보편적 묘제로 발전한다. 이 횡혈식 석실분의 분포현황은 초기에는 도읍지를 비롯한 일부 구역에 나타나는데, 점차 시간이 경과되면서 분포범위가 점진적으로 확대되는 특징이 있다.

수혈식 석곽묘는 횡혈식 석실분보다 조금 이른 시기에 등장한 것으로 추정된다. 수혈식 석곽묘는 이전시기의 석관묘와 관련 있을 것으로 추정하였으나 지금까지 확인된 자료로 보면 4세기보다 이른 것은

---

36) 국립중앙박물관, 「법천리」, 2000.

495

백제의고분

아직 발견되지 않아 외부에서 유입된 것이 아닌가 추정하였다. 이 수혈식 석곽묘는 대체로 5세기 말경까지 사용된 것으로 추정되며, 분포범위는 금강유역을 중심으로 한 중서부 지역에 집중되면서 보다 북쪽에 산발적으로 남아 있다.

그리고 횡구식 석곽묘는 횡혈식 석실분의 등장과 함께 수혈식 석곽묘의 변화로 말미암아 발생된 것으로 판단되고, 출현 시기는 횡혈식 석실분과 비슷한 것으로 볼 수 있다. 그러나 횡혈식 석실분의 퇴화형도 횡구식으로 분류될 수 있어 백제의 후기에도 이 유형이 널리 사용되었다. 이의 분포범위는 횡혈식 석실분과 거의 일치한 형태로 있다.

한편 토광묘는 지금까지 알려진 자료의 범위에서 보면 청주 송절동 유적이나 천안 청당동 유적으로 미루어 등장시기가 적어도 2세기 이전까지 거슬러 올라가는 것으로 볼 수 있다. 이후 천안 두정동, 용원리, 그리고 청주 신봉동 등지의 유적은 이들이 5세기 초·중반까지 지속적으로 조영되었음을 알게 한다. 분포범위는 대체로 중서부 지역에 밀집된 양상이나 영산강 유역에도 적지 않게 남아 있어 백제지역 전체에 망라된 분포양상을 보이고 있다. 다만 토광묘 자체를 묘제별로 구분하여 지역 혹은 시기별 분포상을 차별화하기는 아직 어렵다.

그런데 분구묘는 서울의 가락동, 천안의 두정동에서 발견되었을 뿐으로 분포범위나, 존속시기를 구체적으로 언급하기가 어렵다. 다만 분구묘가 남아 있는 지역의 묘제현황을 고려하면 이들은 3세기 혹은 4세기 초반 이후에는 더 이상 조영되지 않은 것으로 추정할 수 있다. 분포범위도 일단 한강유역과 그 이남지역으로 국한시킬 수 있을 것이다. 주구묘는 토광묘에 원형의 주구가 돌려진 것과 방형의 주구가 시설된 것을 구분하여 이해할 필요가 있음과 함께, 방형 주구를 갖춘 것들이 대체로 3세기대에 집중되면서 호서, 호남의 서해안 지역에 밀집 분포된 점이 주목되어야 할 것이다.

옹관묘는 영산강 유역의 경우 신창리 옹관묘[37]를 통해 매우 이른 시기부터 사용되었음을 알 수 있고, 이외의 지역에서도 백제의 존속시기의 전 기간에 걸쳐 사용되었음을 알 수 있다. 그러나 잔존상황에서 영산강 유역 이외에서 토광묘나 석실분과 병존하는 것도 하나의 특징이다. 그러면서 영산강 유역의 옹관묘는 분구 옹관묘로 독자성을 보이면서 발전을 거듭하다가 대체로 6세기 초반경에는 소멸되고, 이외의 지역에서는 석실분의 배장묘 즉 석실분에 부수적으로 함께 있는 무덤으로 그 명맥이 유지되고 있다.

이외에 특수형으로 분류된 화장묘는 사비도읍기에 도읍지 일원에 국한하여 잔존된 것이고, 전축분은 6세기 초반에 두 번째 도읍지인 웅진에만 있는 것으로 와관묘와 더불어 각각 특수성이 있는 것이다.

결국 백제 묘제의 시 · 공적 존재 현황을 종합하면, 묘제별로 존속시기나 잔존지역에 차이가 있음을 알 수 있다. 나아가 특정 묘제를 중심으로 상호 영향 하에 변화가 나타나는 것도 알 수 있다. 이들은 지역별로 다양하게 존재하던 묘제가 점차 횡혈식 석실분으로 통일된다는 특징을 발견할 수 있다. 이러한 변화상황은 중앙묘제인 적석총과 횡혈식 석실분의 교체 및 변화과정을 토대로 이에 대응된 지방묘제(토착묘제)의 전개양상을 토대로 모두 5단계 즉 초기, 전기, 중기, 후기, 말기로 나누어 설명할 수 있다.

초기는 백제가 등장한 초반부에 해당되며, 구체적으로 3세기 중반까지의 기간이다. 이 기간의 묘제의 대체적 현황은 아직 적석총은 나타나지 않았고, 원삼국기적 환경 즉 토광묘 계열과 옹관묘 계열, 그리고 분구묘나 주구묘 등만 확인될 뿐이다. 따라서 이 시기에 백제의 국가성격이 어떠한가를 단언하기가 어렵지만, 묘제현황만 본다면 아직은 발전된 정형적 고대국가를 추정하기가 어려운 상황이다.

백제초기의 중심지역인 한강유역에서 비교적 이른 시기의 적석총 자료가 있기는 하다. 이는 문호리 · 중도 등지의 한강상류와 한탄강

37) 김원룡, 『신창동옹관묘지』, 서울대학교고고인류학총서 1, 1964.

유역의 적석묘가 그것인데 내용이나 혹은 거리상에서 백제의 건국 집단과 직접적으로 연결되기는 어렵다. 오히려 초기의 백제 도읍지 역인 한성에는 적석총보다 훨씬 이른 시기부터 봉토분 유형인 토광 묘가 사용된 것으로 확인된다. 물론 토광묘는 기원 후 2~3세기 이후로 편년되는 것이 대부분이지만, 아무튼 적석총보다 선행의 묘제 임이 분명하다. 그런데 이들 토광묘는 가락동 등지의 자료에서 알 수 있듯이 3세기 어간에 이르기까지 적석총보다 먼저 부각되고 있다. 적석총은 빨라야 3세기 말경에 이르러 등장하기에 적어도 한강유역에서 초기의 지배층 묘제는 적석총이 아니라 오히려 이들 토광묘 혹은 분구묘에서 찾을 수 있지 않은가 생각된다.

초기의 지방사회 즉 백제의 도읍지 일원을 제외한 나머지 지역의 묘제는 삼한 혹은 원삼국기의 묘제 환경과 동일하다. 백제지역에 남아 있는 묘제의 현황을 종합하여 보건대 청동기시대 이래의 토착묘제가 집중적으로 조영되었음이 확인되기 때문이다. 이는 한강유역의 고고학적 환경도 여기에서 크게 벗어나지 않는 것이다.

전기는 적석총이 등장하여 보편적으로 사용되는 시기, 즉 3세기 후반을 기점으로 횡혈식 석실분이 나타나는 4세기 후반대까지의 기간이다. 이 시기의 백제묘제는 도읍지인 중앙에서는 적석총이 소위 기단식 적석총으로 불리는 고총 고분으로 조성된다. 반면에 이전시기부터 지속적으로 사용되던 토광묘는 적어도 도읍지역에서는 부분적으로 잔존되지만, 규모는 적석총에 미치지 못한다. 다만 일부의 토광묘 조영기법이 적석총 유형으로 변질되기도 한다. 이로 보아 이 시기 도읍지의 묘제 주류는 적석총 범주에서 운영되었다고 보는데 문제가 없다. 이후 적석총은 횡혈식 석실분이 등장하는 4세기 중반대까지 지배층의 유일한 묘제로 존재한다. 그러나 중앙 지배층 묘제로 정착된 적석총은 오직 도읍지에만 국한되어 조영될 뿐이다.

이 시기의 지방사회의 묘제는 이전 시기의 환경을 그대로 유지하는 것으로 볼 수 있다. 그러나 지방사회에도 기왕의 묘제가 지역적 특색을 갖추면서 도읍지의 적석총과 비슷한 고총고분으로 발전하는 점이 주목된다. 즉 지방 토착묘제는 토광묘를 비롯하여 옹관묘 혹은 수혈식 석곽묘가 집중적으로 조영된다. 토광묘는 천안 화성리·용원리를 비롯하여 청주 신봉동에서 집중적으로 조영되고, 옹관묘는 영산강 유역을 비롯한 남부지역에서 대체로 5세기 대에까지 토광묘와 함께 보편적 묘제로 자리하고 있다. 이외에 수혈식 석곽묘는 법천리나 천안 용원리·공주지역, 그리고 논산의 표정리[38] 등지에서 사용되고 있다. 분포양상에서 수혈식 석곽묘가 금강유역, 특히 그 이남지역에 밀집되어 있고, 반면에 토광묘와 옹관묘는 백제 전역에 비교적 골고루 남아 있지만, 금강 이북지역은 상대적으로 토광묘의 밀집이 심하고, 금강 이남지역은 소원한 상태이다. 더불어 옹관묘도 영산강 유역을 비롯한 남부지역에 밀집되나, 이외의 지역은 주류를 이루지 못하고 개별적이던가, 혹은 부수적으로 잔존할 뿐이다. 물론 영산강 유역을 비롯한 남부지역 옹관묘도 대형 고총고분으로 조성되고 있다.

중기는 지배층 묘제가 적석총에서 횡혈식 석실분으로 전환되면서 백제 묘제를 전·후로 구분할 경우, 후기의 묘제전개가 비롯되는 시점이기도 하다. 이 시기의 특징은 횡혈식 석실분이 본격적으로 등장하여 점차 백제묘제의 주류로 자리매김 되는 시점이기도 하다. 횡혈식 석실분은 4세기 후반을 시작으로 적석총을 점차 구축하면서 백제 묘제의 주류를 차지하고 이것이 5세기 중반에 이르면 독보적 존재로 자리한다. 이 시기를 중기로 보는 것이다. 따라서 중기는 적석총도 아직은 백제묘제로서 존재하는데 이는 석촌동 4호 적석총이나 5호 적석총이 5세기 초반부로 분류되는 것으로 미루어 그러하다.

그렇지만 적석총의 사용은 횡혈식 석실분의 등장으로 점차 지양되는 것은 분명하다. 여기에 횡혈식 석실분도 초기의 유입단계나 정착과정을 고려되어야 할 것인데, 이로 보면 비록 횡혈식 석실분의 등장

---

38) 안승주·이남석, 『논산 표정리 백제고분발굴 조사보고서』, 백제문화개발연구원, 1986.

이 4세기 후반에 이루어지지만 이것이 곧바로 백제 지배층의 묘제로 수용되기보다는 한동안 적석총과 병행 사용되었다고 보아야 할 것이다.

한편 중기에 도읍지를 중심으로 지배층 묘제가 적석총에서 횡혈식 석실분으로 전환되는 과정을 겪지만 지방의 토착묘제는 여전히 중앙의 묘제환경과는 별개의 형태로 있고, 그러면서 전기의 묘제환경을 그대로 유지하는, 즉 중앙과는 다른 독자적 묘제 환경을 향유하고 있다. 예컨대 청주 신봉동 토광묘나 논산 모촌리 수혈식 석곽묘, 그리고 영산강 유역을 비롯한 남부지역의 옹관묘의 존재는 도읍지를 중심으로 한 중앙지역과는 달리 그들의 전통적 묘제가 고수되고 있음을 보여준다. 다만 적석총은 여전히 지방사회에서 전혀 흔적을 보이지 않는다. 그리고 횡혈식 석실분의 경우는 초기의 시원형이 지방에서 간헐적으로 보이고 있어 초보적 유입이 있었던 것으로 볼 수 있다.

후기는 횡혈식 석실분이 적석총을 대신하여 백제 지배층의 주묘제로 대체된 시기이다. 시간적으로 한성도읍 말기인 5세기 중반에서 웅진도읍 말기인 6세기 초중반을 그 대상으로 한다. 백제가 한성에 도읍하던 말기에 이르면 적석총은 자취를 감춘다. 그리고 횡혈식 석실분은 초기형으로 분류된 원형천정 형식이 조영되면서 백제 지배층의 중심묘제로 자리한다. 이는 백제의 남천 후 도읍지인 웅진지역의 횡혈식 석실분이 충분한 발전된 형식만이 확인되는 점에 근거한다.

그런데 횡혈식 석실분은 후기에 이르면 도읍지역을 중심으로 지배세력의 주묘제로 정착된 후에 점차 자체적 형식변화가 나타난다. 즉 궁륭식에서 터널식을 이은 평천정으로 변화가 그것이다. 이 과정에서 터널식의 등장은 중국묘제인 전축분의 영향에서 비롯된 것이다.

물론 이러한 변화를 통해서 백제가 웅진으로 천도한 후에 중국 남조와 밀접한 관계를 유지하였고, 나아가 문화교류에 적극적이었음도 묘제를 통해서 알게 된다.

이로써 횡혈식 석실분은 궁륭식으로 분류된 방형 묘실·원형천정·우편재 연도의 구조가, 무령왕릉으로 대표되는 남조 묘제의 유입으로 형태적 변화가 유발되어 터널식이 발생하면서, 이어 묘실 평면은 장방형으로 변화되고, 중앙연도를 시설하는 구조적 변천을 겪는다.

나아가 이들은 점차 기술적·재료적 속성에 의해 평천정으로 변화되고, 이로써 횡혈식 석실분은 이제 백제의 정형적 묘제로 정착하고 있다.

후기에는 횡혈식 석실분이 지배층의 지배적 묘제로 정착될 뿐만 아니라 점차 지방사회에로 확산되기 시작한다. 이 시기에도 지방의 토착묘제는 이전의 성격을 여전히 유지한 채 온존되지만, 5세기 중반 이후, 횡혈식 석실분이 점차 확대되면서 이제 그 독자성이 상실되고 있다. 물론 횡혈식 석실분이 유입되던 초기에는 그 흔적이 도읍지 일원과 지방사회의 극히 일부지역에서만 확인된다. 이는 시원적 형상을 갖춘 횡혈식 석실분이 지방사회에 매우 드물다는 것과, 토광묘나 옹관묘, 나아가 수혈식 석곽묘와 같은 전통적 묘제가 여전히 활용되고 있는 점에서 알 수 있다. 그러나 5세기 중반 이후에는 중앙묘제인 횡혈식 석실분이 비단 도읍지뿐만 아니라 지방사회에서도 자주 확인되는 점은 이제 이 묘제가 중앙에서 지방으로 파급이 본격적으로 이루어졌음을 알게 한다. 다만 분포자체가 산발적이고 토착묘제와 병존하던가 아니면, 변형된 고분과 병존한다는 특징은 있다.

그러다가 중앙묘제로 횡혈식 석실분이 단계적 형식변화를 거쳐 발전형인 평천정의 형식으로 진입한 이후부터 이들의 지방 확산은 산발적 단계를 벗어나 전역을 망라하여 포괄적으로 이루어진다. 이에 기왕의 토착묘제는 점차 자취를 감추고 이를 대신하여 횡혈식 석실분이 지방사회에서도 주류를 형성하는데, 그 시기는 백제묘제 전개의 5단계 중에 마지막인 말기이며, 대체로 6세기 중반경부터의 기간이다.

백제의고분

말기의 변화에서 주목할 수 있는 것은 금강유역에서 기왕의 전통적 토착묘제였던 수혈식 석곽묘가 점차 횡혈식 석실분의 부수적 존재로 전락하면서 횡구식 석곽묘로 변천되고 결국에는 소멸되기에 이른다. 그리고 영산강 유역을 비롯한 남부지역에서는 횡혈식 석실분의 확대 사용과 더불어 전통적으로 사용되던 옹관묘가 점차 위축되면서 숫자가 적어지고 결국에는 소멸의 단계에 접어들고 있다. 이러한 묘제의 전개현황은 백제묘제가 다원적 존재 상황을 벗어나 드디어 일원적으로 통일된다고 볼 수 있다. 따라서 이러한 백제묘제의 일원화 단계는 중앙묘제의 지방파급이 전시기인 후기의 산발적 확산 단계를 벗어나 한층 강화된 것으로 볼 수 있어, 이를 구분하여 말기로 보는 것이다.

요컨대 백제묘제의 전개를 지배층 묘제를 중심으로 적석총과 횡혈식 석실분의 사용단계를 각각 전·후로 대별하면서 다시 전기는 적석총 유입이전의 단계와 유입되어 보편적 묘제로 자리하는 단계로 구분하고, 적석총과 횡혈식 석실분의 교체시기와 함께 후기의 횡혈식 석실분 사용단계를 지방사회로의 확산정도를 근거로 양분하여 모두 다섯 단계로 구분하였다.

이러한 구분은 지배층 묘제를 기준한 결과이며, 지방의 토착묘제는 상당기간 나름의 독자성을 띠고 중앙 묘제와 구분되어 존재한다. 따라서 백제 묘제는 오랫동안 중앙과 지방이라는 이원적 구조 속에서 전개되었는데, 이러한 이원성은 횡혈식 석실분의 사용과 더불어 점차 해소되고, 결국에는 횡혈식 석실분이란 단일 유형의 묘제로 일원화되는 것을 알 수 있다.

5. 맺음말

백제고분은 고대국가 백제사람들이 남겨놓은 매장시설이다. 그러나 백제라는 고대국가의 성장이 마한지역을 잠식하면서 점진적으로 이루어지기에 그 범위의 설정에 적지 않은 어려움이 있다. 따라서 일단 백제고분은 백제의 존속시기 그 강역에 잔존된 무덤으로 보고, 백제묘제를 살펴보았다.

백제고분은 구조속성에 따라 16가지로 구분할 수 있다. 즉 맨땅을 파고 목관 등을 안치하는 토광묘 유형과, 돌을 재료로 사용하는 석축묘로서 지상에 돌을 쌓아 만드는 적석총 유형, 지하에 묘실을 만드는데 입구가 없는 석곽묘 유형, 입구가 있는 석실분 유형, 그리고 항아리를 사용하는 옹관묘 유형, 지상에 흙을 쌓고 그 안에 매장부를 조성하는 분구묘 유형, 그리고 토광묘 혹은 옹관묘의 속성을 지닌 매장부 주변에 주구가 돌려진 주구묘 유형, 마지막으로 기타의 특수 유형이 그것이다.

이들은 다시 형식별로 세분화될 수 있는데 토광묘 유형은 지하의 맨땅에 무덤구덩이를 파고 매장시설로 목관의 설치 유무 및 형태에 따라 순수 토광묘, 목관 토광묘, 목곽 토광묘로 구분된다. 적석총 유형은 지상에 돌을 쌓아 조성하는 것으로 매장부가 지상에 시설되는 것인데 돌을 쌓은 형태에 따라 적석묘와 기단식 적석총으로 구분할 수 있다. 석곽묘 유형은 무덤구덩이에 석축으로 매장부를 조성하는데 단장을 원칙으로 하면서 입구의 설치 여하에 따라 수혈식과 횡구식으로 구분한다. 그러나 석실분의 경우 무덤구덩이에 석축으로 매장부를 조성하나 연도와 입구가 마련되면서 다장적 특성을 지닌 것인데 백제 말기에는 다시 단장으로의 변화가 이루어져 그에 따라 횡혈식과 횡구식으로 구분한다. 그리고 항아리를 매장주체로 사용하는 옹관묘 유형은 옹관 안치시설의 형태에 따라 토광옹관, 석곽옹관, 횡혈옹관으로 구분하고, 지상에 흙을 쌓고 그 속에 매장부를 조성하는 분구묘는 관에 따라 분구옹관 및 분구 토광묘로 구분한다. 마지막으로 주구묘 계통은 형상에 따라 주구토광묘와 방형 주구묘로 구분하면서 이외에 특수유형으로 본 전축분과 화장묘, 와관묘를 제시하였다.

백제의고분

이처럼 백제고분은 묘제적 다양성이 두드러진다. 그러면서 이들은 지역과 시간에 따른 일정한 변화·변천을 겪는 특징이 있다. 이러한 변화·변천의 내용은 백제묘제의 전개를 지배층 묘제를 중심으로 적석총과 횡혈식 석실분의 사용단계를 각각 전·후로 대별하면서 다시 전기는 적석총 유입이전의 단계와 유입되어 보편적 묘제로 자리하는 단계로 구분하고, 적석총과 횡혈식 석실분의 교체시기와 함께 후기의 횡혈식 석실분 사용단계를 지방사회로의 확산정도를 근거로 양분하여 모두 다섯 단계로 구분하였다. 이러한 구분은 지배층 묘제를 기준한 결과이며, 지방의 토착묘제는 상당기간 나름의 독자성을 띠고 중앙 묘제와 구분되어 존재한다. 따라서 백제 묘제는 오랫동안 중앙과 지방이라는 이원적 구조 속에서 전개되었는데, 이러한 이원성은 횡혈식 석실분의 사용과 더불어 점차 해소되고, 결국에는 횡혈식 석실분이란 단일 유형의 묘제로 일원화되는 것도 알 수 있다.

편자 약력

1954년 忠南 公州生
公州師範大學 歷史教育科 卒業(1982)
高麗大學校 大學院 碩士課程 史學科 卒業(1985)
高麗大學校 大學院 博士課程 史學科 卒業(1995)
현재 公州大學校 人文社會大學 史學科 教授

저서 : 百濟石室墳研究, 百濟墓制의 研究, 百濟의 古墳文化 外 多數
논문 : 青銅器時代 社會發展段階問題(1985)　　百濟蓮花紋 瓦當의 一研究(1988)
　　　百濟時代 石築墓의 一考察(1989)　　　百濟 冠制와 冠飾(1990)
　　　宋山里 石室墳(1991)　　　　　　　百濟初期橫穴式石室墳과 그 淵源(1992)
　　　百濟橫穴式石室墳의 研究(1993)　　　百濟古墳의 墓制類型考察(1994)
　　　錦江流域百濟竪穴式 石室墳(1995)　　公州 汾江楮石里 古墳群(1996)
　　　熊津地域 百濟遺蹟의 存在意味(1997)　白石洞 百濟土城의 檢討(1998)
　　　中西部地方 百濟 甕棺墓(1999)　　　　百濟熊津城인 公山城(2000)
　　　公山城 百濟推定王宮址의 檢討(2001)

━ 백 제 문 화 의 특 성 연 구 ━

초판인쇄일 : 2004년 10월 15일
초판발행일 : 2004년 10월 20일

편　　자 : 이남석
발 행 인 : 김선경
발 행 처 : 도서출판 서경문화사
인　　쇄 : 한성인쇄
제　　책 : 반도제책사
등록번호 : 제 1-6664호
주　　소 : 서울 종로구 동숭동 199-15(105호)
전　　화 : 02 - 743 - 8203, 8205
팩　　스 : 02 - 743 - 8210
메　　일 : sk8203@chollian.net

* 파본은 본사나 구입처에서 교환하여 드립니다.

정가 26,000원